Mit wunderbarer Wärme und Zartheit wird in diesem Roman, den Hermann Hesse «das Buch vom armen, geduldigen kleinen Mann» nannte, eine Ehe beschrieben, die sich in den Nachkriegs- und Notjahren in Liebe und Leid bewährt. Zwei Menschen erhalten sich im zermürbenden Lebenskampf alle Sehnsucht und allen Glauben und beweisen damit, daß Güte und Treue auch in der schlimmsten Zeit nicht untergehen müssen. Unzählige werden sich auch heute wieder in den Eheleuten dieses Romans, in Pinneberg und seinem «Lämmchen», erkennen, der zum erstenmal gültig für alle das Geschick der Namenlosen aus dem Volke gestaltet und gedeutet hat.

Hans Fallada, der volkstümlichste deutsche Erzähler und Chronist der wechselvollen Jahrzehnte nach dem Ersten Weltkrieg, wurde am 21. Juli 1893 in der kleinen Universitätsstadt Greifswald als ältester Sohn eines Landrichters und späteren Reichsgerichtsrates geboren. Nach humanistischer Vorbildung übte er lange Jahre hindurch die verschiedensten Berufe aus, war landwirtschaftlicher ·Beamter und Buchhalter, Kartoffelzüchter und Nachtwächter, Adressenschreiber, Handlungsgehilfe und Anzeigenwerber. Zwischen 1919 und 1920 schrieb er zwei heute vergessene expressionistische Romane, dann schwieg er ein Jahrzehnt. 1931 erschien sein erster erfolgreicher Roman «Bauern, Bonzen und Bomben» (rororo Nr. 651/652), eine zeitnahe Darstellung Deutschlands um 1930, angeregt durch seine Teilnahme als Berichterstatter am Landvolkprozeß in Neumünster 1929. 1932 machte ihn sein hier vorliegender Arbeitslosenroman «Kleiner Mann – was nun?», der in zwanzig Sprachen übersetzt und zweimal verfilmt wurde, weltberühmt. Auf weitere internationale Bucherfolge, wie den ebenfalls in den rororo-Taschenbüchern vorliegenden Gefängnisroman «Wer einmal aus dem Blechnapf frißt» (1934; rororo Nr. 54/55) und den Inflationsroman «Wolf unter Wölfen» (1937; rororo Nr. 1057/1058/1059/1060/1061) ließ der Dichter, dessen Werk ihm wegen seiner scharfen Zeit- und Sozialkritik im Dritten Reich gefährliche Angriffe eintrug, wieder anspruchslosere Bücher folgen, wie die Geschichte einer ausgeschlagenen Millionenerbschaft «Kleiner Mann – Großer Mann – alles vertauscht» (1939; rororo Nr. 1244/1245) oder den Ehe-Roman «Der ungeliebte Mann» (1940). Die Kriegswirren führten ihn, der inzwischen auf einem ländlichen Besitztum in Mecklenburg zurückgezogen gelebt hatte, 1945 wieder nach Berlin zurück, das er in vielen seiner Bücher aufs lebendigste geschildert hatte und wo er am 5. Februar 1947 überraschend starb. Über sein Leben und Wirken berichtet er selbst in den beiden Werken «Damals bei uns daheim» und «Heute bei uns zu Haus» (rororo Nr. 136 und 232). Postume Erfolge waren die Werke «Der Alpdruck» (1947), «Jeder stirbt für sich allein» (1947; rororo Nr. 671/672) und «Der Trinker» (1950; rororo Nr. 333). 1967 erschienen im Rowohlt Verlag «Zwei zarte Lämmchen weiß wie Schnee» und «Gesammelte Erzählungen».

In der Reihe «rowohlts monographien» erschien als Band 78 eine Darstellung des Dichters in Selbstzeugnissen und 70 Bilddokumenten von Jürgen Manthey, die eine ausführliche Bibliographie enthält.

Gesamtauflage der Werke von Hans Fallada in den rororo-Taschenbüchern: Über 2,1 Millionen Exemplare.

HANS FALLADA

KLEINER MANN – WAS NUN?

ROMAN

ROWOHLT

Umschlagentwurf Karl Gröning jr. / Gisela Pferdmenges

1.– 50. Tausend	Mai 1950
51.– 80. Tausend	September 1950
81.–108. Tausend	Mai 1952
109.–133. Tausend	Februar 1953
134.–158. Tausend	Januar 1954
159.–183. Tausend	Januar 1955
184.–208. Tausend	April 1956
209.–220. Tausend	April 1957
221.–233. Tausend	Oktober 1957
234.–245. Tausend	Februar 1958
246.–270. Tausend	Juli 1958
271.–283. Tausend	November 1959
284.–308. Tausend	Juli 1960
309.–320. Tausend	März 1962
321.–335. Tausend	Dezember 1962
336.–350. Tausend	Januar 1964
351.–365. Tausend	März 1965
366.–378. Tausend	August 1966
379.–393. Tausend	September 1967
394.–418. Tausend	Juni 1968
419.–433. Tausend	April 1970

Ungekürzte Ausgabe
Veröffentlicht im Rowohlt Taschenbuch Verlag GmbH, Hamburg,
Mai 1950, mit Genehmigung des
Rowohlt Verlages GmbH, Reinbek bei Hamburg
Gesetzt aus der Linotype-Cornelia
Gesamtherstellung Clausen & Bosse, Leck/Schleswig
Printed in Germany
ISBN 3 499 10001 0

DIE SORGLOSEN

*Pinneberg erfährt etwas Neues über Lämmchen
und faßt einen großen Entschluß*

Es ist fünf Minuten nach vier. Pinneberg hat das eben festgestellt. Er steht, ein nett aussehender, blonder junger Mann, vor dem Hause Rothenbaumstraße 24 und wartet.

Es ist also fünf Minuten nach vier und auf dreiviertel vier ist Pinneberg mit Lämmchen verabredet. Pinneberg hat die Uhr wieder eingesteckt und sieht ernst auf ein Schild, das am Eingang des Hauses Rothenbaumstraße 24 angemacht ist. Er liest:

DR. SESAM
Frauenarzt
Sprechstunden 9–12 und 4–6

«Ebend! Und nun ist es doch wieder fünf Minuten nach vier. Wenn ich mir noch eine Zigarette anbrenne, kommt Lämmchen natürlich sofort um die Ecke. Laß ich es also. Heute wird es schon wieder teuer genug.»

Er sieht von dem Schild fort. Die Rothenbaumstraße hat nur eine Häuserreihe, jenseits des Fahrdamms, jenseits eines Grünstreifens, jenseits des Kais fließt die Strela, hier schon hübsch breit, kurz vor ihrer Einmündung in die Ostsee. Ein frischer Wind weht herüber, die Büsche nikken mit ihren Zweigen, die Bäume rauschen ein wenig.

«So müßte man wohnen können», denkt Pinneberg. «Sicher hat dieser Sesam sieben Zimmer. Muß ein klotziges Geld verdienen. Er wird Miete zahlen . . . zweihundert Mark? Dreihundert Mark? Ach was, ich habe keine Ahnung. — Zehn Minuten nach vier!»

Pinneberg greift in die Tasche, holt aus dem Etui eine Zigarette und brennt sie an.

Um die Ecke weht Lämmchen, im plissierten weißen Rock, der Rohseidenbluse, ohne Hut, die blonden Haare verweht. «Tag, Junge. Es ging wirklich nicht eher. Böse?»

«Keine Spur. Nur, wir werden endlos sitzen müssen. Es sind mindestens dreißig Leute reingegangen, seit ich warte.»

«Sie werden ja nicht alle zum Doktor gegangen sein. Und dann sind wir ja angemeldet.»

«Siehst du, daß es richtig war, daß wir uns angemeldet haben!»

«Natürlich war es richtig. Du hast ja immer recht, Junge!» Und auf der Treppe nimmt sie seinen Kopf zwischen die Hände und küßt ihn stürmisch. «O Gott, bin ich glücklich, daß ich dich mal wieder habe, Junge. Denke doch, beinahe vierzehn Tage!»

«Ja, Lämmchen», antwortet er. «Ich bin auch nicht mehr brummig.»

Die Tür geht auf, und im halbdunklen Flur steht ein weißer Schemen vor ihnen, bellt: «Die Krankenscheine!»

«Lassen Sie einen doch erst mal rein», sagt Pinneberg und schiebt Lämmchen vor sich her. «Übrigens sind wir privat. Ich bin angemeldet. Pinneberg ist mein Name.»

Auf das Wort «Privat» hin hebt der Schemen die Hand und schaltet das Licht auf dem Flur ein. «Herr Doktor kommt sofort. Einen Augenblick, bitte. Bitte, dort hinein.»

Sie gehen auf die Tür zu und kommen an einer andern, halb offen stehenden vorbei. Das ist wohl das gewöhnliche Wartezimmer, und in ihm scheinen die dreißig zu sitzen, die Pinneberg an sich vorbeikommen sah. Alles schaut auf die beiden, und ein Stimmengewirr erhebt sich:

«So was gibt's nicht!»

«Wir warten schon länger!»

«Wozu zahlen wir unsere Kassenbeiträge?!»

«Die feinen Pinkels sind auch nicht mehr wie wir.»

Die Schwester tritt in die Tür: «Seien Sie man bloß ruhig! Herr Doktor wird ja gestört! Was Sie denken, ist nicht. Das ist der Schwiegersohn von Herrn Doktor mit seiner Frau. Nicht wahr?»

Pinneberg lächelt geschmeichelt, Lämmchen strebt der andern Tür zu. Einen Augenblick ist Stille.

«Nu bloß schnell!» flüstert die Schwester und schiebt Pinneberg vor sich her. «Diese Kassenpatienten sind zu gewöhnlich. Was die Leute sich einbilden für das bißchen Geld, das die Kasse zahlt . . .»

Die Tür fällt zu, der Junge und Lämmchen sind im roten Plüsch.

«Das ist sicher sein Privatsalon», sagt Pinneberg. «Wie gefällt dir das? Schrecklich altmodisch finde ich.»

«Mir war es gräßlich», sagt Lämmchen. «Wir sind doch sonst auch Kassenpatienten. Da hört man mal, wie die beim Arzt über uns reden.»

«Warum regst du dich auf?» fragte er. «Das ist doch so. Mit uns kleinen Leuten machen sie, was sie wollen . . .»

«Es regt mich aber auf . . .»

Die Tür öffnet sich, eine andere Schwester kommt: «Herr und Frau Pinneberg bitte? Herr Doktor läßt um einen Augenblick Geduld bitten. Wenn ich unterdes die Personalien aufnehmen dürfte?»

«Bitte», sagt Pinneberg und wird gleich gefragt: «Wie alt?»

«Dreiundzwanzig.»

«Vorname: Johannes.»

Nach einem Stocken: «Buchhalter.»

Und glatter: «Immer gesund gewesen. Die üblichen Kinderkrankheiten, sonst nichts. – Soviel ich weiß, beide gesund.»

Wieder stockend: «Ja, die Mutter lebt noch. Der Vater nicht mehr, nein. Kann ich nicht sagen, woran er gestorben ist.» Und Lämmchen . . .

«Zweiundzwanzig. – Emma.»

Jetzt zögert *sie:* «Geborene Mörschel. – Stets gesund. Beide Eltern am Leben. Beide gesund.»

«Also einen Augenblick noch. Herr Doktor ist sofort frei.»

«Wozu das alles nötig ist», brummt er, nachdem die Tür wieder zufiel. «Wo wir doch nur . . .»

«Gerne hast du es nicht gesagt: Buchhalter.»

«Und du nicht das mit der geborenen Mörschel!» Er lacht. «Emma Pinneberg, genannt Lämmchen, geborene Mörschel. Emma Pinne . . .»

«Bist du stille! O Gott, Junge, ich müßte noch einmal ganz unbedingt. Hast du eine Ahnung, wo das hier ist?»

«Also das ist doch immer dieselbe Geschichte mit dir . . .! Statt daß du vorher . . .»

«Aber ich bin, Junge. Ich bin wirklich. Noch auf dem Rathausmarkt. Für einen ganzen Groschen. Aber wenn ich aufgeregt bin . . .»

«Also Lämmchen, nimm dich doch einen Augenblick zusammen. Wenn du wirklich eben erst . . .»

«Junge, ich muß . . .»

«Ich bitte», sagt eine Stimme. In der Tür steht Doktor Sesam, der berühmte Doktor Sesam, von dem die halbe Stadt und die viertel Provinz flüstern, daß er ein weites Herz hat, manche sagen auch, ein gutes Herz. Jedenfalls hat er eine volkstümliche Broschüre über sexuelle Probleme verfaßt, und darum hat Pinneberg den Mut gehabt, ihm zu schreiben und sich und Lämmchen anzumelden.

Dieser Doktor Sesam steht also in der Tür und sagt: «Ich bitte.»

Doktor Sesam sucht auf seinem Schreibtisch nach dem Brief. «Sie haben mir geschrieben, Herr Pinneberg. Sie können noch keine Kinder brauchen, weil das Geld nicht reicht.»

«Ja», sagt Pinneberg und ist schrecklich verlegen.

«Machen Sie sich immer schon ein bißchen frei», sagt der Arzt zu Lämmchen und fährt dann fort: «Und nun möchten Sie einen ganz sicheren Schutz wissen. Ja, einen ganz sicheren . . .» Er lächelt skeptisch hinter seiner goldenen Brille.

«Ich habe in Ihrem Buch gelesen», sagt Pinneberg, «diese Pessoirs . . .»

«Diese Pessare», sagt der Arzt, «ja, aber sie passen nicht für jede Frau. Und dann ist es immer etwas umständlich. Ob Ihre Frau das Geschick hat . . .»

Er sieht zu ihr hoch. Sie hat sich ein bißchen ausgezogen, nur so angefangen, die Bluse und den Rock. Mit ihren schlanken Beinen steht sie sehr groß da.

«Nun, gehen wir einmal rüber», sagt der Arzt. «Die Bluse hätten wir nun *dazu* nicht auszuziehen brauchen, kleine junge Frau.»

Lämmchen wird ganz rot.

«Jetzt lassen Sie sie schon liegen. Kommen Sie. Einen Augenblick, Herr Pinneberg.»

Die beiden gehen in das Nebenzimmer. Pinneberg sieht ihnen nach. Der ganze Doktor Sesam reicht der ‹kleinen jungen Frau› nicht bis an die Schultern. Pinneberg findet wieder, sie sieht herrlich aus, das beste Mädchen von der Welt, das einzige überhaupt. Er arbeitet in Ducherow und sie hier in Platz, er sieht sie höchstens alle vierzehn Tage und so ist sein Entzücken immer frisch und sein Appetit über alles Begreifen.

Nebenan hört er den Arzt ab und zu halblaut etwas fragen, gegen einen Schalenrand klappert ein Instrument, das Geräusch kennt er vom Zahnarzt, es ist kein angenehmes Geräusch.

Nun fährt er zusammen, diese Stimme von Lämmchen kennt er noch nicht — sie sagt ganz laut, fast schreiend, sehr hell: «Nein, nein, nein!» Und noch einmal: «Nein!» Und dann ganz leise, aber er hört es doch: «O Gott!»

Pinneberg macht drei Schritte gegen die Tür — was ist das? Was kann da sein? Man hat schon gehört, daß solche Ärzte schreckliche Wüstlinge sind ... Aber nun spricht Doktor Sesam wieder, nichts zu verstehen, und nun klappert wieder das Instrument.

Und dann lange Stille.

Es ist ein Hochsommertag, etwa Mitte Juli, herrlichster Sonnenschein. Der Himmel draußen ist dunkelblau, ins Fenster reichen ein paar Zweige, sie bewegen sich im Seewind. Da ist ein altes Lied aus Pinnebergs Kinderzeit, es fällt ihm eben ein:

> Wehe-Wind, Puste-Wind,
> Nimm den Hut nicht meinem Kind!
> Sei gelind zu meinem Kind,
> Wehe-Wind, Puste-Wind!

Die im Wartezimmer reden. Denen wird die Zeit auch lang. Eure Sorgen möcht ich haben. Eure Sorgen ...

Die beiden kommen wieder. Pinneberg wirft einen ängstlichen Blick auf Lämmchen, sie hat so große Augen, wie von einem Schreck erweitert. Sie ist blaß, aber nun lächelt sie ihm zu, kümmerlich erst, und dann breitet sich das Lächeln voll aus über das ganze Gesicht und wird immer stärker und blüht auf ... Der Arzt steht in der Ecke, er wäscht sich die Hände. Schräg schaut er hinüber zu Pinneberg. Dann sagt er eilig: «Ein bißchen zu spät, Herr Pinneberg, mit der Verhütung. Die Tür ist zu. Ich denke Anfang des zweiten Monats.»

Pinneberg ist ohne Atem. Das war wie ein Schlag. Dann sagt er hastig: «Herr Doktor, es ist doch unmöglich! Wir haben so aufgepaßt! Ganz unmöglich ist das. Sag doch selbst, Lämmchen . . .»

«Junge!» sagt sie. «Junge . . .»

«Es ist so», sagt der Arzt. «Irrtum ausgeschlossen. Und glauben Sie mir, Herr Pinneberg, ein Kind ist für jede Ehe gut.»

«Herr Doktor», sagt Pinneberg und seine Lippe zittert. «Herr Doktor, ich verdiene im Monat hundertachtzig Mark! Ich bitte Sie, Herr Doktor!»

Doktor Sesam sieht schrecklich müde aus. Was jetzt kommt, das kennt er, das hört er an jedem Tage dreißigmal.

«Nein», sagt er. «Nein. Bitten Sie mich gar nicht erst darum. Kommt überhaupt nicht in Frage. Sie sind beide gesund. Und Ihr Einkommen ist gar nicht schlecht. Gar — nicht — schlecht.»

«Herr Doktor!» sagt Pinneberg fieberhaft.

Hinter ihm steht Lämmchen und streicht ihm über die Haare: «Laß, Junge, laß! Es wird schon gehen.»

«Aber es ist ganz unmöglich . . .», bricht Pinneberg aus — und wird still. Die Schwester ist hereingekommen.

«Herr Doktor werden am Apparat verlangt.»

«Sie sehen», sagt der Arzt. «Passen Sie auf, Sie freuen sich noch. Und wenn das Kind da ist, kommen Sie sofort zu mir. Dann machen wir das

mit der Verhütung. Verlassen Sie sich nicht aufs Nähren. Also denn . . .
Mut, junge Frau!»

Er schüttelt Lämmchen die Hand.

«Ich möchte gleich . . .», sagt Pinneberg und zieht sein Portemonnaie.

«Ach ja», sagt der Arzt, schon in der Tür, und sieht die beiden noch
einmal an, schätzend. «Na, fünfzehn Mark, Schwester.» «Fünfzehn . . .»,
sagt Pinneberg gedehnt und sieht die Tür an. Doktor Sesam ist schon
fort. Er holt umständlich einen Zwanzigmarkschein hervor, schaut mit
gerunzelter Stirn zu, wie die Quittung ausgeschrieben wird, und nimmt
sie in Empfang.

Seine Stirn hellt sich etwas auf: «Ich bekomme das von der Krankenkasse wieder, nicht wahr?»

Die Schwester sieht ihn an, dann Lämmchen. «Schwangerschafts-
diagnose, nicht wahr?» Sie wartet gar nicht erst auf die Antwort. «Doch
nicht. Das ersetzen die Kassen nicht.»

«Komm, Lämmchen!» sagt er.

Sie steigen langsam die Treppe hinunter. Auf einem Absatz bleibt
Lämmchen stehen und nimmt seine Hand zwischen die ihren. «Sei
nicht so traurig! Bitte nicht! Es wird schon gehen.»

«Ja, ja», sagt er, tief in Gedanken.

Sie gehen ein Stück Rothenbaumstraße, dann biegen sie in die Mainzer Straße ein. Hier sind hohe Häuser und viele Menschen, Autos fahren in Rudeln, die Abendzeitungen sind schon da, niemand achtet auf
die beiden.

«Gar kein schlechtes Einkommen, sagt der, und nimmt mir fünfzehn
Mark ab von meinen hundertachtzig, solch Räuber!» «Ich schaffe es
schon», sagt Lämmchen. «Ich schaffe es schon.» «Ach du!» sagt er.

Von der Mainzer Straße kommen sie in den Krümperweg, still ist das
plötzlich hier.

Lämmchen sagt: «Jetzt versteh ich manches.»

«Wieso?» fragt er.

«Ach nichts, nur daß mir morgens immer schlecht ist. Und es war so
überhaupt so komisch . . .»

«Aber du mußt es doch gemerkt haben?»

«Ich hab doch immer gedacht, es kommt noch. Wer denkt denn gleich
an so was?»

«Vielleicht hat er sich geirrt!»

«Nein. Das glaube ich nicht. Es stimmt schon.»

«Aber möglich ist es doch, daß er sich geirrt hat?»

«Nein, ich glaube . . .»

«Bitte! Höre doch einmal zu, was ich sage! Möglich ist es doch!?»

«Möglich —? Möglich ist alles!»

«Also vielleicht kommt morgen schon die Regel. Dann schreib ich dem
aber einen Brief —!» Er versinkt in Gedanken, er schreibt einen Brief.

Auf den Krümperweg folgt die Hebbelstraße, die beiden gehen fein
bedachtsam durch den Sommernachmittag, in dieser Straße stehen
schöne Ulmen.

«Meine fünfzehn Mark verlange ich dann aber auch zurück», sagt
Pinneberg plötzlich.

Lämmchen antwortet nicht. Sie tritt vorsichtig auf mit der ganzen Breite des Schuhs, und sie sieht genau, wohin sie tritt, es ist alles so anders.

«Wohin gehen wir eigentlich?» fragt er plötzlich.

«Ich muß noch mal nach Haus», sagt Lämmchen. «Ich habe Mutter nichts gesagt, daß ich wegbleibe.»

«Auch das noch!» sagt er.

«Schimpf nicht, Junge», bittet sie. «Aber ich will sehen, daß ich um halb neun noch mal runterkommen kann. Mit welchem Zug willst du fahren?»

«Um halb zehn.»

«Dann bring ich dich zur Bahn.»

«Und sonst nichts», sagt er. «Sonst wieder mal nichts. Ein Leben ist das.»

Die Lütjenstraße ist eine richtige Arbeiterstraße, immer wimmelt es von Kindern da, man kann keinen richtigen Abschied nehmen.

«Nimm es nicht so schwer, Junge», sagt sie und gibt ihm die Hand. «Ich schaff es schon.»

«Ja, ja», sagt er und versucht zu lächeln. «Du bist Trumpfas, Lämmchen, und stichst alles.»

«Und um halb neun bin ich unten. Bestimmt.»

«Und keinen Kuß jetzt?»

«Es geht wirklich nicht, es wird gleich weiter getratscht. Tapfer, tapfer!»

«Also gut, Lämmchen», sagt er. «Nimm du es auch nicht so schwer. Irgendwie wird es ja werden.»

«Natürlich», sagt sie. «Ich verlier den Mut schon nicht. Tjüs derweile.»

Sie huscht schnell die dunkle Treppe hinauf, ihr Stadtköfferchen schlägt gegen das Geländer: klapp — klapp — klapp.

Pinneberg sieht den hellen Beinen nach. Hunderttausendmal ist ihm Lämmchen schon diese gottverdammte Treppe hinauf entschwunden.

«Lämmchen!» brüllt er. «Lämmchen!»

«Ja?» fragt sie von oben und sieht über das Geländer.

«Einen Augenblick!» ruft er. Er stürmt die Treppe hinauf, er steht atemlos vor ihr, er faßt sie bei den Schultern. «Lämmchen!» sagt er und keucht vor Aufregung und Atemnot. «Emma Mörschel! Wie wär's, wenn wir uns heiraten würden —?»

Mutter Mörschel — Herr Mörschel — Karl Mörschel
Pinneberg gerät in die Mörschelei

Lämmchen Mörschel sagte nichts. Sie machte sich von Pinneberg los und setzte sich sachte auf eine Treppenstufe. Plötzlich waren ihre Beine weg. Nun saß sie da und sah zu ihrem Jungen hoch. «O Gott!» sagte sie. «Junge, wenn du das tätest!»

Ihre Augen wurden ganz hell. Es waren dunkelblaue Augen mit einer Schattierung ins Grünliche; jetzt strömten sie geradezu über von strahlendem Licht.

Wie wenn alle Weihnachtsbäume ihres Lebens auf einmal in ihr brennten, dachte Pinneberg und wurde ganz verlegen vor Rührung.

«Also geht in Ordnung, Lämmchen», sagte er. «Machen wir. Und möglichst bald, was?»

«Junge, du brauchst es aber nicht. Ich komme auch so zurecht. Nur, da hast du recht, besser ist es schon, wenn der Murkel einen Vater hat.»

«Der Murkel», sagte Johannes Pinneberg. «Richtig, der Murkel.»

Er war einen Augenblick still. Er kämpfte mit sich, ob er Lämmchen nicht sagen sollte, daß er bei seinem Heiratsantrag gar nicht an diesen Murkel gedacht hatte, sondern nur daran, daß es sehr gemein war, an diesem Sommerabend drei Stunden auf sein Mädchen in der Straße zu warten. Aber er sagte es nicht. Statt dessen bat er: «Steh doch auf, Lämmchen. Die Treppe ist sicher ganz dreckig. Dein guter weißer Rock . . .»

«Laß den Rock, laß ihn sausen! Was kümmern uns alle Röcke von der Welt. Bin ich glücklich! Hannes! Junge!» Nun war sie wirklich auf ihren Beinen und fiel ihm wieder um den Hals. Und das Haus war gütig: von den zwanzig Parteien, die über diese Treppe aus- und eingingen, kam nicht eine, nachmittags nach fünfe in der Laufzeit, wo die Ernährer nach Haus kommen und alle Hausfrauen schnell noch eine vergessene Zutat fürs Essen holen. Keiner kam.

Bis Pinneberg sich frei machte und sagte: «Aber das können wir doch sicher auch oben — als Brautpaar. Gehen wir rauf.»

Lämmchen fragte bedenklich: «Gleich willst du mit? Ist es nicht besser, ich bereite Vater und Mutter vor, wo sie doch gar nichts von dir wissen —?»

«Was doch sein muß, tut man am besten gleich», erklärte Pinneberg und wollte noch immer nicht auf die Straße. «Übrigens werden sie sich doch bestimmt freuen?»

«Na ja», meinte Lämmchen nachdenklich. «Mutter sehr. Vater, weißt du, da darfst du dich nicht dran stoßen. Vater flaxt gerne, der meint das nicht so.»

«Ich werd's schon richtig verstehen», sagte Pinneberg.

Lämmchen schloß die Tür auf: ein kleiner Vorplatz. Hinter einer angelehnten Tür klang eine Stimme: «Emma! Komm gleich mal her!»

«Einen Augenblick, Mutter», rief Emma Mörschel. «Ich zieh nur meine Schuh aus.»

Sie nahm Pinneberg bei der Hand und führte ihn auf Zehenspitzen in ein kleines Hofzimmer, wo zwei Betten standen.

«Leg deine Sachen dahin. Ja, das ist mein Bett, da schlaf ich drin. Im andern Bett schläft Mutter. Vater und Karl schlafen drüben in der Kammer. Nun komm. Halt, dein Haar!» Sie fuhr ihm schnell mit dem Kamm durch die Wirrnis.

Beiden klopfte das Herz. Sie nahm ihn bei der Hand, sie gingen über den Vorplatz, sie stießen die Tür zur Küche auf. Am Herde stand mit rundem, krummem Rücken eine Frau und briet etwas in einer Pfanne. Pinneberg sah ein braunes Kleid und eine große blaue Schürze.

Die Frau sah nicht hoch. «Lauf schnell mal in den Keller, Emma, und hol Preßkohlen. Ich kann das dem Karl hundertmal sagen . . .»

«Mutter», sagte Emma, «das ist mein Freund Johannes Pinneberg aus Ducherow. Wir wollen uns heiraten.»

Die Frau am Herd sah hoch. Es war ein braunes Gesicht mit einem starken Mund, einem scharfen gefährlichen Mund, ein Gesicht mit sehr hellen, scharfen Augen und mit zehntausend Falten. Eine alte Arbeiterfrau.

Die Frau sah Pinneberg an, einen Augenblick, scharf, böse. Dann wandte sie sich wieder ihren Kartoffelpuffern zu. «Dumm Tügs», sagte sie. «Schleppst du mir jetzt deine Kerle ins Haus?! Geh und hol Kohlen, ich hab keine Glut.»

«Mutter», sagte Lämmchen und versuchte zu lachen, «er will mich wirklich heiraten.»

«Hol Kohlen, sag ich, Deern», rief die Frau und fuhrwerkte mit der Gabel.

«Mutter —!»

Die Frau sah hoch. Sie sagte langsam: «Bist du noch nicht unten? Willst du einen Backs?!»

Ganz rasch drückte Lämmchen ihrem Pinneberg die Hand. Dann nahm sie einen Korb, rief, so fröhlich es ging: «Gleich bin ich wieder da!» – und die Flurtür klappte.

Pinneberg stand verlassen in der Küche. Er sah vorsichtig gegen Frau Mörschel hin, als könnte sein Hinsehen sie schon reizen, dann gegen das Fenster. Man sah nur einen blauen Sommerhimmel und ein paar Schornsteine.

Frau Mörschel schob die Pfanne beiseite und hantierte mit den Herdringen. Es klapperte und klirrte sehr. Sie stocherte mit dem Feuerhaken in der Glut, dabei murrte sie vor sich hin. Höflich fragte Pinneberg: «Wie bitte —?»

Es waren die ersten Worte, die er bei Mörschels sagte.

Er hätte nichts sagen sollen, denn wie ein Geier schoß die Frau auf ihn nieder. In der einen Hand hielt sie den Haken, in der andern noch die Gabel vom Pufferwenden, aber das war nicht so schlimm, trotzdem sie damit fuchtelte. Schlimm war ihr Gesicht, in dem alle Falten zuckten und sprangen, schlimmer waren ihre grausamen und bösen Augen.

«Wenn Sie mir mein Mädchen in Schande bringen!» schrie sie außer sich.

Pinneberg trat einen Schritt zurück. «Ich will Emma ja heiraten, Frau Mörschel!» sagte er ängstlich.

«Sie denken wohl, ich weiß nicht, was ist», sagte die Frau unbeirrt. «Seit zwei Wochen stehe ich hier und warte. Ich denke, sie sagt mir was, ich denke, sie bringt mir den Kerl bald an, ich sitze hier und warte.» Sie holte Atem. «Das ist ein gutes Mädchen. Sie Mann Sie, meine Emma, das ist kein Dreck für Sie. Die ist immer fröhlich gewesen. Die hat mir nie ein böses Wort gegeben – wollen Sie sie in Schande bringen?»

«Nein, nein», flüstert Pinneberg angstvoll.

«Doch! Doch!» schreit Frau Mörschel. «Doch! Doch! Zwei Wochen stehe ich hier und warte, daß sie ihre Binden zum Waschen gibt – nichts! Wie haben Sie das gemacht, Sie?» Pinneberg kann es nicht sagen.

«Wir sind junge Leute», sagt er sanft.

«Ach Sie», sagt sie noch böse, «daß Sie mein Mädchen dazu gekriegt haben.» Plötzlich grollt sie wieder: «Schweine seid ihr Männer, alles Schweine, pfui!»

«Wir heiraten, sobald es mit den Papieren geht», erklärt Pinneberg.

Frau Mörschel steht wieder am Herd. Das Fett brutzelt, sie fragt: «Was sind Sie denn? Können Sie denn überhaupt heiraten?»

«Ich bin Buchhalter. In einem Getreidegeschäft.»

«Also Angestellter?»

«Ja.»

«Arbeiter wäre mir lieber. – Was verdienen Sie denn?»

«Hundertachtzig Mark.»

«Mit Abzügen?»

«Nein, die gehen noch ab.»

«Das ist gut», sagt die Frau, «das ist nicht so viel. Mein Mädchen soll einfach bleiben.» Und plötzlich wieder ganz böse: «Denken Sie nicht, daß sie was mitbekommt. Wir sind Proletarier. Bei uns gibt es das nicht. Nur das bißchen Wäsche, was sie sich selbst gekauft hat.»

«Das ist alles nicht nötig», sagt Pinneberg.

Plötzlich ist die Frau wieder böse: «Sie haben doch auch nichts. Sie sehen doch auch nicht nach Sparen aus. Wenn man mit solchem Anzug rumläuft, bleibt nichts übrig.»

Pinneberg braucht nicht zu gestehen, daß sie ziemlich das Richtige getroffen hat, denn Lämmchen kommt mit den Kohlen. Sie ist bester Stimmung: «Hat sie dich aufgefressen, armer Junge?» fragt sie. «Mutter ist ein richtiger Teekessel, der kocht immer gleich über.»

«Sei nicht so frech, Ütz», schilt die Alte. «Sonst kriegst du doch noch deinen Backs. – Geht in die Schlafstube und schleckt euch ab. Ich will mit Vater zuerst allein reden.»

«Na also», sagt Lämmchen. «Hast du meinen Bräutigam auch schon gefragt, ob er Kartoffelpuffer mag? Heute ist unser Verlobungstag.»

«Weg mit euch!» sagt Frau Mörschel. «Und daß ihr mir nicht die Tür abschließt, ich sehe ein paarmal nach, daß ihr keine Dummheiten macht.»

Sie sitzen sich an dem kleinen Tisch auf den weißen Stühlen gegenüber.

«Mutter ist 'ne einfache Arbeiterin», sagt Lämmchen. «Die ist so derb, sie denkt sich nichts dabei.»

«Oh, sie denkt sich schon was dabei», sagt Pinneberg und grinst. «Deine Mutter weiß Bescheid, verstehst du, was uns der Doktor heute gesagt hat.»

«Natürlich weiß sie das. Mutter weiß immer alles. Ich glaub', du hast ihr gut gefallen.»

«Na, hör mal, so sah es aber nicht aus.»

«Mutter ist so. Mutter muß immer schimpfen. Ich hör's schon gar nicht mehr.»

Einen Augenblick ist Stille, beide sitzen sich brav gegenüber, die Hände liegen auf dem Tischchen.

«Ringe müssen wir uns auch kaufen», sagt Pinneberg gedankenvoll.

«O Gott ja», sagt Lämmchen rasch. «Sag schnell, welche magst du lieber, glänzend oder matt?»

«Matt!» sagt er.

«Ich auch! Ich auch!» ruft sie. «Ich glaube, wir haben in allem den gleichen Geschmack, das ist fein. — Was werden die kosten?»

«Ich weiß auch nicht. Dreißig Mark?»

«So viel?»

«Wenn wir goldene nehmen?»

«Natürlich nehmen wir goldene. Laß sehen, wir wollen Maß nehmen.»

Er rückt zu ihr. Sie nehmen einen Faden von einer Garnrolle. Es ist schwierig. Einmal schneidet das Garn ein, und einmal sitzt es zu lose.

«Hände besehen bringt Streit», sagt Lämmchen.

«Aber ich besehe sie ja gar nicht», sagt er. «Ich küsse sie ja. Ich küsse ja deine Hände, Lämmchen.» —

Es klopft mit sehr hartem Knöchel gegen die Tür. «Rüberkommen! Vater ist da!»

«Gleich», sagt Lämmchen und löst sich aus seinem Arm.

«Schnell uns ein bißchen zurechtmachen. Vater flaxt ewig.»

«Wie ist er denn, dein Vater?»

«Gott, du wirst ja gleich sehen. Ist ja auch egal. Du heiratest mich, mich, mich, ohne Vater und Mutter.»

«Aber mit dem Murkel.»

«Mit dem Murkel, ja. Nette unvernünftige Eltern bekommt er. Nicht eine Viertelstunde können sie vernünftig sitzen . . .» Am Küchentisch sitzt ein langer Mann in grauen Hosen, grauer Weste und einem weißen Trikothemd, ohne Jacke, ohne Kragen. An den Füßen hat er Pantoffeln. Ein gelbes, faltiges Gesicht, kleine scharfe Augen hinter einem hängenden Zwicker, ein grauer Schnurrbart, ein fast weißer Kinnbart.

Der Mann liest die «Volksstimme», aber nun, da Pinneberg und Emma hereinkommen, läßt er das Blatt sinken und betrachtet den jungen Mann.

«Sie sind also der Jüngling, der meine Tochter heiraten will? Sehr erfreut, setzen Sie sich hin. Übrigens werden Sie es sich noch überlegen.»

«Was?» fragt Pinneberg.

Lämmchen hat sich auch eine Schürze umgebunden und hilft der Mutter. Frau Mörschel sagt ärgerlich: «Wo der Bengel nun wieder bleibt. Die ganzen Puffer werden zäh.»

«Überstunden», sagt Herr Mörschel lakonisch. Und zu Pinneberg zwinkernd: «Sie machen auch manchmal Überstunden, nicht wahr?»

«Ja», sagt Pinneberg. «Ziemlich oft.»

«Aber ohne Bezahlung —?»

«Leider. Der Chef sagt . . .»

Herrn Mörschel interessiert nicht, was der Chef sagt. «Sehen Sie, darum wäre mir ein Arbeiter für meine Tochter lieber: wenn mein Karl Überstunden macht, kriegt er sie bezahlt.»

«Herr Kleinholz sagt . . .», beginnt Pinneberg von neuem.

«Was die Arbeitgeber sagen, junger Mann», erklärt Herr Mörschel, «das wissen wir lange. Das interessiert uns nicht. Was sie tun, das interessiert uns. Es gibt doch 'nen Tarifvertrag bei euch, was?»

«Ich glaube», sagt Pinneberg.

«Glaube ist Religionssache, damit hat 'en Arbeiter nischt zu tun. Bestimmt gibt es ihn. Und da steht drin, daß Überstunden bezahlt werden müssen. Warum krieg ich 'nen Schwiegersohn, dem sie nicht bezahlt werden?»

Pinneberg zuckt die Achseln.

«Weil ihr nicht organisiert seid, ihr Angestellten», erklärt ihm den Fall Herr Mörschel. «Weil kein Zusammenhang ist bei euch, keine Solidarität. Darum machen sie mit euch, was sie wollen.»

«Ich bin organisiert», sagt Pinneberg mürrisch. «Ich bin in 'ner Gewerkschaft.»

«Emma! Mutter! Unser junger Mann ist in 'ner Gewerkschaft? Wer hätte das gedacht! So schnieke und Gewerkschaft!» Der lange Mörschel hat den Kopf ganz auf die Seite gelegt und besieht seinen künftigen Schwiegersohn mit eingekniffenen Augen. «Und wie nennt sich Ihre Gewerkschaft, mein Junge? Nur raus damit!»

«Deutsche Angestellten-Gewerkschaft», sagt Pinneberg und ärgert sich immer mehr.

Der lange Mann krümmt sich völlig zusammen, so stark überkommt es ihn. «Die Dag! Mutter, Emma, haltet mich fest, unser Jüngling ist ein Dackel, das nennt er 'ne Gewerkschaft! Ein gelber Verband, zwischen zwei Stühlen. O Gott, Kinder, so ein Witz . . .»

«Na, erlauben Sie mal», sagt Pinneberg wütend. «Wir sind kein gelber Verband! Wir werden nicht von den Arbeitgebern finanziert. Wir zahlen unsern Bundesbeitrag selber.»

«Für die Bonzen! Für die gelben Bonzen! Na, Emma, da hast du dir ja den richtigen ausgesucht. Einen Dag-Mann! Einen richtigen Dackel!»

Pinneberg sieht hilfesuchend zu Lämmchen, aber Lämmchen sieht nicht her. Vielleicht ist sie es gewöhnt, aber wenn sie es gewöhnt ist, für ihn ist es doch schlimm.

«Angestellter, wenn ich so was höre», sagt Mörschel. «Ihr denkt, ihr seid was Besseres als wir Arbeiter.»

«Denk ich nicht.»

«Denken Sie doch. Und warum denken Sie das? Weil Sie Ihrem Arbeitgeber nicht 'ne Woche den Lohn stunden, sondern den ganzen Monat. Weil Sie unbezahlte Überstunden machen, weil Sie sich unter Tarif bezahlen lassen, weil Sie nie 'nen Streik machen, weil Sie immer die Streikbrecher sind . . .»

«Es geht doch nicht nur ums Geld», sagt Pinneberg. «Wir denken doch auch anders als die meisten Arbeiter, wir haben doch andere Bedürfnisse . . .»

«Anders denken», sagt Mörschel, «anders denken, Sie denken genau so wie ein Prolet . . .»

«Das glaub ich nicht», sagt Pinneberg, «ich zum Beispiel . . .»

«Sie zum Beispiel», sagt Mörschel und kneift die Augen ganz gemein ein und feixt. «Sie zum Beispiel haben sich doch Vorschuß genommen?»

«Wieso?» fragte Pinneberg verwirrt. «Vorschuß —?»

«Na ja, Vorschuß», grinst der andere noch mehr. «Vorschuß da, bei der Emma. Nicht sehr fein, Herr. Mächtig proletarische Angewohnheit . . .»

«Ich . . .», fängt Pinneberg an und ist sehr rot und hat Lust, die Türen zu donnern und zu brüllen: Oh, so rutscht mir doch alle . . .!

Aber Frau Mörschel sagt scharf: «Ruhig bist du jetzt, Vater, mit deinem Flaxen! Das ist erledigt. Das geht dich gar nichts an.»

«Da kommt der Karl», ruft Lämmchen, denn draußen klappte eine Tür.

«Also her mit dem Essen, Frau», sagt Mörschel. «Und recht habe ich doch, Schwiegersohn, fragen Sie mal Ihren Pastor, unfein ist das . . .»

Ein junger Mensch kommt herein, aber jung ist nur eine Altersbezeichnung, er sieht völlig unjung aus, noch gelber, noch galliger als der Alte. Er knurrt: «N'Abend», nimmt von dem Gast keinerlei Notiz und zieht Jacke und Weste aus, dann das Hemd. Pinneberg sieht es mit steigender Verwunderung.

«Überstunden gemacht?» fragt der Alte.

Karl Mörschel knurrt nur etwas.

«Laß doch jetzt die Scheuerei, Karl», sagt Frau Mörschel, «komm essen.»

Aber Karl läßt schon das Wasser am Ausguß laufen und fängt an, sich sehr intensiv zu waschen. Bis zu den Hüften ist er nackt, Pinneberg geniert sich etwas, Lämmchens wegen. Aber die scheint nichts dabei zu finden, es ist ihr wohl selbstverständlich.

Pinneberg ist vieles nicht selbstverständlich. Die häßlichen Steingutteller mit den schwärzlichen Anschlagstellen, die halb kalten Kartoffelpuffer, die nach Zwiebeln schmecken, die saure Gurke, das laue Flaschenbier, das nur für die Männer dasteht, dazu diese trostlose Küche, der waschende Karl . . .

Karl setzt sich an den Tisch, sagt brummig: «Nanu, Bier . . .»

«Das ist der Bräutigam von Emma», erklärt Frau Mörschel, «sie wollen bald heiraten.»

«Hat sie doch einen abgekriegt», sagt Karl. «Na ja, einen Bourgeois. Ein Prolet ist ihr nicht fein genug.»

«Siehst du», sagt Vater Mörschel, sehr befriedigt.

«Du, zahl man lieber dein Kostgeld, eh du hier den Mund aufreißt», erklärt Mutter Mörschel.

«Was heißt siehst du», sagt Karl gallig zu seinem Vater. «Ein richtiger Bourgeois ist mir noch immer lieber als ihr Sozialfaschisten.»

«Sozialfaschisten», antwortet der Alte böse. «Wer wohl Faschist ist, du Sowjetjünger!»

«Na klar», sagt Karl, «ihr Panzerkreuzerhelden . . .»

Pinneberg hört mit einer gewissen Befriedigung zu. Was der Alte ihm gesagt hatte, bekam er jetzt vom Sohn mit Zinsen. Nur die Kartoffelpuffer gewannen nicht sehr dadurch, es war kein nettes Mittagessen, er hatte sich seine Verlobungsfeier anders gedacht.

Pinneberg hatte seinen Zug sausen lassen, er kann auch morgens um vier fahren. Dann ist er immer noch rechtzeitig im Geschäft.

Die beiden sitzen in der dunklen Küche. Drinnen in der einen Stube schläft Herr, in der andern Frau Mörschel. Karl ist in eine KPD-Versammlung gegangen.

Sie haben zwei Küchenstühle nebeneinander gezogen und sitzen mit dem Rücken nach dem erkalteten Herd. Die Tür zu dem kleinen Küchenbalkon steht offen, der Wind bewegt leise den Schal über der Tür. Draußen ist — über einem heißen, radiolärmenden Hof — der Nachthimmel, dunkel, mit sehr blassen Sternen.

«Ich möchte», sagt Pinneberg leise und drückt Lämmchens Hand, «daß wir es ein bißchen hübsch hätten. Weißt du» — er versucht es zu schildern — «es müßte hell sein bei uns und weiße Gardinen und alles immer schrecklich sauber.»

«Ich versteh», sagt Lämmchen, «ich versteh, es muß schlimm sein bei uns für dich, wo du es nicht gewöhnt bist.»

«So meine ich es doch nicht, Lämmchen.»

«Doch. Doch. Warum sollst du es nicht sagen, es ist doch schlimm. Daß sich Karl und Vater immer zanken, ist schlimm. Und daß Vater und Mutter immer streiten, das ist auch schlimm. Und daß sie Mutter immer um das Kostgeld betrügen wollen, und daß Mutter sie mit dem Essen betrügt . . . alles ist schlimm.»

«Aber warum sind sie so? Bei euch verdienen doch drei, da müßte es doch gut gehen.»

Lämmchen antwortete ihm nicht. «Ich gehör ja nicht rein hier», sagt sie statt dessen. «Ich bin immer das Aschenputtel gewesen. Wenn Vater und Karl nach Haus kommen, haben sie Feierabend. Dann fang ich an mit Aufwaschen und Plätten und Nähen und Strümpfestopfen. Ach, es ist nicht das», ruft sie aus, «das täte man ja gerne. Aber daß das alles ganz selbstverständlich ist und daß man dafür geschuppst wird und geknufft, daß man nie ein gutes Wort bekommt und daß der Karl so tut, wie wenn er mich mit ernährt, weil er mehr Kostgeld zahlt als ich . . . Ich verdien doch nicht so viel — was verdient denn heute eine Verkäuferin?»

«Es ist ja bald vorbei», sagt Pinneberg. «Ganz bald.»

«Ach, es ist ja nicht das», ruft sie verzweifelt, «es ist ja alles nicht das. Aber, weißt du, Junge, sie haben mich immer richtig verachtet, du Dumme sagen sie zu mir. Sicher, ich bin nicht so klug. Ich versteh vieles nicht. Und dann, daß ich nicht hübsch bin . . .»

«Aber du bist hübsch!»

«Du bist der erste, der das sagt. Wenn wir mal zum Tanz gegangen sind, immer bin ich sitzengeblieben. Und wenn dann Mutter zum Karl gesagt hat, er solle seine Freunde schicken, hat er gesagt: wer will denn mit so 'ner Ziege tanzen? Wirklich, du bist der erste . . .»

Ein unheimliches Gefühl beschleicht Pinneberg. ‹Wirklich›, denkt er, ‹sie sollte mir das nicht so sagen. Ich hab immer gedacht, sie ist hübsch. Und nun ist sie vielleicht gar nicht hübsch . . .›

Lämmchen aber redet weiter: «Siehst du, Jungchen, ich will dir ja nichts vorjammern. Ich will es dir nur dieses einzige Mal sagen, daß du weißt, ich gehör hier nicht her, ich gehör nur zu dir. Zu dir allein. Und daß ich dir ganz furchtbar dankbar bin, nicht nur wegen des Murkels, sondern weil du das Aschenputtel geholt hast . . .»

«Du», sagt er. «Du!»

«Nein, jetzt noch nicht. — Und wenn du sagst, wir wollen es hell und sauber haben, du mußt ein bißchen geduldig sein, ich hab ja nie richtig kochen gelernt. Und wenn ich etwas falsch mache, dann sollst du es mir sagen, und ich will dich nie belügen . . .»

«Nein, Lämmchen, nein, es ist gut.»

«Und wir wollen uns nie, nie streiten. O Gott, Junge, was wollen wir glücklich sein, wir beide allein. Und dann der Dritte, der Murkel.»

«Wenn es aber ein Mädchen wird?»

«Es ist ein Murkel, sage ich dir, ein kleiner süßer Murkel.» —

Nach einer Weile stehen sie auf und treten auf den Balkon.

Ja, der Himmel ist da über den Dächern und seine Sterne in ihm. Sie stehen eine Weile schweigend, jedes die Hand auf der Schulter des andern.

Dann kehren sie zu dieser Erde zurück, mit dem engen Hof, den vielen hellen Fensterquadraten, dem Jazzgequäk.

«Wollen wir uns auch Radio anschaffen?» fragt er plötzlich.

«Ja, natürlich. Weißt du, ich bin dann nicht so mutterseelenallein, wenn du im Geschäft bist. Aber erst später. Wir müssen uns so furchtbar viel anschaffen!»

«Ja», sagt er.

Stille.

«Junge», fängt Lämmchen sachte an. «Ich muß dich was fragen.»

«Ja?» sagt er unsicher.

«Aber sei nicht böse!»

«Nein», sagt er.

«Hast du was gespart?»

Pause.

«Ein bißchen», sagt er zögernd. «Und du?»

«Auch ein bißchen», und ganz rasch: «Aber nur ein ganz, ganz klein bißchen.»

«Sag du», sagt er.

«Nein, sag du zuerst», sagt sie.

«Ich . . .», sagt er und bricht ab.

«Sag schon!» bittet sie.

«Es ist wirklich nur ganz wenig, vielleicht noch weniger als du.»

«Sicher nicht.»

«Doch. Sicher.»

Pause. Lange Pause.

«Frag mich», bittet er.

«Also», sagt sie und holt tief Atem. «Ist es mehr als . . .»

Sie macht eine Pause.

«Als was?» fragt er.

«I wo», lacht sie plötzlich. «Soll ich mich genieren! Hundertdreißig Mark hab' ich auf der Kasse.»

Er sagt stolz und langsam: «Vierhundertsiebzig.»

«Au fein!» sagt Lämmchen. «Das wird grade glatt, Sechshundert Mark. Junge, was ein Haufen Geld!»

«Na . . .», sagt er. «Viel finde ich es ja nicht. Aber man lebt schrecklich teuer als Junggeselle.»

«Und ich hab von meinen hundertzwanzig Mark Gehalt siebzig Mark für Kost und Wohnung abgeben müssen.»

«Dauert lange, bis man so viel zusammengespart hat», sagt er.

«Schrecklich lange», sagt sie. «Es wird und wird nicht mehr.»

Pause.

«Ich glaub nicht, daß wir in Ducherow gleich 'ne Wohnung kriegen», sagt er.

«Dann müssen wir ein möbliertes Zimmer nehmen.»

«Da können wir auch für unsere Möbel mehr sparen.»

«Aber ich glaube, möbliert ist schrecklich teuer.»

«Also laß uns mal rechnen», schlägt er vor.

«Ja. Wir wollen mal sehen, wie wir hinkommen. Wir wollen rechnen, als ob wir nichts auf der Kasse hätten.»

«Ja, das dürfen wir nicht angreifen, das soll ja mehr werden. Also hundertachtzig Mark Gehalt . . .»

«Als Verheirateter kriegst du noch mehr.»

«Ja, weißt du, ich weiß nicht.» Er ist sehr verlegen. «Nach dem Tarifvertrag vielleicht, aber mein Chef ist so komisch . . .»

«Darauf würde ich keine Rücksicht nehmen, ob er komisch ist.»

«Lämmchen, laß uns erst mal mit hundertachtzig rechnen. Wenn's mehr wird, ist es ja nur schön, aber die haben wir doch erst mal sicher.»

«Also schön», stimmt sie zu. «Nun erst mal die Abzüge.»

«Ja», sagt er. «An denen kann man ja nichts ändern. Steuern 6 Mark und Arbeitslosenversicherung 2 Mark 70. Und Angestellten-Versicherung 4 Mark. Und Krankenkasse 5 Mark 40. Und die Gewerkschaft 4 Mark 50 . . .»

«Na, deine Gewerkschaft, das ist doch überflüssig . . .»

Pinneberg sagt etwas ungeduldig: «Das laß man erst. Ich hab von deinem Vater genug.»

«Schön», sagt Lämmchen, «macht 22 Mark 60 Abzüge. Fahrgeld brauchst du nicht?»

«Gott sei Dank nein.»

«Bleiben also erst mal 157 Mark. Was macht die Miete?»

«Ja, ich weiß doch nicht. Zimmer und Küche, möbliert. Sicher doch 40 Mark.»

«Sagen wir 45», meint Lämmchen. «Bleiben 112 Mark 40. Was denkst du, brauchen wir fürs Essen?»

«Ja, sag du mal.»

«Mutter sagt immer, 1 Mark 50 braucht sie für jeden am Tag.»

«Das sind 90 Mark im Monat», sagt er.

«Dann bleiben noch 22 Mark 40», sagt sie.

Die beiden sehen sich an.

Lämmchen sagt ganz schnell: «Und dann haben wir noch nichts für Feuerung. Und nichts für Gas. Und nichts für Licht. Und nichts für Porto. Und nichts für Kleidung. Und nichts für Wäsche. Und nichts für Schuhe. Und Geschirr muß man sich auch manchmal kaufen.»

Und er sagt: «Und man möchte doch auch mal ins Kino. Und am Sonntag 'nen Ausflug machen. Und 'ne Zigarette rauch ich auch ganz gerne.»

«Und sparen wollen wir doch auch was.»

«Mindestens 20 Mark im Monat.»

«Dreißig.»

«Aber wie?»

«Rechnen wir noch mal.»

«An den Abzügen ändert sich nichts.»

«Und billiger kriegen wir kein Zimmer und Küche.»

«Vielleicht fünf Mark billiger.»

«Naja, ich will mal sehen. 'Ne Zeitung möcht man sich aber auch halten.»

«Sicher. Können wir nur am Essen sparen, nun gut, zehn Mark vielleicht ab.»

Sie sehen sich wieder an.

«Dann kommen wir noch immer nicht aus. Und an Sparen ist auch nicht zu denken.»

«Du», sagt sie sorgenvoll, «mußt du immer Plättwäsche tragen? Die kann ich nicht selber plätten.»

«Doch, das verlangt der Chef. Ein Oberhemd kostet sechzig Pfennig plätten und ein Kragen zehn Pfennig.»

«Macht auch wieder fünf Mark im Monat», rechnet sie.

«Und Schuhe besohlen.»

«Auch das, ja. Das ist auch gemein teuer.»

Pause.

«Also, rechnen wir noch mal.»

Und nach einer Weile: «Also streichen wir vom Essen noch mal zehn Mark ab. Aber billiger als für siebzig kann ich es nicht.»

«Wie machen es denn die andern?»

«Ja, ich weiß auch nicht. Furchtbar viel haben doch noch 'ne ganze Ecke weniger.»

«Ich versteh das nicht.»

«Da muß irgendwas nicht richtig sein. Laß uns noch mal rechnen.»

Sie rechnen und rechnen, sie kommen zu keinem andern Ergebnis. Sie sehen sich an. «Weißt du», sagt Lämmchen plötzlich, «wenn ich heirate, kann ich mir doch meine Angestellten-Versicherung auszahlen lassen?»

«Au fein!» sagt er. «Das gibt sicher hundertzwanzig Mark.»

«Und deine Mutter», fragt sie. «Du hast mir nie von ihr erzählt.»

«Da ist auch nichts zu erzählen», sagt er kurz. «Ich schreib ihr nie.»

«So», sagt sie. «Ja dann.»

Wieder Stille.

Sie kommen nicht weiter, also stehen sie auf und treten auf den

Balkon. Es ist fast alles dunkel geworden im Hof, auch die Stadt ist still geworden. In der Ferne hört man ein Auto tuten.

Er sagt in Gedanken verloren: «Haarschneiden kostet auch achtzig Pfennige.»

«O du, laß», bittet sie. «Was die andern können, werden wir auch können. Es wird schon gehen.»

«Hör noch mal zu, Lämmchen», sagt er. «Ich will dir auch kein Hausstandsgeld geben. Zu Anfang des Monats tun wir alles Geld in einen Topf, und jeder nimmt sich etwas davon, was er braucht.»

«Ja», sagt sie. «Ich hab einen hübschen Topf dafür, blaues Steingut. Ich zeig dir ihn noch. – Und dann wollen wir furchtbar sparsam sein. Vielleicht lern ich noch Oberhemden plätten.»

«Fünf-Pfennig-Zigaretten sind auch Unsinn», sagt er. «Es gibt schon ganz anständige für drei.»

Aber sie stößt einen Schrei aus: «O Gott, Junge, den Murkel haben wir doch ganz vergessen! Der kostet ja auch Geld!»

Er überlegt: «Was kostet denn solch kleines Kind? Und dann gibt es Entbindungsgeld und Stillgeld und Steuern zahlen wir auch weniger . . . ich glaub immer, die ersten Jahre kostet der gar nichts.»

«Ich weiß nicht», sagt sie zweifelnd.

In der Tür steht eine weiße Gestalt.

«Wollt ihr nicht endlich ins Bett?» fragt Frau Mörschel. «Drei Stunden könnt ihr noch schlafen.»

«Ja, Mutter», sagt Lämmchen.

«Es ist schon alles gleich», sagt die Alte. «Ich schlaf heute bei Vater. Der Karl bleibt heute nacht auch weg. Nimm ihn dir mit, deinen . . .» Die Tür schrammt zu, ungesagt bleibt, welchen deinen . . .

«Aber ich möchte wirklich nicht», sagt Pinneberg etwas pikiert. «Das ist doch wirklich nicht angenehm hier bei deinen Eltern . . .»

«O Gott, Junge», lacht sie. «Ich glaub, der Karl hat recht, du bist ein Bourgeois . . .»

«Aber keine Spur!» protestiert er. «Wenn es deine Eltern nicht stört.» Er zögert noch einmal: «Und wenn Doktor Sesam sich nun geirrt hat, ich habe nichts da.»

«Also setzen wir uns wieder auf die Küchenstühle», schlägt sie vor. «Mir tut schon alles weh.»

«Ich komm ja schon, Lämmchen», sagt er reumütig.

«Ja, wenn du nicht willst –?»

«Ich bin ein Schaf, Lämmchen! Ich bin ein Schaf!»

«Na also», sagt sie. «Dann passen wir ja zueinander.»

«Das wollen wir gleich sehen», sagt er.

ERSTER TEIL

DIE KLEINE STADT

Die Ehe fängt ganz richtig mit einer Hochzeitsreise an,
aber — brauchen wir einen Schmortopf?

Der Zug, der um 14 Uhr 10 an diesem August-Sonnabend von Platz
nach Ducherow fährt, befördert in einem Nichtraucherabteil dritter
Klasse Herrn und Frau Pinneberg, in seinem Packwagen einen «ganz
großen» Schließkorb mit Emmas Habe, einen Sack mit Emmas Betten
— aber nur ihr Bett, «für sein Bett kann er selber sorgen, wie kommen
wir dazu» — und eine Eierkiste mit Emmas Porzellan.

Der Zug verläßt eilig die große Stadt Platz, am Bahnhof war keiner,
die letzten Vorstadthäuser bleiben zurück, nun kommen die Felder.
Eine Weile noch geht es an dem Ufer der glitzernden Strela entlang,
und nun Wald, Birken an der Bahn entlang.

Im Abteil sitzt außer ihnen nur noch ein grämlicher Mann, der sich
nicht entschließen kann, was er nun eigentlich tun soll: Zeitung lesen,
die Landschaft besehen oder das junge Paar beobachten. Überraschend
geht er von einem zum andern über, und immer, wenn die beiden
sich grade ganz sicher glauben, werden sie von ihm erwischt.

Pinneberg legt ostentativ seine rechte Hand aufs Knie. Der Reif
schimmert freundlich. Jedenfalls sind es vollständig legitime Dinge, die
dieser Grämling beobachtet. Er sieht aber nicht den Ring an, sondern
die Landschaft.

«Macht sich gut, der Ring», sagt Pinneberg zufrieden. «Kann man
überhaupt nicht sehen, daß er nur vergoldet ist.»

«Weißt du, ein komisches Gefühl ist es doch mit dem Ring, ich fühl
ihn immerzu und muß ihn ewig ansehen.»

«Bist ihn eben noch nicht gewöhnt. Alte Eheleute spüren ihn überhaupt nicht. Verlieren ihn, merken es gar nicht.»

«Das sollte mir passieren», sagt Lämmchen entrüstet. «Ich werd ihn
merken, immer und immer.»

«Ich auch», erklärt Pinneberg. «Wo er mich an dich erinnert.»

«Und mich an dich!»

Sie neigen sich gegeneinander, immer näher, immer näher. Und fahren zurück, der Grämliche starrt geradezu schamlos.

«Keiner aus Ducherow», flüstert Pinneberg. «Müßte ihn kennen.»

«Kennst du denn alle bei euch?»

«Was so in Frage kommt, natürlich. Wo ich früher bei Bergmann
Herren- und Damenkonfektion verkauft habe. Da kennt man alles.»

«Warum hast du das denn aufgegeben? Das ist doch eigentlich deine
Branche.»

«Hab mich verkracht mit dem Chef», sagt Pinneberg kurz.

Lämmchen möchte weiter fragen, sie spürt, hier ist noch ein Abgrund, aber lieber läßt sie es. Alles hat Zeit, jetzt, wo sie richtig standesamtlich getraut sind.

Er hat scheinbar auch gerade daran gedacht: «Deine Mutter sitzt nun längst wieder zu Haus», sagt er.

«Ja», sagt sie. «Mutter ist böse, deswegen ist sie auch nicht mit zur Bahn gegangen. 'Ne Hundehochzeit ist das, hat sie gesagt, wie wir weggegangen sind vom Standesamt.»

«Soll ihr Geld sparen. So 'ne Festfresserei, wo alle nur dreckige Witze reißen, ist mir gräßlich.»

«Natürlich», sagt Lämmchen. «Mutter hätte es nur Spaß gemacht.»

«Haben nicht geheiratet, damit Mutter Spaß hat», sagt er kurz angebunden.

Pause.

«Du», fängt Lämmchen wieder an, «ich bin so schrecklich gespannt auf die Wohnung.»

«Na ja, hoffentlich gefällt sie dir. Viel Auswahl ist nicht in Ducherow.»

«Also, Hannes, beschreib sie mir noch mal.»

«Schön», sagt er und erzählt, was er schon öfter erzählt hat.

«Daß sie ganz draußen liegt, hab ich schon gesagt. Ganz im Grünen.»

«Das finde ich grade so fein.»

«Aber es ist ein richtiger Mietskasten. Maurermeister Mothes hat ihn da draußen hingesetzt, hat gedacht, da kommen noch mehr. Aber keiner kommt und baut da.»

«Warum nicht?»

«Weiß ich nicht. Ist den Leuten zu einsam, zwanzig Minuten von der Stadt. Kein gepflasterter Weg.»

«Also die Wohnung», erinnert sie ihn.

«Ja, also, wir wohnen ganz oben, bei der Witwe Scharrenhöfer.»

«Wie ist sie denn?»

«Gott, was soll ich sagen. Sie tat ja sehr fein, sie hat auch mal bessere Tage gesehen, aber die Inflation . . . Na, sie hat mir tüchtig was vorgeweint.»

«O Gott!»

«Sie wird ja nicht immer weinen. Und überhaupt, das ist ausgemacht, nicht wahr, wir sind schrecklich reserviert! Wir wollen keinen Verkehr mit anderen Leuten haben. Wir sind für uns genug.»

«Natürlich. Aber wenn sie aufdringlich ist?»

«Glaub ich nicht. Ist 'ne richtige feine alte Dame mit ganz weißen Haaren. Und sie hat schreckliche Angst um ihre Sachen, es sind doch noch die guten Sachen von ihrer Mutter selig, und wir sollen uns immer langsam auf das Sofa setzen, weil das noch die gute alte Federung hat, die verträgt keine plötzliche Belastung.»

«Wenn ich da man nur immer dran denke», sagt Lämmchen bedenklich. «Wenn ich mich freue oder wenn ich schrecklich traurig bin und rasch mal heulen möchte, und ich setz mich hin, dann kann ich doch nicht an die gute alte Federung denken.»

«Mußt du», sagt Pinneberg streng. «Mußt du eben. Und die Uhr unter dem Glassturz auf dem Vertiko, die sollst du nicht aufziehen und ich auch nicht, das kann sie allein.»

«Soll sie sich ihre olle eklige Uhr rausholen. Ich will in meiner Wohnung keine Uhr, die ich nicht aufziehen darf.»

«Es wird schon alles nicht so schlimm werden. Schließlich sagen wir, das Schlagen stört uns.»

«Aber gleich heute abend! Ich weiß ja nicht, solche vornehme Uhren, vielleicht müssen die nachts aufgezogen werden. – Also, sag endlich, wie ist es: man kommt die Treppe rauf und da ist die Flurtür. Und dann . . .»

«Dann kommt der Vorplatz, den haben wir gemeinsam. Und links gleich die erste Tür, das ist unsere Küche. Das heißt, 'ne ganz richtige Küche ist es nicht, früher ist es wohl nur so 'ne Dachkammer gewesen unter dem schrägen Dach, aber ein Gaskocher ist da . . .»

«Mit zwei Flammen», ergänzt Lämmchen traurig. «Wie ich das machen soll, das ist mir noch schleierhaft. Auf zwei Flammen kann doch kein Mensch ein Essen kochen. Mutter hat vier Flammen.»

«Aber natürlich geht es mit zweien.»

«Nun paß doch mal auf, Junge!»

«Wir wollen doch ganz einfach essen, da reichen zwei Flammen vollkommen.»

«Wollen wir auch. Aber 'ne Suppe willst du doch haben: erster Topf. Und dann Fleisch: zweiter Topf. Und Gemüse: dritter Topf. Und Kartoffeln: vierter Topf. Wenn ich dann zwei Töpfe auf den beiden Flammen warm habe, sind unterdes die beiden andern kalt geworden. Bitte –!»

«Ja», sagt er gedankenvoll. «Ich weiß doch auch nicht . . .»

Und plötzlich, ganz erschrocken: «Aber dann brauchst du ja vier Kochtöpfe!»

«Brauch ich auch», sagt sie stolz. «Damit komm ich noch nicht einmal aus. Einen Schmortopf muß ich auch haben.»

«O Gott, und ich hab nur einen gekauft!»

Lämmchen ist unerbittlich: «Dann müssen wir eben noch vier dazu kaufen.»

«Aber das geht doch nicht vom Gehalt, das geht doch schon wieder vom Ersparten!»

«Das hilft aber nichts, Junge, sei schon vernünftig. Was sein muß, muß doch sein, wir brauchen doch die Töpfe.»

«Das habe ich mir ganz anders gedacht», sagt er traurig. «Ich denke, wir kommen vorwärts und sparen, und nun fangen wir gleich mit Geldausgaben an.»

«Aber wenn es sein muß!»

«Der Schmortopf ist ganz überflüssig», sagt er erregt. «Ich eß nie Geschmortes. Nie! Nie! Wegen so ein bißchen Schmorbraten einen ganzen Topf kaufen! Nie!»

«Und Rouladen?» fragt Lämmchen. «Und Braten?»

«Also die Wasserleitung ist auch nicht in der Küche», sagt er verzweifelt. «Wegen Wasser mußt du immer in die Küche von Frau Scharrenhöfer gehen.»

«O Gott!» sagt sie wieder einmal. –

Von weitem sieht eine Ehe außerordentlich einfach aus: zwei heiraten, bekommen Kinder. Das lebt zusammen, ist möglichst nett zueinander und sucht vorwärts zu kommen. Kameradschaft, Liebe, Freundlichkeit, Essen, Trinken, Schlafen, das Geschäft, der Haushalt, sonntags ein Ausflug, abends mal Kino! Fertig.

Aber in der Nähe löst sich die ganze Geschichte in tausend Einzelprobleme auf. Die Ehe, die tritt gewissermaßen in den Hintergrund, die versteht sich von selbst, ist die Voraussetzung, aber beispielsweise: wie wird das nun mit dem Schmortopf? Und soll er gleich heute abend noch Frau Scharrenhöfer sagen, daß sie die Uhr aus dem Zimmer nimmt? Das ist es.

Dunkel fühlen es die beiden. Aber das sind noch keine dringenden Probleme, jeder Schmortopf wird über der Feststellung vergessen, daß sie jetzt allein im Abteil sind. Der Grämliche ist irgendwo ausgestiegen. Sie haben es gar nicht gemerkt. Schmortopf und Stutzuhr bleiben hinten, sie nehmen sich in die Arme, der Zug rattert. Ab und an holen sie einmal Atem, und dann küssen sie sich wieder, bis der langsamer fahrende Zug verrät: Ducherow.

«O Gott, schon!» sagen beide.

Pinneberg wird mystisch, und Lämmchen bekommt Rätsel zu raten

«Ich habe ein Auto bestellt», sagt Pinneberg hastig, «der Weg zu uns raus wäre doch zuviel geworden für dich.»

«Aber wieso denn? Wo wir sparen wollen! In Platz sind wir doch erst vorigen Sonntag zwei Stunden gelaufen!»

«Aber deine Sachen . . .»

«Die hätte uns auch ein Dienstmann bringen können. Oder jemand aus deinem Geschäft. Ihr habt doch Arbeiter . . .»

«Nein, nein, das mag ich nicht, das sieht dann so aus . . .»

«Na schön», sagt Lämmchen ergeben, «wie du meinst.»

«Und noch eins», sagt er eilig, während schon die Bremsen angezogen werden. «Wir wollen nicht so verheiratet tun. Wir wollen so tun, wie wenn wir uns nur ganz flüchtig kennen.»

«Aber warum denn?» fragt Lämmchen erstaunt. «Wir sind doch ganz richtig verheiratet!»

«Weißt du», erklärt er verlegen, «es ist wegen der Leute. Wir haben doch keine Karten verschickt, überhaupt nichts angezeigt. Und wenn sie uns nun so sehen, sie könnten doch beleidigt sein, nicht wahr?»

«Das versteh ich nicht», sagt Lämmchen verblüfft. «Das mußt du mir noch mal erklären. Wieso können die Leute beleidigt sein, wenn wir verheiratet sind?»

«Ja, ich erzähl dir das alles noch. Aber jetzt nicht. Jetzt müssen wir . . . Nimmst du deinen Stadtkoffer? Also bitte, tu so ein bißchen fremd.»

Lämmchen sagt nichts mehr, sondern sieht ihren Jungen nur zweifelhaft von der Seite an. Der entwickelt eine vollendete Höflichkeit, hilft seiner Dame aus dem Wagen, sagt verlegen lächelnd: «Also dies ist der Hauptbahnhof Ducherow. Wir haben nämlich auch noch die Kleinbahn nach Maxfelde. Bitte, hier.» Und er geht voran, die Treppe vom Bahnsteig hinunter, wirklich ein bißchen zu rasch für einen so besorgten Ehemann, der sogar ein Auto bestellt hat, damit seiner Frau das Gehen nicht zuviel wird, immer zwei, drei Schritt vorweg. Und dann durch einen Seitenausgang. Da hält das Auto, ein geschlossener Wagen.

Der Chauffeur sagt: «Guten Tag, Herr Pinneberg. Guten Tag, Fräulein.»

Pinneberg murmelt hastig: «Einen Augenblick, bitte. Vielleicht schon einsteigen −? Ich besorge unterdes das Gepäck.» Und ist fort.

Lämmchen steht da und sieht den Bahnhofsplatz an, mit seinen kleinen zweistöckigen Häusern. Gerade gegenüber ist das Bahnhofshotel.

«Liegt hier auch das Geschäft von Kleinholz?» fragt sie den Chauffeur.

«Wo Herr Pinneberg arbeitet? Nee, Fräulein, da fahren wir nachher vorbei. Grade am Marktplatz, neben dem Rathaus.»

«Hören Sie», sagt Lämmchen. «Können wir das Verdeck nicht aufmachen vom Wagen? Es ist doch heute ein so schöner Tag.»

«Tut mir leid, Fräulein», sagt der Chauffeur. «Herr Pinneberg hat ausdrücklich geschlossen bestellt. Sonst hab ich das Verdeck doch auch nicht oben, diese Tage.»

«Na schön», sagt Lämmchen. «Wenn es Herr Pinneberg so bestellt hat.» Und steigt ein.

Sie sieht ihn kommen, hinter dem Gepäckträger, der Koffer, Bettsack und Kiste auf einer Karre heranschiebt. Und weil sie ihren Mann seit fünf Minuten mit ganz anderen Augen ansieht, fällt ihr auf, daß er die rechte Hand in der Hosentasche hat. Das ist sonst seine Art nicht, so was macht er sonst gar nicht. Aber jetzt hat er jedenfalls die rechte Hand in der Hosentasche.

Dann fahren sie los.

«So», sagt er und lacht ein wenig verlegen. «Nun bekommst du ganz Ducherow im Fluge zu sehen. Ganz Ducherow ist eigentlich eine lange Straße.»

«Ja», sagt sie, «du wolltest mir auch noch erklären, warum die Leute beleidigt sein könnten.»

«Nachher», sagt er. «Es redet sich wirklich schlecht jetzt. Das Pflaster ist miserabel bei uns.»

«Also nachher», sagt sie und schweigt auch. Aber wieder fällt ihr etwas auf; er hat den Kopf ganz in die Ecke gedrückt, wenn jemand ins Auto sieht, kann er ihn sicher nicht erkennen. «Da ist dein Geschäft», sagt sie. «Emil Kleinholz. Getreide, Futter und Düngemittel. Kartoffeln en gros und en detail. − Da kann ich ja meine Kartoffeln bei dir kaufen.»

«Nein, nein», sagt er hastig. «Das ist ein altes Schild. Wir haben Kartoffeln nicht mehr im Detail.»

«Schade», sagt sie. «Ich hätte mir das so hübsch gedacht, wenn ich zu dir ins Geschäft gekommen wäre und hätte von dir zehn Pfund Kartoffeln gekauft. Ich hätte auch gar nicht verheiratet getan, du.»

26

«Ja, schade», sagt auch er. «Es wäre wunderhübsch gewesen.»

Sie tippt mit der Fußspitze sehr energisch auf den Boden und tut einen empörten Schnaufer, aber sie sagt nichts weiter. — Gedankenvoll fragt sie später: «Haben wir hier auch Wasser?»

«Wieso?» fragt er vorsichtig.

«Nun, zum Baden! Was heißt da wieso?» sagt Lämmchen ungeduldig.

«Ja, Badegelegenheit gibt es hier auch», sagt er.

Und sie fahren weiter. Aus der Hauptstraße müssen sie heraus sein. Feldstraße liest Lämmchen. Einzelne Häuser, alle in Gärten.

«Du, hier ist es hübsch», sagt sie erfreut. «Die vielen Sommerblumen!»

Das Auto macht förmlich Sprünge.

«Jetzt sind wir im Grünen Ende», sagt er.

«Im Grünen Ende?»

«Ja, unsere Straße heißt das Grüne Ende.»

«Das ist eine Straße?! Ich dachte schon, der Mann hat sich verfahren.»

Links ist eine stacheldraht-bewehrte Koppel, besetzt mit ein paar Kühen und einem Pferd. Rechts ist ein Kleeschlag, der Rotklee blüht grade.

«Mach doch jetzt das Fenster auf!» bittet sie.

«Wir sind schon da.»

Wo die Koppel zu Ende ist, hört auch das flache Land wieder auf. Hierhin hat die Stadt ihr letztes Denkmal gepflanzt — und was für eines! Schmal und hoch steht der Spekulationskasten des Maurermeisters Mothes im Flachen, braun und gelb verputzt, aber nur von vorn, die Seitenmauern sind unverputzt und warten auf Anschluß.

«Schön ist es nicht», sieht Lämmchen an ihm hoch.

«Aber drinnen ist es wirklich nett», ermutigt er sie.

«Also gehen wir rein», sagt sie. «Und für den Murkel wird es natürlich herrlich sein hier, so gesund.»

Pinneberg und der Chauffeur fassen den Korb an, Lämmchen nimmt die Eierkiste, der Chauffeur erklärt: «Den Bettsack bring ich nachher.»

Unten im Parterre, wo der Laden ist, riecht es nach Käse und Kartoffeln, im ersten Stock wiegt der Käse vor, im zweiten herrscht er unumschränkt, und ganz oben unter dem Dach riecht es wieder nach Kartoffeln, dumpfig und feucht.

«Erklär mir das, bitte! Wie ist der Geruch am Käse vorbeigekommen?»

Aber Pinneberg schließt schon die Tür auf.

«Wir wollen gleich in die Stube, nicht wahr?»

Sie gehen über den kleinen Vorplatz, er ist wirklich sehr klein, und rechts steht eine Garderobe und links eine Truhe. Die Männer kommen kaum mit dem Korb durch.

«Hier!» sagt Pinneberg und stößt die Tür auf.

Lämmchen tritt auf die Schwelle.

«O Gott», sagt sie verwirrt. «Was ist denn hier . . .?»

Aber dann wirft sie alles, was sie in Händen hat, auf ein umbautes Plüschsofa — unter der Eierkiste schreien die Federn auf —, läuft zum Fenster, es sind vier große strahlend helle Fenster in dem langen Zimmer, reißt es auf und lehnt sich hinaus.

Unten, unter ihr, das ist die Straße, der zerfahrene Feldweg mit

Sandgleisen und Gras und Melde und Saudisteln. Und dann ist das Kleefeld da, und jetzt riecht sie es, nichts riecht so herrlich wie blühender Klee, auf den einen ganzen Tag lang die Sonne geschienen hat.

Und an das Kleefeld schließen sich andere Felder, gelbe und grüne, und auf ein paar Roggenschlägen ist auch schon die Stoppel geschält. Und dann kommt ein ganz tiefgrüner Streifen — Wiesen — und zwischen Weiden und Erlen und Pappeln fließt die Strela, schmal hier, ein Flüßchen nur.

«Nach Platz», denkt Lämmchen. «Nach meinem Platz, wo ich geschuftet habe und mich gequält, und allein gewesen bin, in einer Hofwohnung. Immer Mauern, Steine ... Hier geht es immer weiter.»

Und nun sieht sie im Fenster neben sich das Gesicht ihres Jungen, der den Chauffeur mit dem Bettsack abgefertigt hat, und er strahlt sie selig und selbstvergessen an.

Sie ruft ihm zu: «Sieh doch nur dies alles! Hier kann man leben ...»

Sie reicht ihm aus ihrem Fenster die rechte Hand, und er nimmt sie mit seiner Linken.

«Der ganze Sommer!» ruft sie und beschreibt einen Halbkreis mit ihrem freien Arm.

«Siehst du das Zügel? Das ist die Kleinbahn nach Maxfelde», sagt er.

Unten taucht der Chauffeur auf. Er ist wohl im Laden gewesen, denn er grüßt mit einer Flasche Bier. Der Mann wischt sorgfältig den Flaschenrand mit der Innenfläche der Hand ab, legt den Kopf zurück, ruft: «Ihre Gesundheit!» und trinkt.

«Prost!» ruft Pinneberg und hat Lämmchens Hand losgelassen.

«So», sagt Lämmchen. «Und nun wollen wir die Schreckenskammer betrachten.»

Selbstverständlich ist so was ein Unding: man dreht sich von der Betrachtung des schlichten, klaren Landes um und sieht einen Raum, in dem ... Nun, Lämmchen ist wirklich nicht verwöhnt. Lämmchen hat höchstens einmal in einem Schaufenster an der Mainzer Straße in Platz schlichte, gradlinige Möbel gesehen. Aber dies ...

«Bitte, Junge», sagt sie. «Nimm mich bei der Hand und führe mich. Ich hab Angst, ich stoß was um oder ich bleibe wo stecken und ich kann nicht mehr vor und zurück.»

«Na, so schlimm ist es doch auch nicht», sagt er etwas gekränkt. «Ich finde, hier sind sehr gemütliche Winkel.»

«Ja, Winkel», sagt sie. «Aber erzähl mir um Gottes willen, was ist das? Nein, sag kein Wort. Wir wollen hingehen, das muß ich in der Nähe betrachten.»

Sie machen sich auf die Wanderschaft, aber wenn sie auch meistens hintereinander gehen müssen, Lämmchen läßt ihren Hannes nicht los.

Also: das Zimmer ist eine Schlucht, gar nicht mal so schmal, aber endlos lang, eine Reitbahn. Und während vier Fünftel dieser Bahn ganz vollgestellt sind mit Polstermöbeln, Nußbaumtischen, Vertikos, Spiegelkonsolen, Blumenständern, Etageren, einem großen Papageienkäfig (ohne Papagei), stehen im letzten Fünftel nur zwei Betten und ein Waschtisch. Aber die Trennung zwischen dem vierten und fünften Fünftel, die ist es, die Lämmchen lockt. Es ist eine Scheidung herbeigeführt zwischen Wohn- und Schlafgemach, aber mit keiner Rabitzwand, mit keinem Vorhang, mit keiner spanischen Wand. Sondern – also mit Leisten ist so eine Art Spalier gemacht, eine Art Weingeländer vom Boden bis zur Decke mit einem Bogen, durch den man gehen kann. Und diese Leisten sind nicht etwa einfache glatte Holzleisten, sondern schön braun gebeizte Nußbaumleisten, jede mit fünf parallelen Riefen in sich. Aber daß das Spalier nicht so nackt aussähe, sind Blumen hineingewunden, Blumen aus Papier und Stoff, Rosen und Narzissen und Veilchentuffs. Und dann sind da lange grüne Papiergirlanden, die man von den Bockbierfesten her kennt.

«O Gott!» sagt Lämmchen und setzt sich. Sie setzt sich, wo sie steht, aber es ist keine Gefahr, daß sie auf die Erde zu sitzen kommt, überall ist was da, immer ist was da, ihr Po stößt auf einen rohrgeflochtenen Klaviersessel, Ebenholz, der dort steht, ohne Klavier.

Pinneberg steht stumm dabei. Er weiß nicht, was er sagen soll. Ihm hat eigentlich beim Mieten alles so ziemlich eingeleuchtet, und das Spalier hat er ganz lustig gefunden.

Plötzlich beginnen Lämmchens Augen zu funkeln, ihre Beine haben wieder Kraft, sie steht auf, sie nähert sich dem Blumenspalier, sie fährt mit dem Finger über eine Leiste. Diese Leiste hat Riefen, Rillen, Kerben, das ist schon gesagt, Lämmchen prüft ihren Finger.

«Da!» sagt sie und hält dem Jungen den Finger hin. Der Finger ist grau.

«Ein bißchen staubig», sagt er vorsichtig.

«Bißchen!!» Lämmchen sieht ihn flammend an. «Du hältst mir 'ne Frau, ja? Mindestens fünf Stunden täglich muß hier 'ne Frau her.»

«Aber warum denn? Wieso denn?»

«Und wer soll das sauber halten, bitte? Die dreiundneunzig Möbel mit ihren Kerben und Knäufen und Säulen und Muscheln, na ja, ich hätt's noch getan. Trotzdem es sündhaft ist, solche Quatscharbeit. Aber dieses Spalier, da habe ich ja allein jeden Tag drei Stunden damit zu tun. Und dann die Papierblumen ...»

Sie versetzt einer Rose einen Schmiß. Die Rose fällt zu Boden, aber ihr nach tanzen durch den Sonnenschein Millionen grauer Stäubchen.

«Hältst du mir 'ne Frau, du?» fragt Lämmchen und ist gar kein Lämmchen.

«Wenn du's vielleicht einmal in der Woche gründlich machtest?»

«Unsinn! Und hier soll der Murkel aufwachsen. Wieviele Löcher soll er sich an den Knäufen und Knorren rennen? Sag!»

«Bis dahin haben wir vielleicht 'ne Wohnung.»

«Bis dahin! – Und wer soll das heizen im Winter? Unterm Dach? Zwei Außenwände! Vier Fenster! Jeden Tag einen halben Zentner Briketts und dann noch geklappert!»

«Ja, weißt du», sagt er etwas pikiert, «möbliert ist natürlich nie so wie eigen.»

«Das weiß ich auch, du. Aber sag selbst, wie findest du das? Gefällt dir das? Möchtest du hier leben? Denk dir doch mal aus, du kommst nach Haus und dann rennst du hier zwischen Eiern rum und überall sind Deckchen. Aua! – dacht ich mir doch, mit Stecknadeln festgepiekst!»

«Aber wir finden nichts Besseres.»

«*Ich* finde was Besseres. Verlaß dich drauf. Wann können wir kündigen?»

«Am ersten September. Aber ...»

«Zu wann?»

«Zum dreißigsten September. Aber ...»

«Sechs Wochen», stöhnt sie. «Nun, ich werde es überstehen. Mir tut nur der arme Murkel leid, der dies alles miterleben muß. Ich dachte, ich würde schön mit ihm spazierengehen können hier draußen. Kuchen, Möbel polieren.»

«Aber wir können nicht sofort wieder kündigen!»

«Natürlich können wir. Am liebsten gleich, heute, diese Minute!»

Sie steht da, ganz Entschlossenheit, die Backen rot, aggressiv, die Augen blitzend, den Kopf im Nacken.

Pinneberg sagt langsam: «Weißt du, Lämmchen, ich habe dich mir ganz anders gedacht. Viel sanfter ...»

Sie lacht, sie stürzt auf ihn zu, fährt mit der Hand durch seine Haare. «Natürlich bin ich ganz anders, wie du gedacht hast, das weiß ich doch. Dachtest du, ich wäre Zucker, wo ich seit der Schule ins Geschäft gegangen bin, und bei *dem* Bruder, *dem* Vater, *der* Vorgesetzten, *den* Kollegen!»

«Ja, weißt du ...», sagt er nachdenklich.

Die Uhr, die berühmte Glasstutzuhr auf dem Ofensims — zwischen einem hämmernden Amor und einem Glaspirol —, schlägt hastig siebenmal.

«Marsch los, Junge! Wir müssen noch runter ins Geschäft, zum Abendessen einkaufen und für morgen. Jetzt bin ich ja nur gespannt auf die sogenannte Küche!»

Pinnebergs machen einen Antrittsbesuch, es wird geweint, und die Verlobungsuhr schlägt immerzu

Das Abendessen ist vorüber, ein Abendessen, eingekauft, zubereitet, durch ein Gespräch belebt, mit Plänen ausgefüllt von einem ganz veränderten Lämmchen. Es hat Brot und Aufschnitt gegeben, dazu Tee. Pinneberg war mehr für Bier gewesen, aber Lämmchen hatte erklärt: «Erstens ist Tee billiger. Und zweitens ist für den Murkel Bier gar nicht gut. Bis zur Entbindung trinken wir keinen Tropfen Alkohol. Und überhaupt ...»

‹*Wir*›, dachte Pinneberg wehmütig, fragte aber nur: «Und was überhaupt?»

«Und überhaupt sind wir nur heute abend mal so üppig. Zweimal die Woche mindestens gibt es nur Bratkartoffeln und Brot mit Margarine. Gute Butter—? Vielleicht sonntags. Margarine hat auch Vitamine.»

«Aber nicht dieselbe ...»

«Schön, entweder wollen wir vorwärtskommen oder wir brauchen allmählich das Ersparte auf.»

«Nein, nein», sagt er eilig.

«So, und nun räumen wir ab. Abwaschen kann ich morgen früh. Und dann packe ich die erste Ladung zusammen, und wir besuchen Frau Scharrenhöfer. Das schickt sich so.»

«Willst du wirklich gleich den ersten Abend —?»

«Gleich. Die soll sofort Bescheid wissen. Übrigens hätte sie sich längst sehen lassen können.»

In der Küche, die wirklich nichts weiter wie eine Bodenkammer mit einem Gaskocher ist, sagt Lämmchen noch einmal: «Schließlich gehen sechs Wochen auch mal vorbei.»

Ins Zimmer zurückgekehrt, entfaltet sie eine emsige Tätigkeit. Alle Deckchen und Häkeleien nimmt sie ab und legt sie fein säuberlich zusammen. «Rasch, Junge, hol eine Untertasse aus der Küche. Die soll nicht denken, wir wollen ihre Nadeln behalten.»

Endlich: «So.»

Sie legt das Paket mit den Decken über ihren Arm, sieht sich suchend um: «Und du nimmst die Uhr, Junge.»

Er zweifelt noch immer: «Soll ich wirklich —?»

«Du nimmst die Uhr. Ich gehe voran und mache die Türen auf.»

Sie geht wirklich voran, ganz ohne Furcht, erst über den kleinen Vorplatz, dann in einen kammerähnlichen Raum mit Besen und solchem Gemurks, dann durch die Küche ...

«Siehst du, Junge, das ist eine Küche! Und hier darf ich nur Wasser holen!»

... dann durch ein Schlafzimmer, ein langes schmales Handtuch, nur mit zwei Betten ...

«Hat die das Bett von ihrem Seligen stehen lassen? Besser, als wenn wir drin schlafen.»

... und dann in ein kleines Zimmer, das fast ganz dunkel ist, so dicke Plüschportieren hängen vor dem einzigen Fenster.

Frau Pinneberg bleibt in der Tür stehen. Unsicher sagt sie ins Dunkel: «Guten Abend. Wir wollten nur Guten Abend sagen.»

«Einen Augenblick», sagt eine weinerliche Stimme. «Einen Augenblick nur. Ich mache gleich Licht.»

Hinter Lämmchen hantiert Pinneberg an einem Tisch, sie hört die kostbare Uhr leise klirren. Er bringt sie wohl rasch beiseite.

«Alle Männer sind feige», stellt Lämmchen fest.

«Gleich mache ich Licht», sagt die klagende Stimme, immer noch aus derselben Ecke. «Sie sind die jungen Leute? Ich muß mich nur erst zurechtmachen, ich weine abends immer ein bißchen ...»

«Ja?» fragt Lämmchen. «Aber wenn wir stören ... Wir wollten nur ...»

«Nein, ich mache Licht. Bleiben Sie, junge Leute. Ich erzähl Ihnen, warum ich geweint habe, ich mach auch Licht ...»

Und nun wird es wirklich Licht, was die alte Scharrenhöfer so Licht nennt: eine matte Glühbirne, ganz oben an der Decke, eine trübe Dämmernis zwischen Samt und Plüsch, etwas Fahles, Totengraues. Und in der Düsterheit steht eine große, knochige Frau, bleifarben, mit einer rötlichen langen Nase, schwimmenden Augen, mit dünnem, weißgrauem Haar, in einem grauen Alpakakleid.

«Die jungen Leute», sagt sie und gibt Lämmchen eine feuchte, knochige Hand. «Bei mir! Die jungen Leute!»

Lämmchen drückt ihren Deckenpacken eng an sich. Daß die Alte ihn nur nicht sieht mit ihren trüben verweinten Augen. Gut, daß der Junge seine Uhr losgeworden ist, vielleicht kann man sie ohne Auffallen nachher wieder mitnehmen. Lämmchens Mut ist weg.

«Wir wollen aber wirklich nicht stören», sagt Lämmchen.

«Wie können Sie stören? Zu mir kommt keiner mehr. Ja, als mein guter Mann noch lebte! Aber es ist recht, daß er nicht mehr lebt!»

«War er schwer krank?» fragt Lämmchen, und bekommt einen Schreck über ihre dumme Frage.

Aber die Alte hat es nicht gehört. «Sehen Sie!» sagt sie. «Junge Leute, wir hatten vor dem Kriege gut und gern unsere fünfzigtausend Mark. Und nun ist das Geld alle. Wie kann das Geld alle sein?» fragt sie ängstlich. «Soviel kann eine alte Frau doch nicht ausgeben?»

«Die Inflation», sagt Pinneberg vorsichtig.

«Es kann nicht alle sein», sagt die alte Frau und hört nicht. «Ich sitze hier, rechne. Ich habe immer alles angeschrieben. Ich sitze, ich rechne. Da steht: ein Pfund Butter dreitausend Mark . . . kann ein Pfund Butter dreitausend Mark kosten.»

«In der Inflation . . .», fängt auch Lämmchen an.

«Ich will es Ihnen sagen. Ich weiß jetzt, mein Geld ist mir gestohlen. Einer, der hier zur Miete gewohnt hat, hat es mir gestohlen. Ich sitze und überlege: wer war's? Aber ich kann mir Namen nicht merken, es haben so viele hier gewohnt seit dem Kriege. Ich sitze, ich grüble. Er fällt mir noch ein, es ist ein ganz kluger gewesen, damit ich es nicht merke, hat er mein Haushaltsbuch gefälscht. Aus 'ner drei hat er dreitausend gemacht, ich hab's nicht gemerkt.»

Lämmchen sieht verzweifelt zu Pinneberg hin. Pinneberg sieht nicht hoch.

«Fünfzigtausend . . . wie können Fünfzigtausend alle sein? Ich hab hier gesessen, ich hab gerechnet, was ich alles angeschafft habe, die Jahre, seit mein Mann tot ist, Strümpfe und ein paar Hemden, ich hab 'ne schöne Aussteuer gehabt, ich brauch nicht viel, es ist alles angeschrieben. Keine Fünftausend sage ich Ihnen . . .»

«Aber da war doch die Geldentwertung», macht Lämmchen einen neuen Versuch.

«Geraubt hat er es mir», sagt die alte Frau kläglich, und die hellen Tränen fließen mühelos aus ihren Augen. «Ich will Ihnen die Bücher zeigen, ich hab es jetzt gemerkt, die Zahlen sind nachher ganz anders, so viele Nullen.»

Sie steht auf und geht gegen den Mahagonisekretär.

«Es ist wirklich nicht nötig», sagen Pinneberg und Lämmchen.

In diesem Augenblick geschieht es: die Uhr draußen, die Pinneberg im Schlafzimmer der Alten abgestellt hatte, schlägt silbern hell, eilig neun Uhr.

Die Alte bleibt halbwegs stehen. Den Kopf erhoben, späht sie in das Dunkel, lauscht mit halboffenem Munde, mit zitternder Lippe.

«Ja?» fragt sie ängstlich.

Lämmchen faßt Pinnebergs Arm.

«Das ist die Verlobungsuhr von meinem Mann. Sie stand doch sonst drüben?»

Die Uhr hat zu schlagen aufgehört.

«Wir wollten Sie bitten, Frau Scharrenhöfer», fängt Lämmchen an.

Aber die Alte hört nicht, vielleicht hört sie überhaupt nie auf das, was andere reden. Sie macht die angelehnte Tür auf: da steht die Uhr, selbst in diesem schlechten Licht deutlich sichtbar. «Die jungen Leute haben mir meine Uhr wiedergebracht», flüstert die Alte. «Das Verlobungsstück von meinem Mann. Es gefällt den jungen Leuten bei mir nicht. Sie bleiben auch nicht bei mir. Keiner bleibt . . .»

Und wie sie das gesagt hat, fängt die Uhr wieder zu schlagen an, noch eiliger, noch glasheller beinahe, Schlag um Schlag, zehnmal, fünfzehnmal, zwanzigmal, dreißigmal . . .

«Das kommt vom Tragen. Sie verträgt das Tragen nicht mehr», flüstert Pinneberg.

«O Gott, komm schnell!» bittet Lämmchen.

Sie stehen auf. Aber in der Tür steht die Alte, läßt sie nicht vorbei, sieht die Uhr an. «Sie schlägt», flüstert sie. «Sie schlägt immerzu. Und dann schlägt sie nie wieder. Ich hör sie zum letztenmal. Alles geht von mir weg. Das Geld ist auch weg. Wenn die Uhr schlug, dachte ich immer: die hat mein Mann noch gehört . . .»

Die Uhr steht still.

«Bitte, Frau Scharrenhöfer, es tut mir sehr leid, daß ich Ihre Uhr angefaßt habe.»

«Ich bin schuld», schluchzt Lämmchen. «Ich ganz allein . . .»

«Gehen Sie, junge Leute, gehen Sie nur. Das soll so sein. Eine gute Nacht, junge Leute.»

Die beiden drücken sich vorbei, angstvoll, verschüchtert wie Kinder.

Plötzlich ruft die Alte klar und deutlich: «Vergessen Sie am Montag nicht die Anmeldung bei der Polizei! Sonst habe ich Scherereien.»

*Der Schleier der Mystik hebt sich, Bergmann und Kleinholz,
auch warum Pinneberg nicht verheiratet sein kann*

Sie wissen nicht recht, wie sie in ihr Zimmer gekommen sind, durch all die dunklen übervollen Räume, angefaßt an der Hand wie Kinder, die sich ängstigen

Nun stehen sie in ihrem Zimmer, auch das noch gespenstisch genug, nebeneinander, im Dunklen. Es ist, als ob das Licht ihnen widerstrebte, als könnte es ebenso trübe sein wie das funzlige Licht nebenan bei der alten Frau.

«Das war schrecklich», sagt Lämmchen, tief Atem holend.

«Ja», sagt er. Und nach einer Weile noch einmal: «Ja. Sie ist verrückt, die Frau, Lämmchen, aus Kummer um ihr Geld.»

«Das ist sie. Und ich . . .», die beiden stehen noch immer angefaßt im Dunklen . . . «und ich soll den ganzen Tag hier allein in der Wohnung sein, und sie kann immer zu mir hereinkommen. Nein! Nein!»

«Sei doch ruhig, Lämchen. Neulich war sie ganz anders. Das war vielleicht nur einmal so.»

«Junge Leute . . .», wiederholt Lämmchen. «Sie sagt es so häßlich, als wenn wir etwas noch nicht wüßten. Du, du, Junge, ich will nicht so werden wie die! Nicht wahr, ich kann nicht so werden wie die?! Ich hab Angst.»

«Aber du bist doch Lämmchen», sagt er und nimmt sie in seinen Arm. Sie ist so hilflos, so groß und hilflos, und sie kommt zu ihm um Schutz. «Du bist doch Lämmchen und bleibst Lämmchen, wie kannst du werden wie die olle Scharrenhöfer?»

«Nicht wahr? Und für unsern Murkel kann es auch nicht gut sein, wenn ich hier wohne. Der soll sich nicht ängstigen, seine Mutter will immer fröhlich sein, damit er auch fröhlich wird.»

«Ja, ja», sagt er und streichelt sie und wiegt sie. «Das kommt alles zurecht, das findet sich alles.»

«Das sagst du. Aber du versprichst mir nicht, daß wir ausziehen. Gleich!»

«Können wir es denn? Haben wir denn das Geld dafür, anderthalb Monate lang zwei Wohnungen zu bezahlen?»

«Ach, das Geld!» sagt sie. «Soll ich mich ängstigen, soll der Murkel schiech werden wegen ein bißchen Geld?»

«Ja, ach das Geld», sagt er. «Das böse Geld. Das liebe Geld.»

Er wiegt sie in seinen Armen hin und her. Plötzlich fühlt er sich klug und alt, auf Dinge, auf die es bisher ankam, kommt es nicht mehr an. Er darf ehrlich sein: «Ich habe keine besonderen Gaben, Lämmchen», sagt er. «Ich werd' nicht hoch kommen. Wir werden immer nach dem Geld krampfen müssen.»

«Ach du!» sagt sie halb singend. «Ach du!»

Der Wind bewegt die weißen Vorhänge an den Fenstern. Das Zimmer ist von einem sanften Licht durchstrahlt. Magisch angezogen gehen die beiden Arm in Arm gegen das offene Fenster und lehnen sich hinaus.

Das Land liegt im Mondlicht. Ganz rechts leuchtet ein flackerndes, flimmerndes Pünktchen: die letzte Gaslaterne in der Feldstraße. Aber vor ihnen liegt das Land, schön aufgeteilt in freundliche Helle und in einen sanften, tiefen Schatten, wo Bäume stehen. So still ist es, sie hören bis hier herauf die Strela über ein paar Steine plätschern. Und der Nachtwind stößt ganz sanft gegen ihre Stirnen.

«Wie schön das ist», sagt sie. «Wie friedlich!»

«Ja», sagt er. «Das tut richtig gut. Zieh mal die Luft tief ein, nicht wie bei euch in Platz.»

«Bei euch . . . ich bin nicht mehr in Platz, ich gehöre nicht mehr nach Platz, ich bin am Grünen Ende bei der Witwe Scharrenhöfer . . .»

«Nur bei der?»

«Nur bei der!»

– – –

«Gehen wir noch mal runter?»

«Jetzt nicht, Junge, laß uns hier noch ein Weilchen liegen. Ich muß dich auch noch etwas fragen.»

«Jetzt kommt es», denkt er.

Aber sie fragt nicht. Sie liegt da im Fenster, der Wind bewegt das blonde Haar in der Stirn, legt es bald so, bald so. Er sieht dem zu.

«So friedlich . . .», sagt Lämmchen.

«Ja», sagt er. Und dann: «Komm ins Bett, Lämmchen.»

«Wollen wir nicht noch ein bißchen aufbleiben? Wir können morgen doch so lange schlafen, wo Sonntag ist. Und dann will ich dich auch noch etwas fragen.»

«Also frag schon!»

Es klingt ein wenig gereizt. Pinneberg holt sich eine Zigarette, brennt sie vorsichtig an, nimmt einen tiefen Zug und sagt wieder, aber merklich sanfter: «Frag schon, Lämmchen.»

«Willst du es nicht so sagen?»

«Aber ich weiß doch gar nicht, was du fragen willst.»

«Du weißt!» sagt sie.

«Aber bestimmt nicht, Lämmchen . . .»

«Du weißt.»

«Lämmchen, bitte, sei vernünftig. Frag schon!»

«Du weißt.»

«Also dann nicht!» Er ist beleidigt.

«Junge», sagt sie. «Junge, erinnerst du dich noch, wie wir in Platz in der Küche saßen? An unserm Verlobungstag? Es war ganz dunkel und so viele Sterne, und manchmal gingen wir auf den Küchenbalkon.»

«Ja», sagt er brummig. «Weiß ich alles. Und –?»

«Weißt du nicht mehr, was wir da besprochen haben?»

«Na, hör mal, da haben wir uns eine hübsche Menge zusammenge-quasselt. Wenn ich das noch alles wissen soll!»

«Aber wir haben etwas ganz Bestimmtes besprochen. Uns versprochen sogar.»

«Weiß ich nicht», sagt er kurz.

Also da liegt nun dieses mondbeschienene Land vor Frau Emma Pinneberg, geborene Mörschel. Die kleine Gaslaterne rechts zwinkert. Und gerade gegenüber, noch an diesem Ufer der Strela, ist ein Hümpel Bäume, fünf oder sechs. Die Strela plätschert und der Nachtwind ist sehr angenehm.

Es ist alles überhaupt sehr angenehm, und man könnte diesen Abend sein lassen, wie er ist: angenehm. Aber da ist etwas in Lämmchen, das bohrt, das keine Ruhe läßt, etwas wie eine Stimme: es ist ja Schwindel mit diesem Angenehmsein, es ist ja Selbstbetrug. Man läßt es angenehm sein und plötzlich sitzt man bis über die Ohren im Dreck.

Lämmchen kehrt mit einem Ruck der Landschaft den Rücken und sagt: «Doch, wir haben uns was versprochen. Wir haben uns in die Hand versprochen, daß wir immer ehrlich zueinander sein wollten und keine Geheimnisse voreinander haben.»

«Erlaube mal, das war anders. Das hast du mir versprochen.»

«Und du willst nicht ehrlich sein?»

«Natürlich will ich das. – Aber es gibt Sachen, die brauchen Frauen nicht zu wissen.»

«So!» sagt Lämmchen und ist ganz erschlagen. Aber sie erholt sich rasch wieder und sagt eilig: «Und daß du dem Chauffeur fünf Mark gegeben hast, wo die Taxe nur zwei Mark vierzig machte, das ist solche Sache, die wir Frauen nicht wissen dürfen?»

«Der hat doch den Koffer und den Bettsack raufgetragen!»

«Für zwei Mark sechzig? Und warum hast du die rechte Hand in der Tasche getragen, daß man den Ring nicht sieht? Und warum hat das Verdeck vom Auto zusein müssen? Und warum bist du vorhin nicht mit zum Kaufmann runtergegangen? Und warum können die Leute beleidigt sein, wenn wir verheiratet sind? Und warum . . .?»

«Lämmchen», sagt er, «Lämmchen, ich möchte wirklich nicht –»

«Das ist ja alles Unsinn, Junge», antwortet sie, «du darfst einfach keine Geheimnisse vor mir haben. Wenn wir erst Geheimnisse haben, dann lügen wir auch, dann wird es bei uns wie bei allen andern.»

«Ja, schon, Lämmchen, aber . . .»

«Du kannst mir alles sagen, Junge, alles! Wenn du mich auch Lämmchen nennst, ich weiß doch Bescheid. Ich hab dir doch gar nichts vorzuwerfen.»

«Ja, ja, Lämmchen, weißt du, es ist alles nicht so einfach. Ich möchte schon, aber . . . es sieht so dumm aus, es klingt so . . .»

«Ist es was mit einem Mädchen?» fragt sie entschlossen.

«Nein. Nein. Oder doch, aber nicht so, wie du denkst.»

«Wie denn? Erzähl doch, Junge. Ach, ich bin ja so schrecklich gespannt.»

«Also, Lämmchen, meinethalben.» Aber er zaudert schon wieder «Kann ich es dir nicht morgen erzählen?»

«Jetzt! Auf der Stelle! Glaubst du, ich kann schlafen, wenn ich mir so den Kopf zerbrechen muß? Es ist was mit einem Mädchen, aber es ist doch nichts mit einem Mädchen . . . Es klingt so geheimnisvoll.»

«Also, dann hör schon. Mit Bergmann muß ich anfangen, du weißt doch, im Anfang war ich hier bei Bergmann?»

«In der Konfektion, ja. Und ich finde ja auch Konfektion viel netter als Kartoffeln und Düngemittel. Düngemittel – verkauft ihr auch richtigen Mist?»

«Also wenn du mich jetzt veralberst, Lämmchen –!»

«Ich höre ja schon.» Sie hat sich auf die Fensterbank gesetzt und sieht abwechselnd ihren Jungen an und dieses Mondland. Das kann sie jetzt auch wieder ansehen. Es ist alles ganz richtig angenehm.

«Also bei Bergmann war ich erster Verkäufer mit hundertsiebzig Mark . . .»

«Erster Verkäufer und hundertsiebzig Mark?!»

«Stille biste! Da habe ich immer den Herrn Emil Kleinholz bedienen müssen. Er hat viel Anzüge gebraucht. Weißt du, er trinkt. Das muß er schon von Geschäfts wegen mit den Bauern und Gutsbesitzern. Aber er verträgt das Trinken nicht. Und dann liegt er auf der Straße und versaut sich seine Anzüge.»

«Äx! Wie sieht er denn aus?»

«Hör schon. Also ich habe ihn immer bedienen müssen, der Chef nicht, und die Chefin auch nicht, haben bei ihm was zu bestellen gehabt. War ich mal nicht da, haben sie 'ne Pleite geschoben, und ich immer feste verkauft. Und dabei hat er auf mich eingeredet, wenn ich mich mal verändern will, und wenn ich die Judenwirtschaft über habe, und er hat einen rein arischen Betrieb, und 'nen feinen Buchhalterposten, und mehr verdiene ich auch bei ihm . . . Ich hab' gedacht: red' du nur! Ich weiß, was ich hab, und der Bergmann ist gar nicht schlecht, immer anständig zu den Angestellten.»

«Und warum bist du dann doch von ihm weg zu Kleinholz?»

«Ach, wegen so 'nem Quatsch. Weißt du, Lämmchen, das ist doch hier in Ducherow so, daß jedes Geschäft am Morgen die Post durch seine Lehrlinge vom Amt abholt. Die andern auch von unserer Branche: der Stern und der Neuwirth und der Moses Minden. Und den Lehrlingen ist streng verboten, daß sie einander die Post zeigen. Auf den Paketen sollen sie gleich den Absender dick durchstreichen, daß die Konkurrenz nicht weiß, wo wir kaufen. Aber die Lehrlinge kennen sich doch alle von der Gewerbeschule her, und dann quasseln sie miteinander und vergessen das Durchstreichen. Und manche haben auch richtig schnüffeln lassen, der Moses Minden vor allem.»

«Wie klein das hier alles ist!» sagt Lämmchen.

«Ach, wo es groß ist, ist es auch nicht anders. Ja, und nun wollte das Reichsbanner dreihundert Windjacken kaufen. Und wir vier Textilgeschäfte haben alle 'ne Anfrage bekommen, von wegen Angebot. Wir wußten, die schnüffeln, die wollen durchaus raushaben, von wo wir unsere Muster bekommen, die Konkurrenz. Und weil wir den Lehrlingen nicht getraut haben, hab' ich zum Bergmann gesagt: ich gehe selbst, ich hol die Post diese Tage selbst.»

«Na? Und? Haben sie's rausgekriegt?» fragt Lämmchen gespannt.

«Nein», sagt er und ist schwer gekränkt, «natürlich nicht. Wenn ein Lehrling nur auf zehn Meter Entfernung nach meinen Paketen geschielt hat, habe ich ihm schon Katzenköpfe angeboten. Den Auftrag haben *wir* gekriegt.»

«Ach, Junge, nun erzähl doch endlich. Wann kommt denn nun das Mädchen, das nicht so ist, wie ich denke? Das alles ist doch kein Grund, daß du von Bergmann weg bist.»

«Ja, ich hab ja schon gesagt», meint er ziemlich verlegen, «es ist alles so ein Quatsch gewesen. Zwei Wochen lang habe ich die Post selber geholt. Und das hat nun der Chefin so gut gefallen, ich hab zwischen acht und neun ja doch nichts im Geschäft zu tun gehabt, und die Lehrlinge haben in der Zeit, wo ich weg war, das Lager durchbürsten können, da hat sie einfach erklärt: «Herr Pinneberg kann jetzt immer die Post holen.» Und ich hab gesagt: «Nein, wie komm ich denn dazu? Ich bin erster Verkäufer, ich renn nicht mit Paketen durch die Stadt.» Und sie hat gesagt: «Doch!» und ich hab gesagt: «Nein!», und schließlich sind wir beide in Wut gekommen, und ich hab ihr gesagt: «Sie haben mir überhaupt nichts zu befehlen. Ich bin vom Chef engagiert!»

«Und was hat der Chef gesagt?»

«Was soll er sagen? Seiner Frau kann er doch nicht unrecht geben! Er hat mir gut zugeredet, und schließlich hat er ganz verlegen gesagt, wie ich immer beim Nein blieb: ‹Ja, dann werden wir uns trennen müssen, Herr Pinneberg!› Und ich hab gesagt, weil ich so richtig in Fahrt war: ‹Schön, zum nächsten Ersten trennen wir uns.› Und er hat gesagt: ‹Sie werden sich's überlegen, Herr Pinneberg.› Und ich hätte es mir auch noch überlegt, aber unglücklich kommt gerade den Tag Kleinholz ins Geschäft und merkt, daß ich aufgeregt bin, und läßt sich alles erzählen, und da bestellt er mich auf den Abend zu sich. Wir haben Kognak und Bier getrunken, und wie ich die Nacht nach Haus kam, war ich engagiert als Buchhalter mit hundertachtzig Mark. Wo ich von richtiger Buchführung kaum etwas wußte.»

«O Junge. Und dein anderer Chef, der Bergmann? Was hat der gesagt?»

«Leid getan hat es ihm. Zugeredet hat er mir: ‹Machen Sie's rückgängig, Pinneberg›, hat er immer wieder zu mir gesagt. ‹Sie werden doch nicht und mit sehenden Augen rennen in Ihr Verderben?!› Was wollen Sie die Schickse heiraten, wo Sie sehen, die Memme treibt den Vater schon in den Suff. Und die Schickse ist schlimmer als die Memme.»

«Hat er wirklich so geredet, dein Chef?»

«Na, das sind doch hier noch olle richtige Juden. Die sind stolz darauf, daß sie Juden sind. ‹Sei nicht so mies›, hat der Bergmann oft gesprochen, ‹bist doch ä Jud!› »

«Ich mag die Juden nicht sehr gerne», sagt Lämmchen. «Und was war das mit der Tochter?»

«Ja, denk dir, das war nun der Haken. Vier Jahre habe ich in Ducherow gelebt und habe es nicht gewußt, daß der Kleinholz seine Tochter mit Gewalt verheiraten will. Die Mutter ist schon schlimm, keift den ganzen Tag und zottelt so in Häkeljacken rum, aber die Tochter, Marie heißt das Biest!»

«Und die solltest du heiraten, armer Junge?»

«Die *soll* ich heiraten, Lämmchen! Der Kleinholz hat nur unverheiratete Leute, drei sind wir jetzt, aber auf mich machen sie am meisten Jagd.»

«Wie alt ist sie denn, die Marie?»

«Ich weiß nicht», sagte er kurz. «Doch. Zweiunddreißig. Oder dreiunddreißig. Ist ja ganz egal. Ich heirat sie ja doch nicht.»

«O Gott, du armer Junge», barmt Lämmchen. «Gibt es denn so was? Dreiundzwanzig und dreiunddreißig?»

«Natürlich gibt es das. Das gibt es sogar sehr», sagt er mürrisch. «Und wenn du mich jetzt durch den Kakao ziehen willst, dann komm mir nur noch einmal mit alles erzählen . . .»

«Aber ich zieh dich doch nicht . . . Weißt du, Junge, das mußt du doch zugeben ein bißchen komisch ist es doch. Ist sie denn eine gute Partie?»

«Das ist sie eben nicht», sagt Pinneberg. «Das Geschäft bringt schon nicht mehr viel. Der olle Kleinholz säuft zu sehr, und dann kauft er zu teuer und verkauft zu billig. Und das Geschäft kriegt der Junge, der ist erst zehn Jahre. Und die Marie kriegt nur ein paar tausend Mark, wenn sie die kriegt, und deshalb beißt ja auch niemand an.»

«So ist das also», sagt Lämmchen. «Und das wolltest du mir nicht erzählen? Und darum bist du ganz heimlich verheiratet mit geschlossenem Verdeck und der Ringhand in der Hosentasche?»

«Darum, ja. Ach Gott, Lämmchen, wenn die rauskriegen, daß ich verheiratet bin, die Weiber ekeln mich ja in einer Woche heraus. Und was dann?»

«Dann gehst du wieder zu Bergmann!»

«Aber ich denke ja gar nicht daran! Sieh mal», er schluckt, aber dann sagt er es doch, «der Bergmann hat es mir ja vorausgesagt mit Kleinholz, daß das schief gehen würde. Und dann hat er gesagt: ‹Pinneberg, Sie kommen wieder zu mir! Wo sollen Sie hingehen in Ducherow wie zum Bergmann? Nein›, hat er gesagt, ‹Sie kommen wieder zu mir, Pinneberg, und ich nehm Sie auch wieder. Aber ich laß Se betteln, einen Monat müssen Se mir mindestens aufs Arbeitsamt laufen und zu mir betteln auf Arbeit. Strafe muß sein für so 'ne Chuzpe!› So hat Bergmann geredet, und nun kann ich doch nicht wieder zu ihm. Ich tu und tu es nicht.»

«Aber wenn er doch recht hat? Du siehst doch selbst, daß er recht hat?»

«Lämmchen», sagt Pinneberg flehentlich, «bitte, liebes Lämmchen, bitte mich nie darum. Ja, natürlich hat er recht und ich bin ein Kamel gewesen und das Pakettragen hätte mir gar nichts gemacht. Wenn du mich lange bitten würdest, ich würde hingehen, und er würde mich nehmen. Und dann wäre die Chefin da und der andere Verkäufer, das Dussel, der Mamlock, und immer würden sie sticheln, und ich würd es dir nie verzeihen!»

«Nein. Nein. Ich will dich auch nicht bitten, es wird ja so gehen. Aber glaubst du nicht, es kommt doch raus, auch wenn wir noch so vorsichtig sind?»

«Es darf nicht rauskommen! Es darf nicht rauskommen! Ich hab alles so heimlich gemacht und nun wohnen wir hier draußen und in der Stadt sieht uns nie jemand zusammen, und wenn wir uns wirklich mal auf der Straße sehen, dann grüßen wir uns nicht.»

Lämmchen ist eine Weile still, aber dann sagt sie doch: «Wir können doch hier nicht wohnen bleiben, Junge, das siehst du doch ein?»

«Versuch es doch, Lämmchen!» bittet er. «Erst mal nur die vierzehn Tage bis zum Ersten. Vorm Ersten können wir ja doch nicht kündigen.»

Sie überlegt es sich, ehe sie zusagt. Sie späht in den Reitsaal, aber dort erkennt man jetzt nichts, es ist zu dunkel. Dann seufzt sie: «Nun gut, ich will es versuchen, Junge. Aber du spürst doch selbst, daß dies nicht auf die Dauer ist, daß wir hier nie und nie ganz glücklich sein können?»

«Ach Dank», sagt er. «Dank. Und das andere wird sich finden, muß sich finden. Nur nicht arbeitslos werden!»

«Nur nicht», sagt sie auch.

Und dann sehen sie noch einmal auf das Land, dieses stille, mondbeglänzte Land, und gehen ins Bett. Die Vorhänge brauchen sie nicht zuzuziehen. Hier gibt es kein Gegenüber. Und in ihr Einschlafen meinen sie ganz schwach die Strela plätschern zu hören.

Am Montagmorgen sitzen Pinnebergs am Kaffeetisch, Lämmchens Augen glänzen ordentlich: «Also heute, heute fängt es richtig an!» Und mit einem Blick auf die Schreckenskammer: «Ich werde den ollen Möl schon klarkriegen!» Und mit einem Blick in die Tasse: «Wie findest du den Kaffee? Fünfundzwanzig Prozent Bohnen!»

«Da du fragst, weißt du . . .»

«Ja, Junge, wenn wir sparen wollen . . .»

Worauf Pinneberg ihr auseinandersetzt, daß er sich bisher morgens immer «richtigen» Bohnenkaffee hat leisten können. Und sie erklärt, daß zwei eben mehr kosten als einer. Und er sagt, er habe immer gehört, in der Ehe lebt man billiger, das Essen für zwei in der Ehe stellt sich billiger als das Gasthausessen für einen.

Eine längere Debatte setzt ein, bis er sagt: «Donnerwetter, ich muß ja fort! Und eiligst!!»

In der Tür Abschied. Er ist die halbe Treppe hinunter, da ruft sie: «Jungchen, halt, Jungchen! Was wollen wir denn heute überhaupt essen?»

«Ganz egal», tönt es zurück.

«Sag doch! Bitte, sag doch! Ich weiß doch nicht . . .»

«Ich auch nicht!» Und die Tür unten klappt.

Sie stürzt ans Fenster. Da geht er schon, erst winkt er mit der Hand, dann mit einem Taschentuch, und sie bleibt so lange am Fenster, bis er an der Gaslaterne vorüber ist und verschwunden hinter einer gelblichen Hauswand. Und nun hat Lämmchen, zum ersten Mal in ihrem zweiundzwanzigjährigen Leben, einen Vormittag für sich allein, eine Wohnung für sich allein, einen Küchenzettel zu machen ganz allein. Sie geht ans Werk.

Pinneberg aber trifft an der Ecke der Hauptstraße den Stadtsekretär Kranz und grüßt ihn höflich. Dabei fällt ihm etwas ein. Er hat mit der rechten Hand gegrüßt, und an der rechten Hand trägt er ja einen Ring. Hoffentlich hat Kranz den nicht gesehen. Pinneberg nimmt den Ring ab und steckt ihn sorgfältig in das «Geheimfach» seiner Brieftasche. Es widerstrebt ihm, aber was sein muß, muß sein. –

Unterdes ist man auch bei seinem Brotherrn Emil Kleinholz aufgestanden. Das Aufstehen ist dort an keinem Morgen erfreulich, denn direkt aus dem Bett ist man dort stets besonders schlechter Laune und geneigt, einander Wahrheiten zu sagen. Aber der Montagmorgen ist meist besonders schlimm, am Sonntagabend neigt der Vater zu Eskapaden, und die rächen sich dann beim Erwachen.

Denn Frau Emilie Kleinholz ist nicht sanft; soweit man einen Mann zähmen kann, soweit hat sie ihren Emil gezähmt. Und in der letzten Zeit ist es ein paar Sonntage auch gut gegangen. Emilie hat einfach die Haustür am Sonntagabend abgeschlossen, ihrem Mann zum Abendbrot einen Siphon Bier spendiert und ihm späterhin mit Kognak die nötigen Lichter aufgesetzt. Irgend so etwas wie ein Familienabend ist dann auch wirklich zustande gekommen, der Junge hat in einer Ecke gekauzt und gemauzt (der Junge ist Miesling), die Frauen haben mit Handarbeiten am Tisch gesessen (für Maries Aussteuer), und Vater hat die Zeitung gelesen und ab und an gesagt: «Mutter, laß noch einen sausen.»

Worauf Frau Kleinholz jedes Mal sagte: «Vater, denk an das Kind!» aber dann doch einen aus der Buddel sausen ließ, oder auch nicht, ganz nach dem Gemütszustand des Gatten.

So war auch dieser letzte Sonntagabend verlaufen, und alles war ins Bett gegangen, um zehn herum.

Um elf Uhr wacht Frau Kleinholz auf, es ist dunkel im Zimmer, sie lauscht. Sie hört nebenan die Tochter Marie fiepen, die fiept im Schlaf, der Junge zieht seine Töne am Fußende des väterlichen Bettes, nur Vaters Schnarchen fehlt im Chor.

Frau Kleinholz faßt unter ihr Kopfkissen: der Hausschlüssel ist da. Frau Kleinholz macht Licht: der Mann ist nicht da. Frau Kleinholz steht auf, Frau Kleinholz geht durch die Wohnung, Frau Kleinholz geht in den Keller, Frau Kleinholz geht über den Hof (das Klo steht auf dem Hof): nichts. Schließlich entdeckt sie, daß ein Bürofenster nur angelehnt ist, und sie hat es bestimmt zugemacht. So was weiß sie stets bestimmt.

Frau Kleinholz ist kochende, siedende Wut: eine viertel Flasche Kognak, ein Siphon Bier, umsonst! Sie kleidet sich notdürftig an, sie wirft den lila wattierten Schlafrock um, sie geht, ihren Mann suchen. Sicher ist er an der Ecke im Krug von Bruhn, einen heben.

Es ist ein altes gutes Geschäft, das Getreidegeschäft der Kleinholzens am Marktplatz. Emil ist schon die dritte Generation, die es hat. Es ist reell gewesen, anständig, es ist ein Vertrauensgeschäft gewesen mit dreihundert alten Bauernkunden, Gutsbesitzerskunden. Wenn der Emil Kleinholz gesagt hat: «Franz, das Baumwollsaatmehl ist gut», dann hat Franz nach keiner Gehaltsanalyse gefragt, er hats gekauft, und siehe, es war gut.

Aber einen Haken hat solch ein Geschäft: es muß begossen werden, es ist von Natur her ein feuchtes Geschäft. Es ist ein Saufgeschäft. Bei jedem Wagen Kartoffeln, bei jedem Frachtbrief, bei jeder Abrechnung: Bier, Korn, Kognak. Das geht, wenn die Frau gut ist, wenn ein Haushalt da ist, ein Zusammenhalt, eine Gemütlichkeit, aber es geht nicht, wenn die Frau ewig schimpft.

Frau Emilie Kleinholz hatte von eh und je geschimpft. Sie wußte, es war falsch, aber Emilie war eifersüchtig, sie hatte einen schönen Mann geheiratet, einen wohlhabenden Mann, sie war ein armes Ding gewesen mit sieben Zwetschgen, sie hatte ihn allen andern entrissen. Nun fletschte sie die Zähne über ihm, nach vierunddreißigjähriger Ehe kämpfte sie noch um ihn wie am ersten Tag.

Sie zottelt auf ihren Hausschuhen, in ihrem Schlafrock bis zur Ecke, zu Bruhn. Ihr Mann ist nicht da. Sie könnte höflich fragen, ob er da gewesen ist, aber das ist ihr nicht gegeben, sie überschüttet den Krüger mit Vorwürfen: Säufern zu saufen geben, solche Lumpen. Anzeigen wird sie ihn, Verführung ist das zum Suff.

Der olle Bruhn mit dem Vollbart bringt sie selber raus, sie tanzt neben dem Hünen einen Wuttriller, aber er hat einen sicheren Griff.

«So, junge Frau», sagt er.

Da steht sie draußen. Dies ist ein Kleinstadtmarktplatz mit Buckelpflaster, zweistöckige Häuser, mal Giebel, mal Fronten nach dem Platz, alle verhängt, alle dunkel. Nur die Gaslaternen fackeln und wackeln.

Jetzt nach Haus? So siehst du aus! Daß der Emil sie tagelang aufzieht, zum Narren hält, sie ist auf der Suche nach ihm gewesen und hat ihn nicht gefunden. Finden muß sie ihn jetzt, aus dem besten Suff, der versoffensten Gesellschaft herausreißen – aus dem schönsten Vergnügen.

Dem schönsten Vergnügen!

Plötzlich weiß sie es: Im Tivoli ist heute Tanz, da ist Emil.

Da ist er! Da ist er!

Und so wie sie ist, zieht sie durch die halbe Stadt, Hausschuhe, Morgenrock, geht sie ins Tivoli, der Kassierer vom Verein Harmonie will eine Mark Eintritt von ihr, sie fragt nur: «Willst 'nen Backs?»

Und der Kassierer will nichts mehr von ihr.

So steht sie im Tanzsaal, erst noch halb gehemmt, hinter einer Säule, spähend, aber dann schon ganz Wut. Da tanzt ihr immer noch schöner Emil mit dem blonden Vollbart, und er tanzt mit einem kleinen schwarzen Biest, sie kennt sie nicht mal, wenn man das tanzen nennen kann, dies besoffene Gestolper. Der Tanzordner sagt: «Meine Dame! Ich bitte Sie, meine Dame!»

Und dann begreift er, daß dies ein Naturereignis ist, ein Tornado, ein Vulkanausbruch, daß da Menschen machtlos sind. Und er tritt zurück. Eine Gasse entsteht zwischen den Tanzenden, zwischen zwei Menschenmauern geht sie auf das eine Paar zu, das da ahnungslos holpert und stolpert, das eine ahnungslose Paar.

Sofort kriegt er eine geklebt. «O mein Schnucki!» schreit er auf und begreift noch nicht. Und dann begreift er ...

Sie weiß, jetzt heißt es abgehen, mit Würde, mit Haltung. Sie gibt ihm ihren Arm: «Es ist Zeit, Emil. Komm jetzt.»

Und er geht mit. Er zockelt würdelos an ihrem Arm aus dem Saal, würdelos, wie ein großer verprügelter Hund sieht er sich noch einmal nach seiner kleinen, netten, sanften Schwarzen um, Arbeiterin der Rahmenfabrik von Stössel, die verdammt auch nicht viel Glück in ihrem Leben gehabt und sich mächtig gefreut hat über den zahlungsfähigen, flotten Kavalier. Er geht ab, sie geht ab. Draußen ist plötzlich ein Auto da, soviel versteht der Vorstand von der Harmonie auch, daß bei solchen Gelegenheiten ein Auto am besten eiligst herantelefoniert wird.

Emil Kleinholz schläft schon auf der Fahrt fest ein, er wacht auch nicht auf, als ihn die Frau mit dem Chauffeur ins Haus bringt, ins Bett bringt, dies verhaßte Ehebett, das er vor netto zwei Stunden so unternehmungslustig verlassen hat. Er schläft. Und die Frau macht das Licht aus und liegt eine Weile im Dunkeln, und dann macht sie das Licht wieder an und betrachtet ihren Mann, ihren schönen, liederlichen, dunkelblonden Mann. Sie sieht unter dem gedunsenen fahlen Gesicht das Antlitz von dunnemals, als er hinter ihr her war, voll von tausend Kniffen und Streichen, immer lustig, immer saufrech, auf einen Griff an die Brüste kam es ihm nie an, freilich kam es ihm auch nie auf die Ohrfeige dafür an.

Und soweit ihr kleines, dummes Hirn denken kann, bedenkt sie den Weg von damals bis hierher, zwei Kinder, eine schieche Tochter, einen nöckrigen häßlichen Sohn. Ein halb vertanes Geschäft, ein verluderter Mann — und sie? Und sie?

Ja — schließlich kann man nur weinen, und das geht im Dunkeln auch, wenigstens das Licht kann man sparen, wo so viel verkommt. Und dann fällt ihr ein, wieviel er wohl heute in den zwei Stunden mal wieder verjuxt hat, und sie macht wieder Licht und sucht in seiner Brieftasche und zählt und rechnet. Und wieder im Dunkeln nimmt sie sich vor, von nun an nett zu ihm zu sein, und sie stöhnt und barmt: «Jetzt hilft es ja nichts mehr. Ich muß ihn noch kürzer halten!»

Und dann weint sie wieder, und schließlich schläft sie ein, wie man immer schließlich einschläft, nach Zahnschmerzen und Kindergebären, nach Krach und nach einer selten großen Freude.

Dann kommt das erste Erwachen um fünf Uhr, und sie gibt nur schnell dem Futtermeister den Schlüssel zur Haferkiste, und dann das zweite um sechs, wenn das Mädchen klopft und den Schlüssel zur Speisekammer holt. Noch eine Stunde Schlaf! Noch eine Stunde Ruhe! Und dann das dritte endgültige Erwachen um dreiviertel sieben, der Junge muß zur Schule und der Mann schläft immer noch. Als sie um viertel acht wieder ins Schlafzimmer schaut, ist er wach, ist ihm übel.

«Ist dir ganz recht, was säufst du immer», sagt sie und geht wieder.

Dann kommt er an den Kaffeetisch, schwarz, wortlos, verwüstet, «'nen Hering, Marie», ist alles, was er sagt.

«Kannst dich auch was schämen, Vater, so rumzuludern», sagt die Marie spitz, ehe sie den Hering holt.

«Gottverdammich!» brüllt er. «Die kommt mir jetzt aber sofort aus dem Haus!» brüllt er.

«Hast recht, Vater», besänftigt die Frau. «Wozu fütterst du die drei Hungerleider?»

«Der Pinneberg ist der beste. Der Pinneberg muß ran!» sagt der Mann.

«Natürlich. Zieh ihm nur die Schrauben an.»

«Das will ich wohl besorgen», sagt der Mann.

Und dann geht er rüber ins Büro, der Brotherr von Johannes Pinneberg, Herr über das Auskommen vom Jungen, dem Lämmchen und dem noch ungeborenen Murkel.

Das Zwiebeln beginnt. Der Nazi Lauterbach, der dämonische Schulz und der heimliche Ehemann sind in Not

Der Angestellte Lauterbach ist am frühesten auf das Büro gekommen: fünf Minuten vor acht. Aber das ist keine Pflichttreue bei ihm, das ist wegen der Langeweile. Dieser kleine dicke, semmelblonde Knubben mit den riesengroßen roten Händen war einmal landwirtschaftlicher Beamter. Aber auf dem Lande gefiel es ihm nicht. Lauterbach ging in die Stadt, Lauterbach ging nach Ducherow zu Emil Kleinholz. Da wurde er so eine Art von Sachverständiger für Saatgut und Düngemittel. Die Bauern sahen ihn nicht übermäßig gern auf dem Waggon, wenn sie Kartoffeln ablieferten. Lauterbach merkte sofort, wenn die Sortierung nicht stimmte, wenn sie zwischen gelbfleischige Industrie weißfleischige Silesia gemogelt hatten. Aber andererseits war Lauterbach auch nicht so schlimm. Zwar nahm er keinen Bestechungsschnaps – er trank nie Schnaps, denn er muß die arische Rasse vor diesen entarteten Rauschgiften schützen –, also er hob keinen, er nahm auch keine Zigarren. Er schlug den Bauern auf die Schultern, daß es krachte: «Oller Betrüger!» er zog ihnen zehn Prozent, fünfzehn Prozent, zwanzig Prozent vom Preise ab, aber, und damit machte er alles wieder bei ihnen gut, er trug das Hakenkreuz, er erzählte ihnen die schönsten jüdischen Witze, er berichtete von der letzten S.A.-Werbefahrt nach Buhrkow und Lensahn, kurz, er war teutsch, zuverlässig, ein Feind der Juden, Welschen, Reparationen, Sozis und der KPD. Das machte alles wieder gut.

Zu den Nazis war Lauterbach auch nur aus Langeweile gegangen. Es hatte sich gezeigt, daß Ducherow ebensowenig wie das Land geeignet war, ihm seine freie Zeit zu verkürzen. Mit den Mädchen hatte er nichts im Sinn, und da das Kino erst abends um acht anfängt und der Gottesdienst schon halb elf zu Ende ist, blieb eine lange leere Zwischenzeit.

Die Nazis waren nicht langweilig. Er kam rasch in den Sturm, er erwies sich bei Zusammenstößen als ein außerordentlich besonnener junger Mann, der seine Pranken (und was gerade in ihnen war) mit einem fast künstlerischen Gefühl für Wirkung benutzte. Lauterbachs Lebenssehnsucht war gestillt: er konnte sich fast jeden Sonntag – und manchmal auch wochentags am Abend – prügeln.

Lauterbachs Heim aber war das Büro. Hier waren Kollegen, ein Chef, eine Chefin, Arbeiter, Bauern: ihnen allen konnte er erzählen, was sich begeben hatte, was sich begeben sollte, über Gerechte und Ungerechte ergoß sich der zähe, langsame Brei seiner Rede, belebt von den dröhnenden Gelächtern, wenn er schilderte, wie er es den Sowjetbrüdern besorgt.

Heute kann er zwar nichts derartiges melden, dafür ist aber ein neuer Allgemeiner Sabe für jeden Gruf gekommen, und nun wird es Pinneberg, dem pünktlich um acht erschienenen Pinneberg versetzt: Die S.A.-Leute haben neue Abzeichen! «Ich finde das einfach genial! Bisher hatten wir nur die Sturmnummer. Weißt du, Pinneberg, arabisch gestickte Ziffer auf dem rechten Spiegel. Nun haben wir auch noch 'ne Zweifarbenschnur am Kragen gekriegt. Genial ist das, nun kann man immer schon von hinten sehen, zu welchem Sturm jeder S.A.-Mann gehört. Denk dir aus, was das praktisch bedeutet! Also, wir sind in 'ner Klopperei, will ich mal sagen, und ich seh nun, da hat einer einen in der Mache, und ich seh nun auf den Kragen . . .»

«Fabelhaft», stimmt Pinneberg bei und sortiert Frachtbriefe vom Sonnabendabend. «War eigentlich München 387 536 'ne Sammelladung?»

«Der Weizenwaggon? Ja. – Und denk mal, unser Gruf trägt jetzt 'nen Stern am linken Spiegel.»

«Was ist 'en Gruf?» fragt Pinneberg.

Schulz kommt, der dritte Hungerleider, kommt um acht Uhr zehn. Schulz kommt, und mit einem Schlage sind Nazi-Abzeichen und Weizenfrachtbriefe vergessen. Schulz kommt, der dämonische Schulz, der geniale aber unzuverlässige Schulz, Schulz, der zwar 285,63 Zentner zu 3,85 Mark im Kopf ausrechnen kann, schneller als das Pinneberg auf dem Papier fertig bringt, der aber ein Frauenmann ist, ein bedenkenloser Wüstling, ein Schürzenjäger, der einzige Mann, der es fertig gebracht hat, Mariechen Kleinholz zu küssen, so im Vorbeigehen gewissermaßen, aus der Fülle seiner Gaben heraus, und der doch nicht auf der Stelle geheiratet wurde.

Schulz kommt, mit seinen schwarzen, gesalbten Locken über dem gelben, faltigen Gesicht, mit den schwarzen, großen, glänzenden Augen, Schulz, der Elegant von Ducherow mit der Bügelfalte und dem schwarzen Haarfilz (fünfzig Zentimeter Durchmesser), Schulz mit den dicken Ringen an den nikotingelben Fingern, Schulz, König aller Dienstmädchenherzen, Idol der Ladnerinnen, auf den sie abends vor dem Geschäft warten, den sie sich Tanz um Tanz streitig machen.

Schulz kommt.

Schulz sagt: «Morjen.» Hängt sich auf, sorgfältig auf einen Bügel, sieht die Kollegen prüfend an, dann mitleidig, dann voller Verachtung, sagt: «Na, ihr wißt natürlich wieder nichts!»

«Welche Deern hast du denn gestern wieder zur Schnuppe-Schnappe-Schneppe gemacht?» fragt Lauterbach.

«Nichts wißt ihr. Gar nichts. Ihr sitzt hier, ihr rechnet Frachtbriefe, ihr macht Kontokorrent, und dabei . . .»

«Na, was dabei —»

«Emil . . . Emil und Emilie . . . gestern abend im Tivoli . . .»

«Hat er sie mal mitgenommen? So was lebt nicht!»

Schulz setzt sich: «Die Kleemuster müßten auch endlich raus. Wer macht denn das, du oder Lauterbach?»

«Du!»

«Kleemuster bin ich doch nicht, Kleemuster ist doch unser lieber landwirtschaftlicher Sachverständiger. Mit der kleinen schwarzen Frieda aus der Rahmenfabrik hat der Chef gescherbelt, ich zwei Schritte ab, und plötzlich die Olle auf ihn nieder. Emilie im Morgenrock, darunter hat sie wohl nur das Hemd gehabt . . .»

«Im Tivoli —?!»

«Du sohlst ja, Schulz!»

«So wahr ich hier sitze! Im Tivoli, die Harmonie hatte Familien-Tanzabend. Militärkapelle aus Platz, fein mit Ei! Reichswehr mit Ei! Und plötzlich unsere Emilie, nieder auf ihren Emil, ihm eine geklebt, du oller Saufkopp, du gemeine Sau . . .»

Was heißt Frachtbriefe? Was heißt Arbeit? Büro Kleinholz hat seine Sensation.

Lauterbach bettelt: «Also erzähl es noch mal, Schulz. Frau Kleinholz kommt also in den Saal . . . Ich kann mir das gar nicht recht vorstellen . . . durch welche Tür denn? Wann hast du sie zuerst gesehen?»

Geschmeichelt sagt Schulz: «Was soll ich denn noch sagen? Du weißt doch schon. Also sie kommt rein, gleich die Tür vom Gang her, hochrot, weißt du, sie wird doch so blau-lila-rot ... Sie kommt also rein ...»

Emil Kleinholz kommt rein, ins Büro nämlich. Die drei fahren auseinander, sitzen auf ihren Stühlen, Papier raschelt. Kleinholz betrachtet sie, steht vor ihnen, sieht auf die gesenkten Köpfe.

«Nischt zu tun?» krächzt er. «Nischt zu tun? Wer' ich einen abbauen. Na, wen —?»

Die drei sehen nicht hoch.

«Rationalisieren. Wo drei faul sind, können zwei fleißig sein. Wie ist es mit Ihnen, Pinneberg? Sie sind der Jüngste hier.»

Pinneberg antwortet nicht.

«Na, natürlich, dann kann keiner reden. Aber vorher — wie sieht meine Olle aus, Sie oller Bock, blau-lila-rot? Soll ich Sie rausschmeißen? Soll ich Sie auf der Stelle rausschmeißen?!»

«Hat gelauscht, der Hund», denken alle drei in fahlem Schrecken. «O Gott, o Gott, was hab ich gesagt?»

«Wir haben überhaupt nicht von Ihnen gesprochen, Herr Kleinholz», sagt Schulz, aber nur sehr halblaut, nur so vor sich hin.

«Na und Sie? Sie?» Kleinholz wendet sich an Lauterbach. Aber Lauterbach ist nicht so ängstlich wie seine beiden Kollegen. Lauterbach gehört zu den paar Angestellten, denen es piepe ist, ob sie eine Stellung haben oder nicht. «Ich?» fragt er wohl. «Ich soll Angst haben? *Bei den* Pfoten? Ich mach alles, ich geh als Pferdeknecht, ich geh als Sackträger. Angestellter? Wenn ich so was höre! Die reine Augenverblendung!»

Lauterbach sieht seinem Chef also furchtlos ins gerötete Auge: «Ja, Herr Kleinholz?»

Kleinholz haut auf die Barriere, daß sie brummt. «Abbauen tu ich einen von euch Brüdern! Ihr sollt sehen ... Und die andern sitzen deswegen noch lange nicht sicher. Von euch laufen genug rum. Gehen Sie auf den Futterboden, Lauterbach, sacken Sie mit dem Kruse hundert Zentner Erdnußkuchenmehl ein. Von dem Rufisque! Halt, nein, der Schulz soll gehen, der sieht heute wieder aus wie seine eigene Leiche, wird ihm gut tun, die Säcke heben.»

Schulz verschwindet wortlos, froh, entronnen zu sein.

«Sie gehen zur Bahn, Pinneberg, aber ein bißchen Trab. Für morgen früh sechse bestellen Sie vier Zwanzigtonner geschlossen, wollen den Weizen an die Mühle verladen. Ab!»

«Jawohl, Herr Kleinholz», sagt Pinneberg und trabt ab. Sehr schön ist ihm nicht zumute, aber es wird wohl nur Katergeschwätz von Emil sein. Immerhin ...

Als er vom Güterbahnhof zurück zu Kleinholz geht, sieht er auf der anderen Seite der Straße eine Gestalt, einen Menschen, ein Mädchen, eine Frau, seine Frau ...

Also geht er langsam über den Damm, auf dieselbe Straßenseite ...

Da kommt Lämmchen daher, sie hat ein Einholnetz in der Hand. Sie hat ihn nicht bemerkt. Nun geht sie an das Schaufenster von Fleischermeister Brecht, bleibt dort an der Auslage stehen. Er geht ganz dicht an sie heran, einen prüfenden Blick wirft er über die Straße, an den Häusern hoch, was Gefährliches ist gerade nicht in Sicht.

«Was gibts denn heut zu präpeln, junge Frau?» flüstert er an ihrer Schulter, und schon ist er zehn Schritte weiter, sieht sich nur noch einmal um, in ihr froh erglänzendes Gesicht. Na, wenn Frau Brecht das vom Laden gesehen hat, die kennt ihn, hat er immer seine Wurst gekauft, wieder mal leichtsinnig gewesen, na, was soll man machen, wenn man so 'ne Frau hat. Also Töpfe hat sie scheinbar noch nicht gekauft, man wird doch sehr aufs Geld aufpassen müssen . . .

Im Büro sitzt der Chef. Solo. Lauterbach weg. Schulz weg. Mies, denkt Pinneberg, obermies. Aber der Chef achtet gar nicht auf ihn, die Stirn in einer Hand, rutscht die andere langsam, wie buchstabierend, die Zahlenreihen vom Kassabuch auf und nieder.

Pinneberg prüft die Lage. «An der Schreibmaschine», denkt er, «ist es am schlausten. Wenn man tippt, wird man am wenigsten angequasselt.»

Aber er hat sich geirrt. Kaum hat er geschrieben: «Euer Hochwohlgeboren gestatten wir uns hiermit ein Muster unseres Rotklees, diesjähriger Ernte, garantiert seidefrei, Keimfähigkeit fünfundneunzig Prozent, Reinheit neunundneunzig Prozent . . .»

. . . Da legt sich eine Hand auf seine Schulter und der Chef sagt: «Sie, Pinneberg, einen Augenblick . . .»

«Bitte, Herr Kleinholz?» fragt Pinneberg und läßt die Finger von den Tasten.

«Sie schreiben wegen dem Rotklee. Lassen Sie das doch Lauterbach . . .»

«Och . . .»

«Mit den Waggons, das ist in Ordnung?»

«Ist in Ordnung, ja, Herr Kleinholz.»

«Müssen wir alle heute nachmittag feste ran und Weizen sacken. Meine Weiber müssen auch mithelfen. Säcke zubinden.»

«Ja, Herr Kleinholz.»

«Die Marie ist ganz tüchtig bei so was. Ist überhaupt ein tüchtiges Mädchen. Nicht grade 'ne Schönheit, aber tüchtig ist sie.»

«Gewiß, Herr Kleinholz.»

Da sitzen sie beide, einander gegenüber. Es ist gewissermaßen eine Pause im Gespräch. Herr Kleinholz will, daß seine Worte etwas wirken, sie sind sozusagen der Entwickler, wird sich ja nun zeigen, was für ein Bild auf der Platte ist.

Pinneberg sitzt und betrachtet gedrückt und sorgenvoll seinen Chef, der da in grünem Loden vor ihm hockt, die Beine in hohen Stiefeln.

«Ja, Pinneberg», beginnt der Chef wieder und seine Stimme hat einen ganz rührseligen Klang. «Haben Sie sich das nun mal überlegt? Wie ist es denn nun damit?»

Pinneberg überlegt angstvoll. Aber er weiß keinen Ausweg.

«Womit, Herr Kleinholz?» fragt er töricht.

«Mit dem Abbau», sagt nach einer langen Pause der Brotherr, «mit dem Abbau! Wen würden Sie denn wohl an meiner Stelle entlassen?»

Pinneberg wird es heiß. So ein Aas. So ein Schwein, zwiebelt mich hier!

«Das kann ich doch nicht sagen, Herr Kleinholz», erklärt er unruhig. «Ich kann doch nicht gegen meine Kollegen reden.»

Herr Kleinholz genießt den Fall.

«Sich würden Sie also nicht entlassen, wenn Sie ich wären?» fragt er.

«Wenn ich Sie –? Mich selbst? Ich kann doch nicht . . .»

«Na», sagt Emil Kleinholz und steht auf. «Ich bin überzeugt, Sie überlegen sich die Sache. Sie haben ja wohl monatliche Kündigung. Das wäre dann also am 1. September zum 1. Oktober, nicht wahr?»

Kleinholz verläßt das Büro, Mutter berichten, wie er den Pinneberg gezwiebelt hat. Möglich, daß Mutter dann einen sausen läßt. Ihm ist eigentlich so.

Erbsensuppe wird angesetzt und ein Brief geschrieben, aber das Wasser ist zu dünn

Zuerst am Morgen hat Lämmchen eingekauft, nur schnell die Betten zum Lüften ins Fenster gelegt, und ist Einkaufen gegangen. Warum hat er ihr nicht gesagt, was es zum Mittagessen geben soll? Sie weiß es doch nicht! Und sie ahnt nicht, was er gerne ißt.

Die Möglichkeiten verringern sich beim Nachdenken, schließlich bleibt Lämmchens planender Geist an einer Erbsensuppe hängen. Das ist einfach und billig, das kann man zwei Mittage hintereinander essen.

«O Gott, haben's die Mädchen gut, die richtige Kochstunde gehabt haben! Mich hat Mutter immer vom Herd weggejagt. Weg mit dir, Ungeschickt läßt grüßen!»

Was braucht sie? Wasser ist da. Ein Topf ist da. Erbsen, wie viel? Ein halbes Pfund reicht sicher für zwei Personen, Erbsen geben viel aus. Salz? Suppengrün? Bißchen Fett? Na vielleicht für alle Fälle. Wieviel Fleisch? Was für Fleisch erst mal? Rind, natürlich Rind. Ein halbes Pfund muß genug sein. Erbsen sind sehr nahrhaft und das viele Fleischessen ist ungesund. Und dann natürlich Kartoffeln.

Lämmchen geht einkaufen. Herrlich, an einem richtigen Alltagsvormittag, wenn alles in den Büros sitzt, über die Straße zu bummeln, die Luft ist noch frisch, trotzdem die Sonne schon kräftig scheint.

Über den Marktplatz tutet langsam ein großes, gelbes Postauto. Dort hinter den Fenstern sitzt vielleicht ihr Junge. Aber er sitzt nicht dort, sondern zehn Minuten später fragt er sie über die Schulter, was es mittags zu präpeln gibt. Die Schlächterfrau hat sicher was gemerkt, sie ist so komisch, und für Suppenknochen verlangt sie dreißig Pfennig das Pfund, so was muß sie doch eigentlich zugeben, bloße blanke Knochen, ohne ein Fitzelchen Fleisch. Sie wird Mutter schreiben und fragen, ob das richtig ist. Nein, lieber nicht, lieber allein fertig werden. Aber an seine Mutter muß sie schreiben. Und sie fängt auf dem Heimweg an, den Brief aufzusetzen.

Die Scharrenhöfer scheint nur ein Nachtgespenst zu sein, in der Küche, als Lämmchen Wasser holt, sieht sie keine Spur, daß dort etwas gekocht ist oder wird, alles blank, kalt, und aus dem Zimmer dahinter dringt kein Laut. Sie setzt ihre Erbsen auf, ob man das Salz gleich reintut? Besser, sie wartet bis zum Schluß, dann trifft man es richtiger.

Und nun das Reinmachen. Es ist hart, es ist noch viel härter, als Lämmchen je gedacht hat, oh, diese ollen Papierrosen, diese Girlanden, halb verblaßt und halb giftgrün, diese verschossenen Polstermöbel, diese Winkel, diese Ecken, diese Knäufe, diese Balustraden! Bis halb zwölf muß sie fertig sein, dann den Brief schreiben. Der Junge, der von zwölf bis zwei Mittagspause hat, wird kaum vor dreiviertel eins hier sein, er muß erst aufs Rathaus zur Anmeldung.

Um dreiviertel zwölf sitzt sie an einem kleinen Nußbaumschreibtisch, ihr gelbes Briefpapier aus der Mädchenzeit vor sich.

Erst die Adresse: «Frau Marie Pinneberg – Berlin NW 40 – Spenerstraße 92 II.»

Seiner Mutter muß man schreiben, seiner Mutter muß man mitteilen, wenn man heiratet, zumal als einziger Sohn, als einziges Kind sogar. Wenn man auch nicht einverstanden mit ihr ist, weil man nämlich mit ihrem Lebenswandel nicht einverstanden ist, als Sohn.

«Mutter sollte sich was schämen», hat Pinneberg erklärt.

«Aber, Jungchen, wenn sie doch nun schon zwanzig Jahre Witwe ist!»

«Egal! Und es ist nicht einmal immer derselbe gewesen.»

«Hannes, du hast doch auch schon mehr Mädchen als mich gehabt.»

«Das ist ganz was anderes.»

«Was soll denn der Murkel sagen, wenn er sich mal ausrechnet, wann er geboren ist und wann wir geheiratet haben?»

«Das ist noch gar nicht raus, wann der Murkel geboren wird.»

«Doch. Anfang März.»

«Aber wieso denn?»

«Laß schon, Jungchen, ich weiß. Und an deine Mutter schreib' ich, das gehört sich so.»

«Tu, was du willst, aber ich mag nichts mehr davon hören.»

«‹Sehr geehrte gnädige Frau› – furchtbar dumm, nicht wahr? So schreibt man doch nicht. ‹Liebe Frau Pinneberg› – aber das bin ich doch selbst, und gut klingt es auch nicht. Der Junge liest sicher den Brief.»

«Ach was», denkt Lämmchen, «entweder ist sie so, wie der Junge denkt, und dann ist es ganz egal, was ich schreibe, oder sie ist 'ne richtige nette Frau, und da schreibe ich lieber so, wie ich möchte. Also –:

Liebe Mutter! Ich bin Ihre neue Schwiegertochter Emma, genannt Lämmchen, und Hannes und ich haben vorgestern geheiratet, am Sonnabend. Wir sind glücklich und zufrieden, und würden ganz glücklich sein, wenn Sie sich mit uns freuen würden. Es geht uns gut, nur hat leider der Hannes die Konfektion aufgeben müssen und arbeitet in einem Düngemittelgeschäft, was uns nicht so gefällt. Es grüßen Sie

Ihre Lämmchen ......»

Sie läßt den Raum frei. «Und du schreibst doch deinen Namen hin, mein Junge!»

Und weil nun noch eine halbe Stunde Zeit ist, kriegt sie ihr Buch, vor vierzehn Tagen gekauft, beim Wickel: ‹Das heilige Wunder der Mutterschaft›.

Sie liest mit gerunzelter Stirne: «Ja, die glücklichen, sonnigen Tage sind da, wenn das Kindchen kommt. Das ist der Ausgleich, den die gottgewollte Natur den menschlichen Unvollkommenheiten schafft.»

Sie versucht, dies zu verstehen, aber es entwischt ihr immer, es scheint ihr schrecklich schwierig, und direkt auf den Murkel bezieht es sich wohl auch nicht. Aber nun kommen ein paar Verse, sie liest sie langsam, ein paar Male:

> «O du Kindermund, o du Kindermund,
> Unbewußter Weisheit froh,
> Vogelsprache kund, Vogelsprache kund
> Wie Salomo.»

Auch das versteht Lämmchen nicht ganz. Aber es ist so fröhlich, sie lehnt sich ganz zurück, es gibt jetzt Minuten, in denen sie ihren Schoß so schwer fühlt, reich, und sie wiederholt es in sich mit geschlossenen Augen: «Vogelsprache kund, Vogelsprache kund wie Salomo.»

«Es muß ungefähr das Fröhlichste sein, was es gibt», fühlt sie. «Fröhlich soll er sein, der Murkel! Vogelsprache kund . . .»

«Mittagessen!» ruft der Junge, schon draußen auf dem Flur.

Sie muß ein wenig geschlafen haben, manchmal ist sie jetzt so müde.

«Mein Mittagessen», denkt sie und steht langsam auf.

«Noch nicht gedeckt?» fragt er.

«Einen Augenblick, Jungchen, gleich», sagt sie und läuft zur Küche. «Darf ich den Topf auf den Tisch bringen? Aber ich nehme auch gerne die Terrine!»

«Was gibt's denn?»

«Erbsensuppe.»

«Fein. Na bring schon den Topf. Ich decke unterdessen.»

Lämmchen füllt auf. Sie sieht etwas ängstlich aus. «Scheint etwas dünn?» fragt sie besorgt.

«Wird schon so richtig sein», sagt er und schneidet das Fleisch auf dem Tellerchen.

Sie probiert. «O Gott, wie dünn!» sagt sie unwillkürlich. Und es folgt: «O Gott, das Salz!»

Auch er läßt den Löffel sinken, über dem Tisch, über den Tellern, über dem dicken braunen Emailletopf begegnen sich beider Blicke.

«Und sie müßte so gut sein», klagt Lämmchen. «Ich hab alles richtig genommen: ein halbes Pfund Erbsen, ein halbes Pfund Fleisch, ein ganzes Pfund Knochen, das müßte eine gute Suppe sein!»

Er ist aufgestanden und bewegt nachdenklich den großen Auffüllöffel aus Emaille in der Suppe. «Ab und an begegnet man 'ner Schluse? Wieviel Wasser hast du denn genommen, Lämmchen?»

«Es muß an den Erbsen liegen! Die Erbsen geben rein gar nichts aus!»

«Wieviel Wasser?» wiederholt er.

«Nun, den Topf voll.»

«Fünf Liter — und ein halbes Pfund Erbsen. Ich glaube, Lämmchen», sagt er geheimnisvoll, «es liegt an dem Wasser. Das Wasser ist zu dünn.»

«Meinst du», fragt sie betrübt. «Hab ich zu viel genommen? Fünf Liter. Es sollte aber für zwei Tage reichen.»

«Fünf Liter — ich glaube, es ist zu viel für zwei Tage.» Er probiert noch mal. «Ne, entschuldige, Lämmchen, es ist wirklich nur heißes Wasser.»

«Ach, mein armer Junge, hast du schrecklichen Hunger? Was mache ich nun? Soll ich ganz schnell ein paar Eier raufholen und uns Bratkartoffeln und Spiegeleier machen? Spiegeleier und Bratkartoffeln kann ich bestimmt.»

«Also los!» sagt er. «Ich lauf selbst nach den Eiern.» Und ist fort.

Als er dann zu ihr in die Küche kommt, laufen ihre Augen nicht von der Zwiebel, die sie für die Bratkartoffeln geschnitten hat. «Aber Lämmchen», sagt er, «es ist doch keine Tragödie!»

Sie wirft beide Arme um seinen Hals. «Jungchen, wenn ich nun eine untüchtige Hausfrau bin! Ich möchte es gerne alles so nett für dich machen. Und wenn der Murkel kein richtiges Essen kriegt, kommt er auch nicht vorwärts!»

«Meinst du jetzt oder nachher?» fragt er lachend. «Glaubst du, du lernst es nie?»

«Siehst du, du veräppelst mich auch noch.»

«Mit der Suppe, das habe ich mir eben schon auf der Treppe überlegt. Der Suppe fehlt doch gar nichts, nur zu viel Wasser. Wenn du sie noch mal aufsetzt und ganz lange richtig kochen läßt, daß alles Wasser richtig auskocht, was zuviel ist, dann haben wir doch 'ne richtige gute Erbsensuppe.»

«Fein!» sagt sie strahlend. «Da hast du recht. Mach ich gleich heute nachmittag, dann essen wir noch einen Teller zum Abendessen.»

Sie ziehen mit ihren Bratkartoffeln plus je zwei Spiegeleiern ins Zimmer. «Schmeckt es? Schmeckt es ganz richtig, wie du es gewöhnt bist? Ist es auch nicht zu spät für dich? Kannst du dich nicht noch einen Augenblick hinlegen? Du siehst so müde aus, Jungchen.»

«Ne. Nicht weil es zu spät ist, nein, ich kann heute doch nicht schlafen. Dieser Kleinholz . . .»

Er hat sich lange überlegt, ob er es ihr überhaupt erzählen soll.

Aber jedenfalls haben sie in der Sonnabendnacht verabredet, es soll keine Geheimnisse mehr geben. Und darum erzählt er ihr. Und dann tut es so gut, wenn man sich aussprechen kann! «Und was mach ich nun?» fragt er. «Wenn ich ihm nichts sage, kündigt er mir doch bestimmt am Ersten. Wenn ich ihm einfach die Wahrheit sagte? Wenn ich ihm sagte, daß ich verheiratet bin, daß er mich nicht auf die Straße setzen soll?»

Aber darin ist Lämmchen ganz die Tochter ihres Vaters: von einem Arbeitgeber hat ein Angestellter nichts zu erwarten. «Das ist ja dem so piepe», sagt sie empört. «Früher, ja vielleicht, da gab's noch ab und an ein paar anständige . . . Aber heute . . . wo so viele arbeitslos sind und durchkommen müssen, kann's auf meine Leute auch nicht ankommen, denken die!»

«Schlecht ist der Kleinholz eigentlich nicht», sagt Pinneberg. «Nur so gedankenlos. Man müßte es ihm richtig auseinandersetzen. Daß wir den Murkel erwarten und so . . .»

Lämmchen ist empört: «Das willst du dem erzählen! Dem, der dich erpressen will? Nein, Junge. Das tust und tust du nicht.»

«Aber was soll ich denn tun? Ich muß ihm doch was sagen.»

«Ich», sagt Lämmchen nachdenklich, «ich spräche mal mit meinen Kollegen. Vielleicht hat er denen auch so gedroht wie dir. Und wenn ihr dann alle zusammenhaltet, allen dreien wird er ja nicht kündigen.»

«Das mag angehen», sagt er. «Wenn sie einen nur nicht reinlegen. Lauterbach betrügt nicht, der ist schon viel zu doof dazu, aber Schulz...»

Lämmchen glaubt an die Solidarität aller Arbeiter: «Deine Kollegen werden dich doch nicht reinreißen! Nein, Jungchen, es wird schon werden. Ich glaub immer, es kann uns gar nicht schlecht gehen. Warum denn eigentlich? Fleißig sind wir, sparsam sind wir, schlechte Menschen sind wir auch nicht, den Murkel wollen wir auch, und gerne wollen wir ihn — warum soll es uns da eigentlich schlecht gehen? Das hat doch gar keinen Sinn!»

Kleinholz stänkert, Kube stänkert und die Angestellten kneifen. Erbsen gibt es noch immer nicht

Der Weizenboden der Firma Emil Kleinholz ist eine olle verwinkelte Geschichte. Nicht einmal eine richtige Absackvorrichtung ist vorhanden. Alles muß noch auf Dezimalwaagen abgewogen werden, und aus einer Dachluke auf einer Rutsche läßt man die Säcke hinuntersausen in das Lastauto.

Sechzehnhundert Zentner sacken an einem Nachmittag, das ist wieder mal das richtige Kleinholz-Theater. Keine Arbeitseinteilung, keine Disposition. Der Weizen liegt schon eine Woche, schon zwei Wochen auf dem Boden, hätte man nicht längst mit Absacken anfangen können, aber nein, an einem Nachmittag!

Es wimmelt von Menschen auf dem Boden, alles, was Kleinholz in der Eile hat auftreiben können, hilft mit. Ein paar Weiber kehren den Weizen wieder an die Haufen heran, drei Waagen sind in Tätigkeit, Schulz an der ersten, Lauterbach an der zweiten, Pinneberg an der dritten.

Emil rennt rum, Emil noch schlechterer Laune als am Vormittag, denn Emilie hat ihn völlig trockengelegt, darum sind sie und Marie auch nicht auf den Boden gelassen. Über alle väterlichen Versorgungsgefühle hat die Wut des Tyrannisierten gesiegt. «Nicht riechen mag ich euch Biester.»

«Haben Sie Sackgewicht drauf, richtiges Sackgewicht, Herr Lauterbach? So ein Idiot! Ein Zweizentnersack wiegt drei Pfund, keine zwei Pfund! Genau zwei Zentner und drei Pfund werden gesackt, meine Herren. Und daß mir keiner ein Übergewicht gibt. Ich habe nischt zu verschenken. Ich wiege nach, mein schöner Schulz.»

Zwei Mann rutschen einen Sack zur Schurre. Der Sack geht auf, eine Flut rotbraunen Weizens prasselt auf den Boden.

«Wer hat den Sack zugebunden? Sie, Schmidten? Gottverdammich, Sie sollten doch mit Säcken umgehen können! Sie sind doch auch keine Jungfer mehr. Glotzen Sie nicht, Pinneberg, Ihre Waage hat Ausschlag! Habe ich Ihnen nicht gesagt, Sie Trottel, wir geben keinen Ausschlag?»

Nun glotzt Pinneberg wirklich, und zwar sehr böse auf seinen Chef.

«Kucken Sie nicht so dämlich! Wenn Ihnen hier was nicht paßt, bitte, Sie können gehen. — Schulz, Sie Bock, lassen Sie sofort die Marheinecke los. Will der Kerl auf meinem Weizenboden mit den Weibern loslegen.»

Schulz murmelt was.

«Halten Sie's Maul! Sie haben die Marheinecke in den Hintern gekniffen. Wieviel Sack haben Sie jetzt?»

«Dreiundzwanzig.»

«Nicht vorwärts geht das. Nicht vorwärts! Aber das sage ich euch, keiner kommt mir vom Boden runter, bis die achthundert Sack fertig sind! Vesper gibt's nicht. Und wenn ihr um elf Uhr nachts hier noch steht, das will ich doch mal sehen . . .»

Es ist drückend heiß unter den Dachpfannen, auf die mit aller Gewalt die Augustsonne niederprallt. Die Männer haben nur noch Hemd und Hose an und die Weiber auch kaum mehr. Es riecht nach trockenem Staub, nach Schweiß, nach Heu, nach der frischen, glänzenden Jute der Weizensäcke, aber vor allem nach Schweiß Schweiß, Schweiß. Ein dikker Brodem von Körperlichkeit, ein Gestank nach schofelster Sinnlichkeit macht sich immer breiter. Und dazwischen gellt ununterbrochen wie ein dröhnender Gong die Stimme von Kleinholz:

«Lederer, fassen Sie gefälligst die Schippe vernünftig an! Mensch, faßt man so 'ne Schippe an?! Halt den Sack ordentlich auf, du Fettsau, 'ne Schnauze muß er haben. So macht man das . . .»

Pinneberg bedient seine Waage. Ganz mechanisch läßt er die Sperre runter: «Noch ein bißchen, Frau Friebe. Noch eine Kleinigkeit. So, nun ist es wieder zu viel. Noch 'ne Handvoll raus. Ab dafür! Der nächste! Halten Sie sich ran, Hinrichsen, Sie sind jetzt dran. Sonst stehen wir noch um Mitternacht hier.»

Und im Gehirn geht es dabei, in Bruchstücken: «Lämmchen hat's gut. Frische Luft . . . die weißen Vorhänge wehen. — Halt die Schnauze, verfluchter Hund! Ewig muß er kläffen. — Und um so was zittert man nun! So was will man um keinen Preis verlieren Na, danke schön.»

Und wieder der dröhnende Gong: «Los mit Ihnen, Kube! Was haben Sie rausgewogen aus dem Haufen? Achtundneunzig Zentner? Hundert waren's. Das ist der Weizen aus Nickelshof. Hundert Zentner waren das. Wo haben Sie die zwei Zentner gelassen, Schulz? Ich wiege nach. Los, wieder rauf mit dem Sack auf die Waage.»

«Ist zusammengeschnurrt in der Hitze, der Weizen», läßt sich der alte Speicherarbeiter Kube vernehmen. «War höllisch zach, als er von Nickelshof kam.»

«Kauf ich zachen Weizen? Halt du die Schnauze, du! Will hier reden. Hast ihn nach Haus getragen zu Muttern, was? Zusammengeschnurrt, wenn ich das höre! Geklaut ist er, hier mausen doch alle.»

«Das ha 'ck nich nödig, Herre», sagt Kube, «daß Sie mir hier was von Klauen sagen. Ick meld das dem Verband. Das ha 'ck nich nödig, das wollen wir mal sehen.»

Er kiekt über seinen grauweißen Schnauzbart dem Chef grell in die Visage.

«O Gott, das ist schön», jubiliert Pinneberg innerlich. «Verband! Wenn man das auch so könnte! Aber bei uns? Neese.»

Kleinholz ist gar nicht sprachlos, Kleinholz ist so was gewöhnt. «Hab ich was gesagt, daß du 'nen geklaut hast? Keinen Ton hab ich gesagt. Mäuse klauen auch, Mäusefraß haben wir immer. Müssen wir mal wieder Meerzwiebeln legen oder Diphtherie impfen, Kube.»

«Sie haben gesagt, Herr Kleinholz, ich hab hier Weizen geklaut. Da sind se alle Zeuge für auf dem Boden. Ich geh zum Verband. Ich zeig Sie an, Herr Kleinholz.»

«Nichts hab ich gesagt. Kein Wort hab ich zu Ihnen gesagt. Heh, Herr Schulz, habe ich was zu Kube gesagt von Klauen?»

«Habe nichts gehört, Herr Kleinholz.»

«Siehst du, Kube. Und Sie, Herr Pinneberg, haben Sie was gehört?»

«Nein. Nichts», sagt Pinneberg zögernd und weint innen blutige Tränen.

«Na also», sagt Kleinholz. «Ewig du mit deinen Stänkereien, Kube. Das will 'nen Betriebsrat sein.»

«Machen Se's sachte, Herr Kleinholz», warnt Kube. «Sie fangen schon wieder an. Sie wissen doch von wegen. Dreimal sind Sie mit dem ollen Kube schon reingefallen vors Gericht. Ich geh auch viertens. Ich hab keine Bange, Herr Kleinholz.»

«Quasseln tust du», sagt Kleinholz wütend, «du bist ja alt, Kube, du weißt ja nicht mehr, was du redest. So ein Mitleid hab ich mit dir!»

Aber Kleinholz hat es dicke. Außerdem ist es wirklich zu heiß hier oben, wenn man ununterbrochen hin und her läuft und brüllt. Er geht runter und macht Vesper.

«Ich geh mal auf's Büro, Pinneberg. Passen Sie hier auf, daß weitergemacht wird. Vesper gibt's nicht, verstanden? Sie stehen mir dafür, Pinneberg!»

Er verschwindet die Bodentreppe abwärts, und sofort setzt allgemeine lebhafte Unterhaltung ein. Stoffmangel herrscht nicht, dafür hat Kleinholz gesorgt.

«Na, warum der heute so aus der Tüt ist, das weiß man ja.»

«Soll man einen auf die Lampe gießen, dann wird ihm schon anders.»

«Vesper!» brüllt der olle Kube, «Vesper!»

Emil kann noch nicht über den Hof sein.

«Ich bitte Sie, Kube», sagt der dreiundzwanzigjährige Pinneberg zum dreiundsechzigjährigen Kube, «ich bitte Sie, Kube, machen Sie doch keine Geschichten, wo es Herr Kleinholz ausdrücklich verboten hat!»

«Is Tarif, Herr Pinneberg», sagt Kube mit dem Walroßbart. «Vesper is Tarif. Das kann uns der Alte nicht nehmen.»

«Aber ich krieg den schlimmsten Krach . . .»

«Was geht mir das an!» Kube schnauft. «Wo Se nicht mal gehört haben, daß er mir Mausehaken geschimpft hat —!»

«Wenn Sie in meiner Lage wären, Kube . . .»

«Weeß ich. Weeß ich. Wenn alle so dächten wie Sie, junger Mann, dann dürften wir wohl wegen der Herren Arbeitgeber in Ketten schuften und für jedes Stück Brot 'nen Psalm singen. Na, Sie sind noch jung, Sie haben was vor sich, Sie werden ja auch noch erleben, wie weit Sie mit der Kriecherei kommen. — Also Vesper!»

Aber alles vespert längst. Die drei Angestellten stehen vereinsamt.

«Können ja weiter sacken, die Herren», sagt ein Arbeiter.

«Sich 'nen weißen Fuß machen bei Emil!» der andere. «Dann läßt er sie vielleicht mal am Kognak riechen.»

«Nee, an Mariechen riechen!»

«Alle drei?» Brüllendes Gelächter.

«Die nimmt alle drei, die is nich so.»

Einer fängt an zu singen: «Mariechen, mein süßes Viehchen.» Und schon singen die meisten.

«Wenn das gut geht!» sagt Pinneberg.

«Ich mach das nicht länger mit», sagt Schulz. «Hab ich es nötig, mich hier vor allen Bock schimpfen zu lassen?! – Oder ich mach der Marie ein Kind und laß sie sitzen.» Er grinst schadenfroh und düster.

Und der starke Lauterbach: «Man müßte ihm mal auflauern, wenn er sich nachts besoffen hat, und ihn im Dunkeln gehörig vertrimmen. Das hilft.»

«Und tun tut keiner was von uns», sagt Pinneberg. «Die Arbeiter haben ganz recht. Wir haben ewig Schiß.»

«Wenn du hast. Ich hab keinen», sagt Lauterbach.

«Ich auch nicht», sagt Schulz. «Ich hab überhaupt den ganzen Laden hier dicke.»

«Na, denn tun wir doch was», schlägt Pinneberg vor. «Hat er denn mit euch nicht gesprochen heute früh?»

Die drei sehen sich an, prüfend, mißtrauisch, befangen.

«Ich will euch was sagen», erklärt Pinneberg. Denn nun kommt es ja doch nicht mehr darauf an. «Mir hat er heute früh erst von der Marie was vorgequasselt, was sie für ein tüchtiges Mädchen ist, und dann, daß ich mich zum Ersten erklären soll, was, weiß ich eigentlich nicht, ob ich mich freiwillig abbauen lassen will, weil ich doch der Jüngste bin, also die Marie.»

«Bei mir war's auch so. Weil ich Nazi bin, davon hat er solche Unannehmlichkeiten.»

«Und bei mir, weil ich mal mit 'nem Mädchen ausgehe.»

Pinneberg holt tief Atem: «Na, und?»

«Wieso und?»

«Was wollt ihr denn zum Ersten sagen?»

«Was sagen?»

«Ob ihr die Marie wollt?»

«Ganz ausgeschlossen!»

«Eher stempeln gehen!»

«Na also!»

«Was na also?»

«Dann können wir doch auch was verabreden.»

«Aber was denn?»

«Zum Beispiel: wir geben unser Ehrenwort darauf, daß wir zu der Marie alle drei Nein sagen.»

«Von der wird er schon nicht reden, so dumm ist Emil nicht.»

«Marie ist kein Kündigungsgrund.»

«Also dann, daß wir ausmachen, wenn er einen von uns kündigt, kündigen die beiden andern auch. Ehrenwörtlich ausmachen.»

Die beiden sehen bedenklich drein, jeder erwägt seine Chancen, gekündigt zu werden, ob sich das Ehrenwort für ihn lohnt.

«Alle drei läßt er uns sicher nicht gehen», drängt Pinneberg.

«Da hat Pinneberg recht», bestätigt Lauterbach. «Das tut er jetzt nicht. Ich gebe mein Ehrenwort.»

«Ich auch», sagt Pinneberg. «Und du, Schulz?»

«Meinetwegen, ich mach mit.»

«Vesper vorbei!» brüllt Kube. «Wenn die Herren Beamten sich bemühen wollen!»

«Also es ist fest?»

«Ehrenwort!»

«Ehrenwort!»

‹Gott, wie wird sich Lämmchen freuen›, denkt der Junge. ‹Wieder für einen Monat Sicherheit.›

Sie gehen an ihre Waagen.

Es ist gegen elf, als Pinneberg nach Haus kommt. In der Sofaecke zusammengekuschelt, findet er schlafend Lämmchen. Sie hat ein Gesicht wie ein verweintes Kind, die Lider sind noch feucht.

«O Gott, bist du endlich da? Ich hatte solche Angst!»

«Aber warum denn Angst? Was soll mir denn passieren? Überarbeiten habe ich müssen, das Vergnügen habe ich alle drei Tage.»

«Und ich habe solche Angst gehabt! Hast du sehr Hunger?»

«Hunger noch und noch. Aber weißt du, es riecht so komisch bei uns.»

«Komisch, wieso?» Lämmchen schnuppert. «Meine Erbsensuppe!»

Sie stürzen gemeinsam in die Küche. Ein stinkender Qualm schlägt ihnen entgegen.

«Fenster auf! Rasch alle Fenster auf! Durchzug machen!»

«Sieh, daß du den Gashahn findest. Stell erst mal das Gas ab.»

Schließlich, etwas reinere Luft atmend, sehen die beiden in den großen Kochpott.

«Meine schöne Erbsensuppe», flüstert Lämmchen.

«Irgendwas wie Kohlen.»

«Das schöne Fleisch!»

Sie starren in den Topf, dessen Boden und Wände von einer schwärzlichen stinkenden, klebrigen Masse bedeckt sind.

«Ich hab ihn um fünf aufgesetzt», berichtet Lämmchen. «Ich dachte, du kämst um sieben. Damit das viele Wasser unterdes verkocht. Und dann kamst du nicht und ich kriegte solche Angst, und ich hab gar nicht mehr an den ollen dummen Pott gedacht!»

«Der ist auch hin», sagt Pinneberg betrübt.

«Vielleicht kriege ich es wieder raus», meint Lämmchen bedenklich. «Es gibt so Kupferbürsten.»

«Kostet alles Geld», sagt Pinneberg kurz. «Wenn ich denke, was wir diese Tage schon für Geld veraast haben. Und nun alle diese Töpfe und Kupferbürsten und das Mittagessen — dafür hätte ich drei Wochen am Mittagstisch essen können. — Ja, nun weinst du, wo es doch wahr ist . . .»

Sie schluchzt sehr: «Und ich gebe mir ja solche Mühe, mein Junge! Nur wenn ich solche Angst um dich habe, kann ich doch nicht an das Essen denken. Und hättest du nicht eine einzige halbe Stunde früher kommen können? Dann hätten wir den Gashahn noch rechtzeitig zugedreht.»

«Na ja», sagt Pinneberg und packt den Deckel auf den Topf.

«Lehrgeld. Ich» . . . er entschließt sich heldenhaft . . . «ich mach auch manchmal Fehler. Darum brauchst du nicht zu weinen. — Und nun gib mir was zu essen. Ich hab so 'nen Hunger!»

Pinneberg hat ja doch nichts vor, macht aber einen Ausflug, auf dem Augen gemacht werden

Der Sonnabend, dieser schicksalhafte Sonnabend, dieser dreißigste August, entsteigt strahlend mit tiefer Bläue der Nacht. Beim Kaffee hat Lämmchen noch einmal wiederholt: «Also morgen bist du bestimmt frei. Morgen fahren wir nach Maxfelde mit der Bimmelbahn.»

«Morgen hat Lauterbach Stalldienst», erklärt Pinneberg. «Morgen fahren wir los. Das versprech ich dir.»

«Und dann nehmen wir uns ein Ruderboot und rudern über den Maxensee, die Maxe hinauf.» Sie lacht. «Gott, Junge, was für Namen? Ich denke immer noch, du nimmst mich auf den Arm!»

«Tät ich gern. Aber ich muß los ins Geschäft. Tjüs, Frau!»

«Tjüs, Mann!»

Dann kam Lauterbach zu Pinneberg. «Du hör mal, Pinneberg, wir haben morgen Werbemarsch und mein Gruf hat mir gesagt, ich darf bestimmt nicht fehlen. Mach du mal für mich Futterausgabe.»

«Tut mir schrecklich leid, Lauterbach, morgen kann ich unter keinen Umständen! Sonst immer gerne.»

«Tu mir doch den Gefallen, Mensch!»

«Nein, wirklich nicht. Du weißt, sonst immer gerne, aber diesmal ausgeschlossen! Vielleicht Schulz?»

«Nee, Schulz kann auch nicht. Der hat was mit 'nem Mädchen, wegen Alimente. Also sei so gut.»

«Diesmal nicht.»

«Aber du hast doch nie was vor.»

«Und diesmal habe ich eben was vor.»

«Solche Ungefälligkeit — wo du sicher nichts vorhast!»

«Diesmal doch!»

«Ich mach zwei Sonntage für dich Dienst, Pinneberg.»

«Nein, ich will gar nicht. Und nun halt den Mund davon. Ich tu's nicht.»

«Bitte, wenn du so bist. Wo es mein Gruf extra befohlen hat!» Lauterbach ist wahnsinnig beleidigt.

Damit fing es an. Damit ging es weiter.

Zwei Stunden später sind Kleinholz und Pinneberg allein auf dem Büro. Die Fliegen summen und burren schön sommerlich. Der Chef ist heftig gerötet, sicher hat er heute schon ein paar gekippt und ist darum guter Laune.

Er sagt auch ganz friedlich: «Machen Sie mal morgen Stalldienst für Lauterbach, Pinneberg. Er hat mich um Urlaub gebeten.»

Pinneberg sieht hoch: «Tut mir schrecklich leid, Herr Kleinholz. Morgen kann ich nicht. Ich hab das Lauterbach auch schon gesagt.»

«Das wird bei Ihnen sich ja verschieben lassen. Sie haben ja noch nie was Wichtiges vorgehabt.»

«Diesmal leider doch, Herr Kleinholz.»

Herr Kleinholz sieht seinen Buchhalter sehr genau an: «Hören Sie, Pinneberg, machen Sie keine Geschichten. Ich hab dem Lauterbach Urlaub gegeben, ich kann es nicht wieder rückgängig machen.»

Pinneberg antwortet nicht.

«Sehen Sie, Pinneberg», erklärt Emil Kleinholz den Fall ganz menschlich, «der Lauterbach ist ja 'ne doofe Nuß. Aber er ist nun mal Nazi und sein Gruppenunterführer ist der Müller Rothsprack. Mit dem möchte ich es auch nicht verderben, der hilft uns immer mal aus, wenn wir schnell was zu mahlen haben.»

«Aber ich kann wirklich nicht, Herr Kleinholz», beteuert Pinneberg.

«Nun könnte ja mal der Schulz einspringen», klamüsert Emil nachdenklich den Fall auseinander, «aber der kann auch nicht. Der hat morgen ein Familienbegräbnis, wo er was erben will. Da muß er hin, das sehen Sie ein, sonst nehmen die andern Verwandten sich doch alles.»

‹So ein Aas!› denkt Pinneberg. ‹Seine Weibergeschichten.›

«Ja, Herr Kleinholz . . .», fängt er an.

Aber Kleinholz ist aufgezogen. «Und was mich angeht, Herr Pinneberg, ich würde ja gerne Dienst machen, ich bin nicht so, das wissen Sie . . .»

Pinneberg bestätigt es: «Sie sind nicht so, Herr Kleinholz.»

«Aber wissen Sie, Pinneberg, morgen kann ich auch nicht. Morgen muß ich nun wirklich über Land und sehen, daß wir Kleebestellungen reinkriegen. Wir haben dies Jahr noch gar nichts verkauft.»

Er sieht Pinneberg erwartungsvoll an.

«Sonntags muß ich fahren, Pinneberg, sonntags treffe ich die Bauern zu Haus.»

Pinneberg nickt: «Und wenn der olle Kube mal das Futter rausgibt, Herr Kleinholz?»

Kleinholz ist entsetzt. «Der olle Kube?! Dem soll ich die Bodenschlüssel in die Hand geben? Der Kube ist schon seit Vatern da, aber den Bodenschlüssel hat er noch nie in die Hand bekommen. Nee, nee, Herr Pinneberg, Sie sehen's ja jetzt ein, Sie sind der Mann an der Spritze. Sie machen morgen Dienst.»

«Aber ich kann nicht, Herr Kleinholz!»

Kleinholz ist aus allen Wolken gefallen: «Aber wo ich Ihnen eben erst auseinandergesetzt habe, Herr Pinneberg, daß keiner Zeit hat wie Sie.»

«Aber ich habe keine Zeit, Herr Kleinholz!»

«Herr Pinneberg, Sie werden doch nicht verlangen, daß ich morgen für Sie Dienst mache, bloß weil Sie Launen haben. Was haben Sie denn morgen vor?»

«Ich habe . . .», fängt Pinneberg an. «Ich muß . . .», sagt er weiter. Und ist still, denn es fällt ihm in der Eile nichts ein.

«Na also! Sehen Sie! Ich kann mir doch mein Kleegeschäft nicht verbuttern, bloß weil Sie nicht wollen, Herr Pinneberg! Seien Sie vernünftig.»

«Ich bin vernünftig, Herr Kleinholz. Aber ich kann bestimmt nicht.»

Herr Kleinholz erhebt sich, er geht rückwärts bis zur Tür und läßt kein betrübtes Auge von seinem Buchhalter. «Ich hab mich schwer in Ihnen getäuscht, Herr Pinneberg», sagt er. «Schwer getäuscht.»

Und schrammt die Tür zu. —

Lämmchen ist natürlich völlig der Ansicht ihres Jungen.

«Wie kommst du dazu? Und überhaupt finde ich es schrecklich gemein von den andern, dich so reinzulegen. Ich an deiner Stelle hätte es dem Chef gesagt, daß der Schulz mit seinem Begräbnis gesohlt hat.»

«So was tut man doch nicht unter Kollegen, Lämmchen.»

Sie ist reuig: «Nein, natürlich nicht, du hast ganz recht. Aber dem Schulz würde ich es gründlich sagen. Ganz gründlich.»

«Tu ich auch noch, Lämmchen, tu ich noch.»

Und nun sitzen die beiden in der Kleinbahn nach Maxfelde. Der Zug ist proppenvoll, trotzdem es der Zug ist, der schon um sechs Uhr in Ducherow abfährt. Und auch Maxfelde mit dem Maxsee und der Maxe ist eine Enttäuschung. Alles ist laut und voll und staubig. Von Platz sind Tausende gekommen, ihre Autos und Zelte stehen zu Hunderten am Strand. Und an ein Ruderboot ist gar nicht zu denken, die paar Ruderboote sind längst vergeben.

Pinneberg und seine Emma sind jung verheiratet, ihr Herz dürstet nach Einsamkeit. Sie finden den Trubel schrecklich.

«Also marschieren wir los», schlägt Pinneberg vor. «Hier gibt's ja überall Wald und Wasser und Berge . . .»

«Aber wohin?»

«Ist ja ganz egal. Nur weg von hier. Wir finden schon was.»

Und sie finden etwas. Zuerst ist der Waldweg noch ziemlich breit und eine ganze Menge Leute sind auf ihm unterwegs, aber dann behauptet Lämmchen, daß es hier unter den Buchen nach Pilzen riecht, und sie lockt ihn wegab und sie laufen immer tiefer in das Grüne, und plötzlich sind sie zwischen zwei Waldhängen auf einer Wiese. Sie klettern auf der anderen Seite, sich bei den Händen haltend, hinauf, und als sie oben sind, stoßen sie auf eine Schneise, die sich welteneinsam immer tiefer, hügelauf, hügelab, in den Wald hineinzieht, und schlendern so weiter.

Über ihnen stieg die Sonne, langsam und allmählich, und manchmal warf sich der Seewind, weit, weit drüben von der Ostsee her, in die Buchenkronen, dann rauschten sie herrlich auf. Der Seewind war auch in Platz gewesen, wo Lämmchen früher zu Hause war, lang, lang ist's her, und sie erzählte ihrem Jungen von der einzigen Sommerreise ihres Lebens: neun Tage in Oberbayern, vier Mädels.

Und er wurde auch gesprächig, und sprach davon, daß er immer allein gewesen sei, und daß er seine Mutter nicht möge, und sie hätte sich nie um ihn gekümmert, und er sei ihr bei ihren Liebhabern stets im Wege gewesen. Und sie habe einen schrecklichen Beruf, sie sei . . . Nun, es dauerte eine ganze Weile, bis er mit dem Geständnis herausrückte, daß sie eine Bardame sei.

Da wurde Lämmchen nun wieder nachdenklich und bereute fast ihren Brief, denn eine Bardame ist doch eigentlich etwas ganz anderes, trotzdem sich Lämmchen über die Funktionen dieser Damen gar nicht recht im klaren war, denn sie war noch nie in einer Bar gewesen, und was sie bisher von solchen Damen gehört hatte, schien wieder nicht zu dem Alter von ihres Jungen Mutter zu stimmen. Und kurz und gut, sicher wäre die Anrede «Verehrte gnädige Frau» besser gewesen. Aber mit Pinneberg jetzt darüber zu sprechen, war natürlich nicht möglich.

So gingen sie eine ganze Weile schweigend Hand in Hand. Aber gerade als dies Schweigen bedenklich wurde und sie voneinander zu entfernen schien, sagte Lämmchen: «Mein Jungchen, was sind wir glücklich!» und hielt ihm den Mund hin. —

Plötzlich wurde der Wald ganz hell vor ihnen, und als sie hinaustraten in die strahlende Sonne, standen sie auf einem ungeheuren Kahlschlag. Grade gegenüber lag ein hoher sandiger Hügel. Auf seiner Spitze hantierte ein Haufe Menschen mit einem komischen Gerät herum. Plötzlich hob sich das Gerät und segelte durch die Luft.

«Ein Segelflieger!» schrie Pinneberg. «Lämmchen, ein Segelflieger!»

Er war mächtig aufgeregt und versuchte ihr zu erklären, wieso dies Ding ohne Motor immer höher und höher kam. Aber da es ihm auch nicht ganz klar war, verstand Lämmchen es erst recht nicht, aber sie sagte folgsam: «Ja» und «Natürlich».

Dann setzten sie sich am Waldrand hin und frühstückten ausgiebig aus ihren Paketen und tranken die Thermosflasche leer. Der große, weiße, kreisende Vogel sank und stieg und ging schließlich nieder, ganz weit draußen. Die Leute vom Hügelgipfel stürmten zu ihm, es war ein tüchtiger Weg, und als die beiden oben mit ihrem Frühstück fertig waren und Pinneberg seine Zigarette angebrannt hatte, fingen sie erst an, das Flugzeug wieder zurückzuschleppen.

«Jetzt ziehen sie ihn wieder auf den Berg», erklärte Pinneberg.

«Aber das ist doch schrecklich umständlich! Warum fährt er nicht selbst?»

«Weil er keinen Motor hat, Lämmchen, er ist doch ein Segelflieger!»

«Haben Sie kein Geld, sich einen Motor zu kaufen? Ist ein Motor so teuer? Ich finde es schrecklich umständlich.»

«Aber Lämmchen . . .», und er wollte wieder erklären.

Aber Lämmchen lehnte sich plötzlich ganz fest in seinen Arm und sagte: «Ach, es ist schrecklich gut, daß wir uns haben, was, Jungchen?»

In diesem Augenblick geschah es:

Auf dem Sandwege, der am Waldrand entlang führte, war leise und sacht wie auf Filzlatschen ein Automobil herangeschlichen, und als die beiden es merkten und verlegen auseinanderfuhren, war das Auto beinahe auf ihrer Höhe. Trotzdem sie nun eigentlich die Gesichter der Autoinsassen im Profil hätten sehen müssen, waren ihnen die Gesichter alle voll und ganz zugekehrt. Und es waren erstaunte Gesichter, strenge Gesichter, entrüstete Gesichter.

Lämmchen verstand nichts, sie fand, daß diese Leute doch schon gar zu blöde blickten, als hätten sie noch nie ein küssend Paar gesehen, und sie verstand vor allem ihren Jungen nicht, der, Unverständliches murmelnd, aufsprang und eine tiefe Verbeugung gegen das Auto machte.

Aber dort gingen, wie auf geheimes Kommando, alle Gesichter plötzlich ins Profil, niemand nahm von der herrlichen Verbeugung Pinnebergs Notiz, nur das Auto tat mit seiner Hupe einen grellen Schrei, fuhr rascher, tauchte zwischen Bäume und Gebüsch, noch einmal sahen sie ein Stück der roten Lackierung aufleuchten und vorbei. Vorbei.

Der Junge aber stand da, leichenblaß, die Hände in den Taschen, und murmelte: «Wir sind erschossen, Lämmchen. Morgen schmeißt er mich raus.»

«Wer denn? Wer?»

«Na, Kleinholz doch! Ach Gott, du weißt es ja noch gar nicht. Das waren Kleinholzens.»

«Ach Gott!» sagte Lämmchen auch und tat einen tiefen Atemzug. «Das nenne ich nun freilich Malesche.»

Und dann nahm sie ihren großen Jungen in den Arm und tröstete ihn, so gut es eben ging.

Wie Pinneberg mit dem Engel und Mariechen Kleinholz ringt und wie es doch zu spät ist

Jedem Sonntag folgt ein Montag auf dem Fuße, man kann am Sonntag vormittag um elf noch so fest glauben, er sei noch zwei Ewigkeiten ab.

Aber er kommt, er kommt sicher, alles geht seinen alten Trott, und an der Ecke vom Marktplatz, wo Pinneberg immer den Stadtsekretär Kranz trifft, sieht er sich um. Siehe da, dort naht auch schon Kranz, und als die beiden Herren beinahe auf gleicher Höhe sind, greifen sie an die Hüte und grüßen sich.

Sie sind aneinander vorbei, Pinneberg hält seine rechte Hand vor sich hin: der goldene Trauring funkelt in der Sonne. Langsam dreht Pinneberg den Ring vom Finger, langsam greift er nach seiner Brieftasche, und dann steckt er ihn trotzig und rasch wieder an. Aufrecht, den Trauring an der Hand, marschiert er seinem Schicksal entgegen.

Es läßt auf sich warten, dieses Schicksal. Nicht einmal der pünktliche Lauterbach ist an diesem Montag da, und von Kleinholzens läßt sich auch niemand sehen.

‹Wird im Stall sein›, denkt Pinneberg und macht sich auf dem Hof zu schaffen. Da steht das rote Auto und wird gewaschen. ‹Wärest du doch gestern um zehn mit einer Panne zusammengebrochen›, denkt Pinneberg. Und sagt laut: «Der Chef noch nicht auf?»

«Schläft noch allens, Herr Pinneberg.»

«Wer hat denn gestern eigentlich Futter ausgegeben?»

«Der olle Kube, Herr Pinneberg, Kube.»

«Na also», sagt Pinneberg und geht wieder aufs Büro.

Dort ist Schulz eingetrudelt, es ist auch schon acht Uhr fünfzehn, ein grüngelber Schulz, sehr mißgelaunt. «Wo ist denn Lauterbach?» fragt er böse. «Spielt das Schwein krank, heute, wo wir so viel Arbeit haben?»

«Sieht so aus», sagt Pinneberg. «Lauterbach kommt doch nie zu spät. – Guten Sonntag gehabt, Schulz?»

«O verdammich!» bricht Schulz aus. «Verdammich! Verdammich!»

Er versinkt in Brüten. Dann wild: «Weißte, Pinneberg, ich habe dir mal erzählt, du wirst's nicht mehr wissen, vor acht oder neun Monaten bin ich mal in Helldorf zum Schwoof gewesen, so 'nem richtigen Kuhschwoof mit den Bauerntrampeln. Und die behauptet jetzt, ich bin der Vater von dem Kind und soll blechen. Also ich denke gar nicht daran! Ich mache sie meineidig, die!»

«Wie willste denn das machen?» sagt Pinneberg und denkt, der hat auch Sorgen.

«Ich bin gestern den ganzen Tag in Helldorf rum und hab mich erkundigt, mit wem sie noch . . . Diese Bauerntöffel, alles hält zusammen. Die soll aber nur ihren Meineid schwören, wenn sie den Mut hat!»

«Und wenn sie den Mut hat?»

«Ich werd' dem Richter schon Bescheid stoßen! Glaubst du denn das, Pinneberg, nun sag mal ehrlich, zweimal hab ich mit ihr getanzt und dann hab ich gesagt: ‹Gnädiges Fräulein, es ist hier so rauchig, wollen wir mal rausgehen?› Na, und da gleich, einen Tanz haben wir nur versäumt, verstehst du, und da soll ich der alleinige Vater sein? So doof!»

«Wenn du nichts beweisen kannst.»

«Ich mach sie meineidig! Der Richter wird es ja auch einsehen. Wie kann ich denn das auch, Pinneberg? Du weißt doch selber, bei unserem Gehalt?»

«Heut ist Kündigungstag», sagt Pinneberg, still und beiläufig.

Aber Schulz hört gar nicht, er stöhnt: «Und mir wird immer so schlecht von Alkohol . . .!»

Acht Uhr zwanzig, Lauterbach tritt ein. ·

O Lauterbach! O Ernst! O du mein Ernst Lauterbach!

Ein blaues Auge, eins. Die linke Hand in einem Verband, zwei. Das Gesicht voll Schmarren, drei, vier, fünf. Am Hinterkopf so ein schwarzes Seidenfutteral und über dem Ganzen ein Chloroformgeruch, sechs, sieben. Und diese Nase, diese verschwollene blutrünstige Nase! Acht! Und diese Unterlippe, halb gespalten, dick, negerhaft. Neun! Knockout, Lauterbach! Kurz gesagt, am gestrigen Sonntag hat Ernst Lauterbach unter den Bewohnern des Landes eifrig und mit Hingabe für seine politischen Ideen geworben.

Die beiden Kollegen tanzen aufgeregt um ihn.

«O Mensch! O Manning! Dich haben sie aber in der Mache gehabt.»

«O Ernst, o Ernst, daß du es niemals lernst!»

Lauterbach setzt sich, sehr steif und vorsichtig: «Das, was ihr seht, ist noch gar nichts. Meinen Rücken sollt ihr erst mal sehen.»

«Mensch, wie ist es nur möglich . . .?»

«So bin ich! Ich hätte ja heute ganz gut zu Haus bleiben können, aber ich hab an euch gedacht, daß heute so viel zu tun ist.»

«Und heute ist immerhin Kündigungstag», sagt Pinneberg.

«Und wer nicht da ist, den beißen die Hunde.»

«Hör mal, das verbitt ich mir! Wir haben doch unser Ehrenwort . . .»

Emil Kleinholz tritt ein.

Kleinholz ist an diesem Morgen leider nüchtern, er ist sogar so nüchtern, daß er bis zur Tür Schulzens Schnaps- und Biergeruch riecht. Er gibt einen Auftakt, er macht seinen Anfang, er sagt: «Na, wieder mal ohne Arbeit, meine Herren? Gut, daß heute Kündigungstag ist, einen von Ihnen werde ich abbauen.» Er grinst. «Arbeit ist knapp, was?»

Er sieht auf die drei, triumphierend, sie schleichen betreten zu ihren Plätzen. Schon fährt Kleinholz dahinter her: «Nee, mein lieber Schulz, das könnte Ihnen so passen, Ihren Rausch für mein teures Geld auf dem Büro ausschlafen. Feuchtes Familienbegräbnis gehabt, was? Wissen Sie?» Er sinnt. Dann hat er es. «Wissen Sie, Sie können mal auf den Anhänger von dem Lastwagen krabbeln und nach der Weizenmühle fahren. Und daß Sie mir fein die Bremse bedienen, es geht hübsch bergauf und bergab, ich werd dem Chauffeur Bescheid sagen, daß er ein bißchen auf Sie aufpaßt und Ihnen eine klebt, wenn Sie's Bremsen vergessen haben.»

Kleinholz lacht, er hat einen Witz gemacht, darum lacht er. Denn das mit dem Kleben ist natürlich nicht ernst gemeint, auch wenn es ernst gemeint ist.

Schulz will raus.

«Was wollen Sie denn ohne Papiere? Pinneberg, machen Sie dem Schulz die Bestellscheine fertig, der Mann kann ja heute nicht schreiben, hat 'nen Tatterich.»

Pinneberg schmiert los, froh, eine Arbeit zu haben.

Dann gibt er Schulz die Papiere: «Hier hast du, Schulz.»

«Einen Augenblick noch, Herr Schulz», sagt Emil. «Sie können nicht bis zwölf zurück sein, und bis zwölf kann ich Ihnen nur kündigen, nach unserem Vertrag. Wissen Sie, ich weiß noch immer nicht, wem von Ihnen dreien ich kündigen will, ich muß mal sehen . . . Und da kündige ich Ihnen vorsorglich, wissen Sie, da haben Sie zu kauen dran während der Fahrt, und wenn Sie dann noch tüchtig bremsen, ich denke mir beinahe, Sie werden nüchtern, Schulz!»

Schulz steht und bewegt lautlos die Lippen. Wie gesagt, er hat ein gelbes, faltiges Gesicht, und diesen Morgen sieht er an und für sich nicht sehr gesund aus, aber was da jetzt für ein Haufen Elend und Asche steht . . .

«Ab dafür!» sagt Kleinholz. «Und wenn Sie wiederkommen, melden Sie sich bei mir. Dann sage ich Ihnen, ob ich die Kündigung zurücknehme oder nicht.»

Also ab dafür, der Schulz. Die Tür geht zu und langsam, mit zitternder Hand, an der der Ehereif blitzt, schiebt Pinneberg den Löscher von sich. Komme ich jetzt dran oder Lauterbach?

Aber beim ersten Wort merkt er: das ist Lauterbach. Dem Lauterbach gegenüber hat Kleinholz einen ganz anderen Ton: Lauterbach ist dumm, aber stark, wenn Lauterbach zu sehr gereizt wird, haut er einfach. Lauterbach kann man nicht so zwiebeln, bei Lauterbach muß man es anders machen. Aber Emil kann auch das.

«Wenn ich Sie so ansehe, Herr Lauterbach, das ist doch ein wahrer Jammer. Auge blau, Neese Mohn, mit dem Mund können Sie kaum reden und der eine Arm —: das soll nu 'ne vollwertige Arbeit sein, die Sie bei mir leisten. Vollwertiges Gehalt wollen Sie wenigstens, da lassen Sie nicht dran tippen.»

«Meine Arbeit klappt», sagt Lauterbach.

«Sachte, Herr Lauterbach, sachte. Wissen Sie, Politik ist ganz gut, und Nationalsozialismus ist vielleicht sehr gut, werden wir sehen nach den nächsten Wahlen und uns danach richten, aber daß ausgerechnet ich die Kosten tragen soll . . .»

«Ich arbeit'», sagt Lauterbach.

«Na ja», sagt Emil sanft. «Werden wir ja sehen. Glaub nicht, daß Sie heute arbeiten, die Arbeit, die ich habe . . . Sie sind ja 'n kranker Mann.»

«Ich arbeite – – – alles», sagt Lauterbach.

«Wenn Sie es sagen, Herr Lauterbach! Nur, ich glaub's nicht ganz. Die Brommen hat mich nämlich im Stich gelassen, und wir müssen die Wintergerste noch mal durch die Klapper jagen, und da dacht ich eigentlich, ich wollt Sie bitten, daß Sie die Klapper drehen . . .?»

Dies war selbst für Emil eine hohe Höhe von Gemeinheit. Denn erstens einmal war das Drehen der Klapper alles andere, nur keine Angestelltenarbeit, und zweitens brauchte man eigentlich zwei sehr gesunde und kräftige Arme dazu.

«Sehen Sie», sagt Kleinholz. «Ich hab's ja gedacht, Sie sind invalide. Gehen Sie nach Haus, Herr Lauterbach, aber Gehalt zahl ich Ihnen nicht für die Tage. Das ist keine Krankheit, was Sie haben.»

«Ich arbeite», sagt Lauterbach trotzig und wütend. «Ich dreh die Windfege. Haben Sie man keine Angst, Herr Kleinholz!»

«Na schön, ich komme dann mal vor zwölf zu Ihnen rauf, Lauterbach, und sage Ihnen Bescheid wegen der Kündigung.»

Lauterbach murrt was Unverständliches und haut ab.

Nun sind sie beide allein. Nun geht es über mich her, denkt Pinneberg. Aber zu seiner Überraschung sagt Kleinholz ganz freundlich: «Das sind Kerle, Ihre Kollegen, ein Haufen Dung und ein Haufen Mist, einer wie der andere, Unterschied gibt's nicht.»

Pinneberg antwortet nicht.

«Na, Sie sehen ja heute festlich aus. Ihnen kann ich wohl keine Dreckarbeit geben? Machen Sie mir mal den Kontoauszug für die Gutsverwaltung Hönow per einunddreißigsten August. Und passen Sie vor allem bei den Strohlieferungen auf. Die haben da mal Haferstroh statt Roggenstroh geliefert, und der Waggon ist beanstandet.»

«Weiß Bescheid, Herr Kleinholz», sagt Pinneberg. «Das war der Waggon, der an den Rennstall in Karlshorst ging.»

«Sie sind einer», sagt Emil. «Sie sind richtig, Herr Pinneberg. Wenn man alles solche Leute wie Sie hätte! Na, machen Sie das dann. Guten Morgen.»

Und raus ist er.

«O Lämmchen!» jubelt es in Pinneberg. «Oh, du mein Lämmchen! Wir sind sicher, wir brauchen keine Angst mehr zu haben wegen der Stellung und wegen dem Murkel!»

Er steht auf und holt sich die Mappe mit dem Sachverständigen-Gutachten, denn der Strohwagen ist damals von einem Sachverständigen taxiert worden.

«Wie war also der Saldo per einunddreißigsten März? Debet. Dreitausendsiebenhundertfünfundsechzig Mark fünfundfünfzig. Also dann . . .»

Er schaut auf wie vom Donner gerührt: «Und ich Ochse habe mit den anderen ehrenwörtlich ausgemacht, daß wir kündigen: wenn einer von uns gekündigt wird. Und ich habe das selber angestiftet, ich Idiot, ich Hornvieh! Ich denke doch gar nicht daran . . . Der schmeißt uns ja einfach alle drei raus!»

Er springt auf, er läuft hin und her.

Dies ist Pinnebergs Stunde, seine Spezialstunde, in der er mit seinem Engel ringt.

Er denkt daran, daß er in Ducherow bestimmt keine Stellung wieder bekommt. Und sonst bei der jetzigen Konjunktur auf der ganzen weiten Welt auch keine. Er denkt daran, daß er, ehe er zu Bergmann kam, mal ein Vierteljahr arbeitslos war, und wie schrecklich das damals schon war, allein, und jetzt erst zu zweien, ein Drittes erwartend! Er denkt an die Kollegen, die er im Grunde nicht ausstehen kann, und die beide viel eher eine Kündigung tragen können als er. Er denkt daran, daß es gar nicht einmal sicher ist, daß die ihr Wort halten werden, wenn er gekündigt würde. Er denkt daran, daß, wenn er kündigt und Kleinholz läßt ihn gehen, er erstmal eine ganze Zeit kein Anrecht auf Arbeitslosenunterstützung hat, zur Strafe dafür, daß er eine Arbeit aufgegeben hat. Er denkt an Lämmchen, den ollen Textiljuden Bergmann, an Marie Kleinholz, plötzlich an seine Mutter. Dann denkt er an ein Bild aus den «Wundern der Mutterschaft», ein Embryo im dritten Monat darstellend, so weit ist der Murkel jetzt, so ein nackter Maulwurf, gräßlich auszudenken. Daran denkt er ziemlich lange.

Er läuft hin und her, ihm ist schrecklich heiß.

«Was soll ich nur tun —? Ich kann doch nicht . . . Und die andern würden es bestimmt nicht machen! Also —? Aber ich will nicht lumpig sein, ich will mich nicht vor mir schämen müssen. — Wenn doch Lämmchen da wäre! Wenn ich die fragen könnte! Lämmchen ist so grade, die weiß genau, was man verantworten kann vor sich, ohne Gewissensbisse . . .»

Er stürzt zum Bürofenster, er starrt auf den Marktplatz. Wenn sie doch vorbeikäme. Jetzt! Sie muß doch heute früh vorbeikommen, sie hat gesagt, sie will Fleisch einholen. «Liebes Lämmchen! Gutes Lämmchen! Ich bitte dich, komm jetzt vorbei!»

Die Tür tut sich auf, und Marie Kleinholz kommt herein.

Es ist ein altes Vorrecht der Frauen aus der Familie derer von Kleinholz, daß sie am Montag vormittag, wo doch niemand auf das Büro kommt, auf dem großen Tisch im Büro ihre Wäsche legen dürfen. Und es ist weiter das Recht dieser Damen, von den Angestellten verlangen zu können, daß sie diesen Tisch abgeräumt vorfinden. Das ist aber heute in der großen Aufregung nicht getan worden.

«Der Tisch!» sagt Marie Kleinholz mit Schärfe.

Pinneberg springt: «Einen Augenblick nur! Bitte um Entschuldigung, wird gleich bereit sein.»

Er wirft Getreidemuster in Schrankfächer, stapelt Schnellhefter auf die Fensterbank, weiß einen Augenblick nicht, wo er mit dem Getreideprober hin soll.

«Trödeln Sie sich aus, Mensch», sagt Marie streitsüchtig. «Ich steh hier mit meiner Wäsche.»

«Einen Augenblick noch», sagt Pinneberg sehr sanft.

«Augenblick . . . Augenblick . . .», nörgelt sie. «Das hätte längst gemacht sein können. Aber freilich, zum Fenster nach den Flittchen raussehen . . .»

Pinneberg antwortet lieber nicht. Marie packt mit einem Avec ihren Stoß Wäsche auf den frei gewordenen Tisch. «Ein Dreck ist das! Grade reingemacht und wieder alles dreckig. Wo haben Sie's Staubtuch?»

«Weiß nicht», sagt Pinneberg ziemlich brummig und tut, als suche er.

«Jeden Sonnabend abend hänge ich ein frisches Staubtuch her, und am Montag ist es schon weg. Es muß doch einer direkt die Staubtücher klauen.»

«Das verbitt ich mir», sagt Pinneberg ärgerlich.

«Was verbitten Sie sich? Gar nichts verbitten Sie sich. Hab ich was gesagt, daß Sie die Staubtücher klauen? Einer hab ich gesagt. Ich glaub gar nicht, daß solche Mädchen Staubtücher anfassen, das ist viel zu gewöhnliche Arbeit für solche.»

«Hören Sie, Fräulein Kleinholz», beginnt Pinneberg. Und besinnt sich. «Ach was!» sagt er und setzt sich an seinen Platz zum Arbeiten.

«Ist auch besser, Sie sind still. Sich auf offener Straße mit so einer abzuknutschen . . .»

Sie wartet eine Weile, ob ihr Pfeil sitzt. Dann: «Ich hab wenigstens nur die Knutscherei gesehen, was sonst noch war . . . Ich red nur von dem, was ich verantworten kann . . .»

Sie schweigt wieder. Pinneberg denkt krampfhaft: «Nur Ruhe. Das ist gar nicht viel Wäsche, was die hat. Dann muß sie abnibbeln . . .»

Marie nimmt den Faden ihrer Plauderei wieder auf: «Schrecklich gewöhnlich sah die Person aus. So aufgedonnert.»

Pause.

«Vater sagt, er hat sie schon in der Palmengrotte gesehen, da war sie Kellnerin.»

Neue Pause.

«Na, manche Herren lieben das Gewöhnliche, das reizt sie grade, sagt Vater.»

Neue Pause.

«Sie tun mir leid, Herr Pinneberg.»

«Und Sie mir auch», sagt Pinneberg.

Ziemlich lange Pause. Marie ist etwas verblüfft. Schließlich: «Wenn Sie hier frech zu mir werden, Herr Pinneberg, sage ich es Vatern. Der schmeißt Sie gleich raus.»

«Wieso frech?» fragt Pinneberg. «Ich hab genau das gesagt, was Sie gesagt haben.»

Und nun herrscht Stille. Endgültige Stille scheint es. Ab und zu klappert der Wäschesprenger, wenn ihn Marie Kleinholz schüttelt, oder das Stahllineal schlägt gegen das Tintenfaß.

Plötzlich stößt Marie einen Schrei aus. Triumphierend stürzt sie zum Fenster: «Da geht sie ja! Da geht sie ja, die olle Schneppe! Gott! Wie die gemalt ist! Da kann man sich ja schütteln vor Ekel!»

Pinneberg steht auf, sieht hinaus. Was da draußen geht, ist Emma Pinneberg, sein Lämmchen, mit dem Einholnetz, das Herrlichste, was

66

es für ihn auf der Welt gibt. Und alles, was die von «gemalt» gesagt hat, ist Lüge, das weiß er.

Er steht und starrt auf Lämmchen, bis sie um die Ecke ist, in der Bahnhofstraße untergetaucht. Er dreht sich um und geht auf Fräulein Kleinholz zu. Sein Gesicht sieht ziemlich ungemütlich aus, sehr blaß, die Stirn ganz zerknittert von Falten, aber der Blick der Augen recht lebhaft eigentlich.

«Hören Sie, Fräulein Kleinholz», sagt er und steckt als Vorsichtsmaßregel die Hände fest in die Taschen. Er schluckt und setzt noch einmal an. «Hören Sie, Fräulein Kleinholz, wenn Sie so was noch einmal sagen, schlage ich Ihnen ein paar in Ihre Schandschnauze.»

Die will was sagen, ihre dünnen Lippen zucken, der kleine Vogelkopf macht einen Ruck auf ihn zu.

«Halten Sie das Maul», sagt er grob. «Das ist meine Frau, verstehen Sie das!!!!» Und nun fährt die Hand doch aus der Tasche und der blitzende Ehering wird ihr unter die Nase gehalten. «Und Sie können froh sein, wenn Sie je in Ihrem Leben eine halb so anständige Frau werden, wie die!»

Damit aber macht Pinneberg kehrt, er hat alles gesagt, was er zu sagen hat, er ist herrlich erleichtert. — Folgen? Was Folgen? Rutscht mir doch den Buckel runter, allesamt! Pinneberg also macht kehrt und setzt sich an seinen Platz.

Eine ganze Weile ist es still, er schielt hin zu ihr, sie sieht ihn gar nicht, sie bewegt ihren kleinen, armen Kopf mit den dünnen, aschblonden Haaren gegen das Fenster, aber die andere ist weg. Sie kann sie nicht mehr sehen.

Und dann setzt sie sich auf einen Stuhl und legt den Kopf auf die Tischkante und fängt an zu weinen, richtig herzbrechend zu weinen.

«O Gott», sagt Pinneberg und schämt sich ein wenig seiner Brutalität (aber nur sehr wenig), «so schlimm war es nun auch wieder nicht gemeint, Fräulein Kleinholz.»

Aber sie weint ihren richtigen Törn runter, wahrscheinlich tut ihr das irgendwie gut, und dazwischen stammelt sie etwas, daß sie doch nichts dafür kann, wenn sie so ist, und sie hat ihn immer für einen grundanständigen Kerl gehalten, ganz anders wie seine Kollegen, ob er ganz richtig verheiratet ist, ach so, ohne Kirche, und dem Vater sagt sie bestimmt nichts, er soll sich nicht ängstigen, und ob «Seine» von hier ist, so sieht sie nicht aus, und was sie vorhin gesagt hat, das hat sie nur gesagt, um ihn zu ärgern, sie sieht sehr gut aus.

So geht es immer weiter, und so wäre es wohl noch eine ganze Weile weitergegangen, wenn nicht draußen die scharfe Stimme Frau Kleinholzens erschollen wäre: «Wo bleibste denn mit der Wäsche, Marie?! Wir wollen doch rollen!»

Und mit einem entsetzten «Ach Gott!» fuhr Marie Kleinholz hoch von Kante und Stuhl, riß ihre Wäsche zusammen und stürzte hinaus, Pinneberg aber saß da und war eigentlich ganz zufrieden. Er pfiff etwas vor sich hin und rechnete sehr eifrig und dazwischen schielte er ein bißchen, ob Lämmchen noch nicht zurückkäme. Aber vielleicht war sie schon vorbei.

Und so wurde es elf und so wurde es halb zwölf und so wurde es dreiviertel zwölf und Pinneberg sang sein «Hosianna, gelobt sei mein Lämmchen, einen Monat haben wir wieder sicher», und alles hätte gut gehen können, da trat fünf vor zwölf Vater Kleinholz ins Büro, besah seinen Buchhalter, ging ans Fenster, starrte hinaus und sprach ganz menschlich: «Ich druckse hin und druckse her, Pinneberg. Am liebsten behielte ich Sie ja und ließe einen von den andern laufen. Aber daß Sie mir am Sonntag die Futterausgabe zugedacht haben, bloß damit Sie sich mit Ihren Weibern amüsieren, das kann ich Ihnen nicht verzeihen und darum will ich Ihnen kündigen.»

«Herr Kleinholz —!» setzte Pinneberg fest und männlich zu einer weit ausgreifenden Erklärung an, die bisher bis nach zwölf und damit über den möglichen Kündigungstermin hinaus gedauert hätte. «Herr Kleinholz, ich...»

Aber in diesem Augenblick schrie Emil Kleinholz wütend: «Verdammich, da ist das Frauenzimmer ja schon wieder! Sie sind zum 31. Oktober gekündigt, Herr Pinneberg!»

Und ehe Johannes Pinneberg nur ein Wort sagen konnte, war Emil raus und unter Türdonner verschwunden. Pinneberg aber sah sein Lämmchen um die Marktplatzecke verschwinden, seufzte tief auf und sah auf die Uhr. Drei Minuten vor zwölf. Zwei Minuten vor zwölf sah man Pinneberg in Fahrt über den Hof auf den Saatgetreideboden preschen. Dort stürzte er sich auf Lauterbach und sagte atemlos: «Lauterbach, sofort zu Kleinholz und kündigen! Denk an dein Ehrenwort! Er hat mir eben gekündigt.»

Ernst Lauterbach aber nahm langsam den Arm von der Kurbel der Windfege, sah Pinneberg erstaunt an und sprach: «Erstens ist es eine Minute vor zwölf und bis zwölf kann ich nicht mehr kündigen, und zweitens müßte ich ja auch erst mit Schulz sprechen und der ist nicht da. Und drittens habe ich vorhin von Mariechen gehört, daß du verheiratet bist, und wenn das wahr ist, bist du doch schön hinterlistig zu uns Kollegen gewesen. Und viertens...»

Aber, was viertens war, erfuhr Pinneberg nicht mehr: die Turmuhr tat langsam, Schlag um Schlag, zwölf Schläge, es war zu spät. Pinneberg war gekündigt und nichts mehr zu machen.

Herr Friedrichs, der Lachs und Herr Bergmann, aber alles ist umsonst: Es gibt nichts für Pinnebergs

Drei Wochen später — es ist ein trüber, kalter, regennasser Septembertag, sehr windig —, drei Wochen später schließt Pinneberg langsam die Außentür der Geschäftsstelle seiner Angestellten-Gewerkschaft. Einen Augenblick steht er auf dem Treppenabsatz und betrachtet gedankenlos einen Aufruf, der an das Solidaritätsgefühl aller Angestellten appelliert. Er seufzt tief und geht langsam die Treppe hinunter.

Der dicke Herr mit den trefflichen Goldzähnen auf der Geschäftsstelle hat ihm schlagend bewiesen, daß nichts für ihn zu machen ist, daß er arbeitslos zu sein hat, nichts sonst. «Sie wissen doch selbst, Herr Pinneberg, wie's mit dem Textilfach hier aussieht in Ducherow. Nichts frei.» Pause. Und mit erhöhtem Nachdruck: «Und es wird auch nichts frei.»

«Aber die Gewerkschaft hat doch überall Geschäftsstellen», sagt Pinneberg schüchtern. «Wenn Sie sich mit denen in Verbindung setzen würden? Ich hab doch so gute Zeugnisse. Vielleicht ist irgendwo», Pinneberg macht eine klägliche Bewegung ins Weite, «vielleicht ist irgendwo was zu machen.»

«Ausgeschlossen!» erklärt Herr Friedrichs bestimmt. «Wenn so was frei wird — und wo soll denn was frei werden, alle sitzen doch auf ihren Posten wie angefroren —, dann sind am Ort so viel Mitglieder, die darauf warten. Das wäre doch keine Gerechtigkeit, Herr Pinneberg, wenn wir die Mitglieder am Ort zurücksetzen würden für jemand von außerhalb.»

«Aber wenn der von außerhalb es nötiger hat?»

«Nein, nein, das wäre ganz ungerecht. Nötig haben es heute alle.»

Pinneberg geht auf die Frage mit der Gerechtigkeit nicht näher ein. «Und sonst?» fragt er hartnäckig.

«Ja, sonst . . .» Herr Friedrichs zuckt die Achseln. «Sonst ist auch nischt. Ein richtiger ausgebildeter Buchhalter sind Sie ja nicht, Herr Pinneberg, wenn Sie auch ein bißchen bei Kleinholz dareingerochen haben. Gott, Kleinholz, das ist auch so ein Betrieb . . . Ist es denn wirklich wahr, daß er sich jede Nacht besäuft und dann Frauenzimmer mit ins Haus bringt?»

«Weiß nicht», sagt Pinneberg kurz. «Ich mach nachts keinen Dienst.»

«Neenee, Herr Pinneberg», sagt Herr Friedrichs etwas ärgerlich. «Und die Dag ist auch sehr gegen solche Sachen: Das Rüberwechseln schlecht ausgebildeter Kräfte von der einen Branche in die andere. Das kann die Dag nicht unterstützen, das schädigt den Stand der Angestellten.»

«Ach Gott!» sagt Pinneberg bloß. Und dann hartnäckig: «Aber Sie müssen mir was verschaffen, zum Ersten, Herr Friedrichs. Ich bin verheiratet.»

«Zum Ersten! Das wären netto acht Tage. Also ganz ausgeschlossen, Pinneberg, wie soll ich das denn machen? Sie sehen das ja selbst ein, Herr Pinneberg. Sie sind ja ein vernünftiger Mensch.»

Pinneberg legt auf Vernunft keinen Wert. «Wir erwarten ein Kind, Herr Friedrichs», sagt er leise.

Friedrichs sieht schräg zu dem Bittsteller hoch. Dann sehr gemütlich, tröstend: «Na ja, Kinder bringen Segen. Sagt man. Sie haben ja erst mal die Arbeitslosenunterstützung. Wie viele müssen sich mit weniger einrichten. Es geht, seien Sie sicher.»

«Aber ich muß . . .»

Herr Friedrichs sieht, er muß was tun. «Also, hören Sie zu, Pinneberg, ich seh ja ein, Sie sind in keiner schönen Lage. Hier — sehen Sie das? Ich schreib hier Ihren Namen auf meinen Notizblock: Pinneberg, Johannes, dreiundzwanzig Jahre alt, Verkäufer, wohnen? Wo Sie wohnen?»

«Grünes Ende.»

«Das ist ganz da draußen? Also! Und nun noch Ihre Mitgliedsnummer. Schön . . .» Herr Friedrichs betrachtet den Zettel gedankenvoll. «Den Zettel, den leg ich hier neben mein Tintenfaß, sehen Sie, so daß ich ihn immer vor Augen habe. Und wenn was kommt, dann denke ich zuerst an Sie . . .»

Pinneberg will was sagen. «Also, ich behandle Sie bevorzugt, Herr Pinneberg, es ist ja eigentlich ein Unrecht gegen die andern Mitglieder, aber ich verantworte es. Ich tu das. Weil Sie in so schlechter Lage sind!»

Herr Friedrichs betrachtet den Zettel mit eingekniffenen Augen, nimmt einen Rotstift und fügt noch ein dickes, rotes Ausrufungszeichen hintendran. «So!» sagt er befriedigt und legt den Zettel neben das Tintenfaß.

Pinneberg seufzt und schickt sich an zum Gehen. «Also, Sie denken bestimmt an mich, Herr Friedrichs, nicht wahr?»

«Ich hab den Zettel. Ich habe den Zettel. Morgen, Herr Pinneberg.»

Pinneberg steht unschlüssig auf der Straße. Eigentlich müßte er jetzt wieder aufs Büro zu Kleinholz, er hat nur ein paar Stunden frei für die Stellungssuche. Aber er ekelt sich davor, er ekelt sich am meisten vor den lieben Kollegen, die nicht gekündigt haben, die auch nicht daran denken, zu kündigen, die aber teilnehmend fragen: «Na, noch keine Stellung, Pinneberg? Nu aber Dampf dahinter gemacht, die Kinder schreien nach Brot, du Flitterwöchner!»

«In die Fresse . . .» sagt Pinneberg nachdrücklich und schlägt den Weg zum Stadtpark ein.

Dieser kalte, windige, leere Stadtpark! Diese Beete, wie verwüstet! Diese Pfützen! Und ein Sturm, nicht mal 'ne Zigarette kriegt man an! Na, das ist nur gut, mit dem Zigarettenrauchen wird es nun auch bald vorbei sein. So ein Trottel! Kein Mensch braucht sechs Wochen nach der Heirat das Rauchen aufzugeben, nur er!

Ja also, dieser Wind. Wenn man an den Rand des Stadtparks kommt, wo die Felder anfangen, springt er einen richtig an. Er rüttelt an einem, der Mantel schlägt, den Hut muß man festtreiben mit einem Schlag. Es sind richtige Herbstfelder, naß, triefend, unordentlich, trostlos . . . Zu Hause — es geht eine dämliche Redensart hier in der Gegend: «Ist nur gut, daß die Häuser hohl sind, daß Menschen drin wohnen können.»

Also, das Grüne Ende. Und wenn es mit dem Grünen Ende zu Ende ist, kommt etwas anderes, Billigeres, jedenfalls vier Wände, ein Dach über dem Kopf, Wärme. Eine Frau, jawohl eine Frau. Es ist herrlich, in einem Bett zu liegen und jemand schnauft neben einem in die Nacht. Es ist herrlich, die Zeitung zu lesen und jemand sitzt in der Sofaecke und näht und stopft. Es ist herrlich, man kommt nach Haus und jemand sagt: «Guten Tag, Jungchen. Wie war es heute? Ging's?» Es ist herrlich, wenn man jemand hat, für den man arbeiten und sorgen kann, nun ja, meinethalben auch sorgen und arbeitslos sein. Es ist herrlich, wenn man jemanden hat, der sich von einem trösten läßt.

Plötzlich muß Pinneberg lachen. Also, dieser Lachs. Dieses Lachs-Viertel. Das arme Lämmchen, wie unglücklich sie war! Trösten, das ist es.

Eines Abends, sie wollten grade essen, erklärt Lämmchen, sie kann nicht essen, alles widersteht ihr. Aber sie hat heute im Delikatessen-

70

geschäft einen Räucherlachs gesehen, so saftig und rosarot, wenn sie den hätte!

«Warum hast du ihn denn nicht mitgebracht?»

«Aber was denkst du, was der kostet!»

Nun, sie reden hin und her, es ist natürlich Unvernunft, viel zu teuer für sie. Aber wenn Lämmchen doch nichts anderes essen kann! Sofort — das Abendessen wird eben um eine halbe Stunde aufgeschoben — sofort geht der Junge in die Stadt.

Aber kein Gedanke! Lämmchen geht selbst. Was er denkt. Das Laufen ist sehr gesund, und dann: glaubt er, sie soll hier sitzen in Bange, er kauft von einem falschen Lachs?! Sie muß ihn sehen, wie die Verkäuferin von ihm absäbelt, Scheibe für Scheibe. Also unbedingt geht sie.

«Nun gut. Gehst du.»

«Und wieviel?»

«Ein Achtel. Nein, bring schon ein Viertel. Wenn wir doch einmal so üppig sind.»

Er sieht sie losmarschieren, sie hat einen schönen, langen, strammen Schritt, und überhaupt sieht sie in diesem blauen Kleid glänzend aus. Er schaut ihr nach, aus dem Fenster lehnend, bis sie verschwunden ist, und dann wandert er auf und ab. Er rechnet, wenn er sich fünfzigmal durch das Zimmer hindurchgewunden hat, wird sie wieder in Sicht sein. — Er läuft ans Fenster. Richtig, eben geht Lämmchen ins Haus, sie hat nicht hochgesehen. Also nur noch zwei oder drei Minuten. Er steht und wartet. Einmal ist ihm so, als sei die Flurtür gegangen. Aber Lämmchen kommt nicht.

Was in aller Welt ist los? Er hat sie ins Haus kommen sehen — und nun kommt sie nicht.

Er macht die Tür zum Vorplatz auf, und direkt im Türrahmen steht Lämmchen, an die Wand gedrückt, mit einem tränenüberströmten, ängstlichen Gesicht, und sie hält ihm ein fettglänzendes Pergamentpapier hin, das leer ist.

«Aber, mein Gott, Lämmchen, was ist denn los? Hast du den Lachs aus dem Papier verloren?»

«Aufgegessen», schluchzt sie. «Alles alleine aufgegessen.»

«Du hast ihn so aus dem Papier gegessen? Ohne Brot? Das ganze Viertel? Aber Lämmchen!»

«Aufgegessen», schluchzt sie. «Alles allein aufgegessen.»

«Aber nun komm nur her, Lämmchen, erzähl doch. Komm rein, deshalb brauchst du doch nicht zu weinen. Erzähl mal der Reihe nach. Also du hast den Lachs gekauft . . .»

«Ja, und ich hatte solche Gier darauf. Ich konnte es gar nicht mit ansehn, wie sie abschnitt und abwog. Und kaum war ich draußen, da ging ich in den nächsten Torweg und nahm schnell eine Scheibe — und weg war sie.»

«Und weiter?»

«Ja, Jungchen», schluchzt sie. «Das habe ich den ganzen Weg gemacht, immer wenn ein Torweg kam, habe ich mich nicht halten können und bin rein. Und zuerst habe ich dich auch nicht beschupsen wollen, ich hab genau geteilt, halb und halb . . . Aber dann habe ich gedacht, auf eine Scheibe kommt es ihm auch nicht an. Und dann hab ich immer weiter von deinem gegessen, aber ein Stück, das habe ich dir gelassen, das hab ich mit raufgebracht, bis hier auf den Vorplatz, bis hier vor die Tür . . .»

«Und dann hast du es doch gegessen?»

«Ja, dann habe ich es doch gegessen, und es ist so schlecht von mir, nun hast du gar keinen Lachs, Jungchen. Aber es ist nicht Schlechtigkeit von mir», schluchzt sie neu. «Es ist mein Zustand. Ich bin nie gierig gewesen. Und ich bin schrecklich traurig, wenn der Murkel nun auch so gierig wird. Und . . . und soll ich nun noch mal schnell in die Stadt laufen und dir noch Lachs holen? Ich bring ihn, wahr und wahrhaftig, ich bring ihn her.»

Er wiegt sie in seinen Armen. «Ach du großes kleines Ding. Du kleines großes Mädchen, wenn es nichts Schlimmeres ist . . .»

Und er tröstet sie und begöscht sie und wischt ihr die Tränen ab und langsam kommen sie ins Küssen und es wird Abend und es wird Nacht —

Pinneberg ist längst nicht mehr in dem windigen Stadtpark, Pinneberg geht durch die Straßen Ducherows, er hat ein festes Ziel. Er hat es unterlassen, in die Feldstraße einzubiegen, er ist auch nicht zum Büro von Kleinholz gegangen, Pinneberg marschiert, Pinneberg hat einen großen Entschluß gefaßt. Pinneberg hat entdeckt, daß sein Stolz albern ist, Pinneberg weiß jetzt, alles ist gleichgültig, aber Lämmchen darf es nicht schlecht gehen, und der Murkel muß glücklich sein. Was kommt auf Pinneberg an? Pinneberg ist so wichtig nicht, Pinneberg kann sich ruhig mal demütigen, wenn seine beiden es nur gut kriegen.

Gradewegs marschiert Pinneberg in Bergmanns Laden, gradewegs in das kleine, dunkle Vogelbauer, das einfach vom Laden abgeschlagen ist. Und wirklich sitzt der Chef da und zieht einen Brief auf der Kopierpresse ab. Das macht man noch bei Bergmann.

«Nanu, Pinneberg!» sagt Bergmann. «'s Leben noch frisch?»

«Herr Bergmann», sagt Pinneberg atemlos. «Ich bin ein Riesenkamel gewesen, daß ich von Ihnen fort bin. Ich bitt' um Entschuldigung, Herr Bergmann, ich will auch gerne immer die Post holen.»

«Halten Sie ein», ruft Bergmann. «Reden Sie keinen Stuß, Herr Pinneberg. Was Sie gesagt haben, hab ich nicht gehört, Herr Pinneberg. Sie haben nicht nötig, mich um Verzeihung zu bitten, ich stell Sie doch nicht wieder ein.»

«Herr Bergmann!»

«Reden Sie nicht! Betteln Sie nicht! Nachher schämen Sie sich nur, daß Sie gebettelt haben und es ist umsonst gewesen. Ich stell Sie nicht wieder ein.»

«Herr Bergmann, Sie haben damals gesagt, Sie wollten mich einen Monat zappeln lassen, bis Sie mich wieder einstellen . . .»

«Das hab ich gesagt, Herr Pinneberg, recht haben Sie, und leid tut mir das, daß ich Ihnen so was gesagt habe. Ich hab's im Zorn gesagt, weil Sie so ein ordentlicher Mensch sind, ein gefälliger Mensch — bis auf die Post — und gehen zu solchem Saufaus und Schürzenjäger. Aus Zorn hab ich's gesagt.»

«Herr Bergmann», fängt Pinneberg wieder an. «Ich bin jetzt verheiratet, wir kriegen ein Kind. Kleinholz hat mir gekündigt. Was soll ich machen? Sie wissen, wie es hier ist in Ducherow. Arbeit gibt's nicht. Stellen Sie mich wieder ein. Sie wissen, ich verdiene mein Geld.»

«Ich weiß. Ich weiß.» Er wiegt den Kopf.

«Stellen Sie mich wieder ein, Herr Bergmann. Bitte!»

Der kleine häßliche Jude, mit dem der Herrgott bei seiner Erschaffung nicht sehr gnädig verfahren ist, wiegt mit dem Kopf: «Ich stell Sie nicht ein, Herr Pinneberg. Und warum? Weil ich Sie nicht einstellen kann!»

«Oh, Herr Bergmann!»

«Ehe ist keine leichte Sache, Herr Pinneberg, Sie haben früh angefangen damit. Haben Sie 'ne gute Frau?»

«Herr Bergmann —!»

«Ich seh's. Ich seh's. Möge sie auch gut sein auf die Dauer. Hören Sie, Pinneberg, was ich Ihnen sage, ist die reine Wahrheit. Ich möcht Sie einstellen, aber ich kann nicht, die Frau will nicht. Sie hat sich empört über Sie, weil Sie ihr gesagt haben, ‹Sie haben mir nichts zu sagen›, sie verzeiht es Ihnen nicht. Ich darf Sie nicht wieder einstellen, es tut mir leid, Herr Pinneberg, es geht nicht.»

Pause. Lange Pause. Der kleine Bergmann dreht an der Kopierpresse, holt seinen Brief heraus und sieht ihn an.

«Ja, Herr Pinneberg», sagt er langsam.

«Wenn ich zu Ihrer Frau ginge», flüstert Pinneberg. «Ich würde hingehen zu ihr, Herr Bergmann.»

«Hat es einen Zweck? Nein, es hat keinen Zweck. Wissen Sie, Pinneberg, meine Frau wird Sie bitten lassen, immer wieder, wird Sie wieder herbestellen, sie will sich's überlegen. Aber nehmen wird sie Sie doch nicht, ich müßte es Ihnen dann sagen zum Schluß, daß es doch nichts ist. Frauen sind so, Herr Pinneberg. Na, Sie sind jung, da wissen Sie noch nichts von. Wie lange sind Sie verheiratet?»

«Gut vier Wochen.»

«Gut vier Wochen. Rechnet noch nach Wochen. Nun, Sie werden ein guter Ehemann, man sieht das. Sie brauchen sich darum nicht zu schämen, wenn man einen andern um was bittet, das tut nichts. Wenn man nur freundlich ist zueinander. Seien Sie immer freundlich zu Ihrer Frau. Denken Sie immer, es ist nur 'ne Frau, sie hat den Verstand nicht so. Tut mir leid, Herr Pinneberg.»

Pinneberg geht langsam fort.

Ein Brief kommt, und Lämmchen läuft in der Schürze durch die Stadt, um bei Kleinholz zu heulen

Es ist der sechsundzwanzigste September geworden, ein Freitag, und an diesem Freitag ist Pinneberg wie jetzt noch üblich auf dem Büro. Lämmchen aber macht sauber. Und als sie da nun so rumbastelt, klopft es an die Tür, und sie sagt «Herein», und der Postbote kommt und sagt: «Wohnt hier Frau Pinneberg?»

«Das bin ich.»

«Hier ist ein Brief für Sie. Müßte ein Schild draußen an der Tür sein. Ich kann das nicht riechen.»

Und damit entschwindet dieser Jünger Stephans.

Lämmchen aber steht da mit ihrem Brief in der Hand, einem großen Briefumschlag, lilafarben, mit einer großen krakeligen Hand. Es ist der erste Brief, den Lämmchen in ihrer Ehe bekommt, mit den Platzern schreibt sie sich nicht.

Dieser Brief kommt auch nicht aus Platz, dieser Brief kommt aus Berlin. Und als Lämmchen ihn umdreht, steht sogar ein Absender darauf, genauer eine Absenderin.

«Mia Pinneberg. Berlin NW 40, Spenerstraße 92 II.»

«Die Mutter vom Jungen. Mia, nicht Marie», denkt Lämmchen. «Sehr beeilt hat sie sich eigentlich nicht.»

Den Brief aber macht sie nicht auf. Sie legt ihn auf den Tisch, und während sie weiter rein macht, sieht sie manchmal zu ihm hin. Da liegt er und bleibt liegen, bis der Junge kommt. Mit dem wird sie ihn gemeinsam lesen, das ist das beste.

Aber plötzlich tut Lämmchen das Staubtuch fort. Sie hat eine Vorahnung, es ist eine große Stunde, sie ist dessen gewiß. Sie läuft ganz schnell in die Küche der Scharrenhöfer und wäscht sich unter der Leitung die Hände ab. Die Scharrenhöfer sagt irgend etwas zu ihr, und Lämmchen sagt mechanisch ja, hat aber nichts gehört. Sie ist schon vor dem Spiegel, richtet sich das Haar, ob sie auch ein bißchen nett aussieht.

Und dann setzt sie sich in den Sofawinkel mit dem verbotenen energischen Rucks (die Feder macht Haaa-jupp!) und nimmt den Brief und macht ihn auf.

Und liest ihn.

Sie begreift etwas langsam.

Sie liest ihn zum zweiten Mal.

Aber dann ist sie auch auf den Beinen, sie zittern ein bißchen, macht nichts, bis Kleinholz kommt sie doch, sie muß gleich mit dem Jungen sprechen.

O Gott, sie darf sich nicht zu sehr freuen, das schadet dem Murkel.

«Allen heftigen Gemütsbewegungen ist unbedingt aus dem Wege zu gehen», verordnen die ‹Wunder der Mutterschaft›.

«O Gott, wie kann ich dem aus dem Wege gehen? Will ich dem denn aus dem Wege —?»

Auf dem Büro bei Kleinholz ist eine gewissermaßen düsige Stimmung, die drei Buchhalter sitzen herum, und Emil sitzt auch herum. Es ist heute nichts Rechtes zu tun. Aber während die Buchhalter so tun müssen, als täten sie was, und zwar mit fieberhaftem Eifer, sitzt Emil nur so rum und erwägt, ob Emilie wohl noch mal einen sausen läßt. Zweimal ist es heute früh schon geglückt.

Und in diesem gelangweilten Büro fliegt plötzlich die Tür auf, und eine junge Frau stürzt herein mit wehenden Haaren, blitzenden Augen, die Backen angenehm gerötet, aber, aber mit einer richtigen Haushaltsschürze um, und ruft: «Jungchen, komm mal gleich raus! Ich muß dich sofort sprechen.»

Und als die vier etwas sehr erstaunt und blöde blicken, sagt sie plötzlich gefaßt: «Entschuldigen Sie, Herr Kleinholz. Mein Name ist Pinneberg, ich muß meinen Mann mal dringend sprechen.»

Und plötzlich schluchzt diese gefaßte junge Frau auf und bittet: «Jungchen, Jungchen, komm ganz schnell. Ich . . .»

Emil brummt etwas, der doofe Lauterbach quietscht. Schulz grinst frech, und Pinneberg geniert sich wahnsinnig. Er macht eine hilflos entschuldigende Handbewegung, während er zur Tür geht.

Im Torweg vor dem Büro, dem breiten Torweg, durch den die Lastautos mit ihren Getreide- und Kartoffelsäcken fahren, fällt Lämmchen, noch immer schluchzend, ihrem Mann um den Hals: «Junge, Junge, ich bin so irrsinnig glücklich! Wir haben 'ne Stellung. Da lies!»

Und sie steckt ihm den lilafarbenen Brief in die Hand.

Der Junge ist ganz verdattert, er weiß gar nicht, was los ist. Dann liest er:

«Liebe Schwiegertochter, genannt Lämmchen, der Junge ist natürlich immer noch genau so töricht, und du wirst mit ihm haben. Was für ein Unsinn, daß er, den ich so gut habe ausbilden lassen, in ‹Düngemitteln› arbeitet! Er soll sofort hierher kommen und am ersten Oktober eine Stellung im Warenhaus von Mandel antreten, die ich ihm besorgt habe. Für den Anfang wohnt ihr bei mir. Gruß Eure Mama. Nachschrift: Ich wollte euch das schon vor vier Wochen schreiben, aber — ich bin nicht dazu gekommen. Nun müßt ihr telegraphieren, wann ihr kommt.»

«O Jungchen, Jungchen, was bin ich glücklich!»

«Ja, mein Mädchen. Ja, meine Süße. Ich ja auch. Trotzdem Mama, mit ihrer Ausbildung . . . Na ja, ich will jetzt nichts sagen. Geh gleich hin und telegraphiere.»

Es dauert aber noch einen Augenblick, bis sie sich trennen können.

Dann tritt Pinneberg wieder ins Büro, er setzt sich steif, schweigend und geschwollen.

«Was Neues vom Arbeitsmarkt?» fragt Lauterbach.

Und Pinneberg sagt gleichgültig: «Habe Stellung als erster Verkäufer im Warenhaus von Mandel, Berlin. Dreihundertfünfzig Mark Gehalt.»

«Mandel?» fragt Lauterbach. «Natürlich Juden.»

«Mandel?» fragt Emil Kleinholz. «Passen Sie man auf, daß das auch 'ne anständige Firma ist. Ich an Ihrer Stelle würde mich erst mal erkundigen.»

«Ich hatte auch mal eine», sagt Schulz nachdenklich, «die heulte immer gleich, wenn sie ein bißchen aufgeregt war. Ist deine Frau immer so hysterisch, Pinneberg?»

ZWEITER TEIL

BERLIN

Frau Mia Pinneberg als Verkehrshindernis. Sie gefällt Lämmchen — mißfällt ihrem Sohn und erzählt, wer Jachmann ist

Eine Autodroschke fährt die Invalidenstraße hinauf, schiebt sich langsam durch eine Wirrnis von Fußgängern und Elektrischen, erreicht den freieren Platz vor dem Bahnhof und eilt, wie erlöst hupend, über die Auffahrt am Stettiner Bahnhof. Sie hält.

Eine Dame steigt aus. «Wieviel?» fragt sie den Chauffeur.

«Zwei sechzig, meine Dame», sagt der Chauffeur.

Die Dame hat schon in ihrem Täschchen gekramt, nun zieht sie die Hand zurück. «Zwei sechzig für die zehn Minuten Fahrt? Nee, lieber Mann, ich bin keine Millionärin, soll mein Sohn die Sache bezahlen. Warten Sie.»

«Jeht nicht, meine Dame», sagt der Chauffeur.

«Was heißt: geht nicht? Ich bezahl's nicht, also müssen Sie warten, bis mein Sohn kommt. Vier Uhr zehn mit dem Zug von Stettin.»

«Darf ich nicht», sagt der Chauffeur. «Wir dürfen hier nicht halten in der Auffahrt.»

«Dann warten Sie eben da drüben, Männeken. Wir kommen rüber, wir steigen da drüben ein.»

Der Chauffeur legt den Kopf auf die Seite und blinzelt die Dame an. «Sie kommen, meine Dame», sagt er. «Sie kommen so sicher wie der nächste Lohnabbau. Aber wissen Se, lassen Se sich das Jeld von Ihrem Herrn Sohn wiedergeben. Das ist doch für Sie ville einfacher.»

«Wie ist das hier?» fragt ein Schupo. «Weiterfahren, Chauffeur.»

«Die Dame will, ich soll warten, Herr Hauptwachtmeister.»

«Weiterfahren, Chauffeur.»

«Die zahlt ja nicht!»

«Zahlen Sie bitte, meine Dame. Das geht hier nicht, auch andere Leute wollen abreisen.»

«Will ich ja gar nicht. Ich komme gleich wieder zurück.»

«Mein Geld will ich, Sie olle angestrichene ...»

«Ich schreib Sie auf, Chauffeur!»

«Mensch, fahr vor, oller Dussel, oder ich rassele dir in deinen Bugatti ...»

«Also, gnädige Frau, bitte zahlen Sie doch! Sie sehen doch selbst...» Der Schupo macht in seiner Verzweiflung eine Art Tanzstundenverbeugung, die Absätze knallen.

Die Dame strahlt. «Aber natürlich zahle ich. Wenn der Mann nicht warten darf, ich will doch nichts Verbotenes. Diese Aufregung! Gott, Herr Schupo, wir Frauen sollten so was regeln. Alles ginge so glatt...»

Bahnhofsvorraum. Treppe. Automat mit Bahnsteigkarten. «Nehme ich eine? Sind auch wieder zwanzig Pfennig. Aber nachher sind ein paar Ausgänge da, und ich verpasse sie. Laß ich mir einfach wiedergeben von ihm. Teebutter muß ich auf dem Rückweg noch mitnehmen. Ölsardinen. Tomaten. Den Wein schickt Jachmann. Blumen für die junge Frau? Nee, lieber nicht, kostet alles Geld und verwöhnt bloß.»

Frau Mia Pinneberg wandert den Bahnsteig auf und ab. Sie hat ein weiches, etwas volles Gesicht mit merkwürdig blassen, blauen Augen, wie ausgebleicht sehen sie aus. Sie ist blond, sehr blond, hat gemalte, dunkle Brauen, und dann ist sie ein ganz klein wenig geschminkt, nur gerade für das Abholen von der Bahn. Sonst ist sie um diese Zeit nie unterwegs.

«Gott, der gute Junge», denkt sie gerührt, denn sie weiß, sie muß jetzt etwas gerührt sein, sonst ist die ganze Abholerei nur lästig. «Ob er noch immer so töricht ist? Sicher. Wer heiratet denn ein Mädchen aus Ducherow? Und ich könnte so nett was aus ihm machen, wirklich gut könnte ich ihn gebrauchen . . . Seine Frau . . . helfen kann sie mir schließlich auch, wenn sie ein Puttchen ist. Grade, wenn sie ein Puttchen ist. Jachmann sagt immer, mein Haushalt ist viel zu teuer. Vielleicht schaff ich die Möller ab. Mal sehen. Gott sei Dank, der Zug . . .»

«Guten Tag», sagt sie strahlend. «Siehst glänzend aus, mein Junge. Kohlenhandel scheint 'ne gesunde Beschäftigung. Du hast nicht mit Kohlen gehandelt? Warum schreibst du es mir dann? Ja, gib mir ruhig einen Kuß, mein Lippenstift ist kußecht. Du auch, Lämmchen. Dich hab ich mir nun allerdings ganz anders vorgestellt.»

Sie hält Lämmchen in Armeslänge von sich.

«Nun, Mama», fragt Lämmchen lächelnd, «was hattest du denn gedacht?»

«Ach, weißt du, vom Lande und Emma heißt du und Lämmchen nennt er dich . . . Ihr sollt ja in Pommern noch Flanellunterwäsche tragen. Nein, Hans, wie du das fertiggebracht hast, dies Mädchen und Lämmchen . . . Eine Walküre ist das, hohe Brust und stolzer Sinn . . . O Gott, nun werde bloß nicht rot, sonst denk ich gleich wieder: Ducherow.»

«Aber gar nicht werde ich rot», lacht Lämmchen. «Natürlich hab ich 'ne hohe Brust. Und einen stolzen Sinn habe ich auch. Heute besonders. Berlin! Mandel! Und so 'ne Schwiegermutter! Nur Flanell, Flanell habe ich nicht.»

«Ja, apropos Flanell — wie ist es denn mit euern Sachen? Am besten laßt ihr sie durch die Paketfahrt kommen. Oder habt ihr Möbel?»

«Möbel haben wir noch nicht, Mama. Zum Möbelanschaffen sind wir noch nicht gekommen.»

«Eilt auch nicht. Ihr kriegt bei mir ein fürstlich möbliertes Zimmer. Ich sage euch: kuschlig. Geld ist besser als Möbel. Hoffentlich habt ihr recht viel Geld.»

«Woher denn?» brummt Pinneberg. «Woher sollen wir denn was haben? Was zahlt Mandel denn?»

«Wer? Mandel?»

«Na, das Warenhaus Mandel, wo ich Stellung habe.»

«Habe ich Mandel geschrieben? Das wußte ich gar nicht mehr. Mußt du heute abend mal mit Jachmann sprechen. Der weiß das alles.»

«Jachmann –?»

«Also nehmen wir schon ein Auto. Ich habe heute abend eine kleine Gesellschaft, sonst wird mir das reichlich spät. Lauf doch, Hans, da ist der Schalter von der Paketfahrt. Und sie sollen nicht vor elf schicken, ich mag nicht, daß bei mir vor elf geklingelt wird.»

Die beiden Frauen sind einen Augenblick allein.

«Du schläfst gern lange, Mama?» fragt Lämmchen.

«Natürlich. Du etwa nicht? Jeder vernünftige Mensch schläft gern lange. Ich hoffe, du kriechst nicht schon um acht in der Wohnung rum.»

«Natürlich schlaf ich gern lange. Aber der Junge muß ja rechtzeitig ins Geschäft.»

«Der Junge? Welcher Junge? Ach so, *der* Junge. Du sagst Junge? Ich sage Hans. Wirklich heißt er ja Johannes, das hat der olle Pinneberg noch gewollt, der war so. – Deswegen brauchst du aber doch nicht so früh aufzustehen! Das ist so ein Aberglaube von den Männern. Die können sich ihren Kaffee ganz gut alleine kochen und ihre Stullen selbst schmieren. Sag ihm nur, daß er ein bißchen leise ist. Früher war er immer schrecklich rücksichtslos.»

«Bei mir nie!» sagt Lämmchen entschieden. «Bei mir ist er immer der rücksichtsvollste Mensch von der Welt.»

«Wie lange verheiratet –? Red nicht, Lämmchen. Ach was, Lämmchen, ich muß mal sehen, wie ich dich nenne. – Alles erledigt, mein Sohn? Also Auto!»

«Spenerstraße zweiundneunzig», sagt Pinneberg zum Chauffeur. Und als sie sitzen: «Du gibst heute eine Gesellschaft, Mama? Doch nicht –?» Er pausiert.

«Na was?» ermuntert die Mama. «Genierst du dich? Euch zu Ehren, wolltest du sagen, nicht wahr? Nein, mein Sohn, erstens habe ich für so was kein Geld, und zweitens ist es gar keine Gesellschaft, sondern ein Geschäft. Nur ein Geschäft!»

«Du gehst abends nicht mehr –?» Aber Pinneberg fragt wieder nicht zu Ende.

«O Gott, Lämmchen!» ruft seine Mutter verzweifelt aus. «Wie komme ich zu dem Jungen? Nun geniert er sich schon wieder. Er will mich fragen, ob ich nicht mehr in die Bar gehe. Wenn ich achtzig bin, wird er mich das noch fragen. Nein, mein Sohn, schon viele Jahre nicht mehr. Dir hat er doch sicher auch erzählt, daß ich in die Bar gehe, daß ich ein Barmädchen bin? Na, hat er nicht? Erzähl schon!»

«Ja, er hat so was ...», sagt Lämmchen zögernd.

«Also!» sagt Mama Pinneberg triumphierend. «Weißt du, mein Sohn Hans läuft sein halbes Leben lang herum und weidet sich und andere an seiner Mutter Lasterhaftigkeit. Ordentlich stolz ist er auf seinen Kummer. Ganz glücklich unglücklich wäre er erst, wenn er auch unehelich wäre. Aber da hast du kein Glück, mein Sohn, du bist ehelich, und treu bin ich dem Pinneberg auch gewesen, ich Schaf.»

«Na, erlaube mal, Mama!» protestiert Pinneberg.

«O Gott, ist das schön», denkt Lämmchen. «Das ist ja alles viel besser, als ich gedacht habe. Sie ist ja gar nicht schlimm.»

«Also, paß auf, Lämmchen. Wenn ich nur erst einen andern Namen für dich wüßte. Mit der Bar war es ganz anders. Erstens ist es schon mindestens zehn Jahre her, und dann war es eine ganz große Bar mit vier oder fünf Mädchen und einem Mixer. Und weil die immer Schmuh mit den Schnäpsen machten und falsch anschrieben und die Flaschen stimmten nie am Morgen, da hab ich den Posten angenommen, aus Gefälligkeit für den Besitzer. Eine Art Aufsicht war ich, Repräsentation ...»

«Aber, Jungchen, wie kannst du da ...»

«Das will ich dir sagen, wie er kann. Er hat mal durchgeschielt am Eingang durch den Vorhang ...»

«Gar nicht geschielt habe ich!»

«Doch geschielt hast du, Hans, schwindle nicht. Und natürlich habe ich auch manchmal mit den Gästen, die ich kannte, ein Glas Sekt getrunken ...»

«Schnaps», sagt Pinneberg finster.

«Einen Likör trinke ich auch mal. Wird deine Frau auch trinken.»

«Meine Frau trinkt überhaupt keinen Alkohol.»

«Klug bist du, Lämmchen. Die Haut wird lange nicht so schlaff. Und für den Magen ist es auch besser. Und dann nehme ich zu von dem Likör – ein Grauen!»

«Und was ist das für eine Geschäfts-Gesellschaft, die du heute hast?» fragt Pinneberg.

«Sieh ihn dir an, Lämmchen. Wie ein Untersuchungsrichter! So war er schon mit Fünfzehn. ‹Mit welchem Herrn hast du Kaffee getrunken? Es lag ein Zigarrenstummel im Aschenbecher.› Ich hab einen Sohn ...»

«Aber du hast ja selbst von der Gesellschaft angefangen, Mama.»

«So, habe ich? Und jetzt will ich eben nicht mehr. Wenn ich deine Miene sehe, habe ich schon gar keine Lust mehr. Ihr seid jedenfalls dispensiert.»

«Aber was ist denn los?» fragt Lämmchen verblüfft. «Wir waren doch eben alle so vergnügt.»

«Immer muß der Bengel mit dieser ekelhaften Bargeschichte anfangen», sagt Frau Pinneberg senior wütend. «Das geht nun schon Jahre und Jahre.»

«Bitte! Ich habe nicht angefangen. Du hast», sagt Pinneberg zornig.

Lämmchen sieht von einem zum andern. Diesen Ton kennt sie bei ihrem Jungen nicht.

«Und wer ist Jachmann?» fragt Pinneberg ungerührt von all diesen Ergüssen, und seine Stimme klingt gar nicht nett.

«Jachmann?» fragt Mia Pinneberg, und ihre blassen Augen funkeln gefährlich. «Jachmann, das ist mein augenblicklicher Liebhaber, mit dem geh ich schlafen. Das ist dein augenblicklich stellvertretender Vater, mein Sohn Hans, vor dem hast du Ehrfurcht zu haben.» Sie schnauft. «O Gott, da ist mein Delikatessengeschäft! Halt, Chauffeur, warten!»

Und schon ist sie aus dem Wagen.

«Siehst du, Lämmchen», sagt Johannes Pinneberg tief befriedigt. «Das ist meine Mutter. Ich wollte sie dir doch gleich richtig zeigen. So ist die.»

«Wie konntest du aber auch, Junge!» sagt Lämmchen und ist zum ersten Mal wirklich ärgerlich auf ihn.

Frau Pinneberg öffnet die Tür eines Zimmers und sagte triumphierend: «Also, das ist nun euer Zimmer . . .»

Sie schaltete das Licht ein, und rötlicher Ampelschein mischte sich mit dem Licht des vergehenden Septembertages. Sie hatte von fürstlich gesprochen. Dies war fürwahr fürstlich! Auf einer Stufe stand das Bett, ein breites Bett, vergoldetes Holz mit Putten. Rote seidene Steppdecken, irgendein weißes Fell auf der Stufe. Ein Baldachin darüber. Ein Paradebett, ein Prunkbett . . .

«O Gott!» rief Lämmchen auch in dieser ihrer neuen Wohnung. Dann sagte sie sacht: «Aber das ist viel zu fein für uns. Wir sind ganz kleine Leute.»

«Es ist ganz echt», sagte Frau Pinneberg stolz. «Louis Seize oder Rokoko, ich weiß nicht mehr, da müßt ihr Jachmann fragen, der hat es mir geschenkt.»

«Geschenkt», denkt Pinneberg. «Schenkt ihr Betten.»

«Ich hab's bisher immer vermietet», fährt Frau Mia Pinneberg fort. «Es sieht ja glänzend aus, aber so richtig bequem ist es doch nicht. Meistens an Ausländer. Mit dem kleinen Zimmer drüben zusammen habe ich zweihundert dafür bekommen im Monat. Aber wer zahlt das heute noch? Wir rechnen es euch für hundert.»

«Hundert Mark kann ich unmöglich für Miete ausgeben, Mama», erklärt Pinneberg.

«Aber warum nicht? Hundert Mark ist doch nicht viel für so ein elegantes Zimmer. Das Telefon könnt ihr auch mitbenutzen.»

«Ich brauche kein Telefon. Ich brauche kein feines Zimmer», sagt Pinneberg ärgerlich. «Ich weiß ja noch gar nicht, was ich verdiene, und du sagst hundert Mark Miete.»

«Also trinken wir Kaffee», sagt Frau Pinneberg und schaltet das Licht wieder aus. «Wenn du nicht weißt, was du verdienst, kannst du vielleicht hundert Mark sehr gut bezahlen. Eure Sachen legt man gleich hier ab. Und hör mal zu, Lämmchen. Meine Aufwartung, die Möllern, hat mich gerade heute im Stich gelassen, du hilfst mir ein bißchen bei den Vorbereitungen? Es macht dir doch nichts aus?»

«Gerne tue ich das, Mama», sagt Lämmchen. «Sehr gern. Hoffentlich bin ich nur geschickt genug, ich bin ja gar keine richtige Hausfrau.»

Nach einer Weile ist das Bild in der Küche dann dies: auf einem etwas zerbrochenen Rohrsessel sitzt Frau Pinneberg senior und raucht eine Zigarette nach der andern. Und am Abwaschtisch stehen die beiden jungen Pinnebergs und waschen ab. Lämmchen wäscht ab, er trocknet ab. Es ist endlos viel abzuwaschen, überall stehen Töpfe mit Speiseresten, Regimenter von Tassen, Schwadronen von Weingläsern, Teller, Bestecke, Bestecke und noch mal Bestecke . . . Es ist sicher seit vierzehn Tagen nicht abgewaschen worden.

Frau Mia Pinneberg unterhält die beiden: «Also, diese Möllern, da sieht man es wieder. Ich komme ja sonst nie in die Küche, und nun macht sie es so! Wozu ich der immer mein teures Geld in den Hals stecke, gleich morgen schmeiße ich sie raus. Hans, mein Sohn, paß ein bißchen auf, daß keine Fusseln von dem Tuch in den Weingläsern sitzen bleiben. Jachmann ist in so was schrecklich penibel, er wirft solch Glas einfach an die Wand. Und wenn wir nun mit dem Aufwaschen fertig sind, bereiten wir gleich das Abendessen vor. Das macht nicht viel Mühe; nette Brötchen, irgendwo muß noch ein großer Rest Kalbsbraten stehen. — Gottlob, da kommt Jachmann, der muß auch helfen.»

Die Tür geht auf und Herr Holger Jachmann tritt ein.

«Wen haben wir denn da?» fragt er verdutzt und starrt auf die beiden Aufwäscher.

Jachmann ist ein Hüne, Jachmann ist ganz, ganz anders, als sich Pinnebergs ihn vorgestellt haben. Ein großer blonder Mensch, blauäugig, mit einem starken, fröhlichen, graden Gesicht, ganz breite Schultern, selbst jetzt, im halben Winter, ohne Jackett und Weste.

«Wen haben wir denn da?» fragt er verblüfft und steht unter der Tür. «Ist das olle Biest, die Möllern, endlich an unserm gestohlenen Schnaps krepiert?»

«Reizend, Jachmann», sagt Frau Pinneberg, bleibt aber ruhig sitzen. «Da stehst du und starrst. Ich müßte das eigentlich anstreichen, wie oft du stehst und starrst. Wo ich dir ausdrücklich erzählt habe, ich erwarte meinen Sohn und meine Schwiegertochter.»

«Kein Wort hast du mir erzählt, Pinneberg, kein Wort», schwört der Riese. «Höre zum ersten Mal, daß du einen Sohn hast. Und nun auch noch eine Schwiegertochter. Gnädige Frau —», Lämmchen am Abwaschtisch, mit der nassen Hand, bekommt den ersten Handkuß ihres Lebens. «Gnädige Frau, ich bin entzückt. Werden Sie hier immer abwaschen? Gestatten Sie!» Er nimmt ihr einen Topf aus der Hand. «Dies scheint ein verzweifelter Fall. Hier hat Pinneberg Schuhsohlen auf dem Kochwege herstellen wollen. Wenn ich mich recht erinnere und die krepierte Möller hat's nicht mit ins Grab genommen, muß Ata unten im Küchenschrank stehen. Ich danke Ihnen, junger Mann, unsere Freundschaft begießen wir nachher.»

«Du redest, Jachmann», läßt sich Frau Pinneberg aus dem Hintergrund vernehmen. «Du bändelst an, und du behauptest, ich hätte dir nie von meinem Sohn erzählt. Und dabei hast du diesem meinem Sohn eine Stellung bei Mandel besorgt, selbst, höchst persönlich, zum ersten Oktober anzutreten, was morgen ist. So bist du, Jachmann.»

«Ich? Ausgeschlossen!» grinst Jachmann. «Ich mach so was nie, Stellung besorgen in heutigen Zeiten. Pinneberg, das bringt nur Kummer.»

«O Gott, was für ein Mann!» ruft Frau Pinneberg aus. «Und dabei hast du mir gesagt, die Sache ist perfekt, ich soll ihn kommen lassen.»

«Aber du irrst dich, Pinneberg, du ganz allein. Ich habe vielleicht mal davon gesprochen, daß sich womöglich was machen ließe, mir schwebt dunkel so was vor, von Sohn hast du aber bestimmt nichts gesagt. Immer deine verfluchte Eitelkeit. Sohn, das Wort habe ich noch nie von dir gehört.»

«So», sagt Frau Pinneberg empört.

«Und daß ich etwas von perfekt gesagt haben soll — ich bin so minutiös in meinen Geschäften, ich bin der ordentlichste Mensch in der Welt, ich bin der reine Pedant, also ausgeschlossen ist das. Ich bin erst vorgestern mit Lehmann von Mandel zusammen gewesen — das ist da der Personalchef —, der hätte mir doch ein Wort gesagt. Nee, Pinneberg, da hast du wieder mal Luftschlösser gebaut.»

Die beiden jungen Pinnebergs haben schon längst mit Aufwaschen Schluß gemacht, sie stehen da und sehen von einem zum andern. Zur Mama, vom Hünen einfach als Pinneberg angesprochen, und zu dem Riesen Jachmann, der mit schöner Ruhe alles von sich wegredet. Und nun den Fall für erledigt ansieht, für gänzlich erledigt.

Aber da ist Johannes Pinneberg. Der Jachmann ist ihm schnurz, den beachtet er gar nicht, den kann er schon nicht riechen, der kohlt ja, denkt er. Aber er macht drei Schritte auf die Mutter zu und sagt, sehr weiß und ein wenig stockend, aber sehr deutlich:

«Mama, soll das heißen, daß du uns aus Ducherow hast kommen und das viele Reisegeld hast ausgeben lassen, bloß auf einen blauen Dunst hin? Bloß weil du dein Fürstenbett gerne für hundert Mark vermietet hättest . . .»

«Junge», ruft Lämmchen.

Aber der Junge fährt immer fester fort: «Und bloß weil du jemand zum Aufwaschen brauchst? Wir sind arme Leute, Lämmchen und ich, wahrscheinlich kriege ich hier nicht mal Arbeitslosenunterstützung und was — was?» Plötzlich fängt er an zu schlucken. «Was in aller Welt sollen wir jetzt tun?» Er sieht sich in der Küche rund um.

«Nun, nun, nun», sagt die Mamá, «weine man bloß nicht. Zurückfahren nach Ducherow könnt ihr immer noch. Und das habt ihr ja gehört und du auch, Lämmchen, daß ich an der ganzen Sache unschuldig bin, daß das wieder dieser Mensch, der Jachmann verbummelt hat. Ja, wenn man auf ihn hört, ist alles perfekt und er der ordentlichste Mensch von der Sonne, aber in Wirklichkeit . . . Wie er dasteht, ich wette, er hat vergessen, daß heute Stoschussens drei Holländer bringen und daß er den Müllensiefen auffordern sollte und die Claire und die Nina. Und neue Ecarté-Karten solltest du auch mitbringen —»

«Da hören Sie's», sagt der Riese triumphierend. «So ist Pinneberg. Von den drei Holländern hat sie mir erzählt und daß ich die Mädels bestellen sollte. Aber kein Wort von Müllensiefen! Was brauchen wir übrigens Müllensiefen? Was Müllensiefen kann, kann ich lange.»

«Und die Ecarté-Karten, mein Schätzchen?» fragt Frau Pinneberg lauernd.

«Hab ich! Hab ich! Stecken in meinem Paletot. Ich denke wenigstens, sie müssen drin stecken, wenn ich ihn angezogen habe . . . Ich will doch gleich einmal auf dem Flur nachsehen . . .»

«Herr Jachmann!» sagt plötzlich Lämmchen und tritt ihm in den Weg. «Hören Sie einen Augenblick zu. Sehen Sie, für Sie ist das gar nichts, daß wir keine Stellung haben. Sie können sich wahrscheinlich immer helfen, Sie sind viel klüger als wir . . .»

«Hörst du, Pinneberg», ruft Jachmann sehr befriedigt.

«Aber wir sind ganz einfache Menschen. Und wir sind sehr unglücklich, wenn mein Junge keine Stellung hat. Und darum bitte ich Sie, wenn Sie's können, dann tun Sie's, dann besorgen Sie uns eine.»

«Kleine junge Frau», sagt der große Mann mit Nachdruck, «wissen Sie, ich mach es. Ich besorg Ihrem Jungen da 'ne Stellung. Was soll's denn sein? Wieviel muß er denn verdienen, damit Sie leben können?»

«Aber du weißt doch alles ganz gut», läßt sich Frau Pinneberg vernehmen. «Verkäufer bei Mandel. Herrenkonfektion.»

«Bei Mandel? Mögen Sie denn das in so einer Knochenmühle?» fragt Jachmann und kneift die Augen ein. «Außerdem glaub ich nicht, daß er da mehr als fünfhundert monatlich kriegt.»

«Du bist verrückt», sagt Frau Pinneberg. «Verkäufer mit fünfhundert! Zweihundert. Zweihundertfünfzig höchstens.»

Und auch Pinneberg nickt dazu.

«Na also!» sagt der Riese erlöst. «Dann lassen Sie doch den Quatsch. Nee, wissen Sie, ich werde mal mit dem Manasse reden, wir machen Ihnen einen feinen kleinen Laden auf im alten Westen, irgend was ganz Ausgefallenes, auf das kein Mensch kommt. Ich gründe Sie, junge Frau, ich gründe Sie groß.»

«Nun höre schon auf», sagt Frau Pinneberg ärgerlich. «Von deinen Gründungen habe ich wirklich die Nase voll.»

Und Lämmchen sagt: «Nur die Stellung, Herr Jachmann, nur die Stellung zu Tarifgehalt.»

«Wenn's weiter nichts ist! So was habe ich schon hundertmal eingerenkt. Also bei Mandel. Geh ich einfach zum ollen Lehmann, der ist so duselig, daß er sich freut, wenn er einem einen Gefallen tun kann.»

«Aber Sie dürfen es nicht vergessen, Herr Jachmann. Es muß sofort sein.»

«Morgen spreche ich mit ihm. Übermorgen fängt Ihr Mann an. Ehrenwort.»

«Also wir danken Ihnen, Herr Jachmann, wir danken Ihnen sehr.»

«Alles in Ordnung, junge Frau. Alles in schönster Ordnung. Und nun will ich doch wirklich nach den verfluchten Ecarté-Karten ... Ich möchte schwören, ich habe den Überzieher angezogen, wie ich von Haus weg bin. Und dann habe ich ihn sicher hängen lassen, wo, weiß der Himmel. Immer im Herbst derselbe Kram: ich gewöhne mich nicht, ich denk nicht an das Ding, ich laß es hängen. Und im Frühjahr ziehe ich immer fremde Überzieher an ...»

Jachmann verschwindet auf den Flur.

«Und der Mann sagt, er vergißt nichts», bemerkt tröstlich Frau Pinneberg.

Jachmann lügt, Fräulein Semmler lügt, Herr Lehmann lügt und Pinneberg lügt auch, aber jedenfalls bekommt er eine Stellung und einen Vater obendrein

Vor dem Schaufenster «Knaben- und Jünglingsbekleidung» von Mandel hat Herr Jachmann Pinneberg erwartet.

«Also da sind Sie ja. Sehen Sie nur nicht so besorgt aus. Alles in schönster Ordnung. Ich habe dem Lehmann ein Loch in den Bauch geredet, nun ist er ganz wild auf Sie. – Haben wir Sie heute Nacht sehr gestört?»

«Ein bißchen», sagt Pinneberg zögernd. «Wir sind es noch nicht gewöhnt. Aber vielleicht war es auch von der Reise. Muß ich jetzt nicht zu Herrn Lehmann rein?»

«Ach, lassen Sie doch den dusligen Lehmann warten! Der ist froh, wenn er Sie kriegt. Ich habe ihn natürlich auch hübsch ansohlen müssen — wer stellt denn heute einen Menschen ein? Wenn er was von Ihnen wissen will, wissen Sie eben gar nichts.»

«Vielleicht sagen Sie mir, was Sie ihm erzählt haben? Ich muß doch Bescheid wissen.»

«I wo, keine Bohne! Warum müssen Sie denn?! Sie können doch gar nicht lügen, das sieht man doch. Nee, Sie wissen von nichts. — Kommen Sie noch ein bißchen rüber ins Café ...»

«Nein, ich möchte jetzt nicht ...» beharrt Pinneberg. «Ich möchte jetzt Gewißheit haben. Es ist doch für meine Frau und mich so wichtig ...»

«Wichtig! Zweihundert Mark Gehalt ... Na ja, na ja, gucken Sie bloß nicht so, böse habe ich es nicht gemeint. Hören Sie, Pinneberg», sagt der große Jachmann und legt dem kleinen Pinneberg ganz sanft die Hand auf die Schulter. «Ich steh ja hier nicht umsonst und red Unsinn, Pinneberg ...» sagt Jachmann und sieht Pinneberg sehr an, «es stört Sie doch nicht, daß ich mit Ihrer Mutter befreundet bin?»

«Nein, nein ...», sagt Pinneberg sehr gedehnt und wäre lieber wo anders.

«Sehen Sie», sagt Jachmann und seine Stimme klingt wirklich sehr nett. «Sehen Sie, Pinneberg, ich bin so, ich muß über alles reden. Andere hätten vielleicht vornehm geschwiegen und hätten gedacht, was gehen mich die jungen Drecker an! Ich seh ja, es stört Sie. Muß Sie nicht stören, Pinneberg, sagen Sie das auch Ihrer Frau ... Nee, ist nicht nötig, Ihre Frau ist anders wie Sie, habe ich gleich gesehen ... Und wenn Pinneberg und ich Krach miteinander haben, dann denken Sie sich nichts dabei, das gehört bei uns dazu, ohne das ist es langweilig ... Und daß Pinneberg hundert Mark für die Mottenkammer von Ihnen haben will, das ist Unsinn, geben Sie ihr bloß nicht das Geld, das verjuxt sie nur. Über die Abendgesellschaften dürfen Sie sich auch nicht den Kopf zerbrechen, das ist so und bleibt so, wenn die Dummen nicht alle werden ... Und noch eins, Pinneberg ...» Und jetzt ist der große Schwadroneur ganz liebevoll und Pinneberg trotz aller Abneigung entzückt und begeistert ... «Noch eins, Pinneberg. Sagen Sie Ihrer Mutter nicht so bald, daß Sie ein Kind erwarten. Ihre Frau natürlich meine ich. Das ist für Ihre Mutter das Schlimmste, schlimmer noch als Ratten und Wanzen, hat sicher keine guten Erfahrungen mit Ihnen gemacht. Sagen Sie nichts. Leugnen Sie. Hat ja noch Zeit. Ich will sehen, daß ich es ihr beibringe. — Die Seife klaut er doch noch nicht beim Baden?»

«Wieso? Die Seife?» fragt Pinneberg verwirrt.

«Nun ...», grinst Jachmann. «Wenn der Sohn beim Baden rauslangt und der Mutter die Seife aus der Wanne klaut, dann geht es nämlich bald los. — Auto! Heh, Auto!» brüllt der Riese plötzlich. «Ich muß ja seit einer halben Stunde auf dem Alex sein, die Brüder werden mir zeigen, wieviele Zinken die Harke hat.» Schon im Wagen: «Also zweiter

Hof rechts. Lehmann. Sagen Sie gar nichts. Und Hals- und Beinbruch. Und Handkuß für die junge Frau! Weidmannsheil –!»

Zweiter Hof rechts. Alles ist Mandel. Ach Gott, das ist ein großes Warenhaus, noch nicht ein Zehntel so groß war je ein Betrieb, in dem Pinneberg bis dato gearbeitet, noch nicht ein Hundertstel vielleicht. Und er schwört sich zu, zu schuften, tüchtig zu sein, alles zu ertragen, nicht aufzumucken, o Lämmchen, o Murkel!

Zweiter Hof rechts, im Parterre gleich: «Personalbüro Mandel». Und ein anderes Riesenplakat: «Bewerbungen zur Zeit zwecklos.» Und ein drittes Schild: «Ohne Anklopfen herein.» Pinneberg macht das: ohne Anklopfen herein.

Eine Barriere. Dahinter fünf Schreibmaschinen. Hinter den fünf Schreibmaschinen fünf Mädchen, jüngere, ältere. Alle fünf sehen hoch und alle fünf sehen sofort wieder nieder und schmettern weiter: keine hat gesehen, daß jemand reingekommen ist. Pinneberg steht eine Weile und wartet. Dann sagt er zu einer in grüner Bluse, sie sitzt ihm am nächsten: «Ach, bitte, Fräulein . . .»

«Bittä!» sagt die grüne Bluse und sieht ihn empört an, als hätte er sie aufgefordert, mit ihm sofort, hier auf der Stelle . . .

«Ich möchte gern Herrn Lehmann sprechen.»

«Schild draußen!»

«Wie?»

«Schild draußen!!»

«Ich versteh nicht, Fräulein.»

Die grüne Bluse ist empört: «Lesen Sie's Schild draußen. Bewerbungen zwecklos.»

«Habe ich gelesen. Ich bin aber zu Herrn Lehmann bestellt. Herr Lehmann erwartet mich.»

Die junge Dame – Pinneberg findet, sie sieht wirklich sonst ganz nett und manierlich aus, ob sie aber auch zu ihrem Chef so spricht, wie zu den Kollegen? –, die junge Dame sieht ihn böse an. «Zettel!» sagt sie. Und ganz erregt: «Zettel sollen Sie ausfüllen!»

Pinneberg folgt ihrem Blick. Auf einem Pult in der Ecke liegt ein Block, ein Bleistift hängt an einer Kette. «Herr/Frau/Fräulein . . . möchte Herrn/Frau/Fräulein . . . sprechen. Zweck der Rücksprache (*genau* bezeichnen) . . .

Pinneberg schreibt erst Pinneberg, dann Lehmann, beim Zweck des Besuches, der so genau bezeichnet werden soll, zögert er. Er schwankt zwischen «Bekannt» und «Einstellung». Aber beides würde sich wahrscheinlich nicht vor der gestrengen jungen Dame bewähren, und so schreibt er denn «Jachmann».

«Bitte, Fräulein.»

«Legen Sie 'n hin.»

Der Zettel liegt auf der Barriere, die Schreibmaschinen hämmern, Pinneberg wartet.

Nach einer Weile sagt er sanft: «Fräulein, ich glaube, Herr Lehmann wartet auf mich.»

Keine Antwort.

«Fräulein, bitte!»

Die Dame stößt einen Laut aus, etwas Unartikuliertes, so ein «Schschsch», Pinneberg denkt sich, Schlangen zischen so.

‹Wenn sie alle hier so sind, die Kollegen›, denkt Pinneberg trübe. Und wartet weiter.

Nach einer Weile kommt dann ein Kontorbote in grauer Uniform herein.

«Zettel!» sagt das junge Mädchen.

Der Bote nimmt den Zettel, liest ihn, betrachtet Pinneberg und verschwindet.

Nein, dieses Mal braucht Pinneberg nicht mehr sehr lange zu warten. Der Bote erscheint wieder, sagt ganz manierlich: «Herr Lehmann läßt bitten!» und führt ihn durch die Schranke, über einen Gang in ein Zimmer.

Es ist noch nicht Lehmanns Zimmer. Aber es ist Lehmanns Vorzimmer.

Hier sitzt eine ältliche Dame mit gelblichem Teint, das ist die Privatsekretärin, denkt erschauernd Pinneberg. Und die Dame sagt mit leidender, trauriger Miene: «Setzen Sie sich bitte. Herr Lehmann ist noch beschäftigt.»

Pinneberg setzt sich. Es ist ein Vorzimmer mit sehr vielen Aktenschränken, die Rolljalousien sind alle hochgeschoben, die Schnellhefter liegen in Stößen, blau, gelb, grün, rot. Jeder Schnellhefter hat sein Schwänzchen, und Pinneberg liest auf den Schwänzchen Namen, Fichte liest er, dann Filchner, dann Fischer.

‹Das sind die Namen von den Kollegen›, denkt er. ‹Personalakten›, denkt er. Manche sind ganz dünn, manche Schicksale sind mitteldick, ganz dicke Personalschicksale gibt es nicht.

Das ältliche gelbe Fräulein geht hin und her. Sie nimmt einen Durchschlag, sieht ihn leidend an, seufzt, locht ihn. Sie nimmt eine Akte, sie legt den Durchschlag hinein. Ist es eine Kündigung oder eine Gehaltserhöhung? Steht in dem Brief, daß Fräulein Bier freundlicher zur Kundschaft sein muß?

‹Ach vielleicht›, denkt Pinneberg, ‹muß das ältliche gelbe Fräulein schon morgen, schon heute nachmittag eine Personalakte anlegen: Johannes Pinneberg. Möchtest du doch!› Das Telefon schnarrt. Das ältliche Fräulein nimmt eine Akte, legt den Brief hinein, das Telefon schnarrt, wieder die Schiene hinein, die Akte ins Fach, das Telefon schnarrt. Das Fräulein nimmt den Hörer und sagt mit seiner leidenden gelben Stimme: «Hier das Personalbüro. Ja, Herr Lehmann ist da. — Wer möchte ihn sprechen? Herr Direktor Kußnick? — Ja, bitte, wollen Sie Herrn Direktor Kußnick an den Apparat rufen! Ich verbinde dann mit Herrn Lehmann.»

Kleine Pause. Vornüber gebeugt lauscht das Fräulein in den Apparat, sie scheint den Widerpart am andern Ende der Strippe gewissermaßen zu sehen, ein ganz zartes Rot färbt ihre blassen Wangen. Ihre Stimme ist immer noch leidend, aber ein ganz klein bißchen scharf, als sie sagt: «Ich bedaure, Fräulein, ich darf Herrn Lehmann erst verbinden, wenn der Anrufer am Apparat ist.»

Horchpause. Ein ganz klein bißchen noch schärfer: «Sie dürfen Herrn Direktor Kußnick erst verbinden, wenn Herr Lehmann am Apparat ist?»

Pause. Stolz: «Ich darf Herrn Lehmann erst verbinden, wenn Herr Direktor Kußnick am Apparat ist.» Nun geht es rascher, der Ton wird schärfer:

«Bitte, Fräulein, Sie haben angerufen!»

. . . . .

«Nein, Fräulein, ich habe meine Vorschriften.»

. . . . .

«Bitte, Fräulein, ich habe für so was keine Zeit.»

. . . . .

«Nein, Fräulein, erst muß Herr Kußnick am Apparat sein.»

. . . . .

«Bitte, Fräulein, sonst hänge ich jetzt ab.»

. . . . .

«Nein. Fräulein, das habe ich oft genug erlebt, nachher spricht Ihr Herr auf einem andern Apparat. Herr Lehmann kann nicht warten.»

. . . . .

Sanfter: «Ja, Fräulein, ich sagte Ihnen doch, Herr Lehmann ist hier. Ich verbinde dann sofort.» Pause. Dann ganz andere Stimme, leidend, sanft: «Herr Direktor Kußnick –? Ich verbinde mit Herrn Lehmann.» Hebeldrückend, im Flüsterton: «Herr Lehmann, Herr Direktor Kußnick ist am Apparat. – Wie bitte?» Sie horcht mit ihrem ganzen Leibe. Schwerkrank: «Jawohl, Herr Lehmann.» Hebeldrückend: «Herr Direktor Kußnick? Ich höre eben, daß Herr Lehmann zu einer Besprechung gegangen ist. Nein, ich kann ihn nicht erreichen. Er ist momentan nicht im Hause. – Nein, Herr Direktor, ich habe nicht gesagt, daß Herr Lehmann hier ist, da muß sich Ihre Dame irren. Nein, ich kann nicht sagen, wann Herr Lehmann zurückkommt. Bitte, nein, so was habe ich nicht gesagt, da irrt sich Ihre Dame. Guten Morgen.»

Sie hängt ab. Sie ist weiter leidend, gelblich, mit ein ganz klein bißchen Rot. Sie scheint Pinneberg etwas aufgekratzter, als sie nun weiter ablegt, Blätter in Personalakten.

‹Scheint ihr gut zu tun, so ein bißchen Stunk›, denkt Pinneberg. ‹Freut sie wohl, wenn die Kollegin bei Kußnick ein bißchen was aufs Dach kriegt. Hauptsache sie sitzt sicher.›

Das Telefon schnarrt. Zweimal. Scharf. Die Akte fliegt aus der Hand zur Erde, das Fräulein hängt am Apparat: «Ja, bitte, Herr Lehmann? Jawohl. Sofort.» Und zu Pinneberg: «Herr Lehmann läßt bitten.»

Sie öffnet die braune gepolsterte Tür vor ihm.

‹Gut, daß ich das alles noch gesehen hab›, denkt Pinneberg, während er durch die Tür geht. ‹Mächtig devot sein. Möglichst wenig reden. Jawohl, Herr Lehmann. Zu Befehl, Herr Lehmann.›

Es ist ein Riesenzimmer, die eine Wand fast nur Fenster. Und an diesem Fenster steht ein Mammutschreibtisch, auf dem nichts ist wie ein Telefon. Und ein gelber Mammutbleistift. Kein Stück Papier. Nichts. Auf der einen Seite des Schreibtisches ein Sessel: leer. Auf der anderen Seite ein Rohrstühlchen – darauf, das muß Herr Lehmann sein, ein gelber, langer Mann mit einem Gesicht voller Querfalten, einem schwarzen Bärtchen und einer kränklichen Glatze. Sehr dunkle, runde, stechende Augen.

Pinneberg bleibt vor dem Schreibtisch stehen. Seelisch hat er gewissermaßen die Hände an der Hosennaht, und den Kopf hat er ganz zwischen den eingezogenen Schultern, um nicht zu groß zu sein. Denn Herr Lehmann sitzt ja nur pro forma auf einem Rohrstühlchen, eigentlich müßte er, den Abstand richtig zu kennzeichnen, auf der obersten Sprosse einer Stehleiter sitzen.

«Guten Morgen», sagt Herr Pinneberg sanft und höflich, und macht eine Verbeugung.

Herr Lehmann sagt nichts. Aber er faßt den Mammutbleistift, stellt ihn senkrecht.

Pinneberg wartet.

«Sie wünschen?» fragt Herr Lehmann sehr kratzig.

Pinneberg ist direkt vor den Magen geschlagen, Tiefschlag.

«Ich . . . ich dachte . . . Herr Jachmann . . .» Dann ist es wieder alle, die Luft ist gänzlich weg.

Herr Lehmann besieht sich das. «Herr Jachmann geht mich gar nichts an. Was *Sie* wollen, will ich wissen.»

«Ich bitte», sagt Pinneberg und spricht ganz langsam, damit ihn die Luft nicht wieder im Stich läßt, «um die Stellung eines Verkäufers.»

Herr Lehmann legt den Bleistift lang hin: «Wir stellen niemanden ein», sagt er entschieden. Und wartet.

Herr Lehmann ist ein sehr geduldiger Mensch. Er wartet immer noch. Und schließlich sagt er und stellt den Bleistift wieder aufrecht: «Und was ist noch?»

«Vielleicht später —?» stammelt Pinneberg.

«Bei so 'ner Konjunktur!» sagt Herr Lehmann wegwerfend.

Stille.

‹Also kann ich gehen. Wieder reingerasselt. Armes Lämmchen!› denkt Pinneberg. Er will Adieu sagen. Da sagt Herr Lehmann: «Zeigen Sie mal Ihre Zeugnisse her.»

Pinneberg breitet sie hin, seine Hand zittert ganz ehrlich, er hat ganz ehrlich Angst. Was Herr Lehmann hat, das weiß man nicht, aber Warenhaus Mandel hat auch an die tausend Angestellte, und Herr Lehmann ist der Personalchef, also ein großer Mann. Vielleicht hat Herr Lehmann Spaß.

Also Pinneberg breitet zitternd seine Zeugnisse aus: das Lehrzeugnis, dann das von Wendheim, dann das von Bergmann, dann das von Kleinholz.

Die Zeugnisse sind alle sehr gut. Herr Lehmann liest sie sehr langsam, sehr ungerührt. Dann schaut er hoch, er scheint nachzudenken. Vielleicht, vielleicht . . .

Herr Lehmann spricht: «Tja, Düngemittel führen wir nicht.»

So, da hat er es! Und natürlich ist Pinneberg nichts wie ein Trottel, er kann nur stammeln: «Ich dachte auch . . . eigentlich Herrenkonfektion . . . das war nur zur Aushilfe . . .»

Lehmann genießt es. Es ist so gut, daß er wiederholt: «Nein, Düngemittel führen wir nicht.» Er setzt hinzu: «Auch nicht Kartoffeln.»

Er könnte ja nun auch von Getreide und Sämereien reden, all das steht auf Emil Kleinholzens Briefbogen, aber schon die Kartoffeln kamen nicht mehr ganz befriedigend heraus. So sagt er nur brummig: «Wo haben Sie denn Ihre Angestellten-Versicherungskarte?»

‹Was soll das alles?› denkt Pinneberg. ‹Wozu will er meine Karte? Will er mich nur quälen?› Und er legt die grüne Karte hin. Herr Lehmann betrachtet sie lange, die Marken sieht er an, er nickt ein wenig.

«Und Ihre Lohnsteuerkarte.»

Pinneberg gibt auch die hin und auch sie wird genau angesehen. Dann ist wieder eine Pause, damit Pinneberg hoffen darf und verzweifelt sein darf und wieder hoffen darf.

«Also», sagt Herr Lehmann abschließend und legt die Hand auf die Papiere. «Also wir stellen keine neuen Kräfte ein. Wir dürfen es gar nicht. Denn wir bauen die alten ab!»

Schluß. Aus damit. Dies war das endgültige. Aber Herrn Lehmanns Hand bleibt auf den Papieren liegen, nun legt er sogar noch den gelben Mammutbleistift über sie.

«Immerhin . . .», sagt Herr Lehmann. «Immerhin dürfen wir Kräfte aus unsern Filialen übernehmen. Besonders tüchtige Kräfte. Sie sind doch eine tüchtige Kraft?»

Pinneberg flüstert etwas. Keinen Protest. Es genügt Herrn Lehmann aber.

«Sie, Herr Pinneberg, werden aus unserer Filiale in Breslau übernommen. Sie kommen aus Breslau, nicht wahr?»

Wieder Flüstern, wieder ist Herr Lehmann genügsam.

«Auf der Abteilung Herrenkonfektion, wo Sie arbeiten werden, stammt zufällig keiner der Herren aus Breslau, nicht wahr?»

Pinneberg murmelt.

«Gut. Sie fangen morgen früh an. Sie melden sich um acht Uhr dreißig bei Fräulein Semmler, hier nebenan. Sie unterschreiben dann den Vertrag und die Hausordnung, und Fräulein Semmler sagt Ihnen Bescheid. Guten Morgen.»

«Guten Morgen», sagt auch Pinneberg und verbeugt sich. Er geht rückwärts zur Tür. Schon hat er die Klinke in der Hand, da flüstert Herr Lehmann, er flüstert es durch das ganze Gemach: «Grüßen Sie Ihren Herrn Vater bestens. Sagen Sie Ihrem Herrn Vater, ich habe Sie engagiert. Sagen Sie Holger, am Mittwoch abend wäre ich frei. Guten Morgen, Herr Pinneberg.»

Und ohne diese Schlußsätze hätte Pinneberg gar nicht gewußt, daß Herr Lehmann auch lächeln kann, etwas verkniffen, aber immerhin lächeln.

Pinneberg geht durch den kleinen Tiergarten, hat Angst und kann sich nicht freuen ·

Pinneberg steht wieder auf der Straße. Er ist müde, er ist so müde, als hätte er den ganzen Tag über seine Kraft gearbeitet, als wäre er in Lebensgefahr gewesen und grade noch gerettet, als hätte er einen Schock gehabt. Die Nerven haben geschrien und gezerrt, und nun sind sie schlapp, geben nichts mehr her. Pinneberg setzt sich ganz langsam in Bewegung und tüffelt nach Haus.

Es ist ein richtiger Herbsttag, in Ducherow würde sehr viel Wind sein, ein stetiger Wind, aus einer Richtung. Hier in Berlin ist ein Krüselwind, um die Ecken rum, bald so, bald so, mit eiligen Wolken, zu denen man nicht hochsieht, und ab und an ein wenig Sonne. Das Pflaster ist naß und trocken, aber es wird schon wieder ganz naß sein, ehe es ganz trocken geworden ist.

Also jetzt hat Pinneberg einen Vater, einen richtigen Vater. Und da der Vater Jachmann heißt und der Sohn Pinneberg, ist der Sohn ein uneheliches Kind. Aber bei Herrn Lehmann hat ihm das sicher nur genützt. Pinneberg kann es sich sehr gut vorstellen, wie Jachmann dem Lehmann diese Jugendsünde versetzt hat, der ganze Lehmann sieht wie ein oller Bock aus. Und nun, wegen so was, wegen so einem Gewaltekel von Jachmann hat man noch mal wieder Massel gehabt, ist aus Breslau, aus der Filiale gekommen und hat eine Stellung geschnappt. Zeugnisse nützen nichts. Tüchtigkeit nützt nichts. Anständig-Aussehen nützt nichts, Demut nützt nichts – aber so ein Kerl wie der Jachmann, der nützt!

Nun also, was ist er schon!?

Was ist das gestern abend in der Wohnung gewesen? Gelächter und Gejohle, gesoffen haben sie sicher. Lämmchen und der Junge haben in ihrem Fürstenbett gelegen, sie haben getan, als hörten sie nichts. Davon gesprochen haben sie nicht, immerhin ist es seine Mutter, aber koscher, koscher ist der Laden nicht.

Seht, Pinneberg ist mal nach hinten gegangen, das Klo liegt hinten, man muß zu ihm durch das Berliner Zimmer, denn Pinnebergs wohnen vorn. Nun, es ist ganz gemütlich in diesem Berliner Zimmer, wenn nur die Pilzlampe brennt, und die ganze Gesellschaft sitzt auf den beiden großen Couches. Diese Damen, sehr jung, sehr elegant, furchtbar fein, und diese Holländer, eigentlich müßten Holländer blond und dick sein, die aber waren schwarz und lang gewesen. Und das alles saß da herum und trank Wein und rauchte. Und Holger Jachmann lief natürlich in Hemdsärmeln auf und ab und sagte gerade: «Nina, haben Sie sich bloß nicht. Anstellerei kotzt mich an.» Und das klang gar nicht so freundlich jovial, wie sonst alles von Jachmann.

Und zwischen alledem Frau Mia Pinneberg. Nun gut, sie war nicht so sehr aus dem Rahmen gefallen, sie hatte wunderschön aufgelegt und nur ein ganz, ganz klein wenig älter ausgesehen als die jungen Mädchen. Sie hatte mitgemacht, daran war kein Zweifel, aber was taten sie nun die ganze Nacht bis vier? Schön, es war stundenlang still gewesen, nur ein leichtes Gemurmel aus der Ferne, und dann plötzlich wieder eine Viertelstunde diese Ausbrüche von Fröhlichkeit. Gut, Ecarté-Karten, sie spielten also Karten, sie spielten Karten als Geschäft, mit zwei jungen gemalten Mädchen, Claire und Nina, und drei Holländern, für die eigentlich Müllensiefen noch hätte bestellt werden müssen, aber schließlich reichten Jachmanns Künste auch aus. Klar, Pinneberg! Ja, so ist es, trotzdem natürlich alles auch ganz anders sein kann ...

Wieso anders? Wenn Pinneberg jemanden kennt, so ist es doch seine Mutter. Nicht umsonst wird sie wild, wenn er nur mit der Bar antippt von damals. Es ist ja doch anders gewesen mit dieser Bar, es ist nicht zehn Jahre her gewesen, es ist fünf Jahre her, und er hat nicht nur durch den Vorhang gesehen, er hat schön an einem Tisch gesessen und drei Tische weiter Frau Mia Pinneberg. Aber gesehen hat sie ihn nicht, so weit war sie schon. Aufsicht an einer Bar — sie hätte selbst Aufsicht gebraucht, und wenn sie im Anfang nicht alles ableugnen konnte, sondern von einer Geburtstagsfeier faselte, so war später auch diese Feier, mit all ihrer Dunität und Knutscherei, vergessen, versunken, verleugnet — er hatte nur durch den Vorhang gesehen, und seine Mutter hatte brav und solide als Aufsicht hinter der Bar gestanden. So war es damals gewesen — und was war danach heute zu erwarten?

Klar, Pinneberg! —

Dies ist also wieder mal der Kleine Tiergarten, Pinneberg kennt ihn schon seit seiner Kindheit. Er ist nie besonders hübsch gewesen, gar nicht zu vergleichen mit seinem großen Bruder jenseits der Spree, nur so ein notdürftiger Grünstreifen. Aber an diesem ersten Oktober, halb naß und trocken und halb bewölkt, halb sonnig, mit Wind aus allen Ecken und vielen braungelben häßlichen Blättern, sieht er besonders trostlos aus. Er ist nicht leer, nein, das ist er gar nicht. Massen von Menschen sind da, grau in der Kleidung, fahl in den Gesichtern, Arbeitslose, die warten, sie wissen selbst nicht mehr auf was, denn wer wartet noch auf Arbeit —? Sie stehen so herum, planlos, in den Wohnungen ist es auch schlimm, warum sollten sie nicht herumstehen? Es hat gar keinen Zweck, irgendwie nach Haus zu gehen, man kommt schon ganz von selbst in dies Zu-Haus, und viel zu früh.

Pinneberg müßte nach Haus. Es wäre gut, wenn er rasch nach Haus ginge, sicher wartet Lämmchen. Aber er bleibt hier stehen unter den Arbeitslosen, er macht ein paar Schritte, und dann bleibt er wieder stehen. Äußerlich gehört Pinneberg nicht zu ihnen, ist fein in Schale. Er hat den rotbraunen Winterulster an, den hat ihm Bergmann noch für achtunddreißig Mark gelassen, und den steifen schwarzen Hut, auch von Bergmann, er war nicht mehr ganz modern, die Krempe zu breit, sagen wir drei zwanzig, Pinneberg.

Also äußerlich gehört Pinneberg nicht zu den Arbeitslosen, aber innerlich . . .

Er ist eben bei Lehmann gewesen, beim Personalchef des Warenhauses Mandel, er hat sich dort um eine Stellung beworben, und er hat sie erhalten, das ist eine ganz einfache geschäftliche Transaktion. Aber irgendwie fühlt Pinneberg, daß er infolge dieser Transaktion, und trotzdem er nun gerade wieder Verdiener geworden ist, doch viel eher zu diesen Nichtverdienern gehört als zu den Großverdienern. Er ist einer von diesen, jeden Tag kann es kommen, daß er hier steht wie sie, er kann nichts dazu tun. Nichts schützt ihn davor.

Ach, er ist ja einer von Millionen, Minister halten Reden an ihn, ermahnen ihn, Entbehrungen auf sich zu nehmen, Opfer zu bringen, deutsch zu fühlen, sein Geld auf die Sparkasse zu tragen und die staatserhaltende Partei zu wählen.

Er tut es und er tut es nicht, je nachdem, aber er glaubt denen nichts. Gar nichts. Im tiefsten Innern sitzt es, die wollen alle was von mir, für mich wollen sie doch nichts. Ob ich verrecke oder nicht, das ist ihnen ja so egal, ob ich ins Kino kann oder nicht, das ist ihnen so schnuppe, ob Lämmchen sich jetzt anständig ernähren kann oder zu viel Aufregungen hat, ob der Murkel glücklich wird oder elend – wen kümmert das was?

Und die, die hier alle stehen im Kleinen Tiergarten, ein richtiger kleiner Tiergarten, die ungefährlichen, ausgehungerten, hoffnungslos gemachten Bestien des Proletariats, denen geht's wenigstens nicht anders. Drei Monate Arbeitslosigkeit und ade rotbrauner Ulster! Ade Vorwärtskommen! Vielleicht verkrachen sich am Mittwoch abend Jachmann und Lehmann, und plötzlich tauge ich nichts. Ade!

Das sind die einzigen Gefährten, diese hier, sie tun mir zwar auch was, sie nennen mich feiner Pinkel und Stehkragenprolet, aber das ist vorübergehend. Ich weiß am besten, was das wert ist. Heute, nur heute, verdiene ich noch, morgen, ach, morgen, stemple ich doch ...

Vielleicht ist das noch zu neu mit Lämmchen, aber wenn man hier so steht und sieht die Menschen an, dann denkt man kaum an sie. Man wird ihr auch von diesen Dingen nichts erzählen können. Das versteht sie nicht. Wenn sie auch sanft ist, sie ist viel zäher als er, sie würde hier nicht stehen, sie ist in der S.P.D. und im Afa-Bund gewesen, aber nur, weil der Vater da war, sie gehört eigentlich in die K.P.D. Sie hat so ein paar einfache Begriffe, daß die meisten Menschen nur schlecht sind, weil sie schlecht gemacht werden, daß man niemanden verurteilen soll, weil man nicht weiß, was man selber täte, daß die Großen immer denken, die Kleinen fühlten es nicht so – solche Sachen hat sie in sich, nicht ausgedacht, die sind in ihr. Sie hat Sympathien für die Kommunisten.

Und darum kann man Lämmchen nichts erzählen. Jetzt muß man zu ihr gehen und ihr sagen, man hat die Stellung und muß sich freuen. Und man freut sich ja auch wirklich. Aber hinter der Freude sitzt die Angst: wird es dauern?

Nein. Dauern wird es natürlich nicht. Also: wie lange wird es dauern?

Was Keßler für ein Mann ist, wie Pinneberg keine Pleiten schiebt und Heilbutt einen Tippel rettet

Es ist der einunddreißigste Oktober, morgens neuneinhalb Uhr, Pinneberg ist in der Herrenkonfektions-Abteilung von Mandel dabei, graue, gestreifte Hosen zu ordnen.

«Sechzehn fünfzig ... Sechzehn fünfzig ... Sechzehn fünfzig ... Achtzehn neunzig ... zum Donnerwetter, wo sind die Hosen zu Siebzehn fünfundsiebzig? Wir hatten doch noch Hosen zu Siebzehn fünfundsiebzig! Die hat doch wieder dieser Schussel von Keßler versaubeutelt. Wo sind die Hosen –?»

Etwas weiter in den Verkaufsraum hinein bürsten die Lehrlinge Beerbaum und Maiwald Mäntel ab. Maiwald ist Sportsmann, auch die Lehrzeit als Konfektionär kann Sport sein. Maiwalds letzter Rekord waren: einhundertneun Mäntel in der Stunde tadellos gebürstet, allerdings mit zuviel Schwung. Ein Galalithknopf zerbrach und Jänecke, der Substitut, gab dem Maiwald was aufs Dach.

Der Abteilungsleiter Kröpelin hätte sicher nichts gesagt. Kröpelin hatte alles Verständnis dafür, daß immer mal was vorkam. Aber Jänecke, der Substitut, konnte erst Abteilungsvorsteher werden, wenn Kröpelin kein Abteilungsvorsteher mehr war, also mußte er scharf, eifrig und stets auf das Wohl der Firma bedacht sein.

Die Lehrlinge zählen ziemlich laut: «Siebenundachtzig, achtundachtzig, neunundachtzig, neunzig . . .»

Also ist Jänecke noch nicht in Sicht. Kröpelin hat sich auch noch nicht blicken lassen. Sie werden mit dem Einkäufer wegen der Wintermäntel beraten, sie brauchen unbedingt neue Ware, blaue Trenchcoats sind überhaupt nicht mehr am Lager.

Pinneberg sucht die Hosen zu Siebzehn fünfundsiebzig. Er könnte ja Keßler fragen, Keßler tut zehn Meter von ihm irgendwas, aber er mag Keßler nicht. Denn Keßler hat bei Pinnebergs Eintritt vernehmlich geäußert: «Breslau? – Die Schiebung kennen wir, der ist doch sicher wieder ein Ableger vom Lehmannstamml»

Pinneberg sortiert weiter. Sehr still heute für einen Freitag. Erst ein Käufer ist dagewesen, hat einen Monteuranzug gekauft. Natürlich hat Keßler das gemacht, hat sich vorgedrängt, trotzdem Heilbutt, der erste Verkäufer, dran gewesen wäre. Heilbutt aber ist Gentleman, Heilbutt sieht über so etwas hinweg, Heilbutt verkauft auch so genug, und vor allem Heilbutt weiß, wenn ein schwieriger Fall kommt, läuft Keßler doch zu ihm um Hilfe. Das genügt Heilbutt. Pinneberg würde das nicht genügen, aber Pinneberg ist nicht Heilbutt. Pinneberg kann die Zähne zeigen, Heilbutt ist viel zu vornehm dazu.

Heilbutt steht jetzt hinten am Pult und rechnet etwas. Pinneberg betrachtet ihn, er überlegt, ob er Heilbutt nicht fragen soll, wo die fehlenden Hosen liegen könnten. Es wäre ein guter Grund, mit Heilbutt ein Gespräch anzuknüpfen, aber Pinneberg überlegt es sich besser: nein, lieber nicht. Er hat ein paarmal versucht, sich mit Heilbutt zu unterhalten, Heilbutt war immer tadellos höflich, aber irgendwie fror die Unterhaltung ein.

Pinneberg will sich nicht aufdrängen, gerade weil er Heilbutt bewundert, will er sich nicht aufdrängen. Es muß zwanglos kommen, es wird schon kommen. Und dabei hat er die phantastische Idee, Heilbutt möglichst heute noch in die Wohnung in der Spenerstraße einzuladen. Er muß seinem Lämmchen Heilbutt zeigen, aber vor allem muß er Heilbutt das Lämmchen zeigen. Er muß beweisen, daß er kein gewöhnlicher flacher Verkäufer ist, er hat Lämmchen. Wer von den anderen hat so was?

Langsam kommt Leben in das Geschäft. Eben noch standen sie alle herum, schrecklich gelangweilt, nur ganz offiziell beschäftigt, und nun verkaufen sie plötzlich. Wendt ist in Arbeit, Lasch verkauft, Heilbutt verkauft. Nun Keßler, der hat es auch nicht abwarten können, eigentlich wäre Pinneberg dran gewesen. Aber schon hat auch Pinneberg seinen Käufer, jüngeren Herrn, einen Studenten. Doch Pinneberg hat kein Glück: der Student mit den Schmissen verlangt kurz und knapp einen blauen Trenchcoat.

Es schießt durch Pinnebergs Hirn: ‹Keiner am Lager. Der läßt sich nichts aufschwatzen. Keßler wird grinsen, wenn ich 'ne Pleite schiebe. Ich muß die Sache machen ...›

Und schon hat er den Studenten vor einem Spiegel: «Blauer Trenchcoat, jawohl. Einen Moment bitte. Wenn wir erst einmal diesen Ulster überprobieren dürften?»

«Ich will doch keinen Ulster», erklärt der Student.

«Nein, selbstverständlich nicht. Nur der Größe wegen. Wenn der Herr sich bemühen wollen. Sehen Sie – ausgezeichnet, was?»

«Na ja», sagt der Student. «Sieht gar nicht so schlecht aus. Und nun zeigen Sie mir mal einen blauen Trenchcoat.»

«Neunundsechzig fünfzig», sagt Pinneberg beiläufig und fühlt vor, «eines unserer Reklameangebote. Im vorigen Winter kostete der Ulster noch neunzig. Angewebtes Futter. Reine Wolle ...»

«Schön», sagt der Student. «Den Preis wollte ich ungefähr anlegen, aber ich möchte einen Trenchcoat. Zeigen Sie mir mal ...»

Pinneberg zieht langsam und zögernd den schönen Marengo-Ulster aus. «Ich glaube nicht, daß Ihnen irgend etwas anderes so gut stehen würde. Blauer Trenchcoat ist eigentlich ganz abgekommen. Die Leute haben ihn sich übergesehen.»

«Also, nun zeigen Sie mir endlich –!» sagt der Student sehr energisch. Und sachter: «Oder wollen Sie mir keinen verkaufen?»

«Doch, doch. Alles, was Sie wollen.» Und er lächelt auch, wie der Student bei seiner Frage eben gelächelt hat. «Nur –», er überlegt fieberhaft. Nein, nicht schwindeln, man kann es ja versuchen: «Nur, ich kann Ihnen keinen blauen Trenchcoat verkaufen.» Pause. «Wir führen keinen Trenchcoat mehr.»

«Warum haben Sie mir das nicht gleich gesagt?!» sagt der Student, halb verblüfft, halb ärgerlich.

«Weil ich Sie nur davon überzeugen wollte, wie ausgezeichnet Ihnen dieser Ulster steht. Bei Ihnen kommt er wirklich zur Geltung. Sehen Sie», sagt Pinneberg halblaut und lächelt, wie um Entschuldigung bittend, «ich wollte Ihnen nur zeigen, wieviel besser der ist als so ein blauer Trenchcoat. Das war so eine Mode – na ja! Aber dieser Ulster ...»

Pinneberg sieht ihn liebevoll an, streicht einmal über den Ärmel, hängt ihn wieder über den Bügel und will ihn in den Ständer zurückhängen.

«Halt!» sagt der Student. «Ich kann ja immer noch mal .. ., schlecht sieht er ja nicht gerade aus ...»

«Nein, schlecht sieht er nicht aus», sagt Pinneberg und hilft dem Herrn wieder in den Mantel. «Der Ulster sieht direkt vornehm aus. Aber vielleicht darf ich dem Herrn noch andere Ulster zeigen? Oder einen hellen Trenchcoat?»

Er hat gesehen, die Maus ist beinahe in der Falle, sie riecht den Speck schon, jetzt darf er es riskieren.

«Helle Trenchcoats haben Sie also doch!» sagt der Student grollend.

«Ja, wir haben da was ...» sagt Pinneberg und geht an einen anderen Ständer.

In diesem Ständer hängt ein gelbgrüner Trenchcoat, zweimal ist er schon im Preise zurückgesetzt worden, seine Brüder vom selben Konfektionär, von derselben Farbe, vom gleichen Schnitt haben längst ihre Käufer gefunden. Dieser Mantel, das scheint ein Schicksal, will nicht von Mandel fort . . .

Jedermann sieht in diesem Mantel irgendwie komisch verbogen, falsch oder halb angezogen aus . . .

«Wir haben da was . . .» sagt Pinneberg. Er wirft den Mantel über seinen Arm. «Ich bitte sehr, ein heller Trenchcoat. Fünfunddreißig Mark.»

Der Student fährt in die Ärmel. «Fünfunddreißig?» fragt er erstaunt.

«Ja», antwortet Pinneberg verächtlich. «Solche Trenchcoats kosten nicht viel.»

Der Student prüft sich im Spiegel. Und wieder bewährt sich die Wunderwirkung dieses Stücks. Der eben noch nette junge Mann sieht aus wie eine Vogelscheuche. «Ziehen Sie mir das Ding nur schnell wieder aus», ruft der Student, «das ist ja grauenhaft.»

«Das ist ein Trenchcoat», sagt Pinneberg ernst.

Und dann schreibt Pinneberg den Kassenzettel über neunundsechzig fünfzig aus, er gibt ihn dem Herrn, er macht seine Verbeugung. «Ich danke auch verbindlichst.»

«Nee, *ich* danke», lacht der Student und denkt jetzt sicher an den gelben Trenchcoat.

‹Na also, geschafft›, denkt Pinneberg. Er überblickt schnell die Abteilung. Die anderen verkaufen noch oder verkaufen schon wieder. Nur Keßler und er sind frei. Also ist Keßler der nächste dran. Pinneberg wird sich schon nicht vordrängen. Aber, während er gerade Keßler ansieht, geschieht das Seltsame, daß Keßler Schritt um Schritt gegen den Hintergrund des Lagers zurückweicht. Ja, es ist gerade so, als wollte Keßler sich verstecken. Und wie Pinneberg gegen den Eingang schaut, sieht er auch die Ursache solch feiger Flucht: Da kommen erstens eine Dame, zweitens noch eine Dame, beide in den Dreißigern, drittens noch eine Dame, älter, Mutter oder Schwiegermutter, und viertens ein Herr, Schnurrbart, blaßblaue Augen, Eierkopf. ‹Du feiges Aas›, denkt Pinneberg empört. ‹Vor sowas reißt der natürlich aus. Na warte!›

Und er sagt mit einer sehr tiefen Verbeugung: «Was steht bitte zu Diensten, meine Herrschaften?», und dabei läßt er seinen Blick ganz gleichmäßig auf jedem der vier Gesichter ruhen, damit keines zu kurz kommt.

Eine Dame sagt ärgerlich: «Mein Mann möchte einen Abendanzug. Bitte, Franz, sag doch dem Verkäufer selbst, was du willst!»

«Ich möchte . . .», fängt der Herr an.

«Aber Sie scheinen ja nichts wirklich Vornehmes zu haben» sagt die zweite Dame in den Dreißigern.

«Ich habe euch gleich gesagt, geht nicht zu Mandel», sagt die Ältliche. «Mit so was muß man zu Obermeyer.»

«. . . einen Abendanzug haben», vollendet der Herr mit den blaßblauen Kugelaugen.

«Einen Smoking?» fragt Pinneberg vorsichtig. Er versucht, die Frage gleichmäßig zwischen den drei Damen aufzuteilen und doch auch den Herrn nicht zu kurz kommen zu lassen, denn selbst ein solcher Wurm kann einen Verkauf umschmeißen.

«Smoking!» sagen die Damen empört.

Und die Strohblonde: «Einen Smoking hat mein Mann natürlich. Wir möchten einen Abendanzug.»

«Ein dunkles Jackett», sagt der Herr.

«Mit gestreiftem Beinkleid», sagt die Dunkle, die die Schwägerin zu sein scheint, aber die Schwägerin der Frau, so daß sie als die Schwester des Mannes wohl noch ältere Rechte über ihn hat.

«Bitte schön», sagt Pinneberg.

«Bei Obermeyer hätten wir jetzt schon das Passende», sagt die ältere Dame.

«Nein, doch nicht so was», sagt die Frau, als Pinneberg ein Jackett in die Hand nimmt.

«Was könnt ihr denn hier anders erwarten?»

«Ansehen kann man sich jedenfalls. Das kostet nichts. Zeigen Sie nur immer, junger Mann.»

«Probier das mal an, Franz!»

«Aber, Else, ich bitte dich! Dies Jackett . . .»

«Nun, was meinst du, Mutter —?»

«Ich sage gar nichts, fragt mich nicht, ich sage nichts. Nachher habe ich den Anzug ausgesucht.»

«Wenn der Herr die Schulter etwas anheben wollte?»

«Daß du die Schultern nicht anhebst! Mein Mann läßt immer die Schultern hängen. Dafür muß es eben unbedingt passend sein.»

«Dreh dich mal um, Franz.»

«Nein, ich finde, das ist ganz unmöglich.»

«Bitte, Franz, rühr dich etwas, du stehst da wie ein Stock.»

«Das ginge vielleicht eher.»

«Warum ihr euch hier bei Mandel quält . . .?»

«Sagen Sie, soll mein Mann ewig in diesem einen Jackett rumstehen? Wenn wir hier nicht bedient werden . . .»

«Wenn wir vielleicht dies Jackett anprobieren dürften . . .»

«Bitte, Franz.»

«Nein, das Jackett will ich nicht, das gefällt mir nicht.»

«Wieso gefällt dir denn das nicht? Das finde ich sehr nett!»

«Fünfundfünfzig Mark.»

«Ich mag es nicht, die Schultern sind viel zu wattiert.»

«Wattiert mußt du haben, bei deinen hängenden Schultern.»

«Saligers haben einen entzückenden Abendanzug für vierzig Mark. Mit Hosen. Und hier soll ein Jackett . . .»

«Verstehen Sie, junger Mann, der Anzug soll was hermachen. Wenn wir hundert Mark ausgeben sollen, können wir auch zum Maßschneider gehen.»

«Nein, nun möchte ich doch endlich einmal ein passendes Jackett sehen.»

«Wie gefällt Ihnen dies, gnädige Frau?»

«Der Stoff scheint sehr leicht zu sein.»

«Gnädige Frau sehen alles. Der Stoff fällt wirklich etwas leicht aus. Und dies?»

«Das geht schon eher. Ist das reine Wolle?»

«Reine Wolle, gnädige Frau. Und Steppfutter, wie Sie sehen.»

«Das gefällt mir . . .»

«Ich weiß nicht, Else, wie dir das gefallen kann. Sag du mal, Franz ...»

«Ihr seht doch, daß die Leute hier nichts haben. Kein Mensch kauft bei Mandel.»

«Probier dies mal über, Franz.»

«Nein, ich probier nichts mehr über, ihr macht mich doch bloß schlecht.»

«Was soll denn das wieder heißen, Franz? Willst du einen Abendanzug haben oder ich?»

«Du!»

«Nein, du willst ihn.»

«Du hast gesagt, der Saliger hat einen, und ich mache mich einfach lächerlich mit meinem ewigen Smoking.»

«Dürfte ich gnädiger Frau noch dies zeigen? Ganz diskret, etwas sehr Vornehmes.» Pinneberg hat sich entschlossen, auf Else, die Strohblonde, zu tippen.

«Das finde ich wirklich ganz nett. Was kostet er?»

«Allerdings sechzig. Aber es ist auch etwas ganz Exklusives. Gar nichts für die Masse.»

«Sehr teuer.»

«Else, du fällst doch auf alles rein! Das hat er uns ja schon mal gezeigt.»

«Mein liebes Kind, so schlau wie du bin ich auch. Also, Franz, ich bitte dich, probiere es noch einmal an.»

«Nein», sagt der Eierschädel böse. «Ich will überhaupt keinen Anzug. Wo du sagst, ich will ihn.»

«Aber ich bitte dich, Franz ...»

«In der Zeit hätten wir bei Obermeyer zehn Anzüge gekauft.»

«Also Franz, jetzt ziehst du das Jackett an.»

«Er hat es doch schon angehabt!»

«Nicht dies!»

«Doch.»

«Also, jetzt gehe ich, wenn ihr euch hier streiten wollt.»

«Ich gehe auch. Else will wieder um jeden Preis ihren Willen durchsetzen.»

Allgemeine Aufbruchsstimmung. Die Jacketts werden, während die spitzen Reden hin und her fliegen, hierhin geschoben, dorthin gezerrt ...

«Bei Obermeyer ...»

«Nun bitte ich dich, Mutter!»

«Also wir gehen zu Obermeyer.»

«Aber sagt bitte nicht, daß ich euch dahin gelotst habe!»

«Natürlich hast du!»

«Nein, ich ...»

Vergebens hat Pinneberg versucht, ein Wort anzubringen. Nun, in der höchsten Not, wirft er einen Blick um sich, er sieht Heilbutt, sein Blick begegnet dem des anderen ... Es ist ein Hilfeschrei.

Und zugleich tut Pinneberg etwas Verzweifeltes. Er sagt zu dem Eierkopf: «Bitte, Ihr Jackett, mein Herr!»

Und er zieht dem Mann das strittige Sechzigmark-Jackett an, und kaum sitzt es, ruft er auch schon: «Ich bitte um Verzeihung, ich habe mich versehen.» Und ganz ergriffen: «Wie Sie das kleidet.»

«Ja, Else, wenn du das Jackett . . .»

«Ich habe immer gesagt, dies Jackett . . .»

«Nun, sage du mal, Franz . . .»

«Was kostet dies Jackett?»

«Sechzig, gnädige Frau.»

«Aber für sechzig, Kinder, ich finde das ja Wahnsinn. Bei den heutigen Zeiten sechzig. Wenn man schon durchaus bei Mandel kauft . . .»

Eine sanfte, aber bestimmte Stimme neben Pinneberg sagt: «Die Herrschaften haben gewählt? Unser elegantestes Abendjackett.»

Stille.

Die Damen sehen auf Herrn Heilbutt. Herr Heilbutt steht da, groß, dunkel, bräunlich, elegant.

«Es ist ein wertvolles Stück», sagt Herr Heilbutt nach einer Pause. Und dann verneigt er sich und geht weiter, entschwindet, irgendwohin, hinter einen Garderobenständer, vielleicht war es Herr Mandel selber, der hier durchging?

«Für sechzig Mark kann man aber auch was verlangen», sagt die unzufriedene Stimme der Alten. Doch sie ist nicht mehr ganz unzufrieden.

«Gefällt es dir denn auch, Franz?» fragt die blonde Else. «Auf dich kommt es doch schließlich an.»

«Na ja . . .», sagt Franz.

«Wenn wir nun auch passende Beinkleider . . .», beginnt die Schwägerin.

Aber das wird nicht mehr tragisch mit den Beinkleidern. Man ist sich sehr rasch einig, es wird sogar ein teures Beinkleid. Der Kassenzettel lautet insgesamt über fünfundneunzig Mark, die alte Dame sagt noch einmal: «Bei Obermeyer, sage ich euch . . .» Aber niemand hört auf sie.

Pinneberg hat an der Kasse noch eine Verbeugung gemacht, eine Extraverbeugung. Nun kehrt er zurück an seinen Stand, er ist stolz wie ein Feldherr nach gewonnener Schlacht und zerschlagen wie ein Soldat. Bei den Beinkleidern steht Heilbutt und sieht Pinneberg entgegen.

«Danke», sagt Pinneberg. «Sie haben den Tippel gerettet, Heilbutt.»

«Ich doch nicht, Pinneberg», sagt Heilbutt. «Sie hätten schon so keine Pleite geschoben. Sie nicht. Sie sind doch der geborene Verkäufer, Pinneberg.»

Von den drei Arten Verkäufern und welche Art Herr Substitut Jänicke liebt. Einladung zu einem Butterbrot

Pinnebergs Herz schwoll vor Glück. «Finden Sie das wirklich, Heilbutt? Finden Sie das wirklich, daß ich ein geborener Verkäufer bin?»

«Aber das wissen Sie doch selbst, Pinneberg. Ihnen macht es doch Spaß, zu verkaufen.»

«Mir machen die Leute Spaß», sagt Pinneberg. «Ich muß immer dahinterkommen, was sie sind und wie man sie nehmen muß und wie man es drehen muß, daß sie kaufen.» Er atmet tief. «Ich schiebe wirklich selten eine Pleite.»

«Das habe ich gemerkt, Pinneberg», sagt Heilbutt.

«Ja, und dann sind es richtige Schrutzen, die gar nicht wirklich kaufen wollen, die nur schrutzen und klaffen wollten.»

«An die verkauft keiner», sagt Heilbutt.

«Sie doch», sagt Pinneberg. «Sie doch.»

«Vielleicht. Nein. Nun, vielleicht doch manchmal, weil die Leute Angst vor mir haben.»

«Sehen Sie», sagt Pinneberg. «Sie imponieren den Leuten so schrecklich, Heilbutt. Vor Ihnen genieren sie sich, so anzugeben, wie sie möchten.» Er lacht. «Vor mir geniert sich kein Aas. Ich muß immer in die Leute reinkriechen, muß raten, was sie wollen. Darum weiß ich auch so gut, was die eben für 'ne Wut haben werden, daß sie den teuren Anzug gekauft haben. Jeder auf den anderen, und keiner weiß mehr richtig, warum sie ihn gekauft haben.»

«Na, und warum haben sie ihn gekauft, was meinen Sie, Pinneberg?» fragt Heilbutt.

Pinneberg ist ganz verwirrt. Er überlegt fieberhaft. «Ja, ich weiß es auch nicht mehr . . . Alle haben so durcheinander geredet . . .»

Heilbutt lächelt.

«Ja, nun lachen Sie, Heilbutt. Ja, nun lachen Sie mich aus. Aber ich weiß es schon wieder, weil Sie ihnen so imponiert haben.»

«Unsinn», sagt Heilbutt. «Vollkommener Unsinn, Pinneberg. Das wissen Sie doch selbst, daß darum keiner was kauft. Das hat die Sache vielleicht nur ein wenig beschleunigt . . .»

«Sehr, Heilbutt, ganz mächtig beschleunigt hat es!»

«Nein, aber das Entscheidende war, daß Sie nie gekränkt waren. Wir haben Kollegen», sagt Heilbutt und läßt seine dunklen Augen durch den Raum schweifen, bis sie den Gesuchten gefunden haben, «. . . die sind immer gleich beleidigt. Wenn die sagen, das ist ein vornehmes Muster, und der Kunde sagt, das gefällt mir aber gar nicht, dann sagen sie patzig: über den Geschmack läßt sich nicht streiten. Oder sie sagen vor lauter Kränkung gar nichts. Sie sind nicht so, Pinneberg . . .»

«Nun, meine Herren», sagt der eifrige Substitut, Herr Jänecke. «Ein kleines Palaver? Schon fleißig verkauft? Immer fleißig, die Zeiten sind schwer, und bis so ein Verkäufergehalt rausspringt, da will viel Ware verkauft sein.»

«Wir reden gerade, Herr Jänecke», sagt Heilbutt und hält unmerklich Pinneberg am Ellbogen fest, «über die verschiedenen Verkäuferarten. Wir fanden, es gibt drei: Die, die den Leuten imponieren. Die, die raten, was die Leute wollen. Und drittens die, die nur per Zufall verkaufen. Was meinen Sie, Herr Jänecke?»

«Theorie, sehr interessant, meine Herren», sagt Herr Jänecke lächelnd. «Ich kenne nur eine Art Verkäufer: die, auf deren Verkaufsblock abends recht hohe Zahlen stehen. Ich weiß, es gibt noch die mit den niedrigen Zahlen, aber ich sorge schon dafür, daß es die hier bald nicht mehr gibt.»

Und damit enteilt Herr Jänecke, um einen anderen anzutreiben, und Heilbutt sieht ihm nach und sagt gar nicht leise hinter ihm her: «Schwein.»

Pinneberg findet es ja herrlich, einfach so Schwein zu sagen, ohne Rücksicht auf die Folgen, aber ein bißchen bedenklich scheint es ihm doch. Heilbutt ist schon im Begriff fortzuziehen, er nickt, er sagt: «Also, Pinneberg . . .»

Da sagt Pinneberg: «Ich habe eine große Bitte, Heilbutt.» Heilbutt ist etwas erstaunt: «Ja? Selbstverständlich, Pinneberg.»

Und Pinneberg: «Wenn Sie uns einmal besuchen würden?» Heilbutt ist noch erstaunter. «Ich habe nämlich meiner Frau so viel von Ihnen erzählt, und sie würde Sie gern kennenlernen. Wenn Sie einmal Zeit haben? Natürlich nur zu einem Butterbrot.»

Heilbutt lächelt wieder, aber es ist ein reizendes Lächeln, aus den Augenwinkeln: «Aber natürlich, Pinneberg. Ich wußte gar nicht, daß es Ihnen Spaß machen würde. Ich komme gern einmal.»

Pinneberg fragt hastig: «Ginge es . . . wäre es vielleicht heute abend möglich?»

«Heute abend schon?» Heilbutt überlegt. «Ja, da muß ich einmal nachsehen.» Er nimmt ein Lederbüchlein aus der Tasche: «Warten Sie, morgen ist der Vortrag in der Volkshochschule über griechische Plastik. Sie wissen ja . . .»

Pinneberg nickt.

«Und übermorgen habe ich meinen Freikörperkulturabend, ich bin nämlich in einem Bunde für Freikörperkultur . . . Und den Abend darauf habe ich meiner Freundin zugesagt. Nein, soweit ich sehe, Pinneberg, bin ich heute abend frei.»

«Schön», stößt Pinneberg, atemlos begeistert, hervor. «Das paßt ja glänzend. Wenn Sie sich meine Adresse notieren wollen. Spenerstraße zweiundneunzig, zwei Treppen.»

«Herr und Frau Pinneberg», trägt Heilbutt ein. «Spenerstraße zweiundneunzig, zwei. Da fahre ich am besten bis Bahnhof Bellevue. Und wann?»

«Geht es um acht? Ich gehe allerdings schon früher weg. Ich habe von vier Uhr an frei. Ich will noch was besorgen.»

«Also schön, um acht, Pinneberg. Ich komme ein paar Minuten früher, damit das Haus noch nicht zu ist.»

Pinneberg erhält Gehalt, behandelt Verkäufer schlecht und wird Besitzer einer Frisiertoilette

Pinneberg steht vor der Tür des Warenhauses Mandel, seine Hand in der Tasche umschließt die Gehaltstüte. Nun ist er einen Monat lang hier beschäftigt gewesen, aber er hat in diesem ganzen Monat keine Ahnung gehabt, wieviel Gehalt er bekommen wird. Beim Engagement, bei Herrn Lehmann — nun, er war froh, daß er eine Stellung bekam, da hatte er nicht gefragt.

Auch die Kollegen hatte er nicht gefragt.

«Ich muß doch von Breslau her wissen, was Mandel zahlt», hat er geantwortet, wenn Lämmchen einmal nach Klarheit drängte.

«So geh zur Dag!»

«Ach, die sind nur höflich, wenn sie von einem Geld haben wollen.»

«Aber die müssen doch Bescheid wissen, Junge.»

«Werden wir ja am Letzten sehen, Lämmchen. Unter Tarif kann er ja nicht zahlen. Und der Berliner Tarif wird schon nicht schlecht sein.»

Nun hat er seinen Berliner Tarif, der nicht schlecht ist. Hundertsiebzig Mark netto! Achtzig Mark weniger als Lämmchen erwartet hatte, sechzig Mark weniger, als er in seinen ungünstigsten Berechnungen veranschlagte.

Diese Räuber, ob die sich überhaupt je den Kopf zerbrechen, wie wir uns einrichten sollen?! Die denken nur immer, andere kommen mit noch weniger aus. Und dafür dürfen wir noch kuschen und kriechen. Hundertsiebzig Mark netto. Eine etwas harte Nuß hier für Berlin. Mama wird mit ihrer Miete wohl etwas warten müssen. Hundert Mark, die hat ja überhaupt einen Vogel, in dem Punkt hat Jachmann jedenfalls Recht. Rätselhaft bleibt nur, wie Pinnebergs je zu Anschaffungen kommen sollen. Irgendwas würde man Mama ja doch geben müssen. Mama war ein Bohrer.

Hundertsiebzig Mark – und er hatte einen so schönen Plan gehabt. Er hatte Lämmchen überraschen wollen.

Es hatte damit angefangen, daß Lämmchen eines Abends auf eine leere Ecke im Fürstenschlafzimmer gedeutet und gesagt hatte: «Weißt du, hier müßte eigentlich eine Frisiertoilette hin.»

«Brauchen wir die denn?» hatte er ganz erstaunt gefragt. Er hatte immer nur an Betten, einen Klubsessel aus Leder und einen eichenen Diplomaten gedacht.

«Gott, brauchen. Aber schön wäre es doch. Wenn ich mich da so frisieren könnte! Na, guck nicht so, Jungchen, es wird schon nur ein Traum bleiben.»

Damit hatte es angefangen. Denn spazieren gehen muß man, namentlich bei Lämmchens Zustand. Nun hatten sie etwas, das man dabei ansehen konnte: sie betrachteten Frisiertoiletten. Sie gingen auf weite Entdeckungsreisen, es gab Gegenden, Seitenstraßen, wo sich die Tischler und die kleinen Möbelfabriken Laden an Laden drängten. Da standen sie dann und sagten: «Sieh mal, die!»

«Ich finde die Maserung ja sehr unruhig.»

«Findest du?»

Schließlich bekamen sie Lieblinge, und der oberste der Lieblinge stand in dem Geschäft eines gewissen Himmlisch in der Frankfurter Allee. Die Spezialität der Firma Himmlisch waren Schlafzimmer, die Firma schien Wert auf diesen Umstand zu legen, auf ihrem Firmenschild nannte sie sich: «Betten-Himmlisch. Spezialität moderne Schlafzimmer.»

In deren Schaufenster stand nun schon seit Wochen ein Schlafzimmer, gar nicht so teuer, siebenhundertfünfundneunzig einschließlich Auflegematratzen und echtem Marmor. Aber dem Zuge der Zeit folgend, die für nächtlich frostige Wanderungen ist, ohne Nachtschränkchen. Und zu diesem Schlafzimmer, kaukasisch Nußbaum, gehörte eine Frisiertoilette . . .

Sie standen immer lange und sahen sie an. Es war gut anderthalb

Stunden Marsch hin und anderthalb zurück. Lämmchen stand da und sagte schließlich: «Gott, Junge, wenn man das so kaufen könnte! Ich glaube, ich würde vor Freude heulen.»

«Die es kaufen können», antwortete nach einer Weile Pinneberg weise, «die heulen nicht vor Freude. Aber schön wäre es.»

«Schön wäre es», bestätigte auch Lämmchen. «Herrlich wäre es.»

Und dann machen sie sich auf den Rückweg. Sie gehen immer eingehängt, und zwar so, daß Pinneberg seinen Arm durch Lämmchens Arm steckt. Er fühlt dann ihre Brust, die schon voller wird, so angenehm, es ist wie ein Zuhausesein auf allen diesen weltenweiten Straßen mit den tausend fremden Leuten. Bei diesen Heimwegen aber ist Pinneberg der Gedanke gekommen, Lämmchen zu überraschen. Einmal müssen sie ja doch anfangen, und wenn erst ein Möbelstück da ist, werden die anderen schon nachkommen. Darum hat er sich heute um vier frei geben lassen, heute ist der einunddreißigste Oktober, Gehaltszahlung. Kein Wort hat er Lämmchen verraten, er hat einfach das Ding schicken lassen wollen. Und er würde tun, als wüßte er nichts . . .

Aber jetzt hundertsiebzig Mark! Das war ausgeschlossen. Klipp und klar und einfach ausgeschlossen.

Man nimmt nicht so leicht von seinen Träumen Abschied. Pinneberg kann jetzt noch nicht nach Haus mit seinen hundertsiebzig Mark. Er muß ja ein bißchen fröhlich sein, wenn er ankommt. Lämmchen hat doch mit zweihundertfünfzig gerechnet. Er schlägt den Weg nach der Frankfurter Allee ein. Abschiednehmen. Und dann nie wieder zu dem Schaufenster gehen. Es hat ja doch keinen Zweck. Für solche, wie sie sind, kommt nie eine Frisiertoilette in Frage, vielleicht reicht es mal zu ein paar Eisenbetten.

Dies also ist nun das Schaufenster mit dem Schlafzimmer, und hier an der Seite steht die Frisiertoilette. Der Spiegel in seinem bräunlichen Rahmen mit einem ganz zarten grünlichen Ton ist rechteckig gehalten. Und rechteckig ist auch das Schränkchen darunter mit seinen beiden Ausläufern nach rechts und links. Es ist eigentlich rätselhaft, wieso man sich in solch ein Ding so verlieben kann, tausend Stück gibt es, die ähnlich sind oder fast gleich, aber dies, dies, dies ist es!

Pinneberg sieht es langsam an. Er tritt zurück, und dann geht er wieder ganz nah heran: es bleibt immer gleich schön. Auch der Spiegel ist gut, es muß herrlich sein, wenn Lämmchen morgens davor sitzt in ihrem weißroten Bademantel . . . Es müßte herrlich sein.

Pinneberg seufzt kummervoll auf und wendet sich ab. Nichts. Gar nichts. Nicht für dich und deinesgleichen. Andere schaffen es, rätselhaft wie, du nicht. Geh nach Hause, Kleiner, friß dein Geld auf, mach damit, was du willst und kannst und magst, dies nicht!

Von der nächsten Straßenecke sieht Pinneberg noch einmal zurück, die Schaufenster von «Betten-Himmlisch» glänzen in einem magischen Schein. Er kann die Frisiertoilette noch unterscheiden.

Und plötzlich macht Pinneberg kehrt. Ohne zu zögern, ohne dies Möbelstück auch nur eines Blickes zu würdigen, schreitet er schnurstracks auf die Ladentür zu . . .

Und während er dies tut, geht viel in ihm vor.

«Es kommt doch nicht darauf an», klingt es.

Und: «Einmal muß man anfangen. Warum sollen wir immer gar nichts haben?»

Und ganz entschlossen: «Ich will es, und ich tu es, und was auch kommt, einmal will ich so gewesen sein!»

Ein bißchen verelendeter noch, dies ist die Stimmung, in der man stiehlt, einen Raubmord begeht, bei einem Krawall mitmacht. Pinneberg kauft in dieser Stimmung eine Frisiertoilette, es ist alles das Gleiche.

«Bitte schön, mein Herr?» fragt der Verkäufer, ein dunkler älterer mit ein paar Sardellen über dem bleichen Schädel.

«Sie haben da ein Schlafzimmer im Schaufenster», sagte Pinneberg, und er ist wütend, und sein Ton ist schrecklich aggressiv. «Kaukasisch Nußbaum.»

«Ja, gewiß», sagt der Verkäufer. «Siebenhundertfünfundneunzig. Ein Gelegenheitskauf. Das letzte von einer ganzen Serie. Wir können's zu dem Preis nicht mehr herstellen. Wenn wir es jetzt wieder machen, kostet es mindestens elfhundert.»

«Wieso denn?» fragt Pinneberg verächtlich. «Die Löhne fallen doch immerzu.»

«Aber die Steuern, Herr! Und der Zoll! Was denken Sie, was auf kaukasisch Nußbaum für Zoll liegt! Verdreifacht ist es im letzten Vierteljahr.»

«Na, wenn es so billig ist, steht es aber schon sehr lange bei Ihnen im Schaufenster», sagt Pinneberg.

«Geld», sagt der Verkäufer. «Wer hat denn heute Geld, mein Herr?» Er lacht kläglich: «Ich nicht.»

«Ich auch nicht», sagt Pinneberg grob. «Ich will auch gar nicht das Schlafzimmer kaufen, soviel Geld krieg ich in meinem Leben nicht zusammen. Ich will die Frisiertoilette kaufen.»

«Eine Frisiertoilette? Wenn Sie sich bitte nach oben bemühen wollen. Einzelmöbel haben wir im ersten Stock.»

«Die!» ruft Pinneberg und ist ganz Entrüstung und zeigt mit dem Finger. «Die Frisiertoilette da will ich kaufen.»

«Aus dem Zimmer? Aus dem Schlafzimmer?» fragt der Verkäufer und versteht nur sehr langsam. «Ja, das tut mir leid, Herr, wir können doch nicht ein einzelnes Möbelstück aus dem Zimmer verkaufen. Dann können wir das Zimmer nicht mehr verwerten. Aber wir haben sehr hübsche Frisiertoiletten.»

Pinneberg macht eine Bewegung.

Der Verkäufer beeilt sich: «Fast ganz genau die gleiche. Wenn Sie sich die mal ansehen wollen? Nur ansehen!»

«Hach!» macht Pinneberg verächtlich und sieht sich um. «Ich denke, Sie haben hier 'ne Möbelfabrik?»

«Ja?» fragt der Verkäufer ängstlich.

«Na – und?» sagt Pinneberg. «Wenn Sie eine haben, warum machen Sie die Toilette nicht noch einmal? Ich will die Toilette haben, verstehen Sie. Also machen Sie sie nach. Oder verkaufen Sie sie eben nicht, mir ist das egal. Es gibt ja so viele Geschäfte, wo man anständig bedient wird . . .»

Und während Pinneberg all dies sagt und immer aufgeregter wird, fühlt er innen, daß er ein Schwein ist, daß er sich genau so mies benimmt wie seine miesesten Kunden. Daß er den älteren, verdatterten, sorgenvollen Herrn schweinemäßig behandelt. Und er kann doch nicht anders, er hat eine Wut auf die Welt, alle, alle sollen sie hin werden. Aber leider ist nur der ältliche Verkäufer da.

«Einen Augenblick, bitte», stammelt der. «Ich möchte nur mal . . . den Chef . . .»

Er verschwindet und Pinneberg sieht ihm nach mit Trauer und Verachtung. ‹Warum bin ich so?› denkt er. ‹Ich hätte Lämmchen mitnehmen sollen›, denkt er. ‹Lämmchen ist nie so›, denkt er. ‹Warum ist Lämmchen nie so?› überlegt er. ‹Sie hat es doch auch nicht leicht.›

Der Verkäufer kommt zurück. «Sie können die Toilette haben», erklärt er kurz. Sein Ton ist sehr verändert. «Der Preis stellt sich auf hundertfünfundzwanzig Mark.»

‹Hundertfünfundzwanzig — das ist ja Wahnsinn›, denkt Pinneberg. ‹Die Brüder nehmen mich ja hoch. Das ganze Schlafzimmer kostet siebenhundertfünfundneunzig.›

«Ich finde das zu teuer», sagte er.

«Das ist gar nicht teuer», erklärte der Verkäufer. «So ein erstklassiger Kristallspiegel kostet allein fünfzig Mark.»

«Und wie würde es sich stellen, wenn ich auf Raten — — —?»

Ach, der Sturm ist vorüber, das liebe Geld steht zur Debatte. Pinneberg ist klein geworden, und der Verkäufer ist sehr groß.

«Raten kommen hierbei nicht in Frage», sagt der Verkäufer überlegen und mustert Pinneberg von oben bis unten. «Es ist schon eine reine Gefälligkeit für Sie. Wir rechnen darauf, daß Sie später bei uns . . .»

‹Ich kann nicht mehr zurück›, denkt Pinneberg verzweifelt. ‹Ich habe ja so angegeben. Wenn ich nicht so angegeben hätte, könnte ich zurück. Verrückt ist das, was wird Lämmchen sagen?›

Und laut: «Gut. Ich nehme die Toilette. Sie müssen sie mir aber heute noch in die Wohnung schicken.»

«Heute? Das wird nicht mehr gehen. Die Leute haben ja schon in einer Viertelstunde Feierabend.»

‹Ich kann noch zurück›, denkt es in Pinneberg. ‹Jetzt könnte ich noch zurück, wenn ich nicht so Krach gemacht hätte!›

«Heute muß es sein», beharrt er. «Es ist ein Geschenk. Sonst hat es keinen Zweck.»

Und er denkt dabei daran, daß heute Heilbutt kommt, und daß es schön sein wird, wenn der Freund dies Geschenk für die Frau sieht.

«Augenblick mal», sagt der Verkäufer und verschwindet wieder.

‹Am besten wäre es›, überlegt Pinneberg, ‹wenn er sagte, es geht heute nicht mehr, dann würde ich sagen, es tut mir leid, aber es hat keinen Zweck. Ich muß sehen, daß ich schnell aus dem Laden komme.› Und er stellt sich in die Nähe der Tür.

«Der Chef sagt, er will Ihnen einen Handwagen geben und den Lehrling. Sie müssen dann dem Lehrling eine Kleinigkeit geben, weil es ja nach Feierabend ist.»

«Ja . . .», sagt Pinneberg zögernd.

«Sie ist nicht schwer», tröstet der Verkäufer. «Wenn Sie ein bißchen nachschieben, der Lehrling zieht es schon. Und wenn Sie auf
den Spiegel aufpassen wollten. Wir schlagen ihn zwar in eine Decke
ein . . .»

«Also gemacht», sagt Pinneberg. «Hundertfünfundzwanzig Mark.»

Lämmchen bekommt Besuch und sieht sich im Spiegel.
Am ganzen Abend wird nicht von Geld gesprochen

Lämmchen sitzt im Fürstengemach und stopft Strümpfe. An sich ist
Strümpfestopfen eine der deprimierendsten Beschäftigungen auf der
Erde. Nichts führt den Frauen so den toten Amoklauf ihres Tuns vor
Augen wie Strümpfestopfen. Denn, wenn es erst einmal wirklich reißt,
ist es doch nutzlos und muß doch immer wieder getan werden, von
einer Wäsche zur andern. Die meisten Frauen werden darüber traurig.

Aber Lämmchen ist nicht traurig. Lämmchen merkt kaum, was ihre
Hände tun. Lämmchen rechnet. Zweihundertfünfzig bringt er, fünfzig
wird man Mama geben, das ist eigentlich schon viel zu viel, wo sie täglich fünf bis sechs Stunden für sie arbeitet, hundertdreißig müssen für
alles andere langen, bleiben sechzig . . .

Lämmchen legt sich einen Augenblick etwas zurück und ruht das
Kreuz aus. Das Kreuz tut ihr jetzt meistens weh. Also für sechzig Mark
hat sie im Kadewe Babyausstattungen gesehen, für achtzig Mark, für
hundert Mark. Das ist natürlich Unsinn. Sie wird eine Menge selbst nähen, schade, daß hier im Haushalt keine Nähmaschine ist, aber zu Frau
Mia Pinneberg paßt freilich keine Nähmaschine.

Gleich heute abend will sie mit Pinneberg darüber sprechen und morgen einkaufen gehen, sie ist erst ruhig, wenn sie alles im Haus hat. Sie
weiß gut, er hat andere Pläne, sie hat gemerkt, er will irgend etwas kaufen, sicher denkt er an ihren schäbigen blauen Wintermantel, nein, das
hat Zeit, alles hat Zeit, das aber, das muß fertig daliegen.

Frau Emma Pinneberg läßt die Wollsocke des Jungen sinken und
lauscht. Dann faßt sie ganz leise nach ihrem Leib. Sie legt einen Finger
hierhin, dann dorthin. Hier ist es. Hier hat es sich eben gerührt. Der
Murkel, es ist das fünfte Mal in diesen Tagen, es ist das fünfte Mal, daß
er sich gerührt hat. Mit einem verächtlichen Blick sieht Lämmchen zu
jenem Tisch hinüber, auf dem das Buch «Die heiligen Wunder der Mutterschaft» liegt. «Quatsch», sagt sie sehr deutlich, und sie meint es auch.
Sie denkt dabei an die Sätze, gemischt aus Gelehrsamkeit und Sentimen-
talität: «Genau zur Hälfte der Schwangerschaft setzen die ersten Kindes-
bewegungen im Mutterleib ein. Mit freudiger Rührung und immer neuem Staunen lauscht die werdende Mutter dem zarten Pochen des Kind-
leins . . .»

«Quatsch», denkt Lämmchen wieder. «Zartes Pochen. Die ersten Male hab ich immer gedacht, da kneift mich eine, die nicht raus kann . . .
Zartes Pochen . . . so ein Quatsch!»

Aber sie lächelt dabei, während sie daran denkt. Es ist ja ganz egal, wie es ist. Schön ist es doch. Herrlich ist es. Also nun ist er wirklich da, der Murkel, und nun muß er fühlen, daß er erwartet wird und gerne erwartet wird, daß alles für ihn bereit ist . . .

Lämmchen stopft weiter.

Die Tür tut sich einen Spalt auf, und Frau Marie Pinnebergs ziemlich verwuschelter Kopf schaut herein: «Hans noch nicht da?» fragt sie heute zum fünften oder sechsten Mal.

«Nein. Noch nicht», sagt Lämmchen kurz, denn sie ärgert sich.

«Es ist aber schon halb acht. Er wird doch nicht −?»

«Er wird doch nicht was?» fragt Lämmchen etwas scharf.

Aber die Alte ist schlau. «Werde mich hüten, teure Schwiegertochter!» lacht sie. «Du hast natürlich einen Mustermann, bei dem kommt es nicht vor, daß er am Lohntag ausbleibt und einen kippt.»

«Der Junge kippt nie einen», erklärt Lämmchen.

«Eben. Ich sagte es ja, bei deinem Mann kommt das nicht vor.»

«Kommt auch nicht.»

«Nein. Nein.»

«Nein.»

Der Kopf von Frau Mia Pinneberg verschwindet, Lämmchen ist wieder allein.

‹Olle Ziege›, denkt sie böse. ‹Immer hetzen und stänkern. Dabei hat sie nur Angst um ihre Miete. Na, wenn sie auf hundert rechnet . . .›

Lämmchen stopft weiter.

Draußen geht die Klingel. ‹Der Junge›, denkt Lämmchen. ‹Hat er seinen Schlüssel vergessen? I wo, das ist doch wieder jemand für Mutter, mag sie selber aufmachen.›

Aber die macht nicht auf. Es klingelt wieder. Mit einem Seufzer geht Lämmchen auf den Flur. In der Tür des Berliner Zimmers taucht das Antlitz ihrer Schwiegermutter auf, schon halb in Kriegsbemalung. «Wenn es jemand für mich ist, Emma, ins kleine Zimmer. Ich bin gleich fertig.»

«Natürlich ist es jemand für dich, Mama», sagt Lämmchen. Der Kopf verschwindet, und gleichzeitig mit dem dritten Klingeln öffnet Lämmchen die Tür. Da steht ein dunkler Herr vor ihr in einem hellgrauen Mantel, er hat den Hut in der Hand und lächelt. «Frau Pinneberg?» fragt er.

«Kommt sofort», sagt Lämmchen. «Wenn Sie bitte so lange ablegen wollen? Hier, in dies Zimmer.»

Der Herr ist etwas verwirrt, er sieht aus, als verstände er etwas nicht ganz. «Herr Pinneberg ist nicht da?» fragt er, während er in das kleine Zimmer geht.

«Herr Pinneberg ist doch lange . . .», tot, will Lämmchen sagen. Aber dann fällt ihr ein . . . und sie sagt: «Ach, Sie wollen zu Herrn *Pinneberg*. Der ist noch nicht hier. Er muß aber jeden Augenblick kommen.»

«Komisch», sagt der Herr, aber nicht beleidigt, sondern ganz vergnügt. «Er ist nämlich schon um vier Uhr bei Mandel weggegangen. Nicht ohne mich für heute abend eingeladen zu haben. Mein Name ist nämlich Heilbutt.»

«O Gott, Sie sind Herr Heilbutt», sagt Lämmchen und verstummt, wie vom Donner erschlagen. ‹Abendessen›, denkt sie. ‹Um vier weggegangen. Wo bleibt er bloß? Was habe ich im Haus? Gleich kommt Mama auch noch reingerasselt . . .›

«Ja, ich bin Heilbutt», sagt der Herr noch einmal und ist sehr geduldig.

«Gott, Herr Heilbutt», sagt Lämmchen. «Was müssen Sie von mir denken? Aber es hat natürlich gar keinen Zweck, daß ich Ihnen etwas vorkohle. Also, erstens habe ich gedacht, Sie wollen zu meiner Schwiegermutter, die heißt nämlich auch Pinneberg . . .»

«Richtig», sagt Heilbutt und lächelt vergnügt.

«Und zweitens hat mir der Junge gar nicht gesagt, daß er Sie heute einladen will. Darum war ich so perplex.»

«Nicht sehr», sagt Herr Heilbutt beruhigend.

«Und drittens verstehe ich nicht, wie er um vier dort weggehen kann – wieso denn schon um vier? – und jetzt noch nicht hier ist.»

«Er wollte noch etwas besorgen.»

«O Gott, nun kauft er womöglich einen Wintermantel für mich!»

Heilbutt denkt einen Augenblick nach: «Glaube ich nicht», sagt er dann. «Den bekäme er doch mit Angestelltenrabatt bei Mandel.»

«Aber was dann –?»

Die Tür tut sich auf, und freudig lächelnd geht Frau Mia Pinneberg auf Heilbutt zu. «Ich nehme an, Sie sind Herr Siebold, der heute auf mein Inserat anrief. Wenn ich bitten dürfte, Emma . . .»

Aber Emma beharrt: «Das ist Herr Heilbutt, Mama, ein Kollege von Hannes, er besucht mich.»

Frau Mia Pinneberg lächelt strahlend: «O natürlich, Entschuldigung. Sehr angenehm, Herr Heilbutt. Sie arbeiten auch in der Konfektion?»

«Ich bin Verkäufer», sagt Heilbutt.

Und Lämmchen, da draußen geschlossen wird: «Sicher ist das der Junge.»

Allerdings ist es der Junge, da steht er auf dem Flur, das eine Ende der Frisiertoilette in der Hand und der Lehrling von «Betten-Himmlisch» mit dem anderen Ende. «Guten Abend, Mama. Guten Abend, Heilbutt, fein, daß Sie schon da sind! 'n Abend, Lämmchen. Ja, da guckst du, unsere Frisiertoilette. Auf dem Alexanderplatz sind wir beinahe unter den Autobus gekommen. Ich sage euch, Blut und Fett habe ich geschwitzt, bis wir hier waren. Macht mir einer die Tür zu unserem Zimmer auf?»

«Aber Junge!»

«Haben Sie das Ding selbst hergefahren, Pinneberg?»

«Höchstpersönlich», strahlt Pinneberg. «I myself with this – how do you call him? – Lehrling?»

«Frisiertoilette», sagt Frau Pinneberg heiter. «Ihr müßt es ja sehr dicke haben, Kinder. Wer braucht denn heute beim Bubenkopf noch eine Frisiertoilette?»

Aber Pinneberg hört nichts. Er hat sich dies Ding, stützend und schiebend, im Berliner Straßentrubel erst richtig erkämpft. Keine Etat-Bedenken beschatten ihn zur Stunde.

«Da in die Ecke, Meister», sagt er zu der Rotznase von Lehrling. «Etwas über Eck. Dann ist das Licht besser. 'ne Lampe müßten wir darüber anbringen. So, Meister, nun wollen wir runter und noch den Spiegel holen. Entschuldigt mich noch einen Augenblick . . . Das ist meine Frau, Heilbutt», sagt er strahlend. «Gefällt sie Ihnen?»

«Den Spiegel schaff ich ooch alleene, Herr», sagt der Lehrling.

«Ganz ausgezeichnet», antwortet Heilbutt.

«Aber Jungel» lacht Lämmchen.

«Der ist ja rein verdreht heute», erklärt Frau Mia Pinneberg.

«Ausgeschlossen! Daß du mit dem teuren Ding die Treppe rauffällst!» Und in geheimnisvollem Flüsterton: «Der Spiegel, echt Kristall, geschliffen, kostet alleine fünfzig Mark.»

Er entschwindet mit dem Jungen. Die Zurückbleibenden sehen sich an.

«Ich will dann im Moment nicht länger stören», sagt Frau Pinneberg. «Du wirst auch mit dem Abendessen zu tun haben, Emma. Wenn ich dir irgendwie aushelfen kann?»

«O Gott, mein Abendessen», sagt Lämmchen ganz verzweifelt.

«Wie gesagt», bemerkt ihre Schwiegermutter abgehend. «Ich helfe dir gerne aus.»

«Machen Sie sich doch keine Gedanken», sagt Heilbutt und legt seine Hand auf Lämmchens Arm. «Ich bin ja nicht wegen des Essens hergekommen.»

Die Tür öffnet sich wieder, und es erscheint von neuem Pinneberg mit dem Jungen.

«Also, nun paßt auf, jetzt kommt er erst richtig zur Geltung. So, ein bißchen anheben, Junge. Haben Sie die Schrauben? Warten Sie . . .» Er schraubt und schwitzt und redet dabei ununterbrochen: «Mach noch eine Flamme an. So — es muß ganz hell sein, nein, bitte, Heilbutt, tun Sie mir einen Gefallen, gehen Sie jetzt nicht ran. Zuerst von uns allen soll sich Lämmchen in dem Spiegel spiegeln. Ich habe auch noch nicht reingesehen, immer die Decke drumgelassen — Hier, Jung, hast du einen Taler. Einverstanden? Na, hau ab, Haus wird ja noch offen sein. 'n Abend. — Lämmchen, tu mir eine Liebe. Bitte, du brauchst dich doch vor Heilbutt nicht zu genieren. Was, Heilbutt?»

«Kein Gedanke! Wegen meiner . . .»

«Also zieh deinen Bademantel mal über. Nur überziehen. Bitte. Bitte. Ich habe immer gedacht, wie das ist, wenn du dich in deinem Bademantel drin spiegelst. Ich möchte es als erstes drin sehen . . . Bitte, Lämmchen . . .»

«Junge, Junge», sagt Lämmchen, aber gerührt ist sie natürlich doch von soviel Eifer. «Sie sehen, Herr Heilbutt, da kann man nichts machen.» Und sie nimmt aus dem Kleiderschrank ihren Bademantel.

«Von mir aus», sagt Heilbutt. «Ich sehe so etwas gerne. Und übrigens hat Ihr Mann ganz recht: Jeder Spiegel sollte zu Anfang etwas besonders Hübsches spiegeln . . .»

«Lassen Sie man», winkt Lämmchen ab.

«Aber ich versichere Ihnen . . .»

«Lämmchen», sagt Pinneberg und betrachtet abwechselnd seine Frau in persona und im Spiegel, «Lämmchen, davon habe ich geträumt. Weißt du, daß mir das in Erfüllung gegangen ist! Heilbutt, die mögen uns schlecht behandeln und saumäßig bezahlen, und wir mögen nur Dreck für sie sein, für die Bullen da oben . . .»

«Sind wir auch nur», sagt Heilbutt. «Auf uns kommt es doch nicht an.»

«Natürlich», sagt Pinneberg. «Hab ich immer gewußt. Aber so was können sie uns doch nicht nehmen. Die sollen doch bloß abhauen mit ihrem ganzen Gerede. Aber daß ich hier meine Frau mit ihrem Bademantel im Spiegel sehe, das können sie mir doch nicht nehmen.»

«Habe ich lange genug Parade gesessen?» fragt Lämmchen.

«Ist er gut, der Spiegel? Ist er günstig?» Und erklärend zu Heilbutt: «In manchen Spiegeln sieht man aus wie eine Wasserleiche so grün, habe aber noch keine gesehen. In manchen ganz breit, und in manchen so angestäubt ... Aber dieser Spiegel ist gut, was Lämmchen?»

Es klopft, die Tür öffnet sich einen Spalt, und Frau Pinnebergs Kopf erscheint: «Hast du einen Augenblick Zeit, Hans?»

«Gleich, Mama.»

«Aber bitte, wirklich gleich, ich muß dich dringend sprechen.» Die Tür schließt sich wieder.

«Mama will sicher die Miete», bemerkt Lämmchen erklärend.

Pinneberg sieht merkwürdig verdüstert aus. «Mama kann mir!» sagt er.

«Aber Junge!»

«Sie soll sich nicht so haben», sagt er ärgerlich. «Sie wird ihr Geld schon mal kriegen.»

«Na, Mama denkt natürlich, wir haben einen Haufen Geld, wo wir die Toilette gekauft haben. — Und man muß ja wirklich gut verdienen bei Mandel, nicht wahr, Herr Heilbutt?»

«Gut?» sagt Heilbutt zögernd. «Na ja, die Auffassungen sind verschieden, was gut ist. Immerhin sollte ich denken, solche Frisiertoilette, sechzig Mark kostet die doch sicher ...»

«Sechzig ... Sie sind ja verrückt, Heilbutt», sagt Pinneberg aufgeregt. Dann, als er merkt, daß Lämmchen ihn beobachtet: «Entschuldigen Sie, Heilbutt, Sie können ja nicht wissen ...» Sehr laut: «Und nun erkläre ich, es wird den ganzen Abend überhaupt nicht von Geld geredet, sondern wir gehen alle drei in die Küche und sehen, daß wir was zum Abendessen finden. Ich wenigstens habe Hunger.»

«Schön, mein Junge», sagt Lämmchen und sieht ihn sehr an. «Ganz wie du willst.»

Und sie gehen in die Küche.

Eheliche Gewohnheiten bei Pinnebergs. Mutter und Sohn. Jachmann immer der Retter

Es ist Nacht. Pinnebergs gehen schlafen, ihr Besuch ist fort. Pinneberg zieht sich langsam und nachdenklich aus, er sieht dabei manchmal zu Lämmchen hinüber, bei der es einszweidrei geht. Pinneberg seufzt tief und sagt dann, überraschend munter: «Und wie hat dir Heilbutt gefallen?»

«Oh, ganz gut», antwortet Lämmchen, aber diesem ganz gut merkt Pinneberg an, daß sie nicht die Absicht hat, sich über Heilbutt zu unterhalten. Er seufzt wieder schwer.

Lämmchen hat das Nachthemd übergezogen und streift nun, auf der Bettkante hockend, die Strümpfe ab. Sie legt sie über das eine Seitenschränkchen der Frisiertoilette. Pinneberg sieht mit Betrübnis, daß sie gar nicht merkt, auf was sie eigentlich ihre Strümpfe legt.

Aber Lämmchen geht noch nicht ins Bett. «Was hast du eigentlich Mama wegen der Miete gesagt?» fragt sie plötzlich. Pinneberg ist etwas verlegen: «Wegen der Miete –? O nichts. Daß ich jetzt kein Geld habe.»

Pause.

Dann seufzt Lämmchen. Sie legt sich mit einem Schwung ins Bett, zieht die Bettdecke über sich und sagt dabei: «Willst du ihr gar nichts geben?»

«Ich weiß nicht. Doch, ja. Nur nicht jetzt.»

Lämmchen ist stumm.

Nun steht Pinneberg im Nachthemd. Da der Lichtschalter neben der Tür liegt und nicht vom Bett aus betätigt werden kann, gehört es zu Pinnebergs Ehepflichten, das Licht auszuknipsen, ehe er das Bett besteigt. Andererseits wünscht Lämmchen, daß sie sich den Gutenachtkuß noch bei Licht geben. Sie möchte ihren Jungen dabei sehen. Also muß Pinneberg um das breite Fürstenbett herumgehen, bis er bei ihrem Kopfende ist, den Gutenachtkuß erledigen, dann zur Tür zurück, das Licht löschen, dann ins Bett gehen.

Der Gutenachtkuß selber zerfällt wiederum in zwei Teile; seinen Teil und ihren Teil. Sein Teil ist ziemlich feststehend: drei Küsse auf ihren Mund. Ihrer wechselt stark, entweder nimmt sie seinen Kopf zwischen die Hände und küßt ihn gründlich ab, oder sie legt ihm die Arme um den Nacken, zieht den Kopf zu sich herunter und hält ihn ganz fest, während sie ihn einmal lange küßt. Oder sie legt seinen Kopf an ihre Brust und streichelt sein Haar.

Er versucht meistens, männlich zu verbergen, wie lästig ihm diese ausgedehnte Zärtlichkeit ist, und er ist sich dabei nie ganz klar darüber, wie weit sie ihn durchschaut und ob seine Kühle gar keinen Eindruck auf sie macht.

Heute möchte er am liebsten, diese ganze Gutenachtsagerei wäre schon überstanden, einen Augenblick erwägt er sogar den Gedanken, sie einfach zu «vergessen». Doch würde das schließlich die Sache nur noch mehr komplizieren. Er geht also, möglichst gleichgültig tuend, um das Bett herum, gähnt herzhaft und sagt: «Schrecklich müde, altes Mädchen. Muß morgen wieder stramm arbeiten. Gute Nacht!» Und schon hat sie ihre Küsse weg.

«Gute Nacht, mein Junge», sagt Lämmchen und küßt ihn einmal kräftig. «Schlaf auch schön.»

Ihre Lippen schmecken heute besonders weich und voll und dabei kühl, im Moment hätte Pinneberg nichts gegen eine Fortsetzung der Küsserei. Aber das Leben ist schon kompliziert genug, er beherrscht sich, macht kehrt, knipst am Schalter und wirft sich mit einem Schwung ins Bett. «Gute Nacht, Lämmchen», sagt er noch einmal.

«Gute Nacht», sagt auch sie.

Wie immer ist es im Zimmer zuerst stickedunkel, ganz allmählich tauchen dann die beiden Fenster als graue Flächen auf, zugleich werden die Geräusche deutlicher. Nun hört man die Stadtbahn, das Prusten einer Lokomotive, dann den Autobus, der durch die Paulstraße fährt. Plötzlich in nächster Nähe – beide fahren zusammen –, ein brausendes Gelächter, gefolgt von Ausrufen, Johlen, Gekicher.

«Der Jachmann ist wieder mal hübsch im Gang», sagt Pinneberg unwillkürlich.

«Sie haben heute einen ganzen Korb voll Wein von Kempinski gekriegt. Fünfzig Flaschen», erklärt Lämmchen.

«Was die saufen!» sagt der Junge. «Das schöne Geld . . .»

Er bereut den Ausspruch: hier könnte Lämmchen einhaken. Aber sie tut es nicht, bleibt still.

Erst nach einer ganzen Weile sagt sie leise: «Du, Jungchen?»

«Ja?»

«Weißt du, was für ein Inserat Mama aufgegeben hat?»

«Ein Inserat? Keine Ahnung.»

«Als Heilbutt kam, dachte sie erst, er wäre für sie, und fragte, ob er der Herr wäre, der auf das Inserat telephoniert hätte.»

«Verstehe ich nicht. Keine Ahnung. Was soll das für ein Inserat sein?»

«Ich weiß doch nicht. – Ob sie unser Zimmer wieder vermieten will?»

«Das kann sie doch nicht so ohne uns. Nee, glaube ich nicht. Die ist froh, daß sie uns hat.»

«Wenn wir keine Miete zahlen?»

«Bitte, Lämmchen! Wir zahlen schon noch.»

«Was es nur für ein Inserat sein mag? Ob es mit diesen Gesellschaften abends zusammenhängt?»

«Wie soll es denn? Man inseriert doch keine Gesellschaften!»

«Ich verstehe es nicht.»

«Und ich auch nicht. Also, gute Nacht, Lämmchen.»

«Gute Nacht, Junge.»

Stille. Pinneberg sieht zur Tür, Lämmchen zum Fenster. Ausgeschlossen ist es natürlich, daß Pinneberg jetzt einschlafen kann. Erstens wegen des Aufmunterungskusses von vorhin, wenn da eine Frau einen halben Meter ab sich hin und her legt, laut atmet und leise. Und zweitens wegen der Frisiertoilette. Besser wäre es doch, er hätte schon gebeichtet.

«Du, Junge», fragt Lämmchen ganz sanft und leise.

«Ja?» sagt er etwas beklommen.

«Darf ich noch einen Augenblick zu dir rüberkommen?»

Pause. Stille. Überraschungspause.

Dann sagt der Junge: «Aber gerne, Lämmchen. Selbstverständlich.» Und rückt an die Seite.

Es ist das vierte oder fünfte Mal in ihrer Ehe, daß Lämmchen eine Frage dieses Inhalts an ihren Mann gerichtet hat. Und es kann nicht behauptet werden, daß diese Frage zugleich eine versteckte Aufforderung Lämmchens zu Eroticis bedeutet hätte. Trotzdem es meistens darauf hinauslief, aber das war nur die etwas eindeutige, handfeste, männliche Konsequenz, die Pinneberg am Ende aus solcher Frage zog.

Bei Lämmchen war es eigentlich nur eine Fortsetzung ihres Gutenachtkusses, ein Anschmiegebedürfnis, ein Zärtlichkeitsverlangen. Lämmchen wollte ihren Jungen nur ein Weilchen im Arm halten, draußen war ja die wilde, weite Welt mit viel Radau und Feindschaft, die gar nichts Gutes von einem wußte und wollte — war es da nicht gut, wenn eines am anderen lag und sich fühlte wie eine kleine, warme Insel?

So lagen sie auch jetzt, Arm in Arm, die Gesichter nebeneinander, im großen, tausendkilometerlangen Dunkel, ein kleiner sanfter Fleck — und man muß sich schon sehr eng in den Armen halten, wenn solche moderne, ein Meter vierzig breite Steppdecke um zwei reichen soll, ohne daß es an allen Ecken und Kanten Luft gibt.

Zuerst empfand jedes noch die Wärme des andern als etwas Fremdes, aber plötzlich war das fort, und sie waren nur eins. Und jetzt war es der Junge, der sich immer fester an sie drückte.

«Junge», sagte Lämmchen, «mein Junge. Mein einziger . . .»

«Du», sagt er, «du . . . o Lämmchen . . .»

Und er küßt sie, und jetzt sind es keine Pflichtküsse, ach, wie gut ist es jetzt, diesen Mund zu küssen, der aufzublühen scheint unter seinen Lippen, der immer wieder weicher und voller und reifer wird . . .

Aber plötzlich hört Pinneberg auf mit Küssen, und er legt sogar einen kleinen Abstand zwischen seinen und ihren Leib, so daß sie nur noch oben an den Schultern, wo sie sich umfassen, einander berühren.

«Du, Lämmchen», sagt Pinneberg, tief ehrlich, «ich bin ein schrecklicher Idiot gewesen.»

«Ja?» fragt sie und denkt ein Weilchen nach. Und dann sagt sie: «Was kostet denn die Toilette? Aber du sollst nicht davon reden, wenn du nicht magst. Es ist schon alles gut. Du hast mir eine Freude machen wollen.»

«O du!» sagt er. Und sie sind plötzlich wieder zusammen. Aber dann entschließt er sich doch, und der Abstand ist wieder da. Und er sagt: «Hundertfünfundzwanzig kostet sie.»

Pause.

Lämmchen sagt nichts.

Und er, sehr entschuldigend: «Es klingt ja ein bißchen sehr viel, aber du mußt bedenken, der Spiegel kostet allein mindestens fünfzig Mark.»

«Schön», sagt Lämmchen. «Der Spiegel ist wirklich gut. Es ist ja etwas über unsere Verhältnisse, und in den nächsten fünf oder zehn Jahren hätten wir wohl eigentlich keine Frisiertoilette gebraucht, aber ich habe dir ja selber den Sparren in den Kopf gesetzt. Und schön ist es doch, daß wir sie haben. Und ein guter, dummer Kerl bist du auch. Und nun schimpf nicht, wenn ich mit dem blauen schäbigen Wintermantel noch ein Jahr herumlaufe, denn nun müssen wir zuerst für den Murkel sorgen . . .»

«Du bist gut», sagt er, und das Küssen beginnt neu, und sie sind sehr dicht beieinander, und vielleicht wäre es heute abend überhaupt nicht mehr weitergegangen mit der Auseinandersetzung, da geht drüben im Berliner Zimmer ein wahrer Orkan von Geräuschen los, Gelächter, Gebrüll, Kreischen, eine männliche Stimme, sehr rasch, und über allem keifend, die nicht sehr freundliche Stimme Frau Mia Pinnebergs.

«Die sind schon wieder dreiviertel duhn», sagt Pinneberg sehr gestört.

«Mama ist keiner guten Stimmung», bemerkt Lämmchen.

«Mama ist immer streitsüchtig, wenn sie was getrunken hat», sagt er.

«Kannst du ihr denn nicht die Miete geben? Wenigstens etwas», fragt Lämmchen.

«Ich habe», sagt Pinneberg entschlossen, «nur noch zweiundvierzig Mark.»

«Wie?!!!» fragt Lämmchen und setzt sich auf. Läßt ihren Jungen los, verzichtet auf Wärme, Luftabschluß, Erotica, setzt sich pfeilgerade auf. «Wie? Was hast du noch von deinem Gehalt?»

«Zweiundvierzig Mark», sagt Pinneberg sehr klein. «Hör mal zu, Lämmchen.»

Aber Lämmchen hört nicht zu. Diesmal war der Schreck zu groß. «Zweiundvierzig», flüstert sie und rechnet. «Hundertfünfundzwanzig. Da hast du einhundertsiebenundsechzig Mark Gehalt bekommen? Das ist doch nicht möglich!»

«Hundertsiebzig, drei Mark habe ich dem Jungen gegeben.» Lämmchen fällt über diese drei Mark: «Welchem Jungen —? Wieso?»

«Na, dem Lehrling.»

«Ach so. Also hundertsiebzig. Und da gehst du hin und kaufst — Ach Gott, was soll nun werden, wovon sollen wir nun eigentlich leben?»

«Lämmchen», sagt der Junge bittend. «Ich weiß ja. Ich bin so dumm gewesen. Aber es kommt gewiß nie und nie wieder vor. Und wir bekommen ja jetzt noch das Geld von der Reichsanstalt.»

«Das wird schnell alle sein, wenn wir so wirtschaften! Und der Murkel? Wir müssen doch für den Murkel einkaufen! Du, ich bin nicht für drei Plünnen und Stroh. Uns kanns schon mal dreckig gehn. Uns schadet das nichts, aber der Murkel soll nichts auszustehen haben, die ersten fünf, sechs Jahre nicht, was ich dazu tun kann. Und du machst das so?»

Auch Pinneberg sitzt. Er hat Lämmchens Stimme so anders gehört, sie redet so, als gäbe es ihn, den Jungen, überhaupt nicht mehr, als sei er ein irgendwer, ein beliebiger. Und wenn er sonst nur ein kleiner Verkäufer ist, bei dem sie früh genug gesorgt haben, daß er weiß, er ist nichts Besonderes, irgend so ein Tierlein, das man leben lassen kann oder krepieren lassen, es ist wirklich nicht so wichtig — während sonst also, selbst in seiner tiefsten Liebe zu Lämmchen etwas Vorüberwehendes, Vergängliches, Unaufhebliches ist: nun ist er da, er, Johannes Pinneberg. Er weiß, jetzt geht es um das einzige, was in diesem seinem Leben Wert und Sinn hat. Das muß er festhalten, darum muß er kämpfen, darin sollen sie ihn nicht auch auspowern.

Und er sagt: «Lämmchen, du mein Lämmchen! Ich sage dir doch, ich bin ein Idiot gewesen, ich habe alles falsch gemacht. Ich bin doch so. Aber darum darfst du nicht so zu mir reden. So war ich doch immer, und deswegen mußt du doch bei mir bleiben und zu mir sprechen als deinem Jungen, und nicht, als wäre ich irgendwer, mit dem man sich zanken kann.»

«Junge du, ich . . .»

Aber er redet weiter, dies ist seine Stunde, hierher ist der Weg gegangen, von allem Anfang an, er gibt nicht nach, er sagt: «Lämmchen, du mußt mir ganz richtig verzeihen. Weißt du, ganz von innen heraus, daß du gar nicht mehr dran denkst, daß du wirklich über deinen dummen Mann lachen kannst, wenn du die Frisiertoilette siehst.»

«Jungchen, du mein Jungchen . . .»

«Nein», sagt er und springt aus dem Bett. «Jetzt muß Licht sein. Ich muß dein Gesicht sehen, wie du aussiehst, wenn du mir wirklich verzeihst, daß ich das später immer weiß . . .»

Und das Licht geht an, und er eilt zurück zu ihr und geht nicht wieder ins Bett, sondern, über sie geneigt, betrachtet er sie . . .

Es sind zwei Gesichter, erhitzt, gerötet, der Blick weit geworden. Ihre Haare fallen ineinander, sie liegen Lippe auf Lippe, im offenstehenden Hemd ist ihre weiße Brust so herrlich fest mit den bläulichen Adern . . .

‹Wie habe ich es gut›, fühlt er. ‹O welches Glück . . .›

‹Mein Junge›, denkt sie. ‹Mein Junge. Mein großer, törichter, liebster Junge, daß ich dich drin habe in mir, in meinem Schoß . . .›

Und plötzlich erstrahlt ihr Gesicht, wird heller und heller, der Junge sieht es, es wird immer weiter und größer, als ginge eine Sonne auf über der Landschaft dieses Gesichtes.

«Lämmchen!» ruft er sie, lockt er sie, die zurückzuweichen scheint von ihm, immer ferner und seliger, «Lämmchen!»

Und sie nimmt seine Hand und führt sie nach ihrem Leib: «Da fühle, eben hat er sich geregt, der Murkel, er hat geklopft . . . Fühlst du es? Jetzt wieder . . .»

Und bezwungen von der seligen Mutter neigt er, der nichts hört, sich über sie. Sachte legt er seine Wange an ihren vollen, strammen Leib, der doch so weich ist . . . Und plötzlich ist er wie das herrlichste Kissen der Welt, nein, Torheit, wie eine Woge ist er, es hebt und senkt sich der Leib, ein unermeßliches Meer von Seligkeit überströmt ihn . . . ist es Sommer? Das Korn ist ja reif. Welch ein fröhliches Kind mit dem weißblonden, verstrubbelten Schopf und den blauen Augen der Mutter. Oh, wie gut riecht es hier auf dem Feld, nach Erde und Mutter und nach Liebe. Nach all der genossenen, immer frischen Liebe . . . Und die kleinen Grannenhaare der Ähren sticheln an seiner Backe, und er sieht hinten die schöne geschlossene Linie ihrer Schenkel und den kleinen dunklen Wald . . . Und wie emporgehoben von ihren Armen, ruht er an der mütterlichen Brust, sieht ihren Blick so groß und strahlend . . . Oh, ihr alle in den kleinen, engen Stuben, fühlt er, das kann man euch doch nicht nehmen . . .

«Alles ist gut», flüstert Lämmchen. «Alles ist gut, du mein Junge.»

«Ja», sagt er, und er huscht neben sie und neigt sein Gesicht über das ihre. «Ja», sagt er. «Ich bin so glücklich wie noch nie in meinem Leben. Du, Lämmchen, du . . .»

Ein harter Finger klopft gegen ihre Tür, nachts, um Mitternacht herum.

«Darf ich noch mal rein?» fragt eine Stimme.

«Komm nur rein, Mama», sagt Pinneberg voll Stolz. «Uns störst du nicht.»

Und hält seine Hand fest auf Lämmchens Schulter und hindert sie, züchtig in ihren Bettanteil hinüberzuschlüpfen.

Frau Mia Pinneberg tritt langsam ein und überblickt die Lage.

«Ich störe euch hoffentlich nicht. Ich sah, daß hier noch Licht brennt. Aber ich dachte natürlich nicht, daß ihr schon im Bett wärt. Also ich störe euch gewiß nicht?» Dabei setzt sie sich.

«Uns störst du gewiß nicht, Mama», erklärt Pinneberg. «Das macht uns gar nichts. Übrigens sind wir ja auch verheiratet.»

Frau Mia Pinneberg sitzt da und atmet hastig. Trotz ihrer Malerei sieht man, daß sie sehr rot ist. Sicher hat sie ein bißchen scharf getrunken.

«Gott», murmelt Frau Pinneberg – Lämmchens Hemden sind verflucht offenherzig –, «was die junge Frau für 'ne Brust hat! Das sieht man am Tage gar nicht so. Du erwartest doch nicht?»

«I wo», antwortet Pinneberg und sieht sachverständig in den Hemdenausschnitt. «Die ist bei Lämmchen immer so. Die hat sie schon als Kind gehabt.»

«Junge!» mahnt Lämmchen.

«Siehst du, Emma», sagt Frau Pinneberg entrüstet, aber auch weinerlich. «Dein Mann verkohlt mich. Die drinnen verkohlen mich auch. Nun bin ich mindestens fünf Minuten weg, und ich bin doch die Gastgeberin. Aber glaubt ihr, einer fragt nach mir? Immer die dummen Ziegen, die Claire und die Nina. Und Holger ist auch ganz anders geworden, die letzten Wochen. Nach mir fragt keiner.»

Frau Pinneberg schluchzt ein bißchen.

«O Mama!» sagt Lämmchen, ein bißchen verlegen – mitleidig und möchte gern aus dem Bett zu ihr hin, aber der Junge hält sie fest.

«Laß man, Lämmchen», sagt er mitleidslos. «Das kennen wir schon. Hast einen kleinen sitzen, Mama. Na, das gibt sich wieder. Das ist immer so bei ihr», erklärt er ganz ungerührt, «wenn sie einen sitzen hat, weint sie erst, und dann fängt sie Krakehl an, und dann weint sie wieder. Das kenne ich schon, seit ich Schuljunge war . . .»

«Bitte, Junge, nicht so», flüstert Lämmchen. «Das sollst du nicht . . .»

Und Frau Pinneberg sagt sehr böse: «Erinnere du mich bloß an deine Schuljungenjahre! Da könnte ich deiner Frau erzählen, wie das war, als damals der Schutzmann kam, und du hattest mit den Mädchen in der Sandkiste solche unanständigen Spiele . . .»

«Geschenkt!» sagt Pinneberg. «Meine Frau kennt das alles. – Siehst du, Lämmchen, jetzt kommt bei ihr der Zustand, wo sie Streit anfängt, jetzt geht das los.»

«Ich will das nicht mehr hören», sagt Lämmchen mit flammenden Wangen. «Wir sind alle dreckig, ich weiß das leider, auch mich hat keiner beschützt. Aber daß du als Sohn zu deiner Mutter . . .»

«Sei man ruhig», sagt Pinneberg. «Ich fange mit solchem Mist nicht an. Immer ist das Mama.»

«Und wie ist das mit meiner Miete?» fragt Frau Pinneberg plötzlich wütend und ist mitten in ihrem Thema. «Heute ist der einunddreißigste, überall müßt ihr die Miete vorausbezahlen, und ich habe noch keinen Pfennig . . .»

«Du kriegst sie schon», sagt Pinneberg, «heute nicht und morgen auch nicht. Aber kriegen tust du sie – mal.»

«Ich muß sie heute haben, ich muß den Wein bezahlen. Kein Mensch fragt mich, woher ich mein Geld nehme . . .»

«Sei doch nicht blöd, Mama. Du brauchst den Wein doch nicht in der Nacht zu bezahlen. Das alles ist ja Geschwätz. Und denk bitte auch daran, daß Lämmchen dir alle Arbeit macht.»

«Ich will mein Geld haben», sagt Frau Pinneberg erschöpft. «Wenn Lämmchen mir nicht mal solchen kleinen Gefallen tun will. Ich habe auch heute den Tee für euch aufgebrüht, wenn ich das nun auch bezahlt haben will?»

«Du bist ja verdreht, Mama», sagt Pinneberg. «Jeden Tag die ganze Wohnung aufräumen und ein bißchen Tee aufbrühen! —»

«Egal», sagt Frau Pinneberg. «Gefallen bleibt Gefallen.» Aber sie sieht sehr bleich aus, sie erhebt sich wankend. «Ich komme gleich wieder», flüstert sie und stottert hinaus.

«Nun aber schnell das Licht aus», sagt Pinneberg. «Verdammt, daß man die Tür nicht abschließen kann, nichts ist hier in Ordnung in diesem Saustall.» Er kriecht wieder zu Lämmchen. «O Lämmchen, daß die Olle dazwischen kommen mußte, und wir waren so schön im Gang . . .»

«Ich kann das nicht ertragen», flüstert Lämmchen, und er fühlt, wie sie am ganzen Leibe zittert, «daß du so zu Mama sprichst. Es ist doch deine Mutter, Jungchen.»

«Leider», sagt der Junge und ist nicht zu erweichen. «Leider, und weil ich sie eben so gut kenne, weiß ich, was sie für ein Biest ist. Du fällst ja noch drauf rein, Lämmchen, weil sie am Tage, wenn sie nüchtern ist, witzig ist und Humor hat und Spaß versteht. Ist ja alles nur Schlauheit von ihr. Keinen Menschen mag sie wirklich, mit dem Jachmann, glaubst du, es geht noch lange gut? Der wird doch auch schlau und merkt, sie nützt ihn bloß aus. Und nur so fürs Bett, da wird sie doch nun bald auch zu alt.»

«Junge», sagt Lämmchen sehr ernst, «ich will nie wieder hören, daß du so von Mama sprichst. Du magst recht haben, und ich mag ein dummes sentimentales Puttchen sein, ich will es nie wieder hören. Ich muß immer denken, der Murkel könnte einmal so von mir reden.»

«Von dir?» fragt Pinneberg. Und der Ton sagt schon alles. «Von dir sollte der Murkel so reden —? Aber du, du bist doch Lämmchen! Du bist — ach Gott, verdammt, da ist sie schon wieder an der Tür. — Wir schlafen jetzt, Mama!»

«Liebe Kinder!» läßt sich ganz überraschend Jachmanns Stimme vernehmen, aber auch ihr merkt man an, daß der Besitzer beschickert ist. «Liebe Kinder, entschuldigt mich einen Augenblick . . .»

«Gerne», sagt Pinneberg. «Gehen Sie immer raus, Herr Jachmann.»

«Einen Augenblick, junge Frau, ich gehe raus. Sie sind Ehe, und wir sind Ehe. Nicht standesamtlich, aber sonst ganz reell mit allem Krach . . . sollen wir uns also nicht helfen?»

«Raus!» sagt Pinneberg nur.

«Sie sind eine entzückende Frau», sagt Jachmann und setzt sich schwer auf das Bett.

«Das bin leider nur ich», sagt Pinneberg.

«Egal», sagt Jachmann und steht auf. «Ich weiß doch hier Bescheid, gehe ich einfach rum um das Bett . . .»

«Sie sollen raus gehen», protestiert Pinneberg etwas hilflos.

«Tu ich auch noch», sagt Jachmann und sucht sich den Weg durch den Engpaß zwischen Waschtisch und Schrank. «Ich komme nämlich nur wegen der Miete.»

«Sind Sie das, junge Frau?» ruft Jachmann. «Wo war das? Oh, machen Sie doch mal Licht. Sagen Sie noch mal: O Gott.» Er kämpft sich weiter durch das Zimmer voller Fallen, nach dem Bett am Fenster.

«Wissen Sie, die Frau, Ihre Mutter, schimpft ewig rum, weil sie die Miete noch nicht hat. Heute verkorkst sie uns wieder den ganzen Abend. Jetzt weint sie drüben. Na, habe ich gedacht, Jachmann, die letzten Tage hats nur so geflutscht mit dem Geldverdienen, Jachmann, geben würdest du es der Frau doch, gibst du es den Kindern. Die geben es der Frau, kommt es auf eins raus. Und Friede ist.»

«Nee, Herr Jachmann», fängt Pinneberg an, «das ist ja sehr liebenswürdig von Ihnen . . .»

«Liebenswürdig –, o verflucht, was steht denn hier? Das ist ja ein neues Möbelstück! Spiegel! Nee, meine Ruhe will ich haben. Kommen Sie her, junge Frau, hier ist das Geld.»

«Bedaure sehr, Herr Jachmann», sagt Pinneberg fröhlich, «daß Sie den weiten Weg umsonst gemacht haben, das Bett ist leer, meine Frau ist bei mir.»

«O verflucht», flüstert der Riese.

Denn draußen tönt eine weinerliche Stimme. «Holger, wo bist du denn, Holger?»

«Verstecken Sie sich rasch! Sie kommt hier rein», flüstert Pinneberg.

Gepolter, die Tür geht auf. «Ist Jachmann vielleicht hier?» Und Frau Pinneberg macht Licht. Zwei Augenpaare sehen sich etwas ängstlich um, aber er ist nicht da, steckt sicher hinter dem zweiten Bett.

«Wo er wieder ist? Manchmal rennt er auf die Straße. Bloß weil es ihm zu heiß ist. – Ach Gott, da –!»

Pinneberg und Lämmchen folgen etwas bestürzt dem Blick der Mama. Doch nicht Holger ist es, den sie entdeckt hat, sondern ein paar Geldscheine, offenliegend auf Lämmchens rotseidener Steppdecke.

«Ja, Mama», sagt Lämmchen und ist die Gefaßteste. «Wir haben es uns eben besprochen. Das ist die Miete für die nächste Zeit. Bitte.»

Frau Mia Pinneberg nimmt das Geld. «Dreihundert Mark», sagt sie etwas atemlos. «Na, es ist gut, daß ihr euch besonnen habt. Ich rechne es dann für Oktober und November. Dann ist nur noch die Kleinigkeit für Gas und Licht. Das rechnen wir dann bei Gelegenheit ab. Also gut . . . ich danke auch . . . Gute Nacht . . . »

Sie hat sich aus dem Zimmer geredet, ängstlich ihren Schatz hütend.

Hinter dem letzten Bett taucht Jachmanns strahlendes Gesicht auf: «Was 'ne Frau!» sagt er. «Was 'ne Frau! Dreihundert Mark und Oktober und November ist doch sehr gut! Na, entschuldigt, Kinder, jetzt muß ich sie sehen. Erstens bin ich neugierig, ob sie was von dem Geld sagt. Und zweitens ist sie jetzt bestimmt so aufgedreht – na also, gute Nacht.»

Und raus ist er.

Es ist Morgen, ein trüber, grauer Novembermorgen, bei Mandel ist es noch ganz still. Pinneberg ist eben gekommen, er ist der erste oder doch beinahe der erste auf der Abteilung. Hinten scheint noch jemand im Gang zu sein.

Pinneberg ist mies, niedergedrückt, sicher macht es das Wetter. Er nimmt einen Kupon Molton und fängt an, ihn aufzumessen.

Rumm — rumm — rumm.

Der andere, der im grauen Hintergrund gewirtschaftet hat, raschelt näher, nicht geradenwegs zu ihm, wie es Heilbutt tun würde, sondern bald hier, bald dort halt machend. Also wird es schon wieder Keßler sein, und Keßler wird etwas von ihm wollen. Das geht nun schon ewig, diese kleinen Nadelstiche, kleine, feige Stänkereien von Keßler. Und leider ärgert sich Pinneberg jedesmal von frischem darüber, wird richtig wütend, möchte den Keßler vertrimmen, hat ihn gefressen, seit der Bemerkung damals vom Lehmannstamm.

«Morgen», sagt Keßler.

«Morgen», antwortet Pinneberg und sieht nicht hoch.

«Noch mächtig dunkel heute», sagt Keßler.

Pinneberg antwortet nicht. Rumm — rumm, macht der Kupon.

«Sind ja mächtig biereifrig», sagt Keßler, etwas verlegen lächelnd.

«Ich trinke kein Bier», antwortet Pinneberg.

Keßler scheint mit einem Entschluß zu kämpfen oder überlegt vielleicht, wie er es anfangen soll. Pinneberg ist sehr nervös, der will doch was von ihm, und nichts Gutes.

Keßler fragt: «Sie wohnen doch in der Spenerstraße, Pinneberg?»

«Woher wissen Sie denn das?»

«Ich habe mal so was gehört.»

«So», sagt Pinneberg.

«Ich wohne nämlich in der Paulstraße. Ist nur komisch, daß wir uns nie in der Stadtbahn getroffen haben.»

‹Der will doch was, der Kerl›, denkt Pinneberg. ‹Wenn er nur endlich damit raus wäre! So ein Schwein.›

«Verheiratet sind Sie auch», sagt Keßler. «Ist nicht leicht heute, verheiratet zu sein. Haben Sie Kinder?»

«Weiß ich nicht», sagt Pinneberg wütend. «Sie können auch was tun, statt hier rumzustehen.»

«Weiß ich nicht, ist gut», sagt Keßler. Und jetzt ist er ganz frech, beißt gewissermaßen zu: «Aber vielleicht stimmt's. Weiß ich nicht, ist sogar ausgezeichnet, wenn man das als Familienvater sagt . . .»

«Hören Sie, Herr Keßler —!» sagt Pinneberg und hebt ein wenig das Metermaß an.

«Na, was denn?» fragt Keßler. «Sie haben's doch gesagt. Oder haben Sie's nicht gesagt? Hauptsache, wenn es die Frau Mia weiß . . .»

«Wie?» schreit Pinneberg. Die paar, die unterdes gekommen sind, glotzen her. «Wie?» fragt er unwillkürlich leiser. «Wollen Sie was von mir? Ich schlag Ihnen ein paar in Ihre Fresse, Sie dummer Kerl. Ewig stänkern . . .»

«Das ist dann die diskrete Anbahnung vornehmer Geselligkeit, was?» fragt Keßler höhnisch. «Pusten Sie sich doch bloß nicht auf, Mensch! Ich möchte wissen, was Herr Jänecke sagt, wenn ich ihm das Inserat zeige. Wer seine Frau solche Dreckinserate aufgeben läßt, solche Schweineinserate . . .»

Pinneberg ist kein Sportsmann. Er kommt nicht so rasch über den Verkaufsstand. Er muß herumlaufen, um den Kerl zu fassen, ganz herum . . .

«'ne Schande für den ganzen Stand! Fangen Sie hier keine Schlägerei an!»

Aber nun ist Pinneberg über ihm. Wie gesagt, er ist kein Sportsmann, er langt dem anderen eine Ohrfeige, der schlägt wieder, nun halten sie sich, zerren ungeschickt aneinander.

«Warten Sie, Sie Saukerl», keucht Pinneberg.

Von den anderen Ständen kommen sie gelaufen.

«Das geht doch nicht!»

«Wenn Jänecke das sieht, fliegen Sie beide.»

«Jetzt fehlt nur noch Kundschaft im Laden.»

Plötzlich fühlt sich Pinneberg von hinten gefaßt, festgehalten, von seinem Gegner losgerissen.

«Lassen Sie mich los!» schreit er. «Ich muß den erst . . .»

Aber es ist Heilbutt, und Heilbutt sagt ganz kühl: «Seien Sie nicht albern, Pinneberg. Ich habe viel mehr Kräfte als Sie, und ich lasse Sie bestimmt nicht los . . .»

Drüben, der andere, der Keßler, zieht schon wieder seinen Schlips zurecht. Der ist nicht sehr aufgeregt. Wenn man ein geborener Stänker ist, kriegt man öfters im Leben eine gelangt. «Ich möchte wohl mal wissen», erklärt er zu den Umstehenden, «warum der sich so aufregt. Wo er's seine Olle öffentlich in die Zeitung setzen läßt!»

«Heilbutt!» fleht Pinneberg und zerrt an seinen Ketten.

Aber Heilbutt denkt nicht daran, ihn loszulassen.

Er sagt: «Hier, los, ausgepackt, Keßler! Was ist das für ein Inserat? Herzeigen!»

«Sie haben mir überhaupt gar nichts zu sagen», erklärt Keßler. «Sie sind auch nicht mehr als ich, wenn Sie sich auch erster Verkäufer schimpfen.»

Aber nun erhebt sich doch ein allgemeines Murmeln des Unwillens: «Nur immer auspacken, oller Junge!»

«Jetzt den Rückzieher machen, ausgeschlossen!»

«Na also, werd' ich's vorlesen», sagt Keßler und entfaltet eine Zeitung. «Mir wär's ja peinlich.»

Er zögert wieder, erhöht die Spannung.

«Nun mach aber los, Mensch.»

«Immer muß er stänkern.»

Keßler sagt: «Steht unter den Kleinen Anzeigen. Ich wundere mich immer, daß die Polizei da nicht hinter hakt. Lange gehts sicher nicht mehr.»

«Nun lesen Sie aber los!»

Keßler liest. Er macht das ganz hübsch. Wahrscheinlich hat er es heute morgen geprobt:

«Kein Glück in der Liebe? Ich führe Sie in einen reizenden, vorurteilslosen Kreis entzückender Damen ein. Sie werden befriedigt sein. Frau Mia Pinneberg, Spenerstraße 92-II.»

Keßler kostet es aus: «Sie werden befriedigt sein . . . Na, und was sagt ihr nun?» Er erklärt: «Er hat mir ausdrücklich bestätigt, daß er in der Spenerstraße wohnt, sonst würde ich natürlich keinen Ton gesagt haben.»

«Das ist alles Mögliche!»

«Da kann man sich 'ne Scheibe von abschneiden.»

«Ich . . .» stammelt Pinneberg, und er ist schneeweiß – «habe nicht . . .»

«Geben Sie das Blatt her», sagt plötzlich Heilbutt, und er ist so wütend, wie er nur wütend werden kann. «Wo? Hier . . . Frau Mia Pinneberg . . . Pinneberg, deine Frau heißt doch nicht Mia, deine Frau heißt doch –?»

«Emma», sagt Pinneberg tonlos.

«So, das wäre die zweite Ohrfeige für Sie, Keßler», sagt Heilbutt. «Um Pinnebergs Frau handelt es sich erstmal nicht. Ziemlich unanständig von Ihnen, finde ich . . .»

«Na, erlauben Sie mal», protestiert Keßler. «Das kann ich nicht riechen.»

«Und dann», erklärt Heilbutt. «Das sieht wohl jeder, daß unser Kollege Pinneberg von dieser Geschichte nichts gewußt hat. Nicht wahr, ist eine Verwandte, bei der du wohnst?»

«Ja», flüstert Pinneberg.

«Na also», sagt Heilbutt. «Ich kann auch nicht für alle meine Verwandten einstehen. Da kann man nichts bei machen.»

«Da können Sie mir», sammelt sich Keßler, dem die allgemeine Mißbilligung etwas unbehaglich wird, «ja noch dankbar sein, daß ich Sie auf die Schweinerei aufmerksam gemacht habe. Eigentlich ziemlich komisch, daß Sie davon nichts gemerkt haben . . .»

«Nun ist aber Schluß», erklärt Heilbutt, und die anderen bestätigen es. «Und ich denke, meine Herren, wir tun jetzt was. Herr Jänecke kann jeden Augenblick kommen. Und am besten ist es, am anständigsten meine ich, wir reden nicht weiter über die Geschichte, wäre ziemlich unkollegial, nicht?»

Sie nicken und verziehen sich.

«Hören Sie mal, Keßler», sagt Heilbutt und nimmt ihn bei der Schulter. Die beiden verschwinden hinter einem Ständer mit Ulstern. Da reden sie eine ganze Weile, meistens flüsternd, ein paarmal protestiert Keßler lebhaft, aber am Schluß ist er sehr leise und still.

«So, das wäre erledigt», sagt Heilbutt und kommt wieder zu Pinneberg. «Er läßt Sie . . . dich zufrieden. Entschuldige nur, ich habe dich vorhin einfach du genannt. Ist es dir recht, wenn wir es dabei lassen?»

«Ja, wenn Sie . . . wenn du magst.»

«Schön . . . Also der Keßler läßt dich zufrieden, den habe ich klein.»

«Ich danke dir auch schön, Heilbutt», sagt Pinneberg. «Ich kanns jetzt nicht so. Ich bin wie vor den Kopf geschlagen.»

«Ist deine Mutter, nicht wahr?» fragt Heilbutt.

«Ja», sagt Pinneberg. «Weißt du, ich habe nie viel von ihr gehalten. Aber so was ... nein ...»

«Will ich nicht sagen», meint Heilbutt. «Ich finde es gar nicht so schlimm.»

«Jedenfalls ziehe ich aus.»

«Das würde ich allerdings auch tun. Und möglichst rasch. Schon wegen der anderen, wo die jetzt Bescheid wissen. Es ist doch sehr möglich, daß die mal hingehen aus Neugier ...»

Pinneberg schüttelt sich. «Bloß nicht. Wenn ich weg bin, weiß ich von nichts. Die spielen ja auch Karten. Ich dachte immer, es wäre was mit Karten, ich habe manchmal solche Angst gehabt ... Na, nun muß Lämmchen sehen, daß sie rasch eine Wohnung findet.»

Lämmchen sucht, kein Mensch will Kinder, und sie wird ohnmächtig, aber es lohnt sich

Lämmchen sucht Wohnung, Lämmchen läuft viele Treppen. Es wird ihr nicht so leicht mehr wie vor einem halben Jahr. Da war eine Treppe ein Garnichts, man ging hinauf, man lief hinab, man tanzte hinauf: tripp, trapp. Treppe. Heute bleibt sie oft auf einem Absatz stehen, ihre Stirn ist voll Schweiß, und sie wischt ihn ab, aber da sind diese Schmerzen im Kreuz. Ist es ihr um die Schmerzen leid? Ach, Schmerzen sind ihr gleich, wenn es nur dem Murkel nichts schadet!

Sie läuft und steigt, sie fragt und geht weiter. Es muß ja rasch etwas werden mit dieser Wohnung, sie kann es schon gar nicht mehr mit ansehen mit ihrem Jungen. Er wird weiß und zittert, wenn Frau Mia Pinneberg ins Zimmer kommt. Lämmchen hat ihm sein Wort abgenommen, daß er mit der Mama über die ganze Sache nicht spricht, sie werden in aller Heimlichkeit ausziehen, eines Morgens sind sie eben einfach fort. Aber wie schwer ihm das wird! Ach, er möchte Krach machen, toben. Lämmchen versteht eigentlich nicht, wieso, aber sie versteht sehr gut, daß der Junge so ist ...

Jede andere hätte längst Lunte gerochen, aber in dieser Hinsicht ist Frau Mia Pinneberg senior von einer rührenden Ahnungslosigkeit. Sie kommt ins Zimmer gebraust, wo die beiden sitzen, sie ruft munter: «Na, ihr sitzt ja hier wie die verregneten Hühner im Sturm. Das will Jugend sein! Als ich so alt war wie ihr ...»

«Ja, Mama», sagt Lämmchen.

«Munter! Munter! Das Leben ist schon schlecht genug, es muß einem nicht auch noch schlecht werden dabei. Ich wollte fragen, ob du mir nicht beim Abwasch helfen willst, Emma? Ich habe wieder einen schändlichen Abwasch stehen.»

«Tut mir leid, Mama, ich muß nähen», sagt Lämmchen, die weiß, daß ihr Mann einen Wutanfall kriegt, wenn sie hilft.

«Na schön, lassen wir also den Abwasch noch einen Tag stehen. Morgen wirds ja besser klappen mit dir. Was nähst du eigentlich immer?

Verdirb dir bloß nicht die Augen. Nähen hat doch gar keinen Zweck mehr, man kauft alles billiger und besser fertig.»

«Ja, Mama», antwortet Lämmchen gottergeben, und Frau Pinneberg schwimmt ab, hat die jungen Leute wieder ein bißchen aufgekratzt.

Aber am nächsten Tag hilft Lämmchen auch nicht beim Abwasch, sie ist unterwegs, sie sucht Wohnung, manchen Tag sucht sie, sie muß etwas finden, ihrem Jungen brennt es auf den Nägeln.

Diese Vermieterinnen! Es gibt da so eine Sorte Frauen, die sehen Lämmchen gleich, wenn sie nach dem möblierten Zimmer mit Küchenbenutzung fragt, piel auf den Bauch: «Ne, Sie erwarten doch, was? Wissen Se, nee, wenn wir Kindergebrüll hören wollen, dann machen wir uns unsere Kinder alleene. Das hört sich dann immer noch besser an.»

Schrumm! Die Tür ist zu.

Und manchmal, wenn es beinahe so paßte, wenn alles schon so ziemlich abgeschlossen ist und Lämmchen denkt: ‹Na, morgen früh kann der Junge endlich ohne Sorgen aufwachen›, und wenn sie dann sagt (denn sie wollen ja nicht wieder nach zwei oder drei Wochen rausgesetzt werden): «Wir erwarten aber ein Kind» — dann wird das Gesicht der Vermieterin ganz lang, und sie sagt: «Ach nein, liebe junge Frau, nehmen Sie's mir nicht übel. Sie gefallen mir wirklich, aber mein Mann . . .»

Weiter! Weiter, Lämmchen, die Welt ist groß, Berlin ist groß, es muß ja auch nette Menschen geben, es ist doch ein Segen, wenn man ein Kind erwartet, wir leben im Jahrhundert des Kindes . . .

«Wir erwarten aber ein Kind.»

«Oh, das macht fast gar nichts! Kinder müssen ja auch sein, nicht wahr? Nur, es ruiniert doch eine Wohnung schrecklich, wenn ein Kind da ist, all die Babywäsche waschen, der Dampf und Wrasen, und wir haben sooo gute Möbel. Und dann zerkratzt so ein Kind die Politur. Gerne . . . aber ich müßte Ihnen statt fünfzig Mark doch mindestens achtzig rechnen. Na, sagen wir siebzig . . .»

«Nein, danke», sagt Lämmchen und geht weiter.

Oh, sie sieht schöne Wohnungen, helle, sonnige, anständig eingerichtete Zimmer, nette bunte Gardinen hängen da, die Tapeten sind frisch und hell . . . ‹Ach mein lieber Murkel›, denkt sie.

Und dann steht da irgend so eine ältere Dame und sieht sehr freundlich die junge Frau an, wenn die etwas von dem erwarteten Baby flüstert — und es ist ja auch wirklich für jeden Menschen, der Augen im Kopf hat, eine Freude, diese junge Frau anzusehen . . . Und dann sagt die ältere Dame zu der jüngeren, und sieht den blauen, wirklich sehr schäbigen Mantel nachdenklich an: «Ja, aber liebe gnädige Frau, hundertzwanzig Mark, es geht wirklich nicht billiger. Sehen Sie, achtzig bekommt schon der Hauswirt, und ich habe nur meine kleine Rente, ich muß ja auch leben . . .»

‹O warum›, denkt Lämmchen, ‹o warum haben wir nicht ein ganz klein bißchen mehr Geld! Daß man nur nicht so furchtbar mit dem Pfennig zu rechnen brauchte! Es wäre alles so einfach, das ganze Leben sähe anders aus, und man könnte sich restlos auf den Murkel freuen . . .›

O warum nicht! Und die dicken Autos brausen an ihr vorbei, und es gibt Delikatessengeschäfte, und Menschen gibt es, die verdienen so viel, daß sie gar nicht ihr Geld ausgeben können ... Nein, Lämmchen versteht es nicht ...

Abends sitzt dann oft schon der Junge im Zimmer und wartet auf sie. «Nichts?» fragt er.

«Noch nichts», sagt sie. «Aber verlier bloß den Mut nicht. Ich habe so ein Gefühl, morgen finde ich bestimmt was. − O Gott, was habe ich für kalte Füße!»

Aber das sagt sie nur, um ihn abzulenken und zu beschäftigen. Zwar, sie hat wirklich kalte Füße, und naß sind sie auch ... aber sie sagt es nur, damit er erst einmal über die Enttäuschung mit der immer noch nicht gefundenen Wohnung wegkommt. Denn nun zieht er ihr die Schuhe und die Strümpfe aus und rubbelt die Füße mit einem Handtuch ab und wärmt sie ...

«So», sagt er befriedigt. «Nun sind sie wieder warm, zieh nur die Babuschen an.»

«Herrlich», sagt sie. «Und morgen finde ich bestimmt was.»

«Du sollst dich nicht hetzen», sagt er. «Es kommt jetzt auf einen Tag nicht an. Ich verliere schon den Mut nicht.»

«Nein, nein», sagt sie, «ich weiß ja.»

Aber *sie* verliert den Mut nun bald. Immer laufen und laufen, und was für einen Sinn hat es? Für das Geld, das sie anlegen können, gibt es einfach nichts Nettes.

Nun ist sie immer weiter nach dem Osten und Norden hinaufgelaufen, endlose, schreckliche Mietskasernen, überfüllt, riechend, grölend. Und Arbeiterfrauen haben ihr die Türen aufgemacht und haben ihr gesagt: «Ansehen können Sie's ja. Aber Sie nehmen's doch nicht. Nicht fein genug für Sie.»

Und sie hat das Zimmer angesehen mit den Flecken an den Wänden ... «Ja, Wanzen haben wir gehabt, aber jetzt sind sie weg, mit Blausäure.» Das wacklige Eisenbett ...: «Einen Vorleger können Sie auch noch haben, wenn Sie so was mögen, macht nur mehr Arbeit ...» Ein Holztisch, zwei Stühle, ein paar Haken in der Wand, Schluß. «Kind? Soviel Sie wollen, das ist mir schnuppe, ob da ein paar mehr brüllen, ich habe auch fünf von der Sorte ...»

«Ja, ich weiß nicht», sagt Lämmchen unschlüssig. «Vielleicht komme ich wieder ...»

«Sie kommen schon nicht wieder, junge Frau», sagt die Arbeiterfrau. «Ich weiß, wie das ist, ich hab früher auch mal 'ne gute Stube gehabt, man entschließt sich nicht so leicht ...»

Nein, man entschließt sich nicht so leicht. Das ist unten, das ist das Ende, das ist der Verzicht auf das eigene Leben ... ein schmieriger Holztisch, drüben er, hüben sie, im Bett plärrt das Kind ...

«Nie!» sagt Lämmchen.

War sie müde, hatte sie Schmerzen, sagte sie ganz leise hinterdrein: «Noch nicht.»

Nein, man entschließt sich nicht so leicht, die Frau hat recht, und es ist gut, daß man sich nicht so leicht entschließt, denn nun ist es doch ganz anders gekommen ...

Eines Mittags steht Lämmchen in der Spenerstraße in einem kleinen

Seifengeschäft, sie kauft ein Paket Persil, ein halbes Pfund Schmierseife, ein Paket Bleichsoda . . .

Plötzlich wird ihr schlecht, ihr wird schwarz vor den Augen, sie kriegt gerade noch die Rolle zu fassen und hält sich an der.

«Mann, Emil!» ruft die Frau.

Dann bekommt Lämmchen einen Stuhl, eine Tasse heißen Kaffee, sie kann wieder etwas sehen, sie flüstert entschuldigend: «Ich bin so viel rumgelaufen . . .»

«Das sollten Sie man nicht. Ein bißchen Laufen ist ganz gesund dabei, aber nicht zuviel . . .»

«Ich muß ja», sagt Lämmchen ganz verzweifelt. «Ich muß ja 'ne Wohnung finden.»

Und plötzlich ist sie redselig, alles von ihrer fruchtlosen Suche erzählt sie den beiden Seifenleuten. Einmal muß man ja reden, beim Jungen hat sie nur immer mutig zu sein.

Die Seifenfrau ist lang und mager, sie hat ein gelbes, faltiges Gesicht und schwarze Haare, sie sieht streng aus. Er ist ein dicker, roter Kerl, er steht in Hemdsärmeln im Hintergrund und ist fett.

«Ja», sagt er. «Ja, junge Frau, die Vögel füttern sie ja wohl im Winter, daß sie nicht umkommen, aber unsereins . . .»

«Unsinn», sagt die Frau. «Quatsch nicht. Denk nach. Weißt du nichts?»

«Was soll ich wissen?» sagt er. «Angestellter. Ich muß immer lachen, Angeschissener sollte das heißen.»

«Weißte», knurrte die Frau, «so 'ne Gedanken, nur nicht so gemein wie deine, wird sich die junge Frau schon reichlich selber gemacht haben. Dazu braucht sie dich nicht. Denk lieber mal nach. Weißte nichts?»

«Wieso? Quatsch dich rein aus. Was soll ich wissen?»

«Du weißt doch, Emil Puttbreese!»

«Ach, du meinst 'ne Wohnung? Ich soll über 'ne Wohnung für die Dame nachdenken. Das muß einem doch gesagt werden.»

«Wie ist das mit Puttbreese? Ist das noch frei?»

«Puttbreese? Will der denn vermieten? Wo will er denn vermieten?»

«Wo er's Möbellager gehabt hat. Du weißt doch.»

«Das erste, was ich höre! Na, wenn er die Löcher vermieten will, da wird die junge Frau nicht raufkommen über die Hühnerleiter. Bei ihrem Zustand.»

«Quatsch», sagt die Frau. «Hören Sie, junge Frau, jetzt legen Sie sich erst mal ein paar Stunden hin und dann so gegen vier kommen Sie zu mir runter, dann gehen wir zusammen zu Puttbreese.»

«Vielen, vielen Dank», sagt Lämmchen.

«Wenn die junge Dame», sagt der hemdsärmelige Emil, «und mietet da, dann freß ich einen Besen. Einen Piassavabesen für einsfünfundachtzig fress' ich.»

«Quatsch», sagt die Seifenhändlerin.

Und dann geht Lämmchen und legt sich hin. ‹Puttbreese› denkt sie. ‹Puttbreese. Wie ich den Namen gehört habe, habe ich gewußt, das wird.›

Und dann schläft sie ein, ganz zufrieden mit ihrer kleinen Ohnmacht.

Wohnung wie noch nie.
Herr Puttbreese zieht, und Herr Jachmann hilft

Als Pinneberg an diesem Abend nach Haus kommt, wird er plötzlich von einer elektrischen Taschenlampe angeleuchtet und eine Stimme ruft: «Halt! Hände hoch!»

«Was ist denn los?» fragt er mürrisch, denn er ist in diesen Tagen nicht sehr guter Stimmung. «Woher hast du denn die Taschenlampe?»

«Die brauchen wir», ruft Lämmchen vergnügt. «In unserem neuen Palast funktioniert die Treppenbeleuchtung nicht.»

«Wir haben 'ne Wohnung?» fragt er atemlos. «O Lämmchen, haben wir wirklich 'ne Wohnung?»

«Wir haben eine», jauchzt Lämmchen. «Wir haben 'ne richtige Wohnung!» Sie macht eine Pause: «Wenn du willst, heißt das, fest gemietet habe ich noch nicht.»

«O Gott», sagt er bestürzt. «Und wenn sie nun unterdessen anders vermietet wird?»

«Wird nicht», sagt sie beruhigend. «Ich habe sie für heute fest an Hand. Wir gehen gleich nachher hin. Iß nur schnell.»

Während des Essens fragt er immerzu, aber sie erzählt nichts Rechtes: «Nein. Mußt du selbst sehen. O Gott, Junge, wenn du nur einverstanden bist ...»

«Also gehen wir», sagt er und erhebt sich kauend.

Sie gehen die Spenerstraße hinauf, fest ineinander eingehängt, dann nach Alt-Moabit hinein.

«'ne Wohnung», murmelt er, «'ne richtiggehende Wohnung für uns ganz allein.»

«'ne ganz richtige Wohnung ist es ja nicht», sagt Lämmchen bittend. «Krieg bloß keinen Schreck.»

«Du kannst einen aber auch foltern!»

Also da liegt ein Kino, und neben dem Kino gehen sie durch einen Torgang und kommen auf einen Hof. Es gibt zwei Arten von Höfen, dies ist die andere, mehr ein Fabrik- und Lagerhof. Eine funzlige Gaslaterne brennt und beleuchtet ein großes Tor, zweiflügelig, wie zu einer Garage. «Möbellager von Karl Puttbreese», steht daran.

Lämmchen deutet irgendwohin in den dunklen Hof. «Da ist unser Klo», sagt sie.

«Wo?» fragt er. «Wo?»

«Da», und sie zeigt wieder. «Die kleine Tür dahinten.»

«Ich glaube immer, du verklappst mich.»

«Und hier ist unser Aufgang», sagt Lämmchen und schließt die Garagentür mit dem Namen Puttbreese auf.

«Ach nee», sagt Pinneberg.

Es ist ein großer Lagerschuppen, in den sie eintreten, vollgepfropft mit alten Möbeln. Das kümmerliche Licht der kleinen Taschenlampe verliert sich nach oben in einem grauen Sparrengewirr mit Spinnweben.

«Ich hoffe», sagt Pinneberg atemholend, «dies ist nicht unser Wohnzimmer.»

«Dies ist Herrn Puttbreeses Lager. Herr Puttbreese ist Tischler und handelt nebenbei mit alten Möbeln», erklärt Lämmchen. «Paß auf, ich zeige dir alles. Siehst du, da hinten, die schwarze Wand, sie reicht nicht bis zur Decke, da müssen wir oben rauf.»

«So», sagt er.

«Das ist nämlich das Kino, du hast doch das Kino gesehen?»

«Habe ich», sagt er, ganz Reserve.

«O Jungchen, zieh nicht so'n Gesicht. Du wirst schon sehen. — Also das ist das Kino, und nun steigen wir dem Kino auf das Dach.»

Sie gehen näher, die Taschenlampe beleuchtet eine schmale Holztreppe, steil wie eine Leiter, die auf die Wand hinauf führt. Nein, es ist wohl wirklich eher eine Leiter als eine Treppe.

«Da rauf?» sagt Pinneberg zweifelnd. «Du, in deinem Zustand?»

«Das will ich dir zeigen», sagt sie. Und klettert schon. Man muß sich wirklich stramm festhalten. «So, nun sind wir gleich da.»

Die Decke ist ganz dicht über ihnen. Sie gehen in einer Art Tunnelwölbung, irgendwo unten im Dämmern zur linken Hand stehen Puttbreeses Möbel.

«Geh nur grade hinter mir, sonst fällst du womöglich noch runter.»

Und nun macht Lämmchen eine Tür auf, eine richtige Tür hier oben, und dann macht sie Licht an, richtiges, elektrisches Licht, und dann sagt sie: «Hier sind wir.»

«Ja, hier sind wir», sagt Pinneberg und sieht sich um. Und dann sagt er: «Ach so, dann freilich!»

«Siehst du», sagt Lämmchen.

Es sind zwei Zimmer, oder eigentlich eines, denn die Tür zwischen beiden ist herausgenommen. Sehr niedrig sind sie. Mit dicken Balken an der geweißten Decke. Da, wo sie stehen, ist das Schlafzimmer, zwei Betten, ein Schrank, ein Stuhl und ein Waschtisch. Alle. Kein Fenster.

Aber drüben, da steht ein schöner runder Tisch und ein riesengroßes schwarzes Wachstuchsofa mit weißen Knöpfen und ein Sekretär und ein Nähtisch. Alles alte Mahagonimöbel, und ein Teppich liegt auch da. Es sieht herrlich gemütlich aus. Denn es hängen hübsche weiße Gardinen an den Fenstern, es sind drei Fenster, alle drei ganz klein, mit viergeteilten Scheiben.

«Und wo ist die Küche?» fragt er.

«Da», sagt sie und schlägt auf den Eisenofen, der zwei Kochlöcher hat.

«Und die Wasserleitung?»

«Alles da, mein Junge.» Und es erweist sich, daß ein Hahn und ein Ausguß zwischen Sekretär und Ofen sind.

«Und was kostet das?» fragt er immer noch zweifelnd.

«Vierzig Mark», sagt sie. «Das heißt eigentlich nichts.»

«Wieso eigentlich nichts?»

«Nun paß mal auf», sagt sie. «Hast du das kapiert mit der Leiter hier rauf, und daß die Zimmer hier oben so verrückt sitzen?»

«Ne», sagt er. «Keine Ahnung. Der Baumeister ist wahrscheinlich meschugge gewesen. Solche soll's viele geben.»

«Gar nicht meschugge», sagt sie eifrig, «das hier ist mal eine rich-

126

tige Wohnung gewesen mit Küche und Klo und Vorplatz und allem. Und hier herauf ist eine richtige Treppe gegangen.»

«Und wieso ist das alles weg?»

«Weil sie das Kino eingebaut haben. Bis zur Tür von unserem Schlafzimmer geht der Saal vom Kino. Alles andere ist weg für den Kinosaal. Diese zwei Zimmer sind übriggeblieben, und kein Mensch hat gewußt, was damit anfangen. Richtig vergessen sind sie worden, bis sie Puttbreese wieder entdeckt hat. Und er hat die Leiter raufgemacht von seinem Lager her, und weil er Geld braucht, will er nun vermieten.»

«Und warum kostet die Wohnung eigentlich gar nichts und dann doch vierzig Mark?»

«Weil er natürlich nicht vermieten darf, weil das die Baupolizei gar nicht erlauben würde, wegen Feuersgefahr und Hals- und Beinbruch.»

«Na ja, wie du hier in ein paar Monaten raufkommen willst . . .»

«Das laß man meine Sorge sein. Hauptsache, daß du die Wohnung willst . . .»

«Ach, die Wohnung ist ja soweit ganz gut . . .»

«O du Affe! Du Affe! Du Affe! Ganz gut . . . Allein sind wir hier. Kein Mensch sieht uns mehr in unseren Kram. Herrlich ist es.»

«Also, Mädchen», sagt er. «Dann mieten wir. Du hast die Arbeit und den Umstand, ich bin froh, wenn du willst.»

«Ich bin auch froh», sagt sie. «Komm.»

«Junger Mann», sagt Meister Puttbreese und sieht Pinneberg zwinkernd mit seinen geröteten kleinen Augen an. «Junger Mann. Geld nehme ich natürlich nicht für die Baracke. Sie wissen Bescheid.»

«Ja», sagt Pinneberg.

«Sie wissen Bescheid!» sagt Meister Puttbreese mit erhobener Stimme.

«Ja?» fragt Pinneberg ermunternd.

«Gott», sagt Lämmchen. «Leg da mal zwanzig Mark auf den Tisch.»

«Richtig», sagt der Meister anerkennend. «Die junge Frau, die hat's. Halber November, schön. Und da lassen Sie sich man keine grauen Haare drüber wachsen, junge Frau, mit dem Bauch. Wenn der zu dick wird und es will nicht mehr mit der Hühnerleiter, dann machen wir einen Flaschenzug an und hängen einen Stuhl darunter, und dann ziehen wir Sie langsam hoch, das soll ein Genuß für mich sein.»

«Na, also», lacht Lämmchen, «die Sorge auch los.»

«Und wann ziehen wir ein?» fragt der Meister.

Das Ehepaar sieht sich an.

«Heute», sagt Pinneberg.

«Heute», sagt Lämmchen.

«Aber wie?»

«Sagen Sie», wendet sich Lämmchen an den Meister. «Können Sie uns wohl einen Handwagen pumpen? Und würden Sie vielleicht auch ein bißchen mit anfassen? Es sind nur zwei Koffer, und dann haben wir noch eine Frisiertoilette.»

«Frisiertoilette ist gut», sagt der Meister. «Ich hätte auf Kinderwagen getippt. Na, man weiß nicht, wie man manchmal zu was kommt. Stimmt?»

«Stimmt wirklich», sagt Lämmchen.

«Na also, mach' ich, tu' ich», sagt der Meister. «Kost 'ne Molle und einen Korn. Woll'n wir man abtrümmern.»

Sie trümmern ab, mit einem Handwagen.

Nachher, in der Destille, ist es gar nicht so einfach, dem Meister Puttbreese begreiflich zu machen, daß der Umzug in größter Stille vor sich zu gehen hat.

«Ach so», sagt der Meister schließlich, «sie wollen Viole schieben? Sie wollen zappenduster machen? Von mir aus. Aber das sage ich Ihnen, bei mir wird Marie vorneweg abgelegt, jeden Ersten wird angetanzt, junger Mann. Und kommen Sie nicht, schadet's auch nicht, ich mach Ihnen dann selber den Umzug, ganz gratis, bis auf die Straße raus.»

Und Meister Puttbreese funkelt mit seinen kleinen roten Augen und lacht dröhnend.

Aber dann geht alles glänzend. Lämmchen packt mit einer geradezu gnomenhaften Fixigkeit, Pinneberg steht an der Tür und hält sicherheitshalber die Klinke fest, denn im Eßzimmer ist mal wieder eine Festivität im Gange, und Meister Puttbreese sitzt auf dem Fürstenbett und sagt immer wieder bewundernd: «Goldenes Bette, das muß ich meiner Ollen erzählen, das muß ja geradezu wie Jungfernschaft anregen, da drinnen . . .»

Und dann fassen die Männer schon die Frisiertoilette an, Puttbreese nur mit einer Hand, in der anderen hat er den Spiegel, und wie sie wieder oben sind, sind die Koffer schon geschlossen, der Schrank gähnt leer, die Schiebladen stehen offen.

«Also los», sagt Pinneberg.

Puttbreese faßt jeden der beiden Koffer an einem Ende an, Lämmchen und der Junge je einen am andern. Oben auf den Körben liegt ein Handkoffer, Lämmchens Stadtkoffer, und die Eierkiste mit dem Porzellan. —

«Abmarsch!» sagt Puttbreese.

Lämmchen sieht noch einmal zurück, das ist das Zimmer, ihr erstes Berliner Zimmer, es ist doch schwer, fortzugehen. O Gott, sie muß noch das Licht ausmachen.

«Einen Augenblick!» ruft Lämmchen. «Das Licht!» Und sie läßt ihren Kofferhenkel los.

Zuerst kommt der Stadtkoffer ins Rutschen, er schlägt mit einem leichten kurzen Knall auf den Boden. Der Handkoffer macht schon mehr Getöse, die Eierkiste aber . . .

«Junge Frau», sagt Puttbreese mit seinem tiefen Baß, «wenn die das nicht gehört haben, dann verdienen sie es, daß sie ihr Geld los sind . . .»

Die beiden Pinnebergs stehen wie die ertappten Sünder, die Augen starr auf die Tür vom Berliner Zimmer gerichtet. Und es ist richtig —: die Tür öffnet sich, in ihr steht mit gerötetem, lachendem Gesicht Holger Jachmann. Pinnebergs starren ihn an. Jachmanns Gesicht verändert sich, er zieht die Tür hinter sich heran und macht einen Schritt auf die Gruppe zu . . . «Nanu», sagt er.

«Herr Jachmann», sagt Lämmchen leise und flehend. «Herr Jachmann, wir ziehen! Ich bitte sie . . . Sie wissen doch!»

Auch Jachmanns Gesicht hat sich verändert, er sieht die junge Frau nachdenklich an, auf seiner Stirn steht eine senkrechte Falte, sein Mund ist halb offen.

Jachmann macht noch einen Schritt. Er sagt, und er spricht ganz leise: «Das ist nichts für Sie, daß Sie in Ihrem Zustand Koffer tragen.»

Er faßt mit der einen Hand den Korb, mit der anderen Hand den Handkoffer.

«Ab dafür.»

«Herr Jachmann», sagt Lämmchen noch einmal.

Aber Jachmann spricht kein Wort mehr, er trägt die Koffer schweigend die Treppe hinunter, er legt sie schweigend auf die Karre, schweigend läßt er sich von Pinnebergs die Hand drücken. Dann sieht er ihnen nach, wie sie in der grauen, nebligen Straße verschwinden: eine Karre mit ein bißchen Krams, eine etwas schäbig gekleidete schwangere Frau, ein talmieleganter Garnichts und ein versoffenes dickes Tier in blauer Bluse ...

Herr Jachmann schiebt die Unterlippe vor und denkt angestrengt nach. Da steht er, im Smoking, sehr elegant, sehr gepflegt, sicher hat er heute nachmittag ausgiebig gebadet. Er seufzt schwer und steigt dann langsam, Stufe für Stufe, die Treppe empor. Er schließt die Etagentür, die noch immer offen steht, sieht kurz in das wüste Zimmer, nickt, knipst das Licht aus und geht in das Berliner Zimmer.

«Wo warst du denn wieder?» empfängt ihn Frau Pinneberg im Kranz ihrer Gäste. «Wieder bei den jungen Leuten? Wenn ich Talent dazu hätte, würde ich noch eifersüchtig werden.»

«Gib mir einen Kognak», sagt Jachmann. Er trinkt ihn aus.

«Übrigens lassen dich die jungen Leute grüßen. Sie sind eben ausgezogen.»

«Ausgezogen —?» fragt Frau Pinneberg.

Und dann sagt sie schnell und empört sehr viele Dinge.

Ein Etat ist aufgestellt, und das Fleisch wird knapp.
Pinneberg findet sein Lämmchen komisch

Lämmchen sitzt an einem späten dunklen Nachmittag in ihrer Wohnung, hat ein Heft vor sich und lose Blätter, Federhalter, Bleistift, ein Lineal. Sie schreibt und addiert, dann streicht sie etwas weg, und dann setzt sie wieder etwas dazu. Dabei seufzt sie, schüttelt den Kopf, seufzt wieder, denkt: ‹Es ist ja wohl nicht möglich›, und rechnet weiter.

Das Zimmer ist wirklich gemütlich mit der tiefen Balkendecke und den rotbraunen warmen Mahagonimöbeln. Es ist ganz und gar kein modernes Zimmer, es tut dem Meister gar nichts, daß ein mit schwarzen und weißen Perlen gestickter Spruch an der Wand hängt, ‹Sei getreu bis in den Tod›: das gehört alles dazu. Und auch Lämmchen gehört dazu im weiten blauen Kleid mit der kleinen Maschinenspitze um den Hals, mit dem sanften Gesicht und der graden Nase. Es ist angenehm warm im Zimmer, der nasse Dezemberwind faucht manchmal gegen die Scheiben an, das macht alles noch heimeliger.

Lämmchen ist mit ihrer Schreiberei fertig, sie liest sie noch einmal durch. Und so sieht aus, was sie schrieb, mit vielen Unterstreichungen, kleinen und großen Buchstaben:

Normal-Etat

von Johannes und Lämmchen Pinneberg

pro Monat

Anmerkung: Darf unter *keinen Umständen* überschritten werden!!!!

A. Einnahmen:

Gehalt pro Monat brutto	200.— RM

B. Ausgaben:

a. *Lebensmittel:*

Butter und Margarine	10.—	
Eier	4.—	
Gemüse	8.—	
Fleisch	12.—	
Wurst und Käse	5.—	
Brot	10.—	
Kolonialwaren	5.—	
Fische	3.—	
Obst	5.—	62.—

b. *Sonstiges:*

Versicherungen und Steuern	31.75	
Dag-Beitrag	5.10	
Miete	40.—	
Fahrgeld	9.—	
Elektrisches Licht	3.—	
Feuerung	5.—	
Kleidung und Wäsche	10.—	
Schuhwerk	4.—	
Waschen, Rollen und Plätten	3.—	
Reinigungsmittel	5.—	
Zigaretten	3.—	
Ausgänge	3.—	
Blumen	1.15	
Neu-Anschaffungen	8.—	
Unvorhergesehenes	3.—	134.—

Gesamtausgaben	196.— RM
Bleibt Bestand	4.— RM

Die Unterzeichneten verpflichten sich, unter keinen Umständen und unter keinem Vorwande Geld zu anderen als den vorgesehenen Zwekken und nicht über den Etat hinaus der Kasse zu entnehmen.

Berlin, am 30. November.

Lämmchen zögert noch einen Augenblick, sie denkt: ‹Der Junge wird Augen machen›, dann nimmt sie die Feder und setzt ihren Namen darunter. Sie packt alles fein säuberlich zusammen und legt es in ein Fach des Sekretärs. Aus seinem Mittelfach nimmt sie eine weitbauchige blaue Vase und schüttet sie auf den Tisch aus. Ein paar Scheine fallen heraus, ein bißchen Silber, ein paar Messinggroschen. Sie zählt alles nach, es sind und bleiben hundert Mark. Sie seufzt leicht, dann legt sie das Geld in ein anderes Fach und stellt die entleerte Vase an ihren Platz zurück.

Nun geht sie zur Tür, knipst das elektrische Licht aus und setzt sich gemütlich auf den großen Strohstuhl am Fenster, die Hände auf dem Leib, die Beine schön weit auseinander. Durch das Marienglasfenster des Ofens fällt ein rötlicher Schein auf die Decke und tanzt dort leise hin und her, bleibt plötzlich stehen und zittert dann lange, bis er wieder zu tanzen beginnt. Es ist schön, bei sich zu Hause zu sitzen, allein im Dunkeln, man wartet auf den Mann, und vielleicht rührt sich das Kind im Leibe. Man ist so groß und weit, man fließt über und wird immer weiter . . . An die See muß man auch denken. Die hob sich auch so und senkte sich und ging immer weiter, man wußte eigentlich auch da nicht, wozu, aber gut war es, daß es so war . . .

Lämmchen schläft längst, schläft mit halbgeöffnetem Mund, den Kopf auf einer Schulter, einen leichten, schnellen, fröhlichen Schlaf, der sie hebt und wiegt in seinem Arm.

Und ist sofort ganz wach und ganz bei der Sache, als der Junge das Licht anmacht und fragt: «Na, wie geht's? Im Dunkeln, Lämmchen? Hat der Murkel sich gemeldet?»

«Nein. Heute noch nicht. Übrigens Tag, Mann.»

«Übrigens Tag, Frau.»

Und sie geben sich einen Kuß.

Er deckt den Tisch, und sie richtet das Essen an. Etwas zögernd sagt sie: «Es gibt heute Schellfisch mit Senfsauce. Es war so schön billig.»

«Recht», sagt er. «Mal esse ich ganz gerne Fisch.»

«Du bist guter Laune», sagt sie. «Ging's gut? Wie ist es mit dem Weihnachtsgeschäft?»

«Gott, es fängt so ein bißchen an. Die Leute trauen sich noch nicht recht.»

«Hast du gut verkauft?»

«Ja, ich hab heute Dusel gehabt. Ich hab heute für über fünfhundert Mark verkauft.»

«Du bist sicher der beste Verkäufer, den die haben.»

«Nee, Lämmchen, Heilbutt ist besser. Und Wendt ist mindestens ebenso gut. Aber es kommt wieder was Neues.»

«Was denn? Gutes doch sicher nicht.»

«Bei uns ist jetzt ein neuer Organisator eingestellt. Der soll den ganzen Betrieb durchorganisieren, Sparmaßnahmen und so.»

«An euern Gehältern ist doch nichts mehr zu sparen.»

«Kann man's wissen, was die denken? Er wird schon etwas finden. Lasch hat gehört, er kriegt dreitausend Mark Gehalt monatlich.»

«Wie?» fragt Lämmchen. «Dreitausend Mark, und das nennt Mandel sparen?»

«Ja, die muß er eben wieder herausholen, der wird schon was finden.»

«Aber wie denn?»

«Die reden davon, daß nun auch bei uns jeder Verkäufer gesetzt kriegen soll, so und so viel mußt du verkaufen, und wenn du das nicht schaffst, fliegst du.»

«Gemein finde ich das! Wenn die Kunden nun nicht kommen, und wenn sie kein Geld haben, und wenn ihnen eure Ware nicht gefällt? So was dürfte gar nicht erlaubt sein.»

«So was ist grade erlaubt», sagt Pinneberg. «Da sind sie alle verrückt drauf. Das nennen sie vernünftig und sparsam, dadurch finden sie, wer nichts taugt. Ist ja alles Mist. Der Lasch zum Beispiel, der ist ein bißchen ängstlich. Der sagt heute schon, wenn die das so machen, daß sie ihm seinen Verkaufsblock nachrechnen, und daß er immer Angst haben muß, ob er es auch schafft — dann verkauft er vor lauter Angst schon gar nichts!»

«Und das ist ja auch ganz egal», sagt Lämmchen flammend, «wenn er auch wirklich nicht so viel verkauft, und wenn er auch wirklich nicht so tüchtig ist, was sind denn das für welche, daß sie einen Menschen deswegen aus allem Verdienst und aller Arbeit und aller Lebensfreude herausschmeißen?! Sollen die Schwächeren denn gar nichts mehr sein? Einen Menschen danach bewerten, wieviel Hosen er verkaufen kann!»

«Na ja», sagt Pinneberg, «du gehst ja mächtig los, Lämmchen . . .»

«Tu ich auch, rasend wütend kann mich so was machen.»

«Aber die sagen natürlich, daß sie einen Menschen nicht dafür bezahlen, daß er nett ist, sondern daß er eben viel Hosen verkauft.»

«Das ist ja gar nicht wahr», sagt Lämmchen. «Das ist nicht wahr, Junge. Sie wollen ja doch, daß sie anständige Menschen haben. Aber was sie jetzt machen, mit den Arbeitern schon lange und mit uns nun auch, da ziehen sie lauter Raubtiere hoch und da werden sie was erleben, Junge, sage ich dir!»

«Natürlich werden sie was erleben», sagt Pinneberg. «Die meisten bei uns sind ja auch schon Nazis.»

«Danke!» sagt Lämmchen. «Ich weiß, was wir wählen.»

«Na — und was? Kommunisten?»

«Natürlich.»

«Das wollen wir uns noch mal überlegen», sagt Pinneberg. «Ich möchte ja auch immer, aber dann bringe ich es doch nicht fertig. Vorläufig haben wir ja noch eine Stellung, da ist es ja noch nicht nötig.»

Lämmchen betrachtet ihren Mann nachdenklich. «Na schön, Junge», sagt sie, «bis zur nächsten Wahl sprechen wir uns noch.»

Und damit stehen beide von ihrem Schellfisch auf und Lämmchen wäscht rasch ab und der Junge trocknet ab.

«Bist du auch bei Puttbreese gewesen?» fragt Lämmchen plötzlich. «Wegen der Miete?»

«Erledigt», sagt er. «Ist alles bezahlt.»

«Dann leg das andere Geld nur gleich weg.»

«Schön», sagt er und öffnet den Sekretär, nimmt die blaue Vase, greift in die Tasche, nimmt das Geld aus dem Portemonnaie, sieht in die blaue Vase und sagt verblüfft: «Da ist ja gar kein Geld mehr drin.»

«Nein», sagt Lämmchen fest und sieht ihren Mann an.

«Aber wieso?» fragt er erstaunt. «Es muß doch noch Geld da sein! Unser Geld kann doch nicht alle sein.»

«Doch», sagt Lämmchen. «Unser Geld ist alle. Unsere Ersparnisse sind alle, und was wir von der Reichsversicherung bekommen haben, das ist auch alle. Alles zugebuttert. Von jetzt an müssen wir mit deinem Gehalt auskommen!»

Er wird immer verwirrter. Es kann doch nicht sein, daß Lämmchen, sein Lämmchen ihn beschummelt. «Aber ich habe doch gestern oder vorgestern noch Geld im Topf gesehen. Bestimmt war da noch ein Fünfzigmarkschein drin und eine Menge kleine Scheine.»

«Hundert waren's noch», erklärt Lämmchen.

«Und wo sind die hin?» fragt er.

«Weg», sagt sie.

«Aber . . .», plötzlich wird er ärgerlich. «Zum Donnerwetter! Was hast du dafür gekauft? Sag es endlich!»

«Nichts», antwortet sie. Und als er ganz wütend werden will: «Aber kapierst du denn nicht, Junge, ich hab sie weggelegt, verwahrt, die existieren nicht mehr für uns. Wir müssen jetzt mit deinem Gehalt auskommen.»

«Aber warum denn weggelegt? Wenn wir sagen, wir wollen nichts davon verbrauchen, bringen wir's auch so fertig.»

«Nein, das tun wir eben nicht.»

«Das sagst du.»

«Höre mal, Junge, wir haben doch immer mit unserm Gehalt auskommen wollen, wir haben sogar noch was davon sparen wollen, und wo sind unsere Ersparnisse? Sogar alle Extraeinnahmen sind weg.»

«Aber wieso eigentlich?» fängt er an zu grübeln. «Wir haben doch wirklich nicht üppig gelebt.»

«Ja», sagt sie. «Erst mal ist unsere Verlobungszeit gewesen, da sind wir immerzu hin und her gefahren, und ausgegangen sind wir auch viel.»

«Und das Aas, der Sesam, mit seinen fünfzehn Mark, das vergesse ich dem Bruder nie.»

«Und die Hochzeit», sagt sie, «hat auch Geld gekostet.»

«Und die ersten Anschaffungen. Die Töpfe und die Bestecke und Besen und Bettwäsche und mein Bett.»

«Und Ausflüge haben wir auch 'ne Menge gemacht.»

«Und der Umzug nach Berlin.»

«Ja, und dann . . .», sie bricht ab.

Aber er vollendet mutig: «. . . die Frisiertoilette.»

«Und die Ausstattung für den Murkel.»

«Und die Krippe haben wir auch schon gekauft.»

«Und hundert Mark haben wir immer noch», vollendet sie strahlend.

«Na also», sagt er, ebenfalls sehr zufrieden. «Da haben wir doch eine ganze Menge geschafft. Da brauchst du doch nicht zu meckern.»

«Schön», sagt sie und ändert den Ton. «Geschafft haben wir alles mögliche, aber eigentlich hätte das meiste auch ohne die Reserven gehen müssen. Sieh mal, Junge, es war ja sehr anständig von dir, daß du mir kein Haushaltsgeld ausgesetzt hast, und daß ich immer nur in den blauen Topf zu fassen brauchte. Aber leichtsinnig hat es mich doch gemacht, ich hab manchmal reingelangt, wenn es nicht ganz notwendig gewesen wäre, und vorigen Monat die Kalbsschnitzel und die Flasche Mosel zum Einzug hier, die wären zum Beispiel nicht nötig gewesen . . .»

«Der Mosel hat eine Mark gekostet. Wenn wir gar keine Freude mehr haben sollen . . .»

«Wir müssen aber sehen, daß wir mehr die kostenlosen Freuden benutzen.»

«Gibt's ja gar nicht», sagt er. «Alles, was einen freut, kostet Geld. Wenn du bloß ein bißchen ins Grüne willst, her mit dem Geld! Wenn du ein bißchen Musik hören willst, Geld her! Alles kostet Geld, gibt es gar nicht, ohne Geld.»

«Ich habe so gedacht, Museen . . .» sie bricht rasch ab. «Ich weiß ja, man kann nicht immer in Museen gehen und wir verstehen ja auch nichts davon. Das Richtige, was man sich ansehen müßte, finden wir nie. — Aber jedenfalls müssen wir jetzt auskommen, und da habe ich mir mal so aufgeschrieben, was wir alles brauchen im Monat. Darf ich es dir mal zeigen?»

«Na, zeig schon.»

«Und du bist wirklich nicht böse?»

«Wie soll ich dir denn böse sein, wahrscheinlich hast du recht. Ich kann nicht mit Geld umgehen.»

«Ich auch nicht», sagt sie. «Wir müssen es eben lernen.»

Und dann zeigt sie ihm ihre Zettel. Seine Stirn erheitert sich, als er zu lesen anfängt: «Normal-Etat ist sehr gut, Lämmchen. Normal-Etat wird unter allen Umständen eingehalten. Schwör ich.»

«Schwör nicht zu früh», warnt sie.

Erst geht das Lesen ziemlich rasch. «Mit den Lebensmitteln», sagt er, «da kann man ja wohl nichts sagen. Hast du es dir ausprobiert?»

«Ja, ich habe angeschrieben die ganze letzte Zeit.»

«Fleisch», sagt er. «Zwölf Mark, kommt mir schrecklich viel vor.»

«Jungchen», sagt sie, «das sind auf den Tag nur vierzig Pfennig Fleisch für uns beide zusammen, und das ist eine ganze Ecke weniger, als du in der letzten Zeit bekommen hast. Zweimal die Woche müssen wir jetzt mindestens fleischfrei essen.»

«Was denn?» fragt er besorgt.

«Alles mögliche. Saure Linsen. Und Makkaroni. Und Pflaumen und Graupen.»

«O Gott!» sagt er. Und als sie eine Bewegung macht: «Ich seh's ja ein, Lämmchen. Nur sag mir nicht vorher, wenn du so was kochen willst, sonst freue ich mich gar nicht mehr auf das Nachhausekommen.»

Sie zieht einen kleinen nachdenklichen Flunsch, dann besinnt sie sich. «Schön», sagt sie. «Ich will's auch möglichst wenig tun. Nur — — — wenn es manchmal nicht so schmeckt, sei nicht gleich mies. Ich werd' immer mies, wenn du mies bist, und was haben wir noch vom Leben, wenn wir nun auch noch beide mies sind?»

«Mies», lockt er. «Komm her, meine Mies! Meine große Mies, meine schöne Mies, komm, schnurr ein bißchen, Mies!»

Sie duckt sich unter seiner Hand, ihr ist so wohlig zumute. Aber dann entzieht sie sich ihm. «Nein, jetzt nicht, Jungchen. Ich will, daß du alles ansiehst. Eher bin ich nicht ruhig. Und dann überhaupt . . .»

«Was heißt denn überhaupt?» fragt er erstaunt.

«Nein. Nichts. Es ist mir so rausgefahren. Später. Das hat noch Zeit.»

Aber dies beunruhigt ihn wirklich. «Was meinst du damit? Magst du nicht mehr?»

«Junge», sagt sie, «Junge. Red doch keinen Unsinn. Nicht mögen . . . das weißt du doch!»

«Aber du hast doch eben so was gemeint?» beharrt er.

«Ich hab was ganz anderes gemeint», verteidigt sie sich. «In dem Buch», und sie sieht nach dem Sekretär, «steht drin, daß man das in der letzten Zeit lieber nicht mehr soll. Daß das die Mutter auch nicht mehr mag und daß es für das Kind nicht gut ist . . . Aber . . .», sie pausiert, «. . . vorläufig mag ich noch.»

«Wie lange soll denn das dauern?» fragt er mißtrauisch.

«Ach, ich weiß nicht. Sechs Wochen, acht Wochen.»

Er wirft einen vernichtenden Blick auf sie und nimmt vom Sekretär das Buch.

«Ach, laß doch!» ruft sie. «Das ist ja noch lange hin.»

Aber er hat die Stelle schon. «Ein Vierteljahr mindestens», sagt er vernichtet.

«Na schön», sagt sie. «Ich glaube, bei mir kommt das später wie bei den andern, mir ist wenigstens noch gar nicht so. Nun mach das dumme Buch zu.»

Doch er liest schon weiter, seine Augenbrauen sind ganz in die Höhe gezogen, seine Stirn ist vor Erstaunen völlig zerdrückt.

«Und nachher geht's ja noch immer weiter mit der Abstinenz», sagt er verblüfft. «Noch mal acht Wochen während des Nährens. Also sagen wir zehn Wochen und acht Wochen, achtzehn Wochen – sag bloß, wozu sind wir verheiratet?»

Sie sieht ihn lächelnd an, sie sagt nichts. Und da fängt auch er an zu lächeln. «O Gott», sagt er, «wie wird die Welt anders. Das hat man sich alles nie gedacht. Also das ist der Murkel, damit fängt es an.» Er grinst. «Ein freundliches Kind», sagt er. «Stößt seinen Vater vom Fleischtrog fort.»

Sie lacht. «Vieles, vieles wirst du noch lernen.»

«Es ist nur gut, daß man es weiß.» Er sieht sie strahlend an. «Von jetzt an, Emma Pinneberg, wird Vorratswirtschaft getrieben.»

«Von mir aus», sagt sie. «Aber nun lies deinen Etat zu Ende. Eher geht es mit der Vorratswirtschaft nicht los.»

«Richtig», sagt er. «Was ist das? Reinigungsmittel?»

«Na so, Seife und Zahnpasta und deine Rasierklingen und Benzin. Haarschneiden ist auch dabei.»

«Haarschneiden, sehr gut, mein Mädchen. Kleidung und Wäsche zehn Mark, scheint nicht so, als ob wir bald zu neuen Kleidern kommen könnten.»

«Da sind ja auch noch die acht Mark von den Neuanschaffungen, aber Schuhe müssen auch mal sein; höchstens jedes zweite Jahr ein Anzug für dich, habe ich gedacht, und jedes dritte Jahr ein Wintermantel für einen von uns.»

«Üppig, üppig», sagt er. «Drei Mark für Zigaretten finde ich sehr anständig von dir.»

«Tag drei Stück zu drei Pfennig», sagt sie. «Du wirst manchmal japsen.»

«Wird schon gehen. Aber was ist das, drei Mark für Ausgänge im Monat? Wohin willst du denn für drei Mark ausgehen? Kino?»

«Vorläufig gar nicht», sagt sie. «Ach, Junge, ich habe so gedacht. Ich möchte einmal in meinem Leben richtig, richtig ausgehen wie die reichen Leute. Gar nicht dabei auf's Geld sehen.»

«Für drei Mark?»

«Die legen wir jeden Monat beiseite. Und wenn ordentlich was beisammen ist, so zwanzig oder dreißig Mark, dann gehen wir einmal richtig aus.»

Er blickt sie prüfend an, er sieht ein bißchen traurig aus. «Einmal in einem Jahr?» fragt er.

Aber diesmal merkt sie nichts: «Ja, meinethalben erst in einem Jahr. Je mehr zusammen ist, um so besser. Und dann hauen wir das Geld richtig auf den Kopf. Dann gehen wir richtig auf den Zwutsch.»

«Komisch», sagt er. «Daran habe ich nie gedacht, daß dich so was freuen könnte.»

«Aber wieso denn komisch?» fragt sie. «Das ist doch selbstverständlich. Ich hab noch nie so was mitgemacht in meinem Leben. Du kennst natürlich alles aus deiner Junggesellenzeit.»

«Natürlich hast du recht», sagt er langsam und schweigt. Plötzlich aber schlägt er wütend auf den Tisch: «O Gott verdammich!» schreit er.

«Aber was ist denn?» fragt sie. «Was ist denn los, Junge?»

«Ach nichts», sagt er, schon wieder bloß mürrisch. «Manchmal möchte man nur platzen vor Wut, wie das alles eingerichtet ist in der Welt.»

«Die andern meinst du? Die laß man. Die haben ja doch nichts davon. Und nun unterschreib, Jungchen, daß du dich dran halten willst.»

Er nimmt die Feder und unterschreibt.

Der parfümierte Tannenbaum und die Mutter zweier Kinder. Heilbutt meint: ihr habt Mut. Haben wir Mut?

Weihnachten war gekommen und war vorübergegangen. Es war ein stilles, kleines Weihnachten gewesen, mit einer Tanne im Topf, einem Selbstbinder, einem Oberhemd und ein Paar Gamaschen für den Jungen, mit einem Umstandsgürtel und einer Flasche Eau de Cologne für Lämmchen.

«Ich will nicht, daß du einen Hängebauch bekommst», hatte der Junge erklärt. «Ich will meine hübsche Frau behalten.»

«Im nächsten Jahr sieht der Murkel schon den Baum», hatte Lämmchen gesagt.

Im übrigen hatte es stark gerochen und die Flasche Eau de Cologne war schon am Weihnachtsabend alle geworden.

Wenn man arm ist, kompliziert sich alles. Lämmchen hatte sich das ausgedacht mit der Tanne im Topf, sie wollte sie weiterziehen, im Frühjahr umtopfen. Im nächsten Jahr sollte sie der Murkel sehen, und so sollte sie immer größer, immer strahlender, im Wettwachsen gleichsam mit dem Murkel, von Weihnachtsfest zu Weihnachtsfest wandern, ihre erste und einzige Tanne. Sollte.

Vor dem Fest hatte Lämmchen die Tanne auf das Kinodach gestellt. Weiß der Himmel, wie die Katze dahinfand, Lämmchen hatte nie gewußt, daß es hier überhaupt Katzen gab. Aber es gab welche, Lämmchen fand ihre Spur auf der Erde des Topfes, als sie den Baum schmükken wollte, und die Spur roch stark. Lämmchen beseitigte, was zu beseitigen war, sie scheuerte und wusch, und konnte doch nicht hindern, daß der Junge, kaum war der offizielle Teil der Feier mit Kuß und Indie-Augen-schauen und Geschenke-Besehen vorüber, – sie konnte nicht hindern, daß der Junge sagte: «Du, das riecht hier aber sehr merkwürdig!»

Lämmchen berichtete, der Junge lachte und sagte: «Nichts einfacher!» Er öffnete die Eau de Cologne-Flasche und spritzte etwas auf den Topf.

Ach, er spritzte noch oft diesen Abend, die Katze ließ sich betäuben, aber dann erwachte sie immer wieder siegreich zu neuem Leben, die Flasche wurde leer, die Katze stank. Schließlich setzten sie noch am Heiligen Abend den Baum vor die Tür. Es war nicht dagegen aufzukommen.

Und am ersten Feiertag, ganz früh, ging Pinneberg los und stahl im Kleinen Tiergarten ein Häuflein Gartenerde. Sie topften die Tanne um. Aber erstens stank sie auch dann noch, und zweitens mußten sie feststellen, daß es keine in einem Topf gezogene Tanne war, sondern ein Dings, dem der Gärtner alle Wurzeln abgehauen hatte, um sie in den Topf zu kriegen. Ein Blender auf vierzehn Tage.

«Solche wie wir», sagte Pinneberg, und war in der Stimmung, das ganz richtig zu finden, «fallen eben immer rein.»

«Na, nicht immer», hatte Lämmchen gesagt.

«Bitte?»

«Zum Beispiel, als ich dich gekriegt habe.»

Im übrigen war der Dezember ein guter Monat, trotz des Weihnachtsfestes wurde der Etat des Hauses Pinneberg nicht überschritten. Sie waren selig wie Schneekönige. «Wir können es also auch! Siehst du! Trotz Weihnachten!»

Und sie machten Pläne, was sie in den nächsten Monaten mit all ihren Ersparnissen machen wollten.

Der Januar aber wurde ein trüber, dunkler, bedrückter Monat. Im Dezember hatte Herr Spannfuß, der neue Organisator der Firma Mandel, erst einmal in den Betrieb hineingerochen, im Januar nahm er seine Tätigkeit richtig auf. Die Verkaufsquote für den einzelnen Verkäufer, seine Losung, wurde in der Herrenkonfektion auf das Zwanzigfache seines Monatsgehalts festgesetzt. Und Herr Spannfuß hatte eine hübsche kleine Rede gehalten. Daß das nur im Interesse der Angestellten geschehe, denn nun habe doch jeder Angestellte die mathematische Gewißheit, daß er vollkommen nach Verdienst eingeschätzt werde. «Jede Schmuserei und jede Schmeichelei, das für das Ethos so verderbliche

Kriechen vor den Vorgesetzten gibt es nicht mehr!» hatte Herr Spannfuß gerufen. «Geben Sie mir Ihren Kassenblock, und ich werde wissen, was für ein Mann Sie sind!»

Die Angestellten hatten dazu ernste Gesichter gemacht, vielleicht hatten sehr gute Freunde auch ein Wort über diesen Speech zueinander riskiert, aber laut wurde nichts.

Immerhin erregte es doch Gemurmel, daß Keßler von Wendt am Ende des Januar zwei Verkäufe erworben hatte. Wendt hatte nämlich schon am fünfundzwanzigsten seine Quote erfüllt. Keßler aber fehlten noch am neunundzwanzigsten 300 Mark.

Als nun Wendt am dreißigsten kurz hintereinander zwei Anzüge verkaufte, bot ihm Keßler für jeden Verkauf fünf Mark, wenn er ihn auf seinem Block anschreiben durfte. Wendt ging auf den Vorschlag ein.

Das alles erfuhr man erst später, zuerst erfuhr jedenfalls Herr Spannfuß von dieser Transaktion, es blieb immer dunkel, auf welchem Wege. Und Herrn Wendt bedeutete man, daß er besser ginge, da er die Notlage eines Kollegen ausgebeutet habe, während Herr Keßler mit einer Warnung davon kam. Er erzählte überall, man habe ihn streng verwarnt.

Was Pinneberg anging, so schaffte er im Januar seine Losung gut und gerne. «Die sollen mir nur gehen mit ihrem Quatsch», sagte er zuversichtlich.

Für den Februar erwartete man allgemein eine Herabsetzung der Quote, denn der Februar brachte immerhin nur vierundzwanzig Verkaufstage statt siebenundzwanzig im Januar. Und im Januar war außerdem der Inventur-Ausverkauf gewesen. Einige Mutige sprachen sogar Herrn Spannfuß darauf an, aber Herr Spannfuß lehnte ab. «Meine Herren, Sie mögen es wahrhaben wollen oder nicht. Ihr ganzes Wesen, Ihr Organismus, Ihre Spannkraft, Ihre Energie — all das ist bereits auf das zwanzigfache eingestellt. Jede Herabsetzung der Quote ist auch eine Herabsetzung Ihrer Leistungsfähigkeit, die Sie selbst beklagen würden. Ich habe das feste Vertrauen zu Ihnen, daß jeder von Ihnen diese Quote erreicht, ja, sie überschreiten wird.»

Und er sah sie alle scharf und bedeutend an und ging weiter. Ganz so moralisch wie Spannfuß, der Idealist, annahm, waren die Folgen seiner Maßnahmen nun allerdings nicht. Unter der Devise «Rette sich wer kann!» setzte ein allgemeiner Ansturm auf die Käufer ein, und mancher Kunde des Warenhauses Mandel war etwas verwundert, wenn er, durch die Herrenkonfektion wandelnd, überall blasse, freundlich verzerrte Gesichter auftauchen sah: «Bitte, mein Herr, wollen Sie nicht —?»

Es ähnelte stark einem Bordellgäßchen, und jeder Verkäufer frohlockte, wenn er dem Kollegen einen Kunden weggeschnappt hatte.

Pinneberg konnte sich nicht ausschließen, Pinneberg mußte mitmachen.

Lämmchen lernte es in diesem Februar, ihren Mann mit einem Lächeln zu begrüßen, das nicht gar zu lächelnd war, denn das hätte ihn bei schlechter Laune reizen können. Sie lernte es, still zu warten, bis er sprach, denn irgendein Wort konnte ihn plötzlich in Wut versetzen, und dann fing er an zu schimpfen über diese Schinder, die aus Menschen Tiere machten, und denen man eine Bombe in den Hintern stecken sollte!

Um den Zwanzigsten herum war er ganz finster, er war angesteckt von den andern, sein Selbstvertrauen war fort, er hatte zwei Pleiten geschoben, er konnte nicht mehr verkaufen.

Es war im Bett, sie nahm ihn in ihre Arme, sie hielt ihn ganz fest, seine Nerven waren am Ende, er weinte. Sie hielt ihn, sie sagte immer wieder: «Jungchen, und wenn du arbeitslos wirst, verlier den Mut nicht, laß dich nicht unterkriegen. Ich werde nie, nie, nie klagen, das schwöre ich dir!»

Am nächsten Tag war er ruhig, wenn auch gedrückt. Sie hörte ein paar Tage später von ihm, daß Heilbutt ihm vierhundert Mark von seiner Losung gepumpt hatte. Heilbutt, der einzige, der sich nicht anstecken ließ von dieser Angstpsychose, der hindurchging, als gäbe es so etwas nicht wie Verkaufsquoten, und der den Spannfuß sogar noch durch den Kakao zog.

Pinneberg wurde lebhaft, erzählte es ihr strahlend.

«Nun, Herr Heilbutt», hatte Herr Spannfuß lächelnd gesagt, «ich höre, Sie stehen in dem Ruf einer überragenden Intelligenz. Ich darf mich vielleicht erkundigen, ob auch Sie sich schon mit der Frage beschäftigt haben, wie Ersparungen im Betriebe vorzunehmen wären?»

«Ja», hatte Heilbutt gesagt und seine dunklen mandelförmigen Augen auf den Diktator geheftet, «auch ich habe mich mit dieser Frage beschäftigt.»

«Und zu welchem Ergebnis sind Sie gekommen?»

«Ich schlage die Entlassung aller Angestellten, die mehr als vierhundert Mark verdienen, vor.»

Herr Spannfuß hatte kehrt gemacht und war gegangen. Die ganze Herrenkonfektion aber hatte gejauchzt.

Ach, Lämmchen verstand es so gut. Es war nicht nur die Angst im Betrieb, vielleicht hätte er sich gar nicht so leicht anstecken lassen, am meisten kam es wohl daher, daß er sie entbehren mußte. Sie war so schwerfällig geworden, so unförmig stark, wenn sie sich ins Bett legte, mußte sie ihren Bauch extra schlafen legen. Er wollte sorgfältig hingelegt sein, sonst kam sie nicht zurecht mit ihm, sonst konnte sie nicht einschlafen.

Der Junge war gewöhnt an sie. Sie merkte es ihm ja an, wenn die Unruhe über ihn kam, und nun, da er sie nicht haben konnte, kam sie viel häufiger über ihn. Wie oft war sie in Versuchung, ihm zu sagen: «Such dir doch ein Mädchen», und wenn sie es nicht sagte, war es nicht darum, weil sie ihm das Mädchen mißgönnt hätte oder ihn dem Mädchen – es war wieder mal nichts anderes als das Geld. Nur das liebe Geld. Und am Ende hätte es auch nichts geholfen. Denn sie spürten noch etwas anderes: es war nicht mehr bloß der Junge, für den sie lebte, es war jetzt schon der andere, der Ungeborene, der sie verlangte. Nun gut, der Junge erzählte etwas von seinen Sorgen, sie hörte zu und sie tröstete ihn und war bei ihm, aber wenn sie ganz ehrlich war: sie hielt alles ein bißchen fort von sich. Es sollte den Murkel nicht stören. Es durfte den Murkel nicht stören.

Seht also, sie geht ins Bett, das Licht brennt noch, der Junge püttjert an was herum. Sie legt sich lieber schon, das Kreuz schmerzt so. Und nun, wo sie liegt, schiebt sie ihr Hemd hoch und sie liegt fast nackt da und sieht auf ihren Bauch.

Und dann, sie braucht fast nie lange zu warten, sieht sie, wie sich da eine Stelle bewegt, und sie zuckt zusammen und ihr bleibt die Luft weg.

«Gott, Junge», ruft sie. «Nun hat mich der Murkel eben wieder getreten, ganz verrückt ist der Bengel.»

Ja, er lebt in ihr, er scheint ziemlich munter, er ist ein lebendiges Kind, er tritt und stößt, irgendwelche Verwechslungen mit Verdauungsgeschichten sind jetzt ausgeschlossen.

«Sieh doch, Junge», ruft sie. «Du kannst es direkt sehen.»

«Ja?» antwortet er und kommt zögernd näher.

Da sind sie nun und warten beide, und dann ruft sie: «Da! Da!» und dann merkt sie, daß er gar nicht dorthin gesehen hat, sondern nur auf ihre Brust.

Sie bekommt einen Schreck, nun hat sie ihn ganz gedankenlos wieder gequält, sie zieht das Hemd herunter, sie murmelt: «Schlecht bin ich, Junge.»

«Ach, laß schon», sagt er. «Ich bin ja auch ein alberner Affe.» Und er macht sich im Halbdunkel etwas zu tun.

So geht es, und sooft sie sich schließlich schämt, sie kann's nicht lassen, sie muß ihn sehen, den Murkel, wie er tobt und sich rührt. Sie wäre ja gerne allein dabei, aber sie haben eben nur diese beiden Zimmer mit der ausgehängten Tür dazwischen, jeder muß alle Stimmungen des andern miterleben.

Einmal, ein einziges Mal, kommt Heilbutt zu Besuch zu ihnen in ihre Schiffskajüte. Ja, es ist ja nun nicht mehr zu verbergen, daß sie ein Kind erwarten, und nun erweist es sich, daß der Junge mit seinem Freund nie darüber gesprochen hat. Lämmchen wundert sich.

Aber Heilbutt findet sich mit Fassung darein, er scherzt ein bißchen, er erkundigt sich auch interessiert, wie das alles ist. Er ist ja ein Junggeselle, und seine Besorgnisse auf diesem Gebiet sind nie weiter gegangen, als daß die Freundin jedes Mal ihre Sache in Ordnung gehabt hat. Und das hat ja soweit immer noch Gott sei Dank, unberufen, toitoitoi, geklappt. Also Heilbutt ist interessiert, er nimmt Anteil, er hebt seine Teetasse und sagt: «Auf das Wohl des Murkel!»

Und dann, als er sie wieder hinsetzt, sagt er noch: «Ihr habt Mut.»

Abends, als das Ehepaar im Bett liegt, das Licht ist schon gelöscht, sagt Pinneberg noch: «Hast du gehört, wie Heilbutt gesagt hat: ‹Ihr habt Mut›?»

«Ja», sagt Lämmchen.

Und dann schweigen sie beide.

Aber Lämmchen denkt lange darüber nach, ob sie wirklich Mut haben, oder ob es nicht vielmehr jetzt ganz trostlos wäre, wenn die Aussicht auf den Murkel fehlte. Denn auf was sonst sollte man sich in diesem Leben noch freuen? Sie will einmal mit dem Jungen darüber sprechen, nur nicht gerade jetzt.

Der Junge muß sein Mittag haben und Frieda sich ein Beispiel
nehmen. Wenn ich sie nun nie wiedersehe?

Pinneberg kommt von Mandel nach Haus, es ist Sonnabend Mittag, er hat sich von Herrn Kröpelin freigeben lassen, er ist unruhig.

«Gehen Sie immer los», hat der nette Herr Kröpelin gesagt. «Und viel Glück für Ihre Frau.»

«Danke, danke», hat Pinneberg geantwortet. «Ich weiß ja noch nicht bestimmt, daß es heute soweit ist. Ich bin nur so unruhig.»

«Also gehn Sie nur los, Pinneberg», hat Kröpelin gesagt.

Dies Jahr ist zeitig Frühling; trotzdem sie erst Mitte März hatten, werden die Sträucher schon grün, die Luft ist ganz weich. ‹Hoffentlich›, denkt Pinneberg, ‹hat das Lämmchen nun bald überstanden, daß wir ein bißchen raus können. Das Warten ist gräßlich. Er soll sich beeilen, er soll kommen, dieser Herr — Murkel!›

Er geht langsam die Calvinstraße aufwärts, den Mantel hat er offen, es weht ein bißchen. ‹Alles ist leichter, wenn das Wetter gut ist. Wenn es nur erst soweit wäre!›

Er überquert Alt-Moabit, geht noch ein paar Schritte, ein Mann bietet ihm einen Strauß Maiglöckchen an, aber er geht nicht, so gerne er möchte, es ist über den Etat. Nun kommt der Hof, die Garagentür, sie steht offen, Meister Puttbreese hantiert an seinen Möbeln.

«Na, junger Mann», sagt er und blinzelt rotgerändert aus dem Dunkeln in den Sonnenschein. «Schon Vater?»

«Noch nicht», sagt Pinneberg. «Aber bald.»

«Die lassen sich Zeit, die Weiber», sagt Puttbreese und riecht heftig nach Schnaps. «Wenn man das so bedenkt, es ist alles großer Mist. Richtig verrückt. Denken Sie nach, junger Mann, was ist es, gar nichts ist es, ein Moment ist es, ach, das ist ja nicht mal ein Moment, Ruck-Zuck machen Sie —. Und dann? Dann haben Sie den Klotz am Bein das ganze Leben.»

«Stimmt!» sagt Pinneberg. «Mahlzeit, Meister, ich will essen gehen.»

«Schön war's aber doch, was, junger Mann?» bemerkt Herr Puttbreese. «Und ich will ja nicht gesagt haben, daß bei Ihnen mit einem Mal Feierabend gewesen ist. Ruck-Zuck einmal? Habe ich nicht gesagt, so wie wir gebaut sind.»

Und er schlägt sich auf die Brust. Pinneberg entschwindet die Leiter aufwärts ins Dunkel.

Lämmchen kommt ihm lächelnd entgegen. Immer wenn er jetzt nach Haus kommt, hat er das Gefühl, als müßte etwas geschehen sein, und immer ist nichts. Dabei geht es eigentlich gar nicht mehr weiter, toll sieht ihr Leib aus, straff wie eine Trommel und die ehemals weiße Haut durchzogen von einem häßlichen Geflecht unzähliger blauer und roter Adern.

«Tag, Frau», sagt Pinneberg und gibt ihr einen Kuß. «Kröpelin hat mir wirklich freigegeben.»

«Tag, Mann», sagt sie. «Fein. Aber rauch nicht erst. Wir können gleich essen.»

«O Gott», sagt er. «Ich habe solchen Hunger auf Zigarette. Hat's nicht noch einen Augenblick Zeit?»

«Natürlich», sagt sie und setzt sich auf ihren Stuhl. «Wie war's?»

«Ach, wie immer. Und hier?»

«Auch alles wie immer.»

Pinneberg seufzt: «Der läßt sich Zeit.»

«Wird auch noch, Jungchen. Am längsten hat es ja nun gedauert.»

«Zu dumm ist es», sagt er nach einer Pause, «daß wir niemanden kennen. Man müßte einen fragen können. Woher willst du wissen, wann du Wehen hast? Vielleicht sind es Leibschmerzen, denkst du.»

«Ach, ich glaub schon, man merkt es.»

Die Zigarette ist zu Ende, und sie fangen mit dem Essen an.

«Nanu!» sagt Pinneberg. «Koteletts – das ist ja Sonntagsessen.»

«Schweinefleisch ist jetzt billig», sagt sie entschuldigend. «Und dann habe ich gleich für morgen mitgebraten, dann hast du ... dann haben wir mehr Zeit für uns.»

«Ich hab gedacht», sagt er, «wir tippeln mal ganz langsam nach dem Schloßpark runter. Es ist da jetzt so schön.»

«Morgen früh, Junge, morgen früh.»

Dann sind sie beim Abwaschen. Lämmchen hat gerade einen Teller in der Hand, da stöhnt sie auf, mit weit offenem Munde. Ihr Gesicht wird ganz blaß, grau, und dann sehr rot.

«Was ist denn, Lämmchen?» fragt er erschrocken und bringt sie in ihren Stuhl.

«Die Wehen», flüstert sie nur und hat keine Zeit mehr für ihn, sitzt da, ganz vornüber gebeugt, den Teller hat sie noch in der Hand.

Er steht da, vollkommen ratlos, er sieht nach dem Fenster, nach der Tür, er möchte weglaufen, er streichelt sie – soll man einen Arzt holen? Sachte nimmt er ihr den Teller weg.

Lämmchen richtet sich wieder auf, die Farbe kommt wieder, sie trocknet sich das Gesicht ab.

«Lämmchen», flüstert er. «Mein Lämmchen ...»

«Ja», sagt sie und lächelt. «Jetzt wird es Zeit, daß wir losgehen. Voriges Mal war eine Stunde Pause zwischen den Wehen, und diesmal nur vierzig Minuten. Ich dachte, wir würden noch mit Abwaschen fertig.»

«Und du hast mir nichts gesagt und mich noch eine Zigarette rauchen lassen!»

«Es ist ja noch Zeit. Wenn es erst richtig soweit ist, kommen sie alle Minuten.»

«Du hättest es mir sagen müssen», beharrt er.

«Dann hättest du überhaupt nichts gegessen. Du bist doch immer so flau, wenn du aus dem Geschäft kommst.»

«Also los.»

«Ja», sagt sie und sieht sich noch einmal in dem Zimmer um. Sie hat ein seltsam helles, zerfließendes Lächeln auf dem Gesicht. «Ja, abwaschen mußt du nun allein. Und, nicht wahr, du hältst unser kleines Nest schön sauber? Es macht ein bißchen Arbeit, aber ich denke so gern hierher.»

«Lämmchen», sagt er nur. «Lämmchen!»

«Also los», sagt sie dann. «Du steigst am besten zuerst runter. Hoffentlich kommen sie nicht gerade, wenn ich auf der Leiter bin.»

«Aber», beginnt er vorwurfsvoll, «du sagst doch, höchstens alle vierzig Minuten.»

«Kann man's denn wissen?» fragt sie. «Vielleicht hat er es eilig. Er sollte man noch ein wenig warten, dann wird er ein Sonntagsjunge.»

Und sie klimmen abwärts.

Es geht alles gut ab, sogar mit Herrn Puttbreese, der nicht da ist.

«Gottlob», sagt der Junge, «dem sein besoffenes Gequatsche hätte mir gerade noch gefehlt!»

Und nun sind sie in Alt-Moabit, die Elektrischen klingeln, die Autobusse fahren. Sie gehen ganz langsam und pomade durch den schönen Märzsonnenschein. Manche Männer glotzen Lämmchen riesig gemein an, und manche, als kriegten sie einen Schreck, und andere wieder, als grinsten sie. Die Frauen schauen alle anders, ziemlich ernst, wie mitbetroffen, als gehörten sie dazu.

Pinneberg überlegt etwas sehr genau, kämpft mit sich und faßt dann einen Entschluß. «Bestimmt», sagt er.

«Was ist denn, Jungchen?»

«Nee, ich sage es dir nachher. Ganz zum Schluß. Ich habe mir was vorgenommen.»

«Schön», sagt sie. «Aber du brauchst dir nichts vorzunehmen. Du bist gut so, wie du bist.»

Der Kleine Tiergarten, sie müssen nur noch quer durch, drüben sieht man schon das Tor zum Krankenhaus ... aber es erweist sich, daß sie es nicht mehr schaffen, sie kommen noch gerade zu einer Bank. Fünf, sechs Frauen sitzen da, sie rücken beiseite, sie sind sofort im Bilde.

Lämmchen sitzt da, sie hat die Augen geschlossen und krümmt sich ganz vornüber. Pinneberg steht etwas verlegen, hilflos dabei, ihr Stadtköfferchen in der Hand.

Eine dicke, zerfließende Frau sagt mit tiefer Stimme: «Na, man Mut, junge Frau, wenn's gar nicht will, holen die Sie mit der Bahre.»

Eine Junge meint: «Wie die gebaut ist, da wird's schon werden. Die hat noch Speck zuzusetzen.»

Aber sie wird mißbilligend von den anderen betrachtet.

«Soll man jede froh sein, die ein bißchen was auf den Rippen hat, bei den Zeiten. Da braucht man nicht gleich neidisch sein.»

«So meine ich es doch nicht», verteidigt sich die Junge. Aber keine beachtet sie mehr.

Tiefsinnig läßt sich eine dunkle Spitznasige hören: «Da sieht man es nun wieder. Bloß damit die Männer ihr Vergnügen haben. Wir müssen hinhalten.»

Und eine gelbe Ältere ruft ein Mädel ran, ein dickes Kind von dreizehn: «Sieh es dir an, so geht's dir, wenn du dich mit Männern einläßt. Kannste dir ruhig ansehen. Das schad't dir nichts, Frieda. Dann weißte doch, warum Vater dich rausschmeißt.»

Lämmchen ist wieder bei sich. Sie sieht erwachend um sich, in den Kreis all der Frauengesichter, und versucht ein Lächeln.

«Gleich geht's wieder», sagt sie. «Gleich gehen wir weiter, Junge. Ist es schlimm?» «O Gott», sagt er nur.

Und Pinnebergs gehen weiter, Schritt für Schritt.

«Du, Lämmchen», sagt der Junge zaghaft.

«Was denn, frag schon!»

«Du wirst doch nie denken, wie die Olle da gesagt hat, daß es nur ist, damit ich mein Vergnügen habe?»

«Quatsch», sagt Lämmchen nur, aber dies mit soviel Inbrunst, daß er vollkommen zufriedengestellt ist. Da ist der Torbogen schon, der dicke Portier.

«Entbindung. Was? Links in die Anmeldung.»

«Können wir nicht gleich –?» sagt der Junge besorgt und ängstlich. «Die Wehen sind schon im Gang. Können wir nicht gleich ein Bett, meine ich –?»

«Gott», sagt der Portier. «Das ist wohl nicht so eilig.»

Langsam klettern sie die paar Stufen zur Anmeldung hoch. «Neulich haben wir eine gehabt, die denkt, sie kriegt's noch hier bei mir im Vorraum, und dann hat sie hinten vierzehn Tage gelegen und dann ist sie wieder nach Haus gegangen, und dann hat es noch vierzehn Tage gedauert – manche müssen doch überhaupt nicht rechnen können.»

Die Tür zur Anmeldung öffnet sich, eine Schwester sitzt da, ach, kein Mensch regt sich darüber auf, daß da Pinnebergs hereinkommen, im Begriff, eine richtige Familie zu etablieren, was doch immerhin heute nicht mehr ganz so häufig wie früher ist.

Hier scheint es ganz das Übliche zu sein. «Entbindung?» fragt auch die Schwester. «Weiß nicht, ich glaube, wir haben kein Bett mehr frei. Dann müssen wir Sie woanders hinschicken. Wie oft kommen denn die Wehen? Können Sie noch laufen?»

«Hören Sie mal!» fängt Pinneberg an sich gewaltig zu ärgern.

Aber die Schwester telephoniert schon. Dann hängt sie ab. «Bett wird erst morgen frei. Aber bis dahin wird's ja so gehen.»

«Erlauben Sie mal!» empört sich Pinneberg. «Meine Frau hat schon alle Viertelstunden Wehen. Sie kann doch nicht bis morgen früh ohne Bett sein.»

Die Schwester lacht, ach, sie lacht ihn direkt aus. «Das erste, was?» fragt sie Lämmchen, und Lämmchen nickt. «Na, Sie kommen natürlich erst mal in den Kreißsaal, und dann», wendet sie sich mitleidig erklärend an Pinneberg, «dann, wenn das Baby da ist, wird wohl auch ein Bett frei sein.» In anderm Ton: «Und nun machen Sie man schnell, junger Mann, daß Sie mit Ihren Papieren zurechtkommen. Sie holen dann Ihre Frau hier wieder ab.»

Gottlob geht es mit den Papieren ganz schnell: «Nein, Sie brauchen nichts zu bezahlen. Unterschreiben Sie hier nur, daß Sie Ihren Anspruch an die Krankenkasse abtreten. Wir kriegen dann unser Geld von denen. Also schön, alles erledigt.»

Lämmchen hat wohl gerade wieder einen Anfall überstanden.

«Nun fängt es ja langsam an», sagt die Schwester. «Aber vor heute nacht, zehn, elf, eher glaube ich nicht.»

«So lange?» sagt Lämmchen und sieht die Schwester nachdenklich an. Sie hat einen ganz anderen Blick jetzt, findet Pinneberg, so als wäre sie ganz fern von allen anderen Menschen, auch von ihm, und ganz allein auf sich angewiesen. «So lange?» fragt sie.

«Ja», sagt die Schwester. «Es kann natürlich auch schneller gehen. Sie sind ja kräftig. Bei manchen geht's in ein paar Stunden. Und manche sind in vierundzwanzig Stunden noch nicht durch.»

«Vierundzwanzig Stunden», sagt Lämmchen und ist sehr allein. «Dann komm man, Junge.»

Sie stehen auf und püttjern los. Es erweist sich, daß das Entbindungsheim das hinterste von allen Häusern ist, sie müssen einen endlosen Weg entlangzuckeln. Der Junge möchte Lämmchen gern unterhalten, ablenken, sie geht so still vor sich hin, ihr Gesicht ist ganz verschlossen, sie hat ihre Grübelfalte auf der Stirn, sicher denkt sie über diese vierundzwanzig Stunden nach.

«Du, Lämmchen», sagt er und will ihr erklären, daß er findet, solche Quälerei ist eine viehische Gemeinheit. Aber er sagt es nicht. Statt dessen meint er: «Ach, ich wollte dich ein bißchen unterhalten. Aber mir fällt gar nichts ein, Lämmchen. Ich muß immerzu daran denken.»

«Du brauchst gar nichts zu sagen, Junge», sagt sie. «Und Sorgen sollst du dir auch nicht machen. Diesmal kann ich wirklich sagen, was andere können, kann ich auch.»

«Na ja», sagt er. «Das schon – aber . . .»

Und dann sind sie im Entbindungsheim.

Eine blonde große Schwester ist gerade auf dem Gange und dreht sich um, als sie den Anmarsch sieht, und vielleicht gefällt ihr Lämmchen auch (allen netten Menschen gefällt Lämmchen), denn sie faßt sie um die Schulter und sagt fröhlich: «Na, junge Frau, besuchen Sie uns auch mal? Das ist recht.» Und wieder die Frage, die hier die Hauptfrage zu sein scheint: «Das erste, was?»

Und dann sagt sie zu Pinneberg: «Jetzt entführe ich Ihnen Ihre Frau. Nein, sehen Sie nicht so entsetzt aus, Sie können ihr noch Adieu sagen. Und Sie müssen auch all ihre Sachen mitnehmen, hier bleibt nichts davon. Die bringen Sie dann wieder, in acht Tagen, wenn Ihre Frau nach Haus geht.»

Und damit entschwindet sie, Lämmchen im Arm, und Lämmchen nickt ihm noch einmal zu, über die Schulter weg, und ist nun ganz in dieser Maschinerie, in der man Kinder kriegt, immerzu, und das Kinderkriegen kann, von Berufs wegen. Und Pinneberg bleibt draußen.

Dann muß er wieder Personalien angeben, einer älteren Oberschwester mit grauen Haaren, die sehr streng aussieht, und er denkt, wenn Lämmchen nur nicht grade die kriegt! Die schnauzt sie sicher an, wenn sie nicht alles richtig macht. Und er versucht, durch demütiges Benehmen Sympathien zu gewinnen, und schämt sich schrecklich, daß er den Geburtstag von Lämmchen nicht weiß. Und die Oberschwester sagt: «Also wie üblich. Das weiß kein Mann.»

Und es wäre doch so schön gewesen, wenn es bei ihm nicht wie üblich gewesen wäre.

«So, und nun können Sie Ihrer Frau noch ‹Auf Wiedersehen› sagen.»

Und dann kommt er in einen schmalen langen Raum, der ganz vollgestellt ist mit allen möglichen Maschinen, von deren keiner er den Zweck auch nur ahnt. Und da sitzt Lämmchen in einem langen weißen Hemd und lächelt ihm entgegen. Sie sieht ganz aus wie eine kleines

Mädchen, rosig, mit offenen blonden Haaren, und ein wenig, als wenn sie sich schämt.

«Nun sagen Sie Ihrer Frau auf Wiedersehen», sagt die Oberschwester und puschelt bei der Tür herum.

Er steht vor Lämmchen, und als erstes fällt ihm auf, daß so nette blaue Kränze auf das Hemd gedruckt sind, es sieht so fröhlich aus. Aber als sie ihm die Arme um den Hals legt und seinen Kopf zu sich herunterzieht, da sieht er, daß es gar keine Kränze sind, sondern daß in Kreisschrift überall auf dem Hemd steht «Städt. Krankenhäuser Berlin».

Und als zweites fällt ihm auf, daß es gar nicht gut hier riecht, eigentlich . . .

Da sagt Lämmchen: «Also, mein Junge, vielleicht heute abend schon, und bestimmt morgen früh. Ich freue mich ja so auf den Murkel.»

Und er flüstert: «Lämmchen, ich will's dir sagen, ich habe mir geschworen, ich will von jetzt an in meinem ganzen Leben keinen Sonnabend mehr rauchen, wenn es gut geht.»

Und sie sagt: «O Junge, Junge . . .»

Da ruft die Schwester: «So, Herr Pinneberg!» Und zu Lämmchen sagt sie: «Na, hat der Einlauf gewirkt?»

Lämmchen wird rot und nickt, und nun begreift er erst, daß Lämmchen auf einem Klo gesessen hat, während er von ihr Abschied nahm, und er wird auch rot, trotzdem er das dumm findet.

«Also, Sie können immer anrufen, Herr Pinneberg, die ganze Nacht», sagt die Oberschwester. «Und hier sind die Sachen von Ihrer Frau.»

Da geht Pinneberg langsam fort und fühlt sich unglücklich und denkt, es ist darum, weil er sie zum ersten Mal in ihrer Ehe anderen Menschen ganz und gar ausgeliefert hat, und weil sie nun etwas erlebt, was er nicht miterlebt. ‹Vielleicht hätten wir doch besser eine Hebamme genommen. Da hätte ich mit dabei sein können.›

Der Kleine Tiergarten. Nein, auf der Bank sitzen die Frauen von vorhin nicht mehr, es wäre ihm recht gewesen, er hätte gern mit einer von ihnen gesprochen. Und auch Puttbreese ist nicht da, auch mit ihm kann man nicht reden, er muß allein in seine stille Kajütenwohnung.

Und da steht er nun, in Hemdsärmeln und Lämmchens Schürze um und wäscht weiter auf, und plötzlich sagt er ganz laut und ganz langsam: «Ja, wenn ich sie nun nie wiedersehe? Manchmal passiert doch etwas. Oft.» —

Viel zu wenig Abwasch! Die Erschaffung des Murkel.
Auch Lämmchen wird schreien

Es ist nicht ganz leicht, mit dem Gedanken ‹Vielleicht werde ich sie nie wiedersehen› in einer leer gewordenen Wohnung zu stehen. Für Pinneberg jedenfalls war es nicht leicht. Zuerst war ja immer noch der Abwasch da, sich daran zu halten, und Pinneberg besorgte ihn langsam und gründlich, er ging jedem Topf mit Ata und Strohwisch zu Leibe, an ihm sollte es nicht liegen. Seine Gedanken wanderten dabei eigentlich nicht recht weiter, da war nun dies mit blauen Buchstabenkränzen bedruckte Hemd, und sie sah gerötet und kindlich aus, und dann war es alle?

Nein.

Der Abwasch war zu Ende. Was nun? Ihm fiel ein, daß er schon längst die Tür mit einem Filzstreifen gegen Zug hatte dichten wollen, er war nie dazu gekommen. Der Filzstreifen lag seit Anfang des Winters da und Blauköpfe auch. Jetzt war März, nun ging er an die Arbeit. Er paßte den Streifen genau ein, heftete ihn provisorisch an und versuchte, ob die Tür schloß. Sie schloß. Und nun machte er den Filzstreifen fest, Blaustift um Blaustift, er hatte alle Zeit, vor sieben hatte es wohl kaum Zweck, anzurufen. Übrigens würde er nicht anrufen, sondern hingehen. Man sparte einen Groschen und erfuhr vielleicht mehr. Vielleicht durfte man sie sogar sehen.

Aber vielleicht sah man sie nie wieder.

Nun blieben noch ihre Kleider wegzuhängen, sie rochen so gut nach ihr, ihren Geruch hatte er immer geliebt. Natürlich war er nicht nett genug zu ihr gewesen, und zu oft war er brummig gewesen, und richtig an das gedacht, was sie bekümmerte, hatte er auch nicht. All solches Zeug. Natürlich dachten alle Männer an solche Geschichten, wenn es vielleicht zu spät war, wie üblich, hatte die Oberschwester gesagt. Es war wirklich wie üblich. Sie war zwecklos, solche Reue.

Fünf Uhr fünfzehn. Vor gut einer Stunde war er erst aus dem Krankenhaus fortgegangen, und schon hatte er nichts mehr zu tun. Er warf sich auf das große Wachstuchsofa und lag da, das Gesicht in den Händen verborgen, er lag lange still. Ja, er war klein und elend, er schrie und krakehlte und brauchte seine Ellbogen, um seinen Platz zu halten im Leben, aber verdiente er einen Platz? Er war ein Garnichts. Und um seinetwillen mußte sie sich quälen. Hätte er nie . . . wäre er nie – – – hätte er doch immer . . .

Da lag er, denken konnte man es nicht nennen, es trieb in ihm, er tat nichts dazu.

Man mag in einer halben Schiffskabine liegen, in Berlin NW, auf einem Wachstuchsofa, nach einem Garten hinaus: der Lärm der Großstadt kommt doch zu einem. Nur daß er hier verschmolzen ist, aus tausend Einzelgeräuschen in ein großes allgemeines Geräusch. Das schwillt und nimmt ab, das wird ganz laut und ist fast fort, als hätte es der Wind geschluckt.

Pinneberg liegt da, das Geräusch erreicht ihn und hebt ihn auf, dann senkt es ihn langsam nieder, er fühlt, wie das kühle Wachstuchsofa seinem Gesicht entgegenkommt, ihn hebt und senkt, und doch nie aus dem Arm läßt, das ist wie die Dünung der See. Die geht auch so zwecklos vor sich hin, immer weiter, warum eigentlich –?

Lensahn hieß der Ort und von Ducherow gab es Sonntagsrückfahrkarten dahin. An einem Sonnabend um zwei fuhr Pinneberg los, es war Frühsommer, Mai oder Juni. Nein, es war Juni gewesen. Bergmann hatte ihm frei gegeben.

Lensahn ist nicht sehr weit ab von Platz. Und so kam es, daß das Dorf voll war von Menschen, das Radio lärmte aus allen Wirtshausgärten und am Strand tobten sie wie die Wilden.

Nun ist es aber so mit einem tüchtigen Sandstrand, daß er verlockt, weiter zu gehen, immer weiter. Pinneberg zieht Schuh und Strümpfe aus und wandert dahin. Er hat keine Ahnung, wohin er geht, ob hier überhaupt noch ein Ort kommt, aber ist das nicht gleichgültig?

Er läuft ein paar Stunden, er sieht keinen Menschen mehr, er setzt sich am Strande hin und raucht eine Zigarette.

Dann steht er wieder auf und geht weiter. Ach, dieser Strand, mit seinen Buchten und Vorsprüngen, manchmal sieht es aus, als käme hinter dieser Dünennase gar nichts mehr, als ginge man direkt ins Meer. Und dann geht es doch weiter, mit einer unendlich sanften Schwingung landeinwärts. Eine große Bucht, erfüllt von blauem weißköpfigem Wasser, und eine neue Dünennase, drüben, ganz drüben.

Noch bis dahin und dann kommt wirklich gar nichts mehr.

Es kam doch noch etwas, sogar außer der obligaten Bucht, es kam ihm ein Mensch entgegen. Erst runzelte er die Stirn, es war ja nur ein schwarzer Strich, ein Mensch also, was machen Menschen hier draußen? Sie sollten in Lensahn bleiben.

Als sie sich näher kamen, sah er, es war ein Mädchen, sie wanderte barfuß und storchenbeinig mit breiten Schultern in einer rosa Seidenbluse und einem weißen Faltenrock, ihm entgegen.

Es war gegen Abend, der Himmel färbte sich schon rötlich.

«Guten Abend», sagte Pinneberg und blieb stehen und sah sie an.

«Guten Abend», sagte Emma Mörschel, blieb stehen und sah ihn auch an.

«Gehen Sie doch nicht dahin», sagte er und zeigte, woher er gekommen war. «Da ist lauter Jazz, Fräulein, und die Hälfte ist betrunken.»

«Ja?» sagte sie. «Aber gehen Sie auch nicht dahin», und sie zeigte in die Richtung, aus der sie kam. «In Wiek ist es nicht anders.»

«Was machen wir da?» fragte er und lachte.

«Ja, was ist zu machen?» fragte auch sie.

«Essen wir hier zu Abend», schlug er vor.

«Mir ist es recht», sagte sie.

Sie stapften in die Dünen, sie saßen in einer Mulde wie in einer großen freundlichen Hand, der Wind strich über die Dünenkuppen über ihre Köpfe fort. Sie tauschten harte Eier und Wurstbrote aus, er hatte Kaffee in der Thermosflasche, sie Kakao.

Sie schwätzten auch ein bißchen und lachten. In der Hauptsache aber aßen sie sehr gründlich und ausdauernd. Im übrigen waren sie einig, daß Menschen gräßlich seien.

«O Gott, ich möchte gar nicht nach Lensahn», sagte sie.

«Und ich nicht nach Wiek», sagte er.

«Also was machen wir?»

«Jetzt baden wir erst mal.»

Die Sonne war herunter, aber noch war es hell. Sie liefen hinein in die sanfte Brandung, sie spritzten sich und lachten. Sie waren gute Bürger, jedes hatte seinen Badeanzug mitgebracht und jedes sein Handtuch. (Pinneberg allerdings das seiner Wirtin.)

Später saßen sie da und wußten nicht, was tun.

«Also gehen wir?» sagte sie.

«Ja, es wird kalt.»

Und sie blieben stumm sitzen, stumm.

«Gehen wir nun nach Wiek oder Lensahn?» fragte sie nach einer langen Weile.

«Mir ist es gleich», sagte er.

«Mir auch», sagte sie.

Wieder eine lange Stille. Das Meer kommt in einer solchen Stille, es tritt ein in das Gespräch, es wird immer lauter.

«Also gehen wir», sagte sie noch einmal.

Er legte ganz vorsichtig und leise seinen Arm um sie. Er zitterte ebenso wie sie. Das Wasser wurde sehr laut.

Er neigte seinen Kopf über sie, ihre Augen waren dunkle Höhlen, in denen Glanz war.

Seine Lippen legten sich auf ihren Mund, der Mund teilte sich willig, kam ihm entgegen, tat sich auf.

«O!» sagte er und atmete tief auf.

Dann senkte sich seine Hand leise von ihrer Schulter, ging tiefer, unter der weichen Seide fühlte er ihre Brust, voll und fest. Sie machte eine kleine Bewegung.

«Bitte . . .», sagte er leise.

Und die Brust kam zurück in seine Hand.

Und plötzlich sagte sie: «Ja. Ja. Ja.»

Es war wie ein Jubel. Es kam ganz tief aus ihrer Brust heraus. Sie warf ihre Arme um seinen Hals, sie preßte sich an ihn. Er fühlte, wie sie ihm entgegenkam.

Sie hatte dreimal Ja gesagt.

Sie wußten nicht einmal, wie sie hießen. Sie hatten sich nie vorher gesehen.

Das Meer war da, und über ihnen der Himmel – Lämmchen konnte ihn gut sehen – wurde immer dunkler und die Sterne kamen, einer nach dem andern.

Nein, sie wußten nichts voneinander, sie fühlten nur, daß sie jung waren und daß es gut ist, einander zu lieben. An den Murkel dachten sie nicht.

Und nun kam er . . .

Die Stadt braust heran. Es war herrlich gewesen, es war herrlich geblieben, es war das große Los gewesen, das Mädchen aus den Dünen war die beste Frau von der Welt geworden. Nur er nicht der beste Mann.

Pinneberg stand langsam auf. Er machte Licht und sah auf die Uhr. Es war sieben. Sie war drüben, drei Straßen weit ab von ihm. Da geschah es nun.

Er zog den Mantel an und lief hinüber. Der Pförtner fragte: «Wohin denn jetzt noch?»

«Entbindungsheim. Ich . . .» Aber er braucht nichts zu erklären.

«Immer geradeaus. Der letzte Pavillon.»

«Danke», sagt Pinneberg.

Er läuft zwischen den Häusern hin, in allen Fenstern ist Licht, unter jedem Licht stehen vier, sechs, acht Betten. Da liegen sie. Hunderte,

Tausende, sie sterben langsam und rasch, sie werden auch wieder gesund, um etwas später zu sterben, es ist eine traurige Geschichte um das Leben.

Im Entbindungsheim auf dem Gang, das Licht ist so düster. Im Zimmer der Oberschwester kein Mensch. Er steht entschlußlos da. Eine Schwester kommt: «Na?»

Er erklärt, er heiße Pinneberg, er möchte gern hören . . .

«Pinneberg?», sagt die Schwester. Einen Augenblick . . .»

Sie geht durch eine Tür, die Tür ist gepolstert. Dann kommt direkt dahinter noch eine Tür, auch diese Tür ist gepolstert. Diese Tür schließt sie.

Pinneberg steht und wartet.

Dann kommt aus der gepolsterten Tür eilig eine Schwester, wieder eine andere, dunkel, untersetzt, sehr energisch.

«Herr Pinneberg? Es geht alles gut. Nein, es ist noch nicht soweit. Vielleicht rufen Sie noch mal um zwölf an. Nein, es geht alles gut . . .»

In diesem Augenblick ertönt hinter der Polstertür ein Gebrüll, nein, es ist kein Gebrüll, es ist ein Schrei, ein Gewimmer, eine jagende Serie von hervorgerissenen Qualschreien . . . es ist nichts Menschliches, keine Menschenstimme hört man daraus . . . Und ebbt ab.

Pinneberg ist kalkweiß geworden. Die Schwester sieht ihn an. «Ist es», fragt er stotternd, «ist das meine Frau? —»

«Nein», sagt die Schwester. «Das ist Ihre Frau nicht, Ihre Frau ist noch nicht so weit.»

«Muß», fragt Pinneberg, und seine Lippen beben, «. . . muß meine Frau auch so schreien . . .?»

Die Schwester sieht ihn wieder an. Vielleicht denkt sie, es ist ganz gut, wenn er weiß, die Männer sind heute nicht sehr nett zu ihren Frauen. »Ja», sagt sie. «Die erste Geburt ist meistens schwer.»

Pinneberg steht und horcht. Aber das Haus ist still.

«Also um zwölf», sagt die Schwester und geht.

«Danke schön, Schwester», sagt er und horcht noch immer.

*Pinneberg macht einen Besuch und läßt sich
zur Nacktheit verführen*

Schließlich muß man gehen. Das Schreien ist nicht wiedergekommen oder es ist von der doppelten Polstertür abgefangen. Jedenfalls weiß man nun: auch Lämmchen wird so schreien. Es ist eigentlich etwas, was man gar nicht anders hätte erwarten sollen, man zahlt für alles, warum sollte man gerade dafür nicht zahlen?

Pinneberg steht unentschlossen auf der Straße. Die Laternen brennen schon, hinten im Ufa-Theater leuchtet es festlich, all das ist da und geht weiter, mit Lämmchen und ohne Lämmchen. Mit Pinnebergs und ohne. Es ist nicht so einfach, sich das richtig klar zu machen, es ist fast nicht möglich.

Kann man mit solchen Gedanken nach Haus gehen? Da ist diese

leere Wohnung, so schrecklich leer, grade weil alles an Lämmchen erinnert . . . Da sind die beiden Betten, man hat sich abends die Hand über die Bettgasse gegeben, das war so gut. Das gibt es heute nicht. Vielleicht gibt es das nie mehr. Aber wohin?

Trinken, nein, das geht nicht. Es kostet Geld, und dann muß er ja noch um elf oder zwölf anrufen, es ist unwürdig, wenn er betrunken anruft. Es ist unwürdig, wenn er sich betrinkt, während Lämmchen dies durchmacht. Nein, er will sich nicht drücken, er will wenigstens an die Schreie denken, indes Lämmchen sie schreit.

Aber wohin? Vier Stunden durch die Straßen laufen? Das kann er nicht. Er geht vorbei an dem Kino, über dem seine Wohnung liegt, er geht vorbei an dem Ausgang der Spenerstraße, in der seine Mutter wohnt. Nein, das kommt alles nicht in Frage.

Langsam geht er weiter. Dies ist das Kriminalgericht und das sind Zellen. Vielleicht sitzen Menschen hinter dunklen Gitterfenstern und quälen sich auch, man müßte von sowas wissen, vielleicht wäre das Leben leichter, wenn man all sowas wüßte, aber man weiß nichts. Man bast so vor sich hin, man ist schrecklich allein, an einem solchen Abend wie heute weiß man nicht, wohin gehen.

Und plötzlich weiß er es. Er sieht auf die Uhr, er muß fahren, sonst sind die Häuser zu, bis er hinkommt.

Er fährt ein Stück mit der Elektrischen, dann steigt er um und fährt ein Stück mit einer anderen Elektrischen. Jetzt freut er sich schon auf seinen Besuch, mit jedem Kilometer, den er sich vom Krankenhause entfernt, entschwindet Lämmchen mit dem zu gebärenden Murkel weiter, wird schattenhaft, nicht mehr recht wirklich.

Nein, er ist kein Held, in keiner Richtung, weder im Angriff, noch im Sichselbstquälen, er ist ein ganz durchschnittlicher junger Mann. Er tut seine Pflicht, er findet es unwürdig, sich zu besaufen. Aber einen Besuch bei einem Freund kann man machen, und man kann sich sogar auf den Besuch freuen, das ist nichts Unwürdiges.

Er hat Glück: «Jawohl, Herr Heilbutt ist zu Haus.»

Heilbutt ißt zu Abend, und er wäre natürlich nicht Heilbutt, wenn er sich über diesen späten Besuch irgendwie wundern würde: «Pinneberg? Schön, daß du kommst. Hast du schon gegessen? Nein, natürlich nicht. Es ist ja noch nicht acht. Komm, iß mit.»

Er fragt Pinneberg nichts. Pinneberg ärgert sich darüber, aber nein, Heilbutt fragt nichts.

«Das ist mal eine vernünftige Idee, daß du gekommen bist. Sieh dich ruhig um, es ist eine Bude wie alle, scheußlich im Grunde, aber mir tut es nichts. Sie geht mich nichts an.»

Er macht eine Pause.

«Du siehst die Aktfotos? Ja, ich habe eine ziemliche Kollektion. Damit hat es eine besondere Bewandtnis. Zuerst sind meine Wirtinnen immer entsetzt, wenn ich einziehe und mache die Bilder an der Wand an. Manche wollen, daß ich sofort wieder ausziehe.»

Er macht erneut eine Pause. Er sieht sich um. «Ja, zuerst gibt es Krach», sagt Heilbutt. «Diese Wirtinnen sind ja meistens unglaublich spießig. Aber dann überzeuge ich sie. Man muß ja bedenken, daß

Nacktheit an sich das einzig Sittliche ist. Und damit überzeuge ich sie.»
– Wieder Pause. «Hier, meine Wirtin zum Beispiel, du hast sie ja gesehen, die dicke Witt, was war die aufgeregt! Legen Sie sie in die Kommode, hat sie gesagt, regen Sie sich auf daran, so viel Sie wollen, aber nicht vor meinen Augen . . .»

Heilbutt sieht Pinneberg ernst an: «Ich habe sie dann überzeugt. Du mußt bedenken, Pinneberg, ich bin ein geborener Freiluftmensch, ich sage zur Witten: Gut, beschlafen Sie sich die Sache, wenn Sie morgen früh noch wollen, daß ich die Bilder abnehme, schön. Kaffee bitte um sieben. Nun gut, morgens um sieben klopft sie, ich sage: Herein, sie kommt herein mit dem Kaffeetablett in der Hand, ich stehe hier ganz nackt und mache meine Morgenübungen. Ich sage zu ihr: Frau Witt, sehen Sie mich an, sehen Sie mich genau an. Erregt Sie das? Regt Sie das auf? Natürliche Nacktheit ist ohne Scham, auch Sie schämen sich nicht. – Und nun ist sie überzeugt. Sie sagt nichts gegen die Bilder, sie findet es richtig.»

Heilbutt sieht vor sich hin: «Die Menschen müßten es nur wissen, Pinneberg, es wird ihnen nicht richtig gesagt. Du solltest es auch tun, Pinneberg, und deine Frau auch. Es würde euch gut sein, Pinneberg.»

«Meine Frau . . .», fängt Pinneberg an.

Aber Heilbutt ist nicht zu hemmen, der dunkle, verhaltene Heilbutt, der vornehme Heilbutt, siehe da, auch er hat seinen Sparren, wie jeder. Heilbutt sagt: «Sieh mal, diese Aktfotos. Es ist eine Sammlung, wie du sie in ganz Berlin nicht zu sehen bekommst. Es gibt Aktfotoversandgeschäfte», er verzieht den Mund, «dutzendweis, das ist nichts, häßliche Modelle mit häßlichen Körpern, gar nichts. Dies alles, was du hier siehst, sind Privataufnahmen. Es sind Damen darunter», Heilbutts Stimme wird feierlich, «aus der höchsten Gesellschaft: sie bekennen sich zu unserer Lehre.» Mit erhobener Stimme: «Wir sind freie Menschen, Pinneberg.»

«Ja, ich kann mir das denken», antwortet Pinneberg verlegen.

«Glaubst du», flüstert Heilbutt und beugt sich ganz nahe zu Pinneberg hin, «ich könnte das aushalten, dies ewige Verkaufen und die albernen Kollegen und diese Schweine von Vorgesetzten», er macht eine Bewegung gegen das Fenster, «und all das da draußen, diesen ganzen Mist in Deutschland, wenn ich das nicht hätte –? Man müßte ja verzweifeln, aber so weiß ich, es wird einmal anders werden. Das hilft, Pinneberg. Das hilft. Du solltest es auch versuchen, du und deine Frau.» Aber er wartet die Antwort nicht ab, sondern steht auf und ruft aus der Tür: «Frau Witt, Sie können abräumen!»

«Bücher», sagt Heilbutt zurückkommend, «und Sport und Theater und Mädchen und Politik, und alles, was die Kollegen machen, das sind alles nur Betäubungsmittel, das ist alles nichts. In Wirklichkeit . . .»

«Aber . . .», fängt Pinneberg an und kommt nicht weiter, denn Frau Witt tritt mit dem Tablett ein.

«Sehen Sie, Frau Witt», sagt Heilbutt. «Das ist mein Freund Pinneberg. Den will ich heute abend mal zu unserem Kulturabend mitnehmen.»

Frau Witt ist eine kleine, runde, ältere Frau. «Tun Sie das man, Herr Heilbutt», sagt sie. «Das wird dem jungen Herrn Spaß machen. Sie brauchen keine Angst zu haben», beruhigt sie Pinneberg. «Sie müssen sich nicht ausziehen, wenn Sie nicht wollen. Ich habe mich auch nicht ausgezogen, als Herr Heilbutt mich mitgenommen hat . . .»

«Ich . . .», fängt Pinneberg an.

«Komisch ist es ja», erzählt Frau Witt, «wenn da alle nackig rumlaufen und unterhalten sich mit einem ganz nackig, ältere Herren mit Bart und Brille, und man hat seine Kleider an. Man geniert sich mächtig.»

«Sehen Sie», sagt Heilbutt. «Und wir genieren uns nicht.»

«Na ja», sagt die ältliche rundliche Frau Witt. «Für jüngere Herren mag es ja ganz nett sein. Was die Mädchen sind, die verstehe ich ja nicht so, aber die jungen Herren, die finden da sicher netten Anschluß. Die kaufen die Katze nicht im Sack.»

«Ihre Ansicht, Frau Witt», sagt Heilbutt kurz, und es ist ersichtlich, daß er sich ärgert. «Wenn Sie denn also abräumen wollen.»

«Ihnen ist es nicht recht, Herr Heilbutt, wenn ich das sage», und sie schiebt das Abendbrotgeschirr zusammen, «aber was wahr ist, muß wahr sein. Manche gingen doch ganz ungeniert miteinander in die Zellen.»

«Das verstehen Sie nicht, Frau Witt», sagt Heilbutt. «Guten Abend, Frau Witt.»

«Guten Abend, die Herren», sagt Frau Witt und schiebt mit ihrem Tablett ab, bleibt aber doch noch einmal unter der Tür stehen. «Natürlich versteh ich das nicht. Aber billiger als ins Café gehen ist es doch.»

Und damit ist sie fort, und Heilbutt betrachtet böse die braune, lakkierte Tür.

«Man kann», sagt er dann, «es der Frau nicht übel nehmen», und er nimmt es ihr gewaltig übel. «Sie versteht es nicht besser. Natürlich, Pinneberg», sagt er, «natürlich ergeben sich Beziehungen, aber die ergeben sich überall, wo junge Menschen zusammen sind, das hat mit unserer Bewegung gar nichts zu tun.» Er bricht ab. «Nun, du wirst ja selbst sehen. Du hast doch Zeit, nicht wahr, du kommst mit?»

«Ich weiß nicht recht», sagt Pinneberg und ist verlegen. «Ich muß noch mal telephonieren. Meine Frau ist nämlich im Krankenhaus.»

«Oh», sagt er bedauernd. Und dann versteht er: «Ist es so weit?»

«Ja», sagt Pinneberg, «ich habe sie heute nachmittag hingebracht. Heute nacht wird's wohl passieren. Und, Heilbutt . . .», er möchte weiterreden, von seinen Kümmernissen, seinen Sorgen, aber er kommt nicht dazu.

«Telephonieren kannst du auch von der Badeanstalt aus», sagt Heilbutt. «Du meinst doch nicht, daß deine Frau was dagegen haben könnte?»

«Nein, nein, das glaube ich nicht. Nur, es kommt einem so komisch vor, sie liegt da im Entbindungshaus, Kreißsaal heißt das, da gebären sie drin, und es scheint gar nicht leicht zu sein, ich habe eine schreien hören . . . schrecklich.»

«Na ja, es tut wohl weh», sagt Heilbutt mit aller Gemütsruhe des Unbeteiligten, «aber es geht doch eigentlich immer glatt. Ihr müßt ja schließlich auch froh sein, wenn es überstanden ist. Und, wie gesagt, auszuziehen brauchst du dich nicht.»

Wie Pinneberg über Frei-Körper-Kultur denkt
und was Frau Nothnagel dazu meint

Für einen unbefahrenen Mann von Pinnebergs Art bietet eine Einladung wie die Heilbutts mancherlei Gefahren. Er war sicher in sexuellen Dingen nie besonders schüchtern, o nein, im Gegenteil. Er ist in Berlin aufgewachsen, und so sehr lange ist es ja nicht her, daß ihn Frau Pinneberg an gewisse Spiele mit Schulmädchen in den Sandkästen erinnerte, die damals starken Anstoß erregten. Und wenn man dann in der Konfektion groß wird, die nicht nur in Kleidungsstücken, sondern auch in Witzen und vorurteilsfreien Mannequins wohl assortiert ist, dann bleibt von romantischen Ideen nicht viel übrig. Mädchen sind Mädchen, und Männer sind Männer, aber so verschieden sie sind, beiden ist gemeinsam, daß sie gerne das tun. Und wenn sie tun, als täten sie es nicht gerne, so haben sie eben gewisse Gründe, die mit der Sache an sich nichts zu schaffen haben, weil sie geheiratet werden wollen oder weil der Chef so was nicht gern sieht oder weil sie irgendwelchen Quatsch von Ideen im Kopf haben.

Nein, von hierher droht keine Gefahr, die Gefahr kommt viel eher daher, daß man nur zu gut Bescheid weiß und zu illusionslos ist. Heilbutt kann gut sagen: man denkt sich nichts dabei, das weiß Pinneberg besser: man denkt sich doch was dabei.

Pinneberg braucht sich nur ganz flüchtig auszumalen, wie da die jungen Mädchen und Frauen herumlaufen und baden und schwimmen — und er weiß, was geschieht.

Aber — und das ist Pinnebergs große Entdeckung —: er will darin nichts empfinden, was nicht mit Lämmchen zusammenhängt. Also da hat er nun die übliche Kindheit hinter sich mit allen Ernüchterungen und Schleierfällen und mindestens einem Dutzend Freundinnen, die Eskapaden ungerechnet. Und dann hat er Lämmchen kennengelernt, und von den Dünen zwischen Wiek und Lensahn an war das auch nichts anderes, etwas sehr Hübsches und Angenehmes, das das Leben erfreulicher machte.

Ja, und dann haben sie geheiratet, und sie haben oft das getan, was in der Ehe so bequem und naheliegend ist, und es ist immer gut und angenehm und befreiend gewesen, ganz wie früher, aber auch nicht anders als früher. Und nun ist es doch anders geworden, irgendwie ist daraus eine Bindung entstanden, ob es nun an Lämmchen liegen mag, weil sie so eine herrliche Frau ist, oder an der Gewöhnung der Ehe —: die Schleier sind wiedergekommen, die Illusionen sind wieder da. Und nun, da er mit dem bewunderten und ein ganz klein wenig lächerlich gewordenen Freunde Heilbutt in die Badeanstalt pilgert, weiß er genau, er mag nichts empfinden, was nicht mit Lämmchen zusammenhängt. Er gehört ihr, wie sie ihm gehört, er will keine Lust empfinden, deren Quelle und Mündung sie nicht ist, er will nicht.

Und darum schwebt es ihm immer auf der Zunge, zu Heilbutt zu sagen: «Du, Heilbutt, ich möchte doch lieber jetzt mal ins Krankenhaus gehen, ich bin ein bißchen unruhig.»

Als Ausrede, damit er sich nicht zu sehr blamiert.

Aber dann, ehe er noch eine Pause in Heilbutts Gerede erwischt hat, geht alles durcheinander: seine Wohnung, der Kreißsaal, die Badeanstalt mit nackten Frauen, die Aktfotos, was manche Mädchen für kleine spitze Brüste haben — früher fand er das nett, jetzt, seit er Lämmchens breite, weiche, volle Brust kennt . . . Siehst du, das ist wieder dasselbe, alles, was sie ist, ist gut, nein, jetzt sage ich es Heilbutt . . .

«Also hier ist es», erklärt Heilbutt.

Und Pinneberg sieht an dem Gebäude hoch und sagt: «Ach so, es ist eine richtige Schwimmbadeanstalt. Ich dachte . . .» «Du dachtest, wir hätten schon eine eigene Badeanstalt, nein, so reich sind wir noch nicht.»

Pinnebergs Herz klopft schrecklich, er hat richtige Angst. Aber vorläufig gibt es nichts weiter Beängstigendes; an der Kasse sitzt ein graues weibliches Wesen und sagt: «Guten Abend, Joachim. Siebenunddreißig hast du.» Und gibt ihm einen Schlüssel mit einer Nummer.

«Danke», sagt Heilbutt, und Pinneberg ist sehr verwundert, daß Heilbutt mit Vornamen Joachim heißt.

«Und der Herr?» fragt die Graue weiter und deutet mit dem Kopf auf Pinneberg.

«Ein Gast», antwortet Heilbutt. «Du möchtest also nicht baden?»

«Nein», sagt Pinneberg verlegen. «Heute lieber nicht.»

«Ganz wie du willst», sagt Heilbutt lächelnd. «Sieh dir alles an, vielleicht holst du dir nachher noch einen Schlüssel.»

Und nun gehen die beiden den Gang hinter den Badezellen entlang, und vom Bassin her, das sie aber noch nicht sehen, hört man das übliche Lachen und Wasserklatschen und Schreien, und es riecht ganz nach Badeanstalt, lau und feucht, und es ist alles überhaupt ganz wie gewöhnlich, und Pinneberg wird schon ruhiger — da geht eine Zellentür auf, und er sieht einen Spalt und etwas Rosiges und will fortsehen. Und da geht die Zellentür ganz auf, und ein junges weibliches Wesen, mit Garnichts bekleidet, steht in der Tür und sagt: «Na endlich, Achim, ich dachte, du kämst wieder mal nicht.»

«Doch, doch», sagt Heilbutt. «Gestatte, daß ich dir meinen Freund Pinneberg vorstelle. Herr Pinneberg — Fräulein Emma Coutureau.»

Fräulein Coutureau macht eine kleine Verbeugung, und sie reicht Pinneberg wie eine Fürstin ihre Hand. Und er sieht hin, sieht fort, und weiß nicht . . .

«Sehr angenehm», sagt Fräulein Coutureau und hat noch immer nichts an. «Hoffentlich überzeugen Sie sich, daß wir auf dem richtigen Wege sind . . .»

Da aber hat Pinneberg eine Rettung, eine Telephonzelle, erspäht. «Nur mal schnell telephonieren. Entschuldigung», murmelt er und stürzt fort.

Heilbutt ruft ihm nach: «Wir sind also in Zelle siebenunddreißig.»

Pinneberg läßt sich sehr viel Zeit mit seiner Telephonverbindung. Überhaupt, es ist ja viel zu früh zu telephonieren, es ist gerade erst neun, aber besser so, besser erst mal weg.

«Da kann einem ja aller Appetit vergehen», sagt er nachdenklich. «Vielleicht müßte man wirklich nackt sein?»

Und dann legt er seinen Groschen zurecht und verlangt Moabit 8650.

Ach Gott, wie das alles dauert, nun fängt sein Herz wieder an zu klopfen. Vielleicht werde ich sie nie wiedersehen.

Die Schwester sagt: «Einen Augenblick. Ich werde mich erkundigen. Wer ruft an? Pallenberg?»

«Nein, Pinneberg, Schwester, Pinneberg.»

«Pallenberg, das sage ich doch. Also einen Augenblick, bitte.»

«Schwester, Pinne . . .»

Aber sie ist schon fort. Und nun liegt vielleicht auch noch eine Frau Pallenberg gerade im Entbindungsheim, und er bekommt eine falsche Auskunft und denkt, es ist gut abgegangen, und in Wirklichkeit . . .

«Sind Sie noch da, Herr Pinneberg?»

Gottlob, es ist eine andere Schwester, womöglich die, die Lämmchen selbst behandelt.

«Nein, es ist noch nicht soweit. Es kann noch drei, vier Stunden dauern. Vielleicht rufen Sie um Mitternacht noch einmal an.»

«Aber es geht gut? Es ist alles in Ordnung?»

«Alles ganz normal . . . Also dann um Mitternacht noch mal, Herr Pinneberg.»

Er hängt ab, er muß hinaus, Heilbutt wartet auf Zelle siebenunddreißig, wie ist er nur auf die wahnsinnige Idee gekommen, hierher mitzugehen?

Pinneberg klopft an siebenunddreißig, und Heilbutt ruft «Herein». Da sitzen die beiden nebeneinander auf dem Bänkchen, sie scheinen wirklich nur geplaudert zu haben, vielleicht liegt es doch an ihm, vielleicht ist er ganz wie Frau Witt für diese Dinge zu verdorben.

«Also gehen wir», sagt der nackte Heilbutt und streckt sich. «Eng ist das hier. Du hast mir ordentlich eingeheizt, Emma.» «Und du mir!» lacht Fräulein Coutureau. Pinneberg geht hinter den beiden, und wieder stellt er fest, daß es einfach peinlich ist. «Was hast du übrigens für Nachrichten von deiner Frau?» ruft Heilbutt über die Schulter zu Pinneberg. Und erklärend zu seiner Begleiterin: «Frau Pinneberg ist in der Klinik. Sie soll heute ein Kind kriegen.»

«Ach», sagt Fräulein Coutureau.

«Ist noch nicht soweit», sagt Pinneberg. «Kann noch drei, vier Stunden dauern.»

«Dann hast du», meint Heilbutt befriedigt, «ja gründlich Gelegenheit, dir alles anzusehen.»

Aber Pinneberg hat vor allem Gelegenheit, sich über Heilbutt gründlich zu ärgern.

Jetzt kommen sie in die Schwimmhalle. ‹Nicht sehr viele›, denkt Pinneberg zuerst. Aber dann sind sie doch eine ganze Menge. An den Sprungbrettern steht eine große Versammlung, alle so unglaublich nackt, und einer nach dem andern tritt vor und absolviert einen Sprung vom Brett in das Bassin. «Ich glaube», sagt Heilbutt, «du bleibst am besten hier. Und wenn du etwas wissen willst, brauchst du mir nur zu winken.»

Und damit gehen die beiden, und Pinneberg in seinem Winkel ist ganz ungestört und sicher. Er schaut zu, was sich da begibt am Sprungbrett. Heilbutt scheint so etwas wie eine Hauptperson zu sein, alle begrüßen ihn, lachen und strahlen, bis zu Pinneberg dringt das Joachim-Rufen.

Ach ja, es sind gutgewachsene junge Männer darunter und junge Mädchen, blutjunge Dinger mit festen straffen Körpern, aber sie sind stark in der Minderzahl, das Hauptkontingent stellen würdige ältere Herren und behäbige Frauen, Pinneberg kann sie sich gut in einem Militärkonzert vorstellen, Kaffee trinkend, hier, wo sie jetzt sind, wirken sie ganz unwahrscheinlich.

«Bitte, mein Herr», sagt hinter ihm eine flüsternde, sehr höfliche Stimme. «Sind Sie auch Gast?»

Pinneberg fährt zusammen und sieht sich um. Eine stark untersetzte Frau steht hinter ihm, gottlob völlig bekleidet, auf der gebogenen Nase sitzt eine Hornbrille.

«Ja, ich bin Gast», sagt er.

«Ich auch», sagt die Dame und stellt sich vor. «Nothnagel ist mein Name.»

«Pinneberg», sagt er.

«Sehr interessant hier, nicht wahr?» fragt sie. «So ungewöhnlich.»

«Ja, sehr interessant», bestätigt Pinneberg.

«Sie sind eingeführt durch eine –», sie pausiert und fragt es schrecklich diskret, «– durch eine Freundin?»

«Nein, durch einen Freund.»

«Ach, durch einen Freund! Ich bin nämlich auch durch einen Freund eingeführt. Und darf ich fragen», erkundigt sich die Dame, «ob Sie sich schon entschlossen haben?»

«Weswegen?»

«Wegen der Aufnahme. Ob Sie beitreten wollen?»

«Nein, ich bin noch nicht entschlossen.»

«Denken Sie, ich auch nicht! Ich bin heute das dritte Mal hier, aber ich habe mich noch nicht entschließen können. In meinem Alter ist das nicht so einfach.»

Sie sieht ihn behutsam fragend an. Pinneberg sagt: «Es ist überhaupt nicht so einfach.»

Sie ist erfreut: «Sehen Sie, genau das, was ich immer wieder zu Max sage. Max ist mein Freund. Da – nein, jetzt können Sie ihn nicht sehen . . .»

Doch dann kann er ihn sehen, und es stellt sich heraus, daß Max ein Vierziger ist, recht gut aussehend, braun, stämmig, dunkel, der Typ eines entschlossenen Kaufmanns.

«Ja, ich sage immer zu Max, so einfach, wie du denkst, ist es nicht, es ist überhaupt nicht einfach, vor allen Dingen nicht für eine Frau.» Sie sieht Pinneberg wieder gewinnend an, und ihm bleibt nichts übrig, als zu bestätigen: «Ja, es ist schrecklich schwierig.»

«Sehen Sie! Max sagt immer, bedenke das Geschäftliche, es ist geschäftlich vorteilhaft, wenn du beitrittst. Er hat ja recht, und er hat schon eine ganze Menge Vorteil gehabt von seinem Beitritt.»

«Ja?» sagt Pinneberg höflich und ist neugierig.

«Es ist ja nichts Verbotenes, ich kann ruhig mit Ihnen darüber sprechen. Max hat eine Vertretung in Teppichen und Gardinen. Nun, das Geschäft wird immer schlechter, und da ist Max hier beigetreten. Wo er hört, irgendwo ist ein größerer Verein, da tritt er bei und verkauft an seine Vereinsbrüder. Er gibt ihnen natürlich einen anständigen Rabatt, es bleibt ihm noch genug, sagt er. Ja, für Max, der so gut aussieht und so viel Witze weiß und solch glänzender Gesellschafter ist, für den ist es leicht. Für mich ist es viel schwerer.»

Sie seufzt sehr.

«Sie sind auch geschäftlich tätig?» fragt Pinneberg und betrachtet das arme, graue, törichte Wesen.

«Ja», sagt sie und sieht ihn zutraulich von unten an. «Ich bin auch geschäftlich tätig. Aber ich habe nicht viel Glück. Ich habe ein Schokoladengeschäft gehabt, es war ein ganz gutes Geschäft in einer guten Lage, aber ich habe wohl nicht die richtige Gabe dafür. Immer habe ich Unglück gehabt. Einmal habe ich es besonders gut machen wollen, ich habe mir einen Dekorateur genommen, fünfzehn Mark habe ich ihm bezahlt, und dafür hat er mir mein Schaufenster dekoriert, für zweihundert Mark Ware lag darin. Und ich bin so eifrig und hoffnungsfroh, ich denke, das muß doch wirken, und in meinem Eifer vergesse ich, die Markise runter zu lassen, und die Sonne — es war Sommer — scheint mir ins Schaufenster, und was soll ich Ihnen sagen, mein Herr, wie ich es merke, da ist alle Ware schon geschmolzen und zusammengelaufen. Alles unbrauchbar. Ich habe das Pfund nachher für zehn Pfennige an Kinder verkauft, die teuersten Pralinen, denken Sie, für zehn Pfennig das Pfund. Was für ein Schaden das war!» Sie sieht Pinneberg betrübt an, und ihm ist auch betrübt zu Mut, betrübt und lächerlich, den ganzen Badebetrieb hat er längst vergessen.

«Haben Sie denn niemand gehabt, der Ihnen ein bißchen geholfen hat?» fragt er.

«Nein, niemand. Max kam erst später. Da hatte ich das Geschäft schon wieder abgegeben. Und Max hat mir eine Vertretung in Leibbinden und Hüfthaltern und Büstenhaltern besorgt. Es soll ja eine sehr gute Vertretung sein, aber ich verkaufe nichts. So gut wie nichts.»

«Ja, so was ist heute schwer», sagt Pinneberg.

«Nicht wahr?» sagt sie dankbar. «Es ist schwer. Ich laufe den ganzen Tag treppauf, treppab, und manchmal verkaufe ich den ganzen Tag nicht für fünf Mark Ware. Nun», sagt sie und versucht zu lächeln, «das ist nicht so schlimm, die Leute haben eben wirklich kein Geld. Aber wenn manche nur nicht so häßlich wären! Wissen Sie», sagt sie behutsam, «ich bin nämlich jüdisch, haben Sie es gemerkt?»

«Nein . . . nicht sehr», sagt Pinneberg verlegen.

«Sehen Sie», sagt sie, «man merkt es doch. Ich sage immer zu Max, man merkt es. Und da finde ich doch, die Leute, die Antisemiten sind, sollten so ein Schild an ihre Tür machen, daß man sie gar nicht erst belästigt. So kommt es immer wie aus heiterem Himmel. ‹Hauen Sie ab mit Ihrem unsittlichen Zeug, Sie olle Judensau›, hat gestern einer zu mir gesagt.»

«So ein Schwein», sagt Pinneberg wütend.

«Ich hab ja manchmal schon dran gedacht, aus der jüdischen Kirche auszutreten, wissen Sie, ich bin nicht sehr gläubig, ich esse auch Schweinefleisch und alles. Aber kann man das denn jetzt, wo alle auf den Juden rumhacken?»

«Da haben Sie recht», sagt Pinneberg erfreut. «Das tun Sie lieber nicht.»

«Ja, und nun hat Max gemeint, ich soll hier eintreten, hier könnte ich gut verkaufen, und recht hat er, sehen Sie, die meisten von den Frauen, von den jungen Mädchen will ich ja nicht reden, die brauchten einen Hüfthalter oder was für ihre Brust. Ich weiß doch nun Bescheid, was jede Frau hier braucht, ich steh doch schon den dritten Abend hier. Max sagt immer: entschließ dich endlich, Elsa, es ist ein aufgelegtes Geschäft. Und ich kann mich nicht entschließen. Verstehen Sie das, mein Herr?»

«O ja, das verstehe ich schon. Ich werde mich auch nicht entschließen.»

«Also Sie meinen, ich soll es lieber nicht tun, trotz des Geschäfts?»

«Ja, da ist schwer zu raten», meint Pinneberg und sieht sie nachdenklich an. «Sie müssen ja wissen, ob Sie's unbedingt nötig haben und ob es sich wirklich lohnt.»

«Max wäre sehr ärgerlich, wenn ich nein sagte. Er ist überhaupt in letzter Zeit so ungeduldig mit mir, ich fürchte . . .»

Aber Pinneberg hat plötzlich Angst, daß ihm auch noch dies Kapitel ihres Lebens versetzt wird. Sie ist ein armes, kleines, graues Wesen, sicher, und seltsamerweise hat er bei ihrer Erzählung gedacht: ‹Wenn ich nur nicht bald sterbe, daß Lämmchen sich so quälen muß›, und er kann sich gar nicht denken, wie Frau Nothnagels Leben eigentlich weiterlaufen soll. Aber er ist schon so traurig genug, heute nacht, er sagt plötzlich, ganz unhöflich in ihre Worte hinein: «Ich muß mal telephonieren. Entschuldigen Sie!»

Und sie sagt sehr höflich: «Bitte sehr, ich möchte Sie nicht abhalten.» Und Pinneberg geht.

Pinneberg bekommt eine Molle geschenkt, geht Blumen stehlen und belügt am Ende sein Lämmchen

Pinneberg hat sich nicht von Heilbutt verabschiedet, mag er es ihm übelnehmen, ihm ist es egal. Er hat es einfach nicht mehr hören können, dies trübe, betrübte Geschwätz, er ist geflohen.

Und er nimmt seinen weiten Weg unter die Füße, diesen weiten Weg aus dem äußersten Osten bis nach Alt-Moabit, dem Nordwesten Berlins. Er kann gut laufen, er hat Zeit bis zwölf, er kann das Fahrgeld sparen. Manchmal denkt er flüchtig an Lämmchen, auch an die Nothnagel, auch an Jänecke, der nun bald Abteilungsleiter werden wird, denn Herr Kröpelin soll nicht gut angeschrieben sein bei Herrn Spannfuß –, aber meistens denkt er an nichts. Man kann so laufen und in die Läden sehen, und die Autobusse fahren vorüber und die Lichtreklamen sind sehr nett, und dazwischen geht es einmal: ‹Wie hat Bergmann gesagt? Es ist nur eine Frau. Sie hat den Verstand nicht so. Was Bergmann schon weiß, der hätte Lämmchen kennen sollen!›

So läuft er, und als er in Alt-Moabit ist, ist die Uhr halb zwölf. Er sieht sich um, wo er wohl möglichst billig telephonieren kann, und geht dann doch in das nächste Lokal und bestellt eine Molle. Und er nimmt sich vor, die ganz langsam auszutrinken und dazu zwei Zigaretten zu rauchen. Und dann zu telephonieren. Denn dann ist die halbe Stunde bis Mitternacht um.

Aber ehe noch die Molle auf seinem Platz steht, springt er auf und läuft in die Telephonzelle. Den Groschen hat er schon in der Hand, siehe da, den Groschen hat er schon in der Hand, und er verlangt Moabit 8650.

Erst meldet sich eine Männerstimme, und Pinneberg verlangt das Entbindungsheim. Dann vergeht eine lange Weile, und eine Frauenstimme fragt: «Ja? Ist es Herr Pinneberg?»

«Ja. Schwester! Sagen Sie . . .»

«Vor zwanzig Minuten. Alles ganz glatt gegangen. Kind gesund, Mutter gesund. Ich gratuliere.»

«Oh, das ist herrlich, Schwester, danke schön, Schwester, danke schön.» Plötzlich ist Pinneberg strahlender Laune, ein Alp ist von ihm gewichen, er ist so froh. «Und nun sagen Sie mir, Schwester, was ist es nun? Ein Junge oder ein Mädel?»

«Tut mir leid», sagt die Schwester am anderen Ende der Strippe. «Tut mir leid, Herr Pinneberg, das darf ich Ihnen nicht sagen, das ist uns verboten.»

Pinneberg ist aus allen Wolken gefallen: «Aber wieso, Schwester? Ich bin doch der Vater, mir können Sie es doch sagen!»

«Ich darf nicht, Herr Pinneberg, das soll die Mutter dem Vater selbst sagen.»

«Ach so», sagt Pinneberg und ist ganz klein vor so viel Vorsorge. «Darf ich denn jetzt gleich mal hinkommen?»

«I wo, was denken Sie! Der Arzt ist jetzt bei Ihrer Frau. Morgen früh um acht.»

Und damit hängt die Schwester an, sagt schnell noch «Gute Nacht, Herr Pinneberg», und hängt an. Johannes Pinneberg aber tritt wie ein Träumender aus der Telephonzelle, und da er keine Ahnung hat, wo er ist, marschiert er schnurstracks durch das Lokal zur Straße und wäre fort gewesen, wenn ihn nicht der Kellner beim Arm genommen und gesagt hätte: «Hören Sie mal, junger Mann, Ihre Molle, die ist auch noch nicht bezahlt.»

Da wacht Pinneberg auf und sagt sehr höflich: «Ach, entschuldigen Sie bitte», und setzt sich an seinen Tisch, nimmt einen Schluck aus dem Glas und sagt, als er sieht, daß ihn der Kellner immer noch böse anfunkelt: «Entschuldigen Sie bitte. Ich habe nämlich eben am Telephon erfahren, daß ich Vater geworden bin.»

«Au Backe!» sagt der Kellner. «Da kann einem ja vor Schreck die Spucke wegbleiben. Junge oder Mädchen?»

«Junge», behauptet Pinneberg kühn, denn seine Unwissenheit kann er doch unmöglich zugeben.

«Na ja», sagt der Kellner. «Immer, was am teuersten ist. Anders ist es ja gar nicht möglich.» Und dann wirft er noch einen Blick auf den gänzlich versunkenen Pinneberg und kapiert die Sachlage noch immer nicht und sagt: «Na, damit der Schaden nicht ganz so groß ist, will ich Ihnen die Molle schenken.»

Da erwacht Pinneberg wieder und sagt: «Im Gegenteil! Im Gegenteil!» und legt ein Einemarkstück hin und sagt: «Es ist gut so!» Und stürzt hinaus.

Der Kellner aber starrt ihm nach, er begreift endlich: «So ein Dussel. Freut sich der Dussel wirklich! Der wird noch Knopflöcher machen!»

Es sind keine drei Minuten bis zu Pinnebergs Wohnung. Pinneberg aber geht weiter, an dem Kino vorbei, an seiner Wohnung vorbei, tief in Gedanken versunken. Und zwar denkt Pinneberg darüber nach, woher er bis morgen früh um acht Blumen bekommt. Was aber tut man, wenn keine Blumen zu kaufen sind und wenn man keinen eigenen Garten hat, sie zu pflücken? Man geht Blumen stehlen! Und wo stiehlt man sie besser als auf den Anlagen der Stadt Berlin, deren Bürger man ja nun einmal ist und an denen man darum einen gewissen Anteil hat?

So beginnt Pinnebergs endlose Nachtwanderung, und nacheinander taucht er am Großen Stern, auf dem Lützowplatz, auf dem Nollendorfplatz, auf dem Viktoria-Luise-Platz, am Prager Platz auf. Überall bleibt er stehen und betrachtet tiefsinnig die Beete. Jetzt, Mitte März, ist kaum eines bestellt, es ist ein ziemlicher Skandal.

Aber wenn auch eines bestellt ist, was ist denn da? Ein paar Krokus oder im Rasen einige Schneeglöckchen. Ist das etwas für Lämmchen? Pinneberg ist sehr unzufrieden mit der Stadt Berlin.

Er setzt seine Wanderung fort, er taucht am Nikolsburger Platz auf und geht weiter zum Hindenburgpark. Und wieder ist er beim Fehrbelliner Platz, auf dem Olivaer Platz und am Savignyplatz. Es ist alles nichts. Es gibt keine Blumen für eine so feierliche Gelegenheit. Aber schließlich erhebt er einmal den Blick von der Erde und entdeckt ein Gebüsch mit leuchtend gelben Blüten. Zweige, strahlend gelb wie die Sonne und ohne ein grünes Blatt; nur gelbe Blüten aus dem nackten Holz. Und da besinnt er sich nicht lange. Er sieht sich nicht einmal um, ob ihn jemand beobachtet, er steigt, aus seinen tiefen Gedanken heraus, über das Gitter, geht über den Rasen und bricht einen ganzen Arm voll von diesen goldenen Zweigen ab. Und unangefochten tritt er wieder zurück, über Rasen und Gitter, und geht, die blanken Strahlenzweige vor sich in der Hand, seinen weiten Weg zurück. Es muß schon so sein, daß über den Verzückten ein gütiger Stern steht, denn an Dutzenden von Schupos vorbei kommt er nach Alt-Moabit über die Leiter in seine kleine Wohnung. Da stellt er noch die Zweige in die Wasserkanne und wirft sich aufatmend ins Bett, und im gleichen Augenblick, wo er liegt, ist er auch eingeschlafen.

Zwar hat er natürlich vergessen, den Wecker zu stellen und aufzuziehen, aber ebenso natürlich wacht er Punkt sieben Uhr auf und macht Feuer an und kocht sich Kaffee, und Rasierwasser wird dabei auch heiß. Frische Wäsche zieht er sich an und macht sich überhaupt so sauber und adrett, wie es nur möglich ist, und hingegeben pfeifend ergreift er zehn Minuten vor acht seine Blütenzweige und marschiert los.

Wenn er aber ganz leise in all seinem Glück gefürchtet hatte, es werde mit dem Portier Auseinandersetzungen geben, daß er ihn nicht so früh ins Krankenhaus ließe, so gab es auch in dieser Hinsicht keine Hindernisse. Er sagte bloß: «Entbindungsheim», und der Portier antwortete ganz automatisch: «Letzter Pavillon geradeaus!»

Da lächelte Pinneberg, und der Portier lächelte auch, nur bei dem Portier war es eine andere Art von Lächeln, aber das merkte Pinneberg nicht.

Und er wehte nur so mit seinem strahlend gelben Busch die Asphaltstraße zwischen all den Krankenhäusern entlang, und all die Kranken und Sterbenden, die da lagen, gingen ihn keinen Deut was an.

Da war wieder eine Schwester, und die sagte: «Bitte schön!» Und er kam durch eine weiße Tür in einen langen Raum, und einen Augenblick hatte er das Gefühl von vielen Frauengesichtern, die ihn ansahen. Aber dann sah er nichts mehr von ihnen, denn direkt vor ihm war Lämmchen, nicht in einem Bett, sondern auf einer Tragbahre, und sie hatte ein ganz großes weiches, zerfließendes Lächeln und sagte leise, wie von weither: «O mein Junge!»

Und ganz sachte beugte er sich über sie und legte die gestohlenen Zweige auf die Bettdecke und flüsterte ganz leise: «Lämmchen! Daß ich dich wiedersehe! Daß ich dich nur wiedersehe!» Sie aber hob sachte ihre Arme, und von den Armen fiel das Hemd mit den komischen blauen Buchstabenkränzen zurück, und die Arme waren ganz weiß und sahen so matt und kraftlos aus. Aber doch fanden sie den Weg um seinen Hals, und Lämmchen flüsterte: «Nun ist der Murkel wirklich da. Es ist ein Murkel, mein Junge.»

Da merkte er plötzlich, daß er weinte, stoßweise und schluchzend weinte, und dabei sagte er böse: «Warum haben dir diese Weiber kein Bett gegeben? Gleich gehe ich und mache unmenschlichen Krach.»

«Es ist ja noch kein Bett frei», flüsterte Lämmchen. «In ein oder zwei Stunden kriege ich schon eins.» Auch sie weinte. «Ach, mein Junge, freust du dich sehr? Du mußt nicht weinen, jetzt ist es ja vorbei.»

«War es denn schlimm?» fragte er. «War es denn sehr schlimm? Hast du — schreien müssen?»

«Es ist ja vorbei», flüsterte sie. «Es ist schon halb vergessen. Aber so bald wollen wir es nicht wieder? So bald nicht, nicht wahr?»

Und von der Tür her sagte eine Schwester: «Herr Pinneberg, wenn Sie Ihren Sohn sehen wollen, dann kommen Sie jetzt!» Und Lämmchen lächelte und sagte: «Grüß unsern Murkel.»

Hinter der Schwester her ging er in ein langes, schmales Zimmer. Da standen wieder Schwestern und sahen ihn an, aber er war gar nicht verlegen, daß er geweint hatte und noch ein bißchen schluchzte.

«Na, junger Vater, wie ist Ihnen denn so?» fragte eine dicke Schwester mit einem Brummbaß.

Aber eine andere, und siehe, das war die Hellblonde, die gestern Lämmchen so nett umgefaßt hatte, meinte: «Was fragst du ihn denn? Er weiß ja noch gar nichts. Er hat ja noch nicht mal seinen Sohn gesehen.»

Pinneberg aber nickte und lachte.

Da aber ging die Tür auf zum Nebenzimmer, und die Schwester, die ihn gerufen hatte, stand auf der Schwelle und hatte ein weißes Bündel im Arm, und in dem Bündel war ein uraltes, lackrotes, häßliches, faltiges Gesicht, mit einem zugespitzten birnenförmigen Kopf, und das quäkte hell und durchdringend und wimmernd.

Da wurde Pinneberg plötzlich ganz wach, und all seine Sünden fielen ihm ein, von der frühesten Jugend an: das Onanieren und die kleinen Mädchen und der Tripper damals, und wie er vier- oder fünfmal schwer besoffen gewesen war.

Und während die Schwestern den kleinen, uralten, faltigen Zwerg anlächelten, stieg der Schrecken in ihm immer höher. Sicher hatte Lämmchen ihn noch nicht richtig gesehen. Und schließlich konnte er sich nicht mehr halten und fragte ängstlich: «Schwester, sagen Sie, sieht er ganz richtig aus? So wie alle Neugeborenen aussehen?»

«O Gott», rief die dunkle Schwester mit dem Brummbaß: «Nun gefällt ihm sein Sohn nicht einmal. Viel zu schön bist du, Jungchen, für deinen Vater.»

Aber Pinneberg war noch voll Angst: «Bitte, Schwester, sagen Sie, ist heute nacht noch ein Kind hier geboren? Ja? Bitte, würden Sie es mir mal zeigen . . . nur daß ich weiß, wie es aussieht.»

«Das lebt nicht», sagt die Blonde. «Hat den nettesten Bengel im ganzen Heim, und ihm gefällt er nicht. Kommen Sie her, junger Mann, sehen Sie sich das an.» Und sie machte die Tür auf zum Nebenzimmer und trat mit Pinneberg ein, und da lag es freilich, in sechzig oder achtzig Betten, Zwerge und Gnomen, alt und runzlig, fahl und rot. Pinneberg sah sie sorgenvoll an. Halb war er beruhigt.

«Aber mein Junge hat so einen spitzen Kopf», sagte er schließlich zögernd. «Bitte, Schwester, ist das auch kein Wasserkopf?»

«Wasserkopf?» sagte die Schwester und fing an zu lachen. «Oh, was seid ihr alles für Väter! Gott sei Dank, daß sich so ein Schädel zusammendrückt, das verwächst sich alles nachher wieder. Und nun geben Sie zu Ihrer Frau und bleiben Sie nicht zu lange.»

Und Pinneberg warf noch einen Blick auf seinen Sohn und ging zu Lämmchen, und Lämmchen strahlte ihm entgegen und flüsterte: «Ist er nicht süß, unser Murkel? Ist er nicht schön?»

«Ja», flüsterte er. «Er ist süß! Er ist schön!»

Die Herren der Schöpfung kriegen Kinder, und Lämmchen umarmt Puttbreese

Es ist an einem Mittwoch zu Ende des Monats März. Pinneberg geht langsam Schritt für Schritt, einen Handkoffer am Griff, Alt-Moabit hinauf und biegt zum Kleinen Tiergarten ein. Eigentlich müßte er um diese Zeit auf dem Wege zum Warenhaus von Mandel sein, aber er hat sich wieder einmal einen Tag Urlaub genommen: er will Lämmchen aus dem Heim abholen.

Im Kleinen Tiergarten setzt Pinneberg seinen Koffer noch einmal ab, er hat noch Zeit, um acht soll er erst dort sein. Er ist schon seit halb fünf auf, das Zimmer ist herrlich in Ordnung, er hat sogar den Fußboden gewachst und gebohnert, auch die Betten sind frisch überzogen. Es ist gut, wenn alles hell und sauber ist, es wird jetzt ein neues Leben, ein ganz anderes. Es ist ja ein Kind da, der Murkel. Alles müßte Sonne sein.

Ja, hier im Kleinen Tiergarten ist es jetzt hübsch, die Bäume werden schon richtig grün, und die Sträucher sind es ganz, es ist früh damit dies Jahr. Aber später ist es doch besser, wenn Lämmchen mit dem Murkel in den richtigen Tiergarten fährt, wenn es auch ein bißchen weiter ist. Hier ist es zu traurig, so früh es ist, sitzen hier schon wieder Arbeitslose. Lämmchen nimmt sich alles so zu Herzen.

Koffer auf und weiter! Durch das Tor durch, am dicken Pförtner vorbei, der ganz mechanisch auf das Wort «Entbindungsheim» antwortet: «Gradeaus, der letzte Pavillon.» Ein paar Autodroschken fahren vorüber, da sitzen Herren drin. Väter wahrscheinlich, wohlhabendere, die ihre Frauen im Auto abholen können.

Entbindungsheim. Richtig, da halten die Autos. Ob er auch eins holt? Er steht da mit seinem Koffer, er ist so unsicher, der Weg ist ja nicht weit, aber vielleicht muß das sein, vielleicht finden die Schwestern es schrecklich, daß er kein Auto hat. Pinneberg steht da und sieht zu, wie eine Taxe, die gerade gekommen ist, umständlich auf dem kleinen Platz einkehrt, der Herr ruft dem Chauffeur zu: «Also, es wird ja ein Weilchen dauern.»

«Nein», sagt Pinneberg zu sich, «nein, es geht ja nicht. Aber es ist nicht richtig, richtig ist es keinesfalls.»

Er tritt auf den Flur, er setzt seinen Koffer hin und wartet. Die Herren mit den Autos sind schon verschwunden, sicher sind die längst bei ihren Frauen. Pinneberg steht da und wartet. Wenn er eine Schwester anspricht, sagt sie hastig: «Einen Augenblick. Sofort!» und läuft weiter.

Eine Erbitterung steigt in Pinneberg auf, er weiß, er hat unrecht, die Schwestern haben sicher keine Ahnung, wer mit dem Auto kommt und wer ohne eins, aber haben sie wirklich keine Ahnung? Warum steht er noch hier? Er dürfte hier nicht mehr stehen. Ist er weniger als die anderen? Ist sein Lämmchen weniger? O Gott, verflucht, er ist ein Idiot, daß er so denkt, es ist ja alles Quatsch, sie machen gar keine Ausnahmen, aber seine Freude ist weg. Er steht da und sieht finster vor sich hin. So fängt es an, und so wird es weitergehen, es ist ganz umsonst, daß man denkt, ein neues, helles, sonnigeres Leben fängt an, es geht immer so weiter wie bisher. Er und Lämmchen sind es ja schon gewohnt, aber soll es mit dem Murkel auch so werden?

«Schwester, bitte!»

«Sofort. Gleich. Ich muß nur . . .»

Weg. Fort. Na ja, es ist schon alles egal, er hat einen Tag Urlaub, den er gern mit Lämmchen verbringen möchte, er kann ja ruhig hier bis zehn oder elf stehen, es kommt nicht darauf an, was er möchte, ist nicht wichtig.

«Herr Pinneberg! Nicht wahr, Herr Pinneberg? Bitte, den Koffer. Wo ist der Schlüssel? Schön. Sie gehen jetzt am besten gleich zum Verwaltungsgebäude rüber und holen sich die Papiere. Unterdes zieht Ihre Frau sich an.»

«Schön», sagt Pinneberg, nimmt seinen Zettel und marschiert los.

«Die werden einen auch wieder hübsch triezen», denkt er in seinem Ärger. Aber er irrt sich, es geht alles ganz glatt, er bekommt seine Bescheinigungen, er unterschreibt etwas und ist schon fertig.

Dann steht er wieder auf dem Gang. Die Autos warten noch immer. Und nun sieht er Lämmchen, noch sehr unvollständig bekleidet läuft sie von einer Tür zur andern und winkt ihm rasch und strahlend zu: «Guten Tag, mein Junge!»

Weg ist sie. Guten Tag, mein Junge, nun, Lämmchen bleibt jedenfalls immer die alte, das Leben mag noch so dreckig sein, sie strahlt, sie winkt mit der Hand: Guten Tag, mein Junge. Und sehr gut ist ihr sicher nicht zumut, vor zwei Tagen ist sie noch beim Aufstehen ohnmächtig geworden.

Also er steht da, er wartet. Nun stehen schon mehr Männer hier, sie warten, es ist natürlich alles in schönster Ordnung, er ist nicht benachteiligt worden, schön dumm sind die, daß sie ihre Autos so lange warten lassen, ihm täte es leid, das Geld so rauszuwerfen. Die Väter unterhalten sich:

«Ja, jetzt ist es gut, daß ich meine Schwiegermutter im Hause habe. Die macht meiner Frau alle Arbeit», sagt ein Herr.

«Wir haben ein Mädchen. Das kann die Frau ja gar nicht alles machen, mit so einem kleinen Kind und nach der Entbindung.»

«Erlauben Sie», sagt ein fetter Herr mit Brille eifrig, «eine Entbindung ist für eine gesunde Frau gar nichts, die ist nur gut für sie. Ich habe meiner Frau gesagt, natürlich könnt ich dir 'ne Hilfe halten, aber das macht dich nur schlaff. Du erholst dich um so schneller, je mehr du zu tun hast.»

«Ich weiß doch nicht . . .», sagt ein anderer zögernd.

«Aber klar, klar, klar», behauptet der Brillenmensch. «Ich hab gehört, auf dem Land, da kriegen sie die Kinder und gehen den andern Morgen gleich wieder in die Heuernte. Alles andere ist Verweichlichung. Ich bin sehr gegen diese Heime. Neun Tage ist meine Frau hier, und der Arzt wollte sie noch nicht gehen lassen. ‹Bitte, Herr Doktor›, habe ich gesagt, ‹das ist meine Frau, über die bestimme ich. Was glauben Sie, was meine Vorväter, die Germanen, mit ihren Frauen gemacht haben!› Na, er wurde mächtig rot, seine Vorväter sind jedenfalls keine Germanen gewesen.»

«War die Geburt bei Ihrer Gattin schwer?»

«Schwer? Mein Lieber, ich sag Ihnen, die Ärzte waren fünf Stunden bei meiner Frau, um zwei Uhr nachts haben sie noch den Professor geholt!»

«Meine Frau ist sooo gerissen, sage ich Ihnen. Siebzehn Nadeln!»

«Meine Frau ist auch ziemlich eng. Es ist ja schon das dritte, aber sie ist immer noch so eng. Na ja, es hat ja auch seine Vorteile. Aber die Ärzte haben gesagt: diesmal, gnädige Frau, ist es grade noch gut gegangen, aber das nächste Mal . . .»

«Haben Sie eigentlich auch so viele Drucksachen zugeschickt bekommen wegen der Geburt?» fragt wieder einer.

«Ja, schrecklich, die reine Belästigung. Kinderwagenprospekte, Kindermehl, Malzbier.»

«Ja, einen Gutschein auf drei Flaschen Malzbier habe ich auch gekriegt.»

«Das soll blendend für die Frau sein, das schafft Milch.»

«Ich würde meiner Frau kein Malzbier geben. Das ist doch Alkohol?»

«Wieso Alkohol? Malzbier ist doch kein Alkohol?»

«Aber natürlich.»

«Bitte, haben Sie im Prospekt die ärztlichen Gutachten gelesen, wie die das empfehlen?»

«Ach, Gutachten, wer gibt denn heute was auf Gutachten? Meine Frau kriegt kein Malzbier.»

«Ich hole meine drei Flaschen, und wenn meine Frau nicht will, trink ich sie selber aus. Spart einen Schoppen.»

Die Frauen kommen.

Hier geht eine Tür auf und da geht eine Tür auf, sie kommen, längliche weiße Pakete im Arm, drei Frauen, fünf Frauen, sieben Frauen, alle mit dem gleichen Paket und alle mit dem gleichen etwas zerfließenden, weichen Lächeln auf den blassen Gesichtern.

Alle Männer sind still.

Sie sehen ihren Frauen entgegen. Ihre eben noch so selbstsicheren Mienen werden etwas ungewiß, sie machen ein Schrittchen und bleiben wieder stehen. Jetzt kennen sie sich schon untereinander nicht mehr. Sie sehen nur auf ihre Frauen, auf das längliche Paket in ihrem Arm. Sie sind alle sehr verlegen. Und plötzlich sind sie sehr laut und lärmend um ihre Frauen besorgt. «Aber Guten Tag. Nein, laß mich doch. Du siehst glänzend aus! Richtig erholt! Glaubst du, ich könnte ihn nicht tragen? Na schön. Wie du meinst. Aber jedenfalls den Koffer? Wo ist denn der Koffer? Wieso ist der so leicht? Ach ja, natürlich, ihr habt ja alles an. Wie geht es denn mit dem Laufen? Ein bißchen wacklig, was. Ich hab ein Auto draußen. Wir werden es schon kriegen. Wird er staunen, der kleine Kerl, wenn er im Auto fährt, kennt er doch noch nicht. Davon merkt er noch nichts. Das sag nicht. Man hört jetzt so viel von den verdrängten Kindheitserinnerungen aus der allerersten Zeit, vielleicht macht es ihm doch Spaß . . .»

Und unterdes steht Pinneberg neben seinem Lämmchen und sagt nur: «Daß du wieder da bist! Daß ich dich wieder habe!»

«Mein Junge», sagt sie, «freust du dich? War es schlimm, diese elf Tage? Nun ist es ja vorbei und ausgestanden. Oh, wie ich mich auf unser kleines Heim freue!»

«Es ist alles fertig, alles in Ordnung», sagt er strahlend. «Du sollst sehen. — Willst du laufen? Oder soll ich ein Auto —»

«I wo! Warum denn ein Auto? Ich freu mich auf den Weg in der frischen Luft. Und wir haben ja Zeit, du hast doch Urlaub, nicht wahr?»

«Ja, heute habe ich Urlaub.»

«Na also, gehen wir ganz langsam. Faß mich unter.»

Pinneberg faßt sie unter, und sie gehen auf den kleinen Platz vor dem Heim, wo die Autos schon knattern. Und langsam, langsam gehen sie den Weg bis zur Eingangspforte, die Autos preschen an ihnen vorbei, sie gehen Schritt für Schritt. ‹Es macht nichts›, denkt Pinneberg, ‹ich hab euch ja reden hören, ich weiß Bescheid, es macht nichts, daß wir kein Geld haben.›

Dann gehen sie an dem Pförtner vorbei, und der Pförtner hat nicht einmal Zeit, ihnen Lebewohl zu sagen, denn vor ihm stehen zwei, ein junger Mann und eine Frau. Man sieht schon an ihrem Leib, was sie wollen. Und sie hören, wie der Pförtner sagt: «Erst zur Anmeldung, bitte!»

«Die fangen an», sagt Pinneberg träumerisch. «Und wir sind damit durch.»

Es kommt ihm ganz komisch vor, daß das hier so weitergeht, daß immerzu Väter hierher laufen und warten und anrufen und sich ängstigen und die Frau abholen, jeden Tag, jede Stunde, es ist sehr komisch. Und dann sieht er an Lämmchen herunter und sagt: «Aber was bist du schlank geworden, wie eine Tanne.»

«Gott sei Dank», sagt Lämmchen. «Gott sei Dank. Du kannst dir gar nicht denken, wie das ist, wenn der Bauch weg ist.»

«Doch, denken kann ich mir das schon», sagt er ernst.

Sie treten hinaus aus der Einfahrt in die Märzsonne, in den Märzwind. Einen Augenblick bleibt Lämmchen stehen, sieht gegen den Himmel, auf dem weiße, wattige Wolken eilend dahinziehen, sieht gegen das Grün des Kleinen Tiergarten, sieht auf den Verkehr der Straße. Einen Augenblick verhält sie.

«Ja, Lämmchen?» fragt der Junge.

«Weißt du . . .», fängt sie an. Und bricht ab. «Ach nein, nichts.»

Aber er besteht darauf: «Sag schon. Es war doch was.»

«Ach, es ist dumm. Weil ich wieder draußen bin, weißt du. Da drin brauchte man sich um nichts zu kümmern. Und nun hängt alles von uns allein ab.» Sie zögert. Dann: «Wir sind doch noch sehr jung. Und wir haben keinen.»

«Wir haben einander. Und den Jungen», sagt er.

«Ja, schon. Aber du verstehst doch —?»

«Ja, ja. Ich versteh schon. Und ich mach mir ja auch Sorgen. Bei Mandel ist das auch nicht mehr so einfach. Aber es wird ja klappen.»

«Natürlich wird es das.»

Und dann gehen sie Arm in Arm über den Fahrdamm und langsam, Fuß vor Fuß, durch den Kleinen Tiergarten. Pinneberg sagt: «Gibst du mir den Jungen für ein Weilchen?»

«Nein, nein, ich kann ihn gut tragen. Was denkst du denn?»

«Aber es macht mir gar nichts, laß ihn mich schon mal tragen.»

«Nein, nein, wenn du willst, können wir uns ein Weilchen auf eine Bank setzen.»

Und das tun sie, und dann gehen sie langsam weiter.

«Er rührt sich ja gar nicht», sagte Pinneberg.

«Er wird schlafen. Er hat ja eben noch zu trinken bekommen, ehe wir losgingen.»

«Und wann bekommt er wieder zu trinken?»

«Alle vier Stunden.»

Und da sind sie nun in dem Möbellager von Meister Puttbreese, und Puttbreese ist auch da und sieht den Anmarsch der dreiköpfigen Familie.

«Na, hat's geklappt, junge Frau?» fragt er und blinzelt. «Wie war's denn? Hat der Klapperstorch sehr gekniffen?»

«Na danke, Meister, es geht schon», lacht Lämmchen.

«Und wie machen wir das nun?» fragt der Meister und macht eine Kopfbewegung die Leiterstiege hinauf. «Wie kommen wir denn da rauf mit dem Kleinen? Es ist doch ein Junge?»

«Natürlich, Meister.»

«Aber wie kommen wir denn da rauf?»

«Ach, es wird schon gehen», sagt Lämmchen und sieht ein bißchen unschlüssig die Leiter hinauf. «Ich erhol mich ja jetzt rasch.»

«Wissen Sie, junge Frau, fassen Sie mich um den Hals, ich trage Sie Huckepack rauf. Den Sohn geben Sie man Ihrem Mann, der wird ihn ja wohl raufkriegen, heil und ganz.»

«Eigentlich ist es natürlich ganz unmöglich ...» fängt Pinneberg an.

«Was heißt unmöglich?» fragt der Meister. «Die Wohnung, meinen Sie? Wenn Sie 'ne bessere haben? Und wenn Sie 'ne bessere bezahlen können? Von mir aus, junger Mann, von mir aus können Sie jeden Tag ausziehen von wegen unmöglich.»

«So habe ich es ja auch nicht gemeint», sagt Pinneberg bedrippst. «Ein bißchen schwierig ist es doch, das müssen Sie doch zugeben.»

«Wenn Sie das schwierig nennen, daß mich Ihre Frau um den Hals faßt, dann ist es schwierig. Da haben Sie recht», erklärt Puttbreese ärgerlich.

«Also los, Meister», sagt Lämmchen. «Abmarsch!»

Und ehe sich Pinneberg versieht, hat er das lange, feste Paket im Arm und Lämmchen legt ihre Arme um den Hals vom ollen, versoffenen Puttbreese, und der faßt sie sanft um die Schinken und sagt: «Wenn ich kneife, sagen Sie es nur, ich laß Sie gleich los, junge Frau.»

«Das glaub ich, mitten auf der Leiter», lacht Lämmchen.

Und mit einer Hand sich krampfhaft festklammernd, das Paket im Arm, klettert Pinneberg Sprosse für Sprosse nach.

Sie stehen allein in ihrem Zimmer, Puttbreese ist verschwunden, sie hören ihn in seinem Lager hämmern, aber sie sind allein, die Tür ist zu.

Pinneberg steht da mit einem Paket in der Hand, mit dem warmen, bewegungslosen Paket. Es ist hell im Zimmer, ein paar Sonnenflecken liegen auf dem gebohnerten Boden.

Lämmchen hat mit einer hastigen Bewegung ihren Mantel abgeworfen, er liegt auf dem Bett. Mit ganz leichten, leisen Schritten geht sie hin und her, Pinneberg sieht ihr zu.

Sie geht hin und her, sie faßt einen Rahmen sacht und schnell an und rückt ihn ein wenig zurecht. Sie gibt dem Sessel einen Schlag. Sie streicht mit der Hand über das Bett. Sie geht zu den beiden Primeln am Fenster, nur einen Augenblick beugt sie sich über sie, ganz leicht und sacht. Und schon ist sie am Schrank, sie öffnet die Tür, sie sieht hinein, sie schließt die Tür wieder. Am Ausguß dreht sie den Hahn auf, sie läßt das Wasser laufen, nur so, sie schließt den Hahn wieder.

Und plötzlich hat sie den Arm um Pinnebergs Nacken: «Ich bin froh», flüstert sie. «Ich bin sehr froh.»

«Ich bin auch froh», flüstert er.

Sie stehen ein Weilchen so, ganz still, sie hat den Arm um seinen Nacken, er hält das Kind. Sie sehen aus den Fenstern, vor denen schon der grüne Schatten der Baumkronen liegt.

«Gut ist das», sagt Lämmchen.

Und: «Gut ist das», sagt er.

«Hältst du den Jungen noch?» fragt sie. «Leg ihn auf mein Bett. Ich mache gleich seine Krippe fertig.»

Und rasch bezieht sie die kleine Wolldecke und legt das Laken aus. Dann öffnet sie vorsichtig das Paket. «Er schläft», flüstert sie. Und auch er beugt sich über das Paket, und da liegt er, ihr Sohn, ihr Murkel. Das Gesicht ist ein bißchen gerötet, es hat einen sorgenvollen Ausdruck, auf dem Kopf die Haare sind etwas heller geworden.

Sie ist unschlüssig. «Ich weiß nicht, ich glaube, ich müßte ihn erst trocken legen, ehe er in die Krippe kommt. Sicher ist er naß.»

«Mußt du ihn stören?»

„Ehe er wund wird? Nein, ich lege ihn trocken. Warte, die Schwester hat es mir gezeigt.»

Sie legt ein paar Windeln im Dreieck hin und dann schält sie das Paket auf, ganz langsam. Ach Gott, die kleinen Glieder, diese kleinen wie verkümmerten Glieder und dazu der riesengroße Kopf! Pinneberg findet es schlimm, er möchte wegsehen, es ist etwas Grausiges daran, und er weiß doch, er darf nicht wegsehen. Mit so etwas darf man gar nicht erst anfangen, und er ist doch sein Sohn!

Lämmchen hantiert hastig, sie bewegt dabei die Lippen: «Wie war es doch? So? Ach, bin ich ungeschickt!»

Das kleine Wesen hat die Augen geöffnet. Augen von einem matten, müden Blau, es öffnet den Mund, es fängt an zu schreien, nein, zu quäken, es ist wie ein hilfloses, klägliches Winseln, durchdringend, wimmernd.

«Da! Da ist er wach!» sagt Pinneberg vorwurfsvoll. «Sicher ist ihm kalt.»

«Gleich! Gleich!» sagt sie und versucht, die Windeln festzubekommen.

«Mach doch schnell!» drängt er.

«Ja, so geht es nicht. Sie müssen ohne Falten sitzen, sonst wird er gleich wund. Wie war es doch –?» Sie versucht es wieder.

Er sieht mit gerunzelter Stirn zu. Lämmchen ist sehr ungeschickt. Also: durchziehen das Dreieck, das ist klar, und dann von der anderen Seite . . .

«Laß mich», sagt er ungeduldig. «Du wirst ja nie fertig.»

«Bitte!» sagt sie erleichtert. «Wenn du es kannst.»

Er ergreift die Windeln. Es scheint so einfach, die kleinen Glieder rühren sich ja kaum. Also darauflegen, dann die Spitzen anfassen, durchziehen . . .

„Das sind ja alles Falten», sagt Lämmchen.

«Warte doch ab», sagt er ungeduldig. Und hantiert hastiger. Der Murkel schreit! Das kleine, helle Zimmer schallt wider von diesem Gequäke, er schreit laut und durchdringend, so schwach seine Stimme ist. Er wird dunkelrot dabei, er müßte doch eigentlich zwischendurch mal wieder Atem holen, Pinneberg muß ihn immerzu ansehen, seine Arbeit gedeiht nicht dabei.

«Soll ich es noch einmal versuchen?» fragt Lämmchen sanft.

«Bitte!» sagt er. «Wenn du denkst, daß du es jetzt kannst.“

Und jetzt kann sie es. Plötzlich geht es ganz glatt, in einem Augenblick.

«Man ist nur so nervös», sagt sie. «Aber das lernt sich rasch.» Der Murkel liegt in seinem Bett, er schreit wieder, nun hat er einmal damit angefangen, er liegt da und starrt die Decke an und schreit.

«Was tut man da?» flüstert Pinneberg.

«Gar nichts», sagt Lämmchen. «Schreien lassen. In zwei Stunden bekommt er zu trinken, dann hört er von alleine auf.»

«Aber wir können ihn doch nicht zwei Stunden schreien lassen!»

«Doch, es ist besser. Das ist ihm gut.»

‹Und wir?› will Pinneberg fragen. Aber er fragt es nicht. Er geht gegen das Fenster und starrt hinaus. Hinter ihm schreit sein Sohn. Es ist wieder einmal etwas anders, als es Pinneberg sich gedacht hatte. Er wollte mit Lämmchen gemütlich frühstücken, er hat wirklich ein paar nette Sachen besorgt, aber wenn der Murkel so brüllt . . . Die ganze Stube ist voll davon. Er legt den Kopf gegen die Scheiben.

Lämmchen steht neben ihm.

«Kann man ihn nicht ein bißchen hin und her tragen oder schaukeln?“ fragt Pinneberg. „Ich glaube, ich habe mal gehört, das macht man, wenn kleine Kinder schreien.»

«Das fang nur an!» sagt Lämmchen empört. «Dann können wir überhaupt nichts anderes mehr tun als hin und her laufen und ihn wiegen.»

«Aber vielleicht heute einmal, wo es sein erster Tag bei uns ist!» bittet Pinneberg. «Er soll es doch nett haben bei uns!»

«Ich will dir was sagen», sagt Lämmchen und ist sehr energisch. «Das fangen wir gar nicht erst an. Hör zu, die Schwester hat gesagt, das Beste ist, ihn durchbrüllen zu lassen, die ganzen ersten Nächte wird er brüllen. Wahrscheinlich . . .» schränkt sie das Gesagte mit einem Blick auf ihren Mann ein. «Es kann ja auch anders kommen. Und man soll ihn auf keinen Fall aufnehmen. Schaden kann ihm das Brüllen nichts. Und dann gewöhnt er sich daran, daß er durch Brüllen nichts erreicht.»

«Na ja», sagt Pinneberg. «Ich finde es aber ziemlich roh.»

«Aber, Jungchen, es sind doch nur die ersten zwei oder drei Nächte, dann haben wir doch alle den Vorteil davon, wenn er durchschläft.» Ihre Stimme bekommt einen verführerischen Klang: «Die Schwester hat gesagt, es ist das einzig Richtige. Aber von hundert Eltern bringen es keine drei fertig. Es wäre doch schön, wenn *wir* es fertig brächten!»

«Vielleicht hast du recht», sagt er. «Nachts, das kann ich verstehen, das muß er lernen, daß er da durchzuschlafen hat. Aber jetzt, am Tage, da könnte ich ihn doch ruhig einen Augenblick tragen.»

«Unter keinen Umständen», sagt Lämmchen. «Ganz und gar nicht. Der weiß doch noch gar nicht, was Tag und Nacht ist.»

«So laut brauchtest du auch nicht zu reden, das stört ihn sicher auch.»

«Der hört ja noch gar nichts!» sagt Lämmchen triumphierend. «Die ersten Wochen können wir Krach machen, so viel wir wollen."

«Na, ich weiß nicht . . .!» sagt Pinneberg und ist entsetzt über Lämmchens Ansichten.

Aber das gibt sich wieder, und nach einer Weile hört der Murkel mit dem Schreien auf und liegt still. Sie frühstücken wirklich so nett, wie er sich gedacht hat, und von Zeit zu Zeit steht Pinneberg auf und geht näher an die Krippe und sieht auf das Kind, das da liegt mit offenen Augen. Er schleicht auf den Zehen, und es ist ganz umsonst, daß Lämmchen ihm sagt, das ist nicht nötig, das Kind stört noch nichts, er schleicht doch auf den Zehen. Und dann setzt er sich wieder und sagt zu Lämmchen:

«Weißt du, eigentlich ist es doch sehr schön, nun hat man jeden Tag etwas, auf das man sich freuen kann.»

«Natürlich hat man das», sagt Lämmchen.

«Wie er sich so entwickeln wird», meint er. «Wenn er erst sprechen lernt . . . Wann lernen Kinder eigentlich sprechen . . .?»

«Manche schon mit einem Jahr.»

«Schon? Erst meinst du. Ich freu mich schon darauf, daß ich ihm was erzählen kann. Und wann lernt er laufen?»

„Ach, Jungchen, es geht ja alles ganz langsam. Erst lernt er den Kopf halten. Und dann wohl sitzen. Und dann kriechen. Und dann laufen.»

«Es ist doch, wie ich sage: Immer etwas Neues. Ich freu mich."

«Und ich erst! Was meinst du, wie glücklich ich bin! O Junge!»

Der Kinderwagen und die beiden feindlichen Brüder. Wann müssen Stillgelder gezahlt werden?

Es ist drei Tage später, an einem Sonnabend.

Pinneberg ist gerade nach Hause gekommen, hat einen Augenblick an der Krippe gestanden und auf den schlafenden Murkel gesehen. Nun sitzt er mit Lämmchen am Tisch und ißt sein Abendbrot.

«Ob wir beide morgen ein bißchen ausgehen können?» fragt er. «Das Wetter ist so schön.»

Sie sieht ihn bedenklich an: «Den Jungen hier allein lassen?»

«Aber du kannst doch nicht immer im Haus bleiben, bis der Junge laufen kann, du siehst schon ganz blaß aus.»

«Nein», sagt sie zögernd. «Wir müssen eben einen Kinderwagen kaufen.»

«Natürlich müßten wir das», sagt er. Und vorsichtig: «Was mag das kosten?»

Sie bewegt die Achseln: «Ach, es ist ja nicht nur der Wagen. Wir müssen ja auch Kissen dafür haben und Bezüge.»

Plötzlich ist er ängstlich: «Das Geld wird alle.»

«O Gott ja», sagt sie auch. Und plötzlich fällt ihr etwas ein: «Du mußt dir ja das Geld von der Krankenkasse geben lassen!»

«Daß ich das vergessen habe!» ruft er. «Natürlich.» Er überlegt es sich: «Hingehen kann ich nicht. Ich kann nicht schon wieder Urlaub nehmen. Und die Mittagspause ist zu kurz.»

«Also schreib.»

«Schön. Schreib ich jetzt gleich. Und dann lauf ich runter und stecke den Brief am Postamt in den Kasten.»

«Höre einmal», sagt er, während er den fast nie benutzten Schreibkram hervorsucht. «Was meinst du, Lämmchen, wenn ich eine Zeitung hole, und wir sehen nach, wo ein gebrauchter Kinderwagen zu haben ist? Sicher sind die doch inseriert.»

«Gebrauchter? Für den Murkel?» seufzt sie.

«Wir müssen sehr sparen», mahnt er.

«Aber ich will mir das Kind ansehen, das in dem Wagen gelegen hat», erklärt sie. «Hinter jedem Kind soll der Murkel nicht im Wagen liegen.»

«Das kannst du ja», sagt er.

Er sitzt schon und schreibt den Brief an seine Krankenkasse, Mitgliedsnummer so und so, und anbei eine Entlassungsbescheinigung aus dem Krankenhaus und eine Stillbescheinigung, und er bitte höflichst, ihm Wochen- und Stillgeld nach Abzug der Krankenhauskosten sofort zu übersenden.

Nach einigem Zögern unterstreicht er «sofort» einmal. Und dann noch einmal. «Hochachtungsvoll Johannes Pinneberg.»

Am Sonntag kaufen sie sich die Zeitung und finden ein paar Kinderwageninserate. Pinneberg macht sich auf den Weg, und gar nicht so weit ab sieht er einen schönen Wagen. Er macht Lämmchen Bericht. «Weißt du, er ist wohl Straßenbahnschaffner. Aber sie sehen ganz ordentlich aus. Der Junge kann schon laufen.»

Lämmchen erkundigt sich: «Wie sieht der Wagen denn aus? Ich meine, ist es ein hoher oder ein tiefer Wagen?»

«Ja . . .», sagt er zögernd. Und dann: «Weißt du, es ist ein richtiger Kinderwagen.»

Sie versucht es noch einmal: «Hat er denn hohe oder niedrige Räder?» Aber er ist vorsichtig: «Ja, ich glaube, so mittelhoch.»

«Welche Farbe hat er denn?» forscht Lämmchen.

«Das habe ich nun nicht genau gesehen», sagt er. Und als Lämmchen zu lachen anfängt, verteidigt er sich: «Es war gar nicht so hell in der Küche.» Plötzlich hat er eine Erleuchtung: «Es waren lauter weiße Spitzen um das Verdeck herum.»

«O Gott!» seufzt sie. «Ich möchte mal wissen, was du von dem Wagen überhaupt gesehen hast.»

«Erlaube mal, es ist ein sehr guter Wagen. Für fünfundzwanzig Mark.»

«Ja, ich werde ihn mir schon selbst ansehen müssen. Jetzt sind nämlich nur tiefe Kinderwagen modern, mit ganz niedrigen Rädern.»

Vorsichtshalber baut er gleich vor: «Ich glaube, dem Murkel ist es ganz egal, ob er mit tiefen oder hohen Rädern gefahren wird.»

«Der Murkel soll es aber nett haben», erklärt sie. —

Als nun der Junge getrunken hat und friedlich schlafend in seiner Krip-

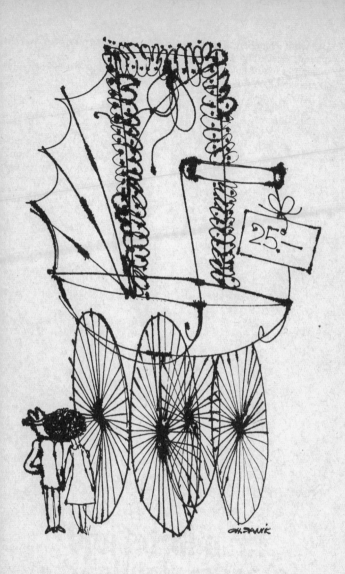

Wir müssen sehr sparen ...

... mahnt Pinneberg. Das sind schlechte Aussichten. Wir *wollen* sehr sparen ... das zeigt auf bessere Tage.

Denn es macht einen Unterschied, ob man etwas sparen kann oder ob man an allem sparen muß.

pe liegt, machen sie sich zum Ausgehen fertig. An der Schwelle bleibt Lämmchen stehen, und dann geht sie noch einmal zurück und sieht auf das schlafende Kind und geht wieder zur Tür.

«Ihn so allein zu lassen», sagt sie, während sie losgehen. «Manche Leute wissen gar nicht, wie gut sie es haben.»

«In anderthalb Stunden können wir ja wieder zurück sein», tröstet er. «Sicher schläft er ganz fest, und er kann sich ja noch gar nicht rühren.»

«Trotzdem», beharrt sie. «Leicht ist es nicht.»

Und natürlich ist der Kinderwagen ein ganz unmoderner hoher Wagen, sehr sauber, aber ganz unmodern.

Ein kleiner blonder Junge steht dabei und sieht den Wagen auch an, ernsthaft. «Das ist sein Wagen», erklärt die Mutter. «Fünfundzwanzig Mark ist viel Geld für solch unmodernen Wagen», meint Lämmchen.

«Ich kann Ihnen ja noch die Kissen zugeben», sagt die Frau. «Und die Roßhaarunterlage. Die hat allein acht Mark gekostet.»

«Ja . . .», sagt Lämmchen zögernd.

«Vierundzwanzig Mark», sagt der Schaffner mit einem Blick auf seine Frau.

«Er ist wirklich wie neu», sagt die Frau. «Und die niedrigen Wagen sind gar nicht so praktisch.»

«Was meinst du —?» fragt Lämmchen zögernd.

«Ja», sagt er. «Viel kannst du ja auch nicht herumlaufen.»

«Ja . . .», sagt Lämmchen. «Na also, schön, vierundzwanzig Mark und Kissen und Unterlage.»

Sie kaufen den Wagen und nehmen ihn gleich mit. Der kleine Junge weint sehr, daß ihm sein Wagen fortgenommen wird, und es söhnt Lämmchen ein wenig mit dem unmodernen Stück aus, daß ein Kind so daran hängt.

Dann gehen sie beide auf der Straße, dem Wagen sieht man es nicht an, daß nichts drin liegt wie ein paar Kissen. Es könnte ebenso gut ein Kind darin liegen.

Pinneberg legt seine Hand manchmal auf den Rand. «Nun sind wir ein ganz richtiges Ehepaar», sagt er.

«Ja», sagt sie. «Den Wagen müssen wir immer unten in Puttbreeses Möbellager stehen lassen. Schön ist das nicht.»

«Nein», sagte er. —

Als Pinneberg am Montagabend von Mandel nach Haus kommt, fragt er: «Nun, haben die von der Krankenkasse Geld geschickt?»

«Nein, noch nicht», antwortet Lämmchen. «Es wird wohl morgen kommen.»

«Ja, sicher», sagt er. «Es kann ja eigentlich auch noch gar nicht da sein.»

Aber am Dienstag ist das Geld auch noch nicht da, und sie sind knapp vor dem Ersten. Das Gehalt ist alle und von der Hundertmarkreserve ist kaum mehr als ein Fünfzigmarkschein da.

«Der darf und darf nicht angerissen werden», sagt Lämmchen. «Der ist nun unser Letztes.»

«Nein», sagt Pinneberg und ärgert sich sachte. «Das Geld müßte da sein. Morgen mittag gehe ich hin und mache Dampf.»

«Warte doch noch morgen abend ab», rät Lämmchen.

«Nein, morgen mittag gehe ich hin.»

Also, er geht hin, die Zeit ist knapp, sein Mittagessen in der Kantine muß ausfallen, es kostet vierzig Pfennig Fahrgeld, aber immerhin sieht er ein, daß derjenige, der Geld zu zahlen hat, es meistens nicht so eilig hat wie der, der es bekommen will. Er will nicht etwa Krach machen, er will etwas Dampf hinter die Sache machen.

Nun gut, er kommt in das Verwaltungsgebäude der Krankenkasse. Solch Verwaltungsgebäude mit Portier, Riesenvorhalle, künstlerisch ausgeführten Schalterräumen ist etwas ganz Ausgezeichnetes.

Hier kommt der kleine Mann Pinneberg, er will hundert Mark haben oder vielleicht werden es hundertzwanzig Mark, er hat keine Ahnung, was nach Abzug der Krankenhauskosten bleibt, und er kommt in ein schönes helles Riesengebäude. Er steht so hübsch klein und schäbig in der Mammuthalle. Pinneberg, mein Lieber, hundert Mark, hier geht es um Millionen. Die hundert Mark sind dir wichtig? Für uns sind sie ganz unwichtig, für uns spielt das gar keine Rolle. Das heißt, eine Rolle spielt es schon, na, das wirst du nachher sehen. Zwar ist dies Gebäude aus deinen Beiträgen und aus denen von Leuten, die ebenso klein sind wie du, aufgebaut, aber daran darfst du jetzt nicht denken. Wir benutzen deine Beiträge genau den gesetzlichen Bestimmungen gemäß.

Ein Trost für Pinneberg, daß hinter der Barre Angestellte wie er sitzen, Kollegen gewissermaßen. Sonst könnte er ja ganz verzagt werden inmitten dieser edlen Hölzer und Steine.

Pinneberg sieht scharf um sich, das dort ist der richtige Schalter, Buchstabe P. Ein junger Mann sitzt da, beruhigend offen, nicht abgesperrt, nur an der anderen Seite der Barre.

«Pinneberg», sagt Pinneberg, «Johannes. Mitgliedsnummer 606 867. Meine Frau hat ein Kind bekommen, und ich habe Ihnen wegen des Wochen- und Stillgeldes . . .»

Der junge Mann ist mit einem Kartothekkasten beschäftigt, er hat keine Zeit aufzusehen. Aber er streckt eine Hand aus und sagt: «Mitgliedskarte.»

«Hier», sagt Pinneberg. «Ich habe Ihnen geschrieben . . .»

«Geburtsurkunde», sagt der junge Mann und streckt wieder die Hand aus.

Pinneberg sagt sanft: «Ich habe Ihnen geschrieben, Herr Kollege, ich habe Ihnen die Unterlagen, die ich vom Krankenhaus bekommen habe, eingeschickt.»

Der junge Mann sieht hoch. Er sieht Pinneberg an: «Na, was wollen Sie denn noch?»

«Ich will fragen, ob die Sache erledigt ist. Ob das Geld abgeschickt ist. Ich brauche das Geld.»

«Geld brauchen wir alle.»

Pinneberg fragt noch sanfter: «Ist das Geld an mich abgesandt?»

«Weiß ich nicht», sagt der junge Mann. «Wenn Sie es schriftlich beantragt haben, wird es auch schriftlich erledigt.»

«Können Sie vielleicht feststellen, ob es erledigt ist?»

«Bei uns wird alles prompt erledigt.»

«Es hätte aber gestern schon da sein müssen.»

«Wieso gestern? Woher wissen Sie denn das?»

«Ich habe mir das ausgerechnet. Wenn es prompt erledigt worden ist . . .»

«Was Sie rechnen –! Wie können Sie denn wissen, wie die Sache hier erledigt wird. Da gibt es mehr Instanzen.»

«Wenn es aber prompt erledigt ist . . .»

«Hier wird alles prompt erledigt, da verlassen Sie sich drauf.»

Pinneberg sagt sanft und fest: «Wollen Sie sich nun also erkundigen, ob die Sache erledigt ist oder nicht?»

Der junge Mann sieht Pinneberg an, Pinneberg sieht den jungen Mann an. Sie sind beide recht anständig gekleidet. Pinneberg muß das ja schon von Berufs wegen, sie sind beide sauber gewaschen und rasiert, beide haben saubere Nägel und beide sind sie Angestellte.

Aber beide sind Feinde, Todfeinde, denn einer sitzt hinter der Barriere und der andere steht davor. Der eine will, was er für sein Recht hält, aber der andere hält es für eine Belästigung.

«Nichts wie unnötige Scherereien», brummt der junge Mann. Aber er steht unter Pinnebergs Blick auf und entschwindet in den Hintergrund. Im Hintergrund ist eine Tür, durch die Tür verschwindet der junge Mann. Pinneberg sieht ihm nach. Auf der Tür ist ein Schild, Pinnebergs Augen sind nicht gut genug, um ganz bestimmt die Schrift dieses Schildes lesen zu können, aber je länger er dorthin schaut, um so überzeugter ist er, auf dem Schild steht: «Toiletten».

Eine Wut ist in ihm. Einen Meter ab sitzt ein anderer junger Mann, er hat den Buchstaben O. Pinneberg möchte ihn gern fragen, wegen der Toiletten, aber es hat keinen Sinn, O wird nicht anders sein als P, die Schalterhalle macht es und die Barriere macht es.

Nach einer ziemlich langen Zeit, eigentlich nach einer sehr langen Zeit erscheint der junge Mann wieder durch dieselbe Tür, auf der, wie Pinneberg annimmt, «Toiletten» steht.

Pinneberg schaut ihm gespannt entgegen, aber er wird nicht angesehen. Der junge Mann setzt sich, nimmt Pinnebergs Mitgliedskarte, legt sie auf die Barriere und sagt: «Ist erledigt.»

«Das Geld ist abgeschickt? Gestern oder heute?»

«Ist schriftlich erledigt, sage ich Ihnen doch.»

«Wann bitte?!» «Gestern.»

Pinneberg sieht den jungen Mann noch einmal an. Es kommt ihm nicht geheuer vor, es waren doch wohl nur die Toiletten. «Wenn ich das Geld nicht zu Haus vorfinde, sage ich Ihnen –!» erklärt er drohend.

Aber er ist abgemeldet bei dem jungen Mann. Der spricht mit seinem Gegenüber, dem Buchstaben O, über «komische Leute». Pinneberg schaut sich den Kollegen noch einmal an, sowas hat er schon immer gewußt, aber er ärgert sich doch. Dann sieht er auf seine Uhr: nun muß es aber mit der Elektrischen sehr klappen, wenn er rechtzeitig bei Mandel sein will.

Natürlich klappt es nicht. Natürlich wird er nicht nur bei der Torkontrolle erwischt, nein, Herr Jänecke faßt ihn auch noch auf der Abteilung ab, als er atemlos angeprescht kommt. Herr Jänecke sagt: «Nun, Herr Pinneberg? Kein Interesse an der Arbeit –?»

«Ich bitte um Entschuldigung», keucht Pinneberg. «Ich war nur zur Krankenkasse. Wegen der Entbindung von meiner Frau.»

«Lieber Pinneberg», sagt Herr Jänecke mit Festigkeit, «das erzählen Sie mir nun seit vier Wochen, daß Ihre Frau entbunden wird. Ich finde es ja eine große Leistung, aber vielleicht denken Sie sich das nächste Mal etwas anderes aus.»

Und ehe Pinneberg noch ein Wort antworten kann, entschwindet Herr Jänecke, Schritt um Schritt, und Pinneberg sieht ihm nach.

Aber am Nachmittag gelingt es Pinneberg doch, wenigstens mit Heilbutt hinter dem großen Mantelständer einen kleinen Plausch zu halten. Das haben sie lange nicht getan, es ist zwischen den beiden nicht mehr ganz so wie früher. Seit Heilbutt von Pinneberg nie ein Wort über den Badeabend gehört hat, geschweige denn eine Beitrittserklärung, ist etwas zwischen ihnen. Natürlich ist Heilbutt viel zu höflich, um den Gekränkten zu spielen, aber der alte Ton ist es nicht mehr.

Pinneberg schüttet sein Herz aus. Erst erzählt er von Jänecke, aber da zuckt Heilbutt nur die Achsel: «Der Jänecke. Gott, wenn du dir das zu Herzen nimmst!»

Schön, Pinneberg wird es sich also nicht mehr zu Herzen nehmen, aber die Leute von der Krankenkasse . . .

«Nett», sagt Heilbutt. «Sehr nett. Genau wie solche Leute sein müssen. Aber erst mal die Hauptsache: wenn ich dir mit fünfzig Mark aushelfen kann?»

Pinneberg ist gerührt: «Nein, nein, Heilbutt. Keinesfalls. Wir schlängeln uns schon durch. Es ist ja nur, weil man doch ein Recht hat auf das Geld. Sieh mal, die Entbindung ist nun bald drei Wochen her.»

«Auf die Geschichte, die du eben erzählt hast», sagt Heilbutt nachdenklich, «würde ich nichts machen. Der Kerl streitet ja doch alles ab. Aber wenn du heute abend das Geld nicht zu Haus hast, dann würde ich mich beschweren.»

«Ach, das hilft ja auch nichts», sagt Pinneberg mutlos. «Mit uns können sie es doch machen.»

«Nicht bei denen beschweren, das hat natürlich keinen Sinn. Aber es gibt ein Aufsichtsamt für Privatversicherungen, dem sind die unterstellt. Warte mal, ich sehe gleich die Adresse im Telefonbuch nach.»

«Ja, wenn es so was gibt», meint Pinneberg hoffnungsvoller.

«Du sollst mal sehen, wie das Geld geflitzt kommt.»

Also Pinneberg geht nach Haus, er langt bei Lämmchen an, er fragt: «Das Geld?»

Lämmchen bewegt die Achseln: «Nichts. Aber es ist ein Brief von denen da.»

Pinneberg hört noch den frechen Tonfall von dem «Ist erledigt», wie er den Brief aufreißt. Wenn er den jetzt da hätte, den Kollegen, wenn er den doch da hätte . . .!

Also es ist ein Brief, und es sind zwei schöne Fragebogen, nein, kein Geld, das Geld hat Zeit.

Papier. Ein Brief. Zwei Fragebogen. Aber sich einfach hinsetzen und die ausfüllen? O nein, mein Lieber, so einfach machen wir es dir nicht. Zuerst besorge dir einmal eine standesamtliche Geburtsurkunde für

«Kassenzwecke», denn die Krankenhausbescheinigung über die Geburt genügt uns natürlich nicht. Dann unterschreibe die Fragebogen und fülle sie hübsch aus, es werden da zwar lauter Sachen gefragt, die wir alle schon in unserer Kartothek haben, wieviel du verdienst, wann du geboren bist und wo du wohnst, aber ein Fragebogen ist immer hübsch.

Nun, mein Lieber, kommt die Hauptsache: Das alles ließe sich ja eventuell in einem Tag ganz gut erledigen, nun besorge uns aber erstmal Bescheinigungen, welchen Krankenkassen du und deine Frau in den beiden letzten Jahren angehört habt. Es ist uns zwar bekannt, daß die Ärzte der Ansicht zuneigen, daß im allgemeinen Frauen Kinder nur neun Monate tragen, aber sicher ist sicher, die letzten zwei Jahre, bitte schön. Vielleicht können wir dann die Kosten auf eine andere Kasse abwälzen.

Haben Sie die Güte, Herr Pinneberg, bitte gedulden Sie sich mit der Erledigung dieser Angelegenheit bis zum Eingang der notwendigen Unterlagen.

Ja, Pinneberg sieht also Lämmchen an und Lämmchen sieht Pinneberg an.

«Reg dich bloß nicht so schrecklich auf», sagt sie. «Die sind nun mal so.»

«O Gott», stöhnt Pinneberg. «Diese verruchten Schweine. Hätte ich den Kerl nur da –!»

«Laß man», sagt Lämmchen. «Wir schreiben gleich an die Krankenkassen. Und wir legen Freiumschläge bei . . .»

«Was das alles wieder für Geld kostet!»

«Und in drei, vielleicht vier Tagen haben wir alles beisammen und schicken es denen ein.»

Schließlich setzt sich Pinneberg hin und schreibt. Bei ihm ist der Fall einfach, er hat nur an seine Krankenkasse in Ducherow zu schreiben, aber Lämmchen war vorher in Platz leider in zwei verschiedenen Kassen, nun, man muß mal sehen, irgendwann werden die Brüder ja schreiben . . .

«. . . bis zum Eingang der notwendigen Unterlagen zu gedulden . . .»

Und als diese Briefe geschrieben sind und Lämmchen friedlich dasitzt in ihrem rotweißen Bademantel, als sie ihren Murkel an der Brust hält und das Kind trinkt, trinkt, trinkt –, da taucht Pinneberg noch einmal die Feder in das Tintenfaß, schreibt mit seiner schönsten Handschrift einen Beschwerdebrief an das Aufsichtsamt für Privatversicherungen.

Nein, es ist kein Beschwerdebrief, so hoch versteigt er sich nicht, es ist nur eine Anfrage: darf die Krankenkasse die Auszahlung von Wochen- und Stillgeld von der Beibringung dieser Unterlagen abhängig machen? Muß ich wirklich über die letzten zwei Jahre . . .?

Und dann ist es eine Bitte: Können Sie nicht dafür sorgen, daß ich das Geld bald bekomme? Ich brauche es nämlich.

Lämmchen verspricht sich nicht viel von diesem Brief: «Die werden sich gerade um uns Arbeit machen!»

«Aber es ist doch ungerecht!» ruft Pinneberg. «Stillgelder müssen doch während der Stillzeit gezahlt werden. Sonst hat doch das alles keinen Sinn.»

Und Pinneberg scheint wirklich recht zu behalten: schon drei Tage später erhält er eine Postkarte, daß seine Eingabe zu Erhebungen Anlaß gegeben hätte, nach deren Abschluß ihm weiterer Bescheid erteilt werden würde.

«Siehst du», sagt er triumphierend zu Lämmchen.

«Zu was denn noch Erhebungen?» fragt Lämmchen. «Die Sache ist doch eigentlich klar.»

«Du wirst ja sehen», verspricht er.

Nun wird es still um Pinneberg. Die fünfzig Mark werden natürlich angegriffen, aber dann kommt ja gleich das Gehalt, und es wird wieder ein Hundertmarkschein zurückgelegt. Das Geld muß nun doch jeden Tag kommen. Aber weder das Geld kommt, noch scheinen die Erhebungen schon zu einem Abschluß geführt zu haben. Was zuerst eintrifft, das sind die Bescheinigungen der Krankenkassen in Ducherow und Platz. Pinneberg packt alles zusammen: die Bescheinigungen, die Fragebogen, die Geburtsurkunde des Standesamtes, die Lämmchen längst besorgt hat. Und bringt alles zur Post.

«Nun bin ich ja gespannt», sagt er.

Aber in Wahrheit ist er gar nicht sehr gespannt, er hat sich so geärgert, er hat vor Wut nicht einschlafen können, es hat alles keinen Sinn gehabt. Wir ändern nichts, es ist wie eine Wand, gegen die man anläuft. Es wird nicht anders.

Und dann kommt das Geld, es kommt jetzt wirklich sehr prompt, es ist direkt nach Eingang der Unterlagen abgesandt.

«Siehst du», sagt er wieder einmal. Lämmchen sieht es, aber sie sagt lieber nichts, denn dann fängt er wieder an sich zu ärgern. «Und nun bin ich gespannt, was dieses Aufsichtsamt für Erhebungen macht. Sicher kriegen die auf der Kasse einen auf den Deckel!»

«Ich glaube nicht, daß die noch schreiben», sagt Lämmchen. «Wir haben doch das Geld.»

Und Lämmchen scheint recht zu haben, eine Woche vergeht, und dann vergeht noch eine Woche. Und dann vergeht die dritte Woche. Und eine vierte Woche setzt ein . . .

Manchmal sagt Pinneberg in dieser Zeit: «Ganz verstehe ich diese Herren ja auch nicht. Ich hab ihnen doch geschrieben, daß ich das Geld brauche, und nun lassen sie sich so sehr Zeit. Viel Sinn hat das nicht.»

«Die werden gar nicht mehr schreiben», sagt Lämmchen wieder. Aber da hat Lämmchen unrecht. In der vierten Woche schreiben sie, sie schreiben kurz und würdevoll, daß sie die Angelegenheit für erledigt ansehen, da Herr Pinneberg bereits sein Geld von der Kasse bekommen hat.

Ist das alles? Pinneberg hat ja immerhin gefragt, ob die Kasse berechtigt sei, so umständlich zu beschaffende Unterlagen zu verlangen?

Ja, für dieses Aufsichtsamt ist es alles, die Beantwortung von Pinnebergs Fragen ist unnötig, er hat sein Geld.

Aber es ist doch nicht alles. Da sind die hohen Herren in dem herrlichen Krankenkassengebäude, einer ihrer niedersten Vertreter, ein junger Mann in der Schalterhalle hat Herrn Pinneberg einmal sehr hübsch abgefertigt. Nun fertigen ihn die hohen Herren höchstselbst ab. Sie haben einen Brief über den Angestellten Pinneberg geschrieben an das Aufsichtsamt. Und das Aufsichtsamt überreicht nun eine Abschrift dieses Briefes Herrn Pinneberg.

Was schreiben sie? Daß seine Beschwerde unbegründet ist. Nun, das ist selbstverständlich, das müssen sie schreiben. Aber warum ist seine Beschwerde unbegründet?

Weil Herr Pinneberg ein Bummelant ist, seht, er hat sich die standesamtliche Geburtsurkunde schon an dem und dem Tag ausstellen lassen, und er hat sie der Kasse doch erst eine Woche später gesandt! «Auf welcher Seite die Verzögerung liegt, ist an Hand der Akte sehr leicht festzustellen», so schreibt die Kasse.

«Und die Brüder schreiben kein Wort davon, daß sie doch auch die anderen Unterlagen wegen der letzten beiden Jahre haben wollten», stöhnt Pinneberg. «Sie haben doch sämtliche Unterlagen verlangt, und die Bescheinigungen kamen doch nicht früher!»

«Da siehst du es», sagt Lämmchen.

«Ja, da sehe ich es», sagt Pinneberg wild. «Schweine sind das. Die lügen und fälschen, und wir stehen nachher da wie die Stänkerer. Aber jetzt will ich . . .» Er versinkt in Nachdenken und schweigt.

«Was willst du?» fragt Lämmchen.

«Ich werde», sagt er feierlich, «noch einmal an das Aufsichtsamt schreiben. Ich werde denen sagen, daß die Sache für mich nicht erledigt ist, daß es sich nicht nur um das Geld handelt, sondern daß die den Tatbestand gefälscht haben. Daß das abgestellt werden muß! Daß wir anständig behandelt werden müssen, daß wir Menschen sind.»

«Hat es einen Zweck —?» fragt Lämmchen.

«Aber sollen die alles machen dürfen?» fragt er wild. «Sitzen die nicht schon warm und sicher und reich in ihren Palästen und verwalten uns? Und nun sollen sie uns noch mies machen dürfen und zu Stänkerern! Nein, ich lasse das nicht durch. Ich wehre mich, ich will was tun —!»

«Nein, es hat keinen Zweck», sagt Lämmchen wieder. «Es lohnt gar nicht. Sieh mal, wie aufgeregt bist du jetzt schon wieder. Du mußt den ganzen Tag arbeiten, und die kommen fein schön ausgeruht in ihr Büro und können sich Zeit lassen und telephonieren mit den Herren vom Aufsichtsamt, und die gehören viel eher zueinander als zu dir. Du machst dich kaputt, und am Ende lachen sie über dich.»

«Aber man muß doch was tun!» ruft er verzweifelt. «Ich ertrag das einfach nicht länger. Sollen wir zu allem still sein? Sollen wir uns immer treten lassen?»

«Die, die wir treten könnten, die wollen wir nicht treten», sagt Lämmchen und nimmt den Murkel aus seiner Krippe, um ihm die Abendbrust zu verabreichen. «Ich weiß es doch von Vater her. Einer kann gar nichts machen, über den freuen sie sich nur, wie er sich abhampelt. Da haben die ihren Spaß daran.»

«Und ich möchte doch . . .», fängt Pinneberg hartnäckig wieder an.

«Nichts», sagt Lämmchen. «Nichts. Hör doch schon auf.»

Und sie sieht so böse aus, daß Pinneberg sie nur einen Augenblick betrachtet, ganz verblüfft, so kennt er sie nicht.

Und dann geht er gegen das Fenster und sieht hinaus und halblaut sagt er: «Und das nächste Mal wähle ich doch Kommunisten!»

Aber Lämmchen antwortet nicht. Und das Kind trinkt zufrieden.

Es ist April geworden, ein richtiger, wetterwendischer April mit Sonne, Wolken und Hagelschauern, mit grünendem Gras und Gänseblümchen, mit sprossenden Büschen und wachsenden Bäumen. Auch Herr Spannfuß bei Mandel sproßt und wächst, und jeden Tag haben sich die Verkäufer in der Herrenkonfektion etwas davon zu erzählen, wo wieder rationalisiert worden ist. Was meistens darauf hinausläuft, daß ein Verkäufer die Arbeit von zwei Verkäufern zu tun hat, und wenn es ganz hoch kommt, gibt es einen neuen Lehrling.

Heilbutt fragt jetzt manchmal Pinneberg: «Wie ist es mit dir? Wieviel?»

Und Pinneberg sieht dann fort, und wenn Heilbutt wieder fragt: «Sag schon wieviel? Ich habe reichlich», dann sagt er schließlich verlegen: «Sechzig.» Oder auch einmal: «Hundertzehn, aber du sollst es nicht, es wird schon werden.»

Und dann deichseln sie es, daß Pinneberg gerade dazukommt, wenn Heilbutt einen Anzug oder Mantel verkauft hat, und dann trägt ihn Pinneberg auf seinem Kassenblock ein.

Sie müssen aufpassen dabei, Jänecke schnüffelt und der Zuträger Keßler schnüffelt noch viel mehr. Aber sie sind sehr vorsichtig, sie passen den Augenblick ab, wo Keßler zu Tisch ist, und als er doch einmal dazu kommt, behaupten sie, daß Pinneberg einen Tippel gerettet hat, und Heilbutt bietet Herrn Keßler kühl Ohrfeigen an.

Ach, wo sind die Zeiten, da Pinneberg sich für einen guten Verkäufer hielt? Es ist alles anders geworden, ganz anders. Gewiß, nie waren die Menschen so schwierig. Da kommt ein dicker großer Mann mit seiner Frau, möchte einen Ulster: «Kostenpunkt höchstens fünfundzwanzig Mark, junger Mann! Verstehen Sie! Einer von meinen Skatbrüdern hat einen für zwanzig, echt englisch, Wolle und angewebtes Futter, verstehen Sie!»

Pinneberg lächelt dünn: «Vielleicht hat der Herr seinen billigen Einkauf ein bißchen übertrieben. Für zwanzig Mark einen echt englischen Ulster ...»

«Hören Sie mal, junger Mann, das brauchen Sie mir nun nicht zu erzählen, daß mein Skatbruder mich ansohlt. Der ist reell, verstehen Sie.» Und der Dicke regt sich weiter auf: «Das habe ich nicht nötig, verstehen Sie, mir von Ihnen meinen Skatbruder schlecht machen zu lassen.»

«Ich bitte um Entschuldigung», versucht Pinneberg.

Keßler guckt, Herr Jänecke steht hinter einem Kleiderständer, halbrechts. Aber keiner kommt zu Hilfe. Es wird eine Pleite. «Warum reizen Sie denn die Leute?» fragt Herr Jänecke milde. «Früher waren Sie ganz anders, Herr Pinneberg.»

Ja, das weiß Pinneberg auch ganz gut, daß er früher ganz anders war.

Aber das macht der Betrieb. Es ist, seit sie dies verruchte Quotensystem angefangen haben, das nimmt allen Mut. Zu Anfang des Monats geht es noch, dann haben die Leute Geld und kaufen ein bißchen, und Pinneberg erfüllt sein Soll sehr hübsch und ist voll Mut: «Diesen Monat werde ich gewiß nicht bei Heilbutt pumpen müssen.»

Aber dann kommt ein Tag und vielleicht noch ein zweiter, an dem kein Käufer sich sehen läßt. «Morgen muß ich für dreihundert Mark verkaufen», denkt Pinneberg, wenn er abends von Mandel fortgeht.

«Morgen muß ich für dreihundert Mark verkaufen», das ist Pinnebergs letzter Gedanke, wenn er Lämmchen den Gutenachtkuß gegeben hat und im Dunkel liegt. Es läßt sich schlecht einschlafen mit solch einem Gedanken, es bleibt doch nicht der letzte Gedanke.

«Heute muß ich für dreihundert Mark verkaufen», – beim Erwachen, beim Kaffeetrinken, auf dem Weg, beim Eintritt in die Abteilung, immerzu: «Dreihundert Mark.»

Nun kommt ein Kunde, ach, er will einen Mantel haben, achtzig Mark, ein Viertel des Solls, entschließ dich, Kunde! Pinneberg schleppt herbei, probiert an, über jeden Mantel ist er begeistert, und je aufgeregter er wird (entschließ dich! entschließe dich!), um so kühler wird der Kunde. Ach, Pinneberg zieht alle Register, er versucht es mit Untertänigkeit: «Der Herr haben ja einen so vorzüglichen Geschmack, den Herrn kleidet ja alles ...» Er spürt, wie er dem Kunden immer unangenehmer wird, wie er ihm widerlich ist, und er kann nicht anders. Und dann geht der Kunde: «Will es mir noch mal überlegen.»

Pinneberg steht da, er fällt gewissermaßen in sich zusammen, er weiß, er hat alles falsch gemacht, aber da saß es in ihm, es trieb, Angst, da sind die beiden zu Haus, es ist doch schon so knapp, es reicht nicht hin und her, wie soll es erst werden, wenn –?

Gewiß, er hat es noch nicht ganz schlimm, Heilbutt kommt, Heilbutt ist der Anständigste der Anständigen, er kommt von selbst, er fragt: «Pinneberg, wieviel –?»

Er ermahnt ihn nie, es anders zu machen, sich zusammenzunehmen, er quatscht nicht klug wie Jänecke und der Herr Spannfuß, er weiß, Pinneberg kann es, er kann es nur jetzt nicht. Pinneberg ist nicht hart, Pinneberg ist weich, wenn sie auf ihn drücken, verliert er die Form, er geht auseinander, er ist nichts, Brei.

Oh, er verliert den Mut nicht, er reißt sich immer wieder zusammen und er hat glückliche Tage, wo er ganz auf seiner alten Höhe ist, wo kein Verkauf mißlingt. Er denkt, die Angst ist überwunden.

Und dann gehen sie an ihm vorbei, die Herren, und sagen so im Vorbeigehen: «Na, Herr Pinneberg, könnte auch etwas lebhafter gehen der Verkauf.» Oder «Warum verkaufen Sie eigentlich gar keine dunkelblauen Anzüge? Wollen *Sie,* daß wir die alle am Lager behalten?»

Sie gehen vorüber, sie sind vorbei, sie sagen dem nächsten Verkäufer etwas anderes oder dasselbe. Heilbutt hat ja recht, man darf gar nichts darauf geben, es ist nichts wie ödes Antreibergeschwätz, sie denken, sie müssen so was sagen.

Nein, man soll nichts darauf geben, was sie schwätzen, aber kann man das? Da hat Pinneberg heute für zweihundertfünfzig Mark verkauft, und da kommt dieser Herr Organisator und sagt: «Sie sehen so abgespannt aus, Herr. Ich empfehle Ihnen Ihre Kollegen drüben in den States als Vorbild, die sehen abends genau so munter aus wie am Morgen. Keep smiling! Wissen Sie, was das heißt? Immer lächeln! Abgespanntheit gibt es nicht, ein abgespannt aussehender Verkäufer ist keine Empfehlung für ein Geschäft . . .»

Er entschreitet, und Pinneberg denkt restlos: «In die Fresse! In die Fresse, du Hund!» Aber er hat natürlich sein Dienerchen und sein Smiling gemacht, und das sichere Gefühl ist auch wieder weg.

Ach, er ist noch gut daran. Er weiß von ein paar Verkäufern, die sind hinbestellt worden auf das Personalbüro und sind verwarnt oder ermuntert, je nach dem.

«Hat die erste Spritze gekriegt», sagen sie. «Stirbt bald.»

Denn dann wird die Angst ja noch größer, der Verkäufer weiß, es kommen nur noch zwei Spritzen und dann ist Schluß: Arbeitslos, Krisen, Wohlfahrt, Schluß.

Ihn haben sie noch nicht bestellt, aber ohne Heilbutt wäre er längst reif. Heilbutt ist der Turm, Heilbutt ist unangreifbar, Heilbutt ist imstande und sagt zu Herrn Jänecke: «Vielleicht versuchen Sie es einmal, mir den richtigen Verkauf vorzumachen.»

Worauf Herr Jänecke dann sagt: «Ich verbitte mir diesen Ton, Herr Heilbutt!» und sich entfernt.

Aber dann fehlt Heilbutt eines Tages, das heißt, er war da gewesen, hatte auch was verkauft, aber mitten an diesem Apriltag verschwand er, niemand wußte wohin.

Jänecke wußte es vielleicht, denn er fragte überhaupt nicht nach ihm. Und Keßler wußte es wahrscheinlich auch, denn er fragte alle nach ihm, und so betont, so gehässig, daß man merken mußte, es war etwas Besonderes geschehen.

«Wissen Sie nicht, wo Ihr Freund Heilbutt geblieben ist?» fragt er Pinneberg.

«Krank geworden», brummt Pinneberg.

«Au Backe! Die Art Krankheit möchte ich nicht haben», frohlockt Keßler.

«Wieso? Was wissen Sie denn?» fragt Pinneberg.

«Ich —? Gar nichts. Was soll ich wissen?»

«Na, Mensch, Sie sagen doch . . .»

Keßler ist schwer gekränkt: «Ich weiß gar nichts. Ich habe nur gehört, er ist ins Personalbüro gerufen worden . . . Papiere gekriegt, verstehen Sie?»

«Quatsch!» sagt Pinneberg, und sehr vernehmlich brummt er hinter ihm her: «Idiot!»

Warum soll Heilbutt seine Papiere gekriegt haben, warum sollen sie ihren tüchtigsten Verkäufer entlassen? Unsinn. Jeden anderen eher als Heilbutt.

Am nächsten Tag fehlt Heilbutt immer noch.

«Wenn er morgen nicht da ist, gehe ich abends direkt vom Geschäft in seine Wohnung», sagt Pinneberg zu Lämmchen.

«Das tu nur», sagt sie.

Aber dann am Morgen kommt die Erklärung. Herr Jänecke ist es, der sich herabläßt, Pinneberg aufzuklären. «Sie waren wohl befreundet mit diesem – Heilbutt?»

«Bin ich noch», sagt Pinneberg kriegerisch.

«So. – Wissen Sie, daß er etwas komische Ansichten hatte?»

«Komische –?»

«Nun, über Nacktheit?»

«Ja», sagt Pinneberg zögernd, «er hat mir mal davon erzählt. Irgendein Frei-Körper-Kulturverband.»

«Gehören Sie dem etwa auch an?»

«Ich? nein.»

«Nein, natürlich, Sie sind ja verheiratet.» Herr Jänecke macht eine Pause. «Wir haben ihn also entlassen müssen, Ihren Freund Heilbutt. Er hat da sehr häßliche Geschichten gemacht.»

«Wieso?» sagt Pinneberg hitzig. «Das glaube ich nicht!»

Herr Jänecke lächelt nur: «Lieber Herr Pinneberg, Sie besitzen keine große Menschenkenntnis. Ich sehe das oft an Ihrer Art zu verkaufen.» Und abschließend: «Sehr häßliche Geschichten. Herr Heilbutt hat von sich Aktphotos auf der Straße verkaufen lassen.»

«Was –?» ruft Pinneberg. Er ist doch schließlich ein alter Berliner, aber das hat er noch nicht erlebt, daß jemand von sich Aktphotos auf der Straße verkaufen läßt.

«Es ist aber so», sagt Herr Jänecke. «Es ehrt Sie schließlich, wenn Sie zu Ihrem Freunde halten. Obwohl es kein gutes Zeichen für Ihre Menschenkenntnis ist.»

«Ich verstehe noch immer nicht», sagt Pinneberg. «Aktphotos auf der Straße –?»

«Und jedenfalls kann uns nicht zugemutet werden, einen Verkäufer zu beschäftigen, dessen Aktphotos die Kunden und vielleicht gar die Kundinnen in der Hand gehabt haben. Ich bitte Sie, bei diesem markanten Gesicht!» Und damit geht Herr Jänecke weiter, er lächelt Pinneberg freundlich an, er ermuntert ihn gewissermaßen, soweit der Abstand zwischen ihm und Pinneberg das erlaubt.

«Na, hat er Ihnen Bescheid gestoßen über Ihren Heilbutt? Ziemliches Schwein, finde ich, ich habe ihn nie leiden mögen, den großschnauzigen Hund.»

«Ich aber ja», sagt Pinneberg sehr vernehmlich. «Und wenn Sie nochmal in meiner Gegenwart . . .»

Nein. Keßler kann das hübsche Aktphoto bei Pinneberg nicht an den Mann bringen, so gerne er auch die Wirkung auf Pinnebergs Gesicht studiert hätte. Pinneberg sieht es erst später, im Laufe des Vormittags. Es ist nicht nur das große Ereignis in der Herrenkonfektion, es hat sich längst über den Rahmen dieser Abteilung ausgebreitet, die Verkäuferinnen bei den seidenen Strümpfen rechts und beim Putz links reden ununterbrochen davon und das Bild zirkuliert.

So kommt es auch zu Pinneberg, der sich den ganzen Vormittag den Kopf darüber zerbrochen hat, wieso Heilbutt Aktphotos von sich auf der Straße verkaufen lassen kann. Nun, es ist etwas anders, darauf ist er nicht gekommen, Herr Jänecke hat recht und Herr Jänecke hat unrecht. Es ist eine Zeitschrift, eine jener Zeitschriften, von denen man nicht genau weiß, existieren sie für die Propagierung einer gewissen Natürlichkeit oder für die Aufgeilung.

Auf dem Deckel der Zeitschrift, in einem ovalen Rahmen, steht unverkennbar Heilbutt, in kämpferischer Stellung, einen Ger in der Hand. Es ist ein hübsches Photo, irgendeine Liebhaberaufnahme, und er ist wirklich ein gutgebauter Mann, der den Ger schleudern will —: allerdings mit nichts bekleidet. Sicher ist es sehr pikant für die kleinen Verkäuferinnen, von denen manche von Heilbutt geschwärmt hatte, ihn hier so angenehm hüllenlos vor sich zu sehen. Bestimmt enttäuscht er keine Erwartungen. Aber solche Revolution . . .

«Wer kauft denn solche Zeitschriften?» sagt Pinneberg zu Lasch. «Deswegen braucht man doch keinen Menschen zu entlassen.»

«Ausgeschnüffelt wird es wohl wieder Keßler haben», meint Lasch. «Diese Zeitschrift stammt wenigstens von ihm. Und er hat am ersten von allen Bescheid gewußt.»

Pinneberg nimmt sich vor, zu Heilbutt zu gehen, aber noch nicht an diesem Abend. Diesen Abend muß er erst mit Lämmchen über den Fall reden. Denn so ist der gute Pinneberg ja auch nicht, ein bißchen prickelt ihn die Geschichte doch, trotz aller Freundschaft. Er kauft sich eine Nummer der Zeitschrift und bringt sie Lämmchen als Illustration mit.

«Natürlich mußt du zu ihm», sagt sie. «Und laß ihn nicht in deiner Gegenwart schlecht machen, hörst du.»

«Wie findest du, daß er aussieht?» fragt Pinneberg gespannt, denn etwas neidisch ist er auf diesen schönen Körper doch.

«Gut gebaut ist er», sagt Frau Pinneberg. «Du hast schon ein ganz klein wenig Ansatz zum Bauch. Und so schöne Füße und Hände wie er hast du auch nicht.»

Pinneberg ist ganz verlegen: «Was meinst du? Ich finde, er sieht einfach glänzend aus. Könntest du dich nicht in ihn verlieben?»

«Glaube ich nicht. Viel zu dunkel für mich. — Und dann . . .», sie legt den Arm um seinen Nacken und lächelt ihn an, «bin ich ja noch immer verliebt in dich!»

«Noch immer —?» fragt er. «Ganz richtig?»

«Noch immer», sagt sie. «Ganz richtig.»

Am nächsten Abend aber ist Pinneberg wirklich bei Heilbutt. Der ist kein bißchen befangen: «Du weißt Bescheid, Pinneberg? Die fallen hübsch rein mit ihrer fristlosen Entlassung. Ich habe schon Klage eingereicht beim Arbeitsgericht.»

«Glaubst du, daß du durchkommst?»

«Todsicher. Ich würde ja schon durchkommen, wenn ich die Erlaubnis gegeben hätte, das Bild zu bringen. Aber ich kann nachweisen, daß es ohne meinen Willen veröffentlicht ist. Da können sie mir gar nichts wollen.»

«Ja, und dann? Dann bekommst du drei Monate Gehalt und bist arbeitslos.»

«Mein lieber Pinneberg, ich finde schon was anderes, und wenn ich nichts finde, dann mache ich mich selbständig. Ich komme schon durch. Ich gehe nicht stempeln.»

«Das glaube ich dir. Engagierst du mich, wenn du dein eigenes Geschäft hast?»

«Natürlich, Pinneberg. Du bist der erste.»

«Aber ohne Quoten?»

«Natürlich, ohne Quoten! Ja, wie wird es denn nun mit dir? Du hast es jetzt schwer. Wirst du denn allein durchkommen?»

«Muß. Muß», sagt Pinneberg mit aller Zuversicht, die er nicht ganz fühlt. «Wird schon alles gehen. Diese Tage ist es ganz schön gegangen. Ich bin hundertunddreißig voraus.»

«Na also», sagt Heilbutt. «Vielleicht ist es ganz gut für dich, daß ich weg bin.»

«Nein, besser wäre es schon, du wärst noch da.»

Nun, er geht wieder heim, Pinneberg, Johannes. Es ist komisch, nach einer Weile hat man nichts mehr mit Heilbutt zu reden. Pinneberg mag Heilbutt wirklich sehr gern, und er ist ein fabelhaft anständiger Kerl, aber ganz der richtige Freund ist er doch nicht. Man wird nicht warm mit ihm.

Und so läßt er sich viel Zeit, bis er Heilbutt wieder besucht, ja, er muß erst direkt dadurch daran erinnert werden, daß sie im Geschäft reden: Heilbutt hat seinen Prozeß gegen Mandel gewonnen.

Als aber Pinneberg in Heilbutts Wohnung kommt, da ist Heilbutt ausgezogen.

«Keine Ahnung wohin, mein lieber Herr, wahrscheinlich wohl nach Dalldorf, oder Wittenau heißt das ja jetzt. Verrückt genug war er dafür, und was glauben Sie, mich alte Frau hat er doch auch noch überreden wollen zu seinen Schweinereien.»

Heilbutt ist futsch.

Pinneberg wird verhaftet, und Jachmann sieht Gespenster. Rum ohne Tee

Es ist Abend, ein schöner heller Abend, später Frühling, halber Sommer. Pinneberg ist fertig mit seiner Tagesarbeit, er kommt aus dem Warenhaus Mandel, er ruft seinen Kollegen zu: «Also dann morgen wieder!» Und trabt los.

Eine Hand legt sich auf seine Schulter: «Pinneberg, Sie sind verhaftet!»

«Nanu!» sagt Pinneberg und ist kein bißchen erschrocken. «Wieso? Ach Gott, Sie, Herr Jachmann! Ich habe Sie eine Ewigkeit nicht gesehen!»

«Da sieht man das gute Gewissen», sagt Jachmann melancholisch. «Kein bißchen zusammengezuckt. Gott, wer es auch so hätte wie diese jungen Leute! Beneidenswert!»

«Sachte, Herr Jachmann», sagt Pinneberg. «Von wegen beneidenswert. Sie möchten keine drei Tage mit mir tauschen. Bei Mandel . . .»

«Wieso bei Mandel? Ich wollte, ich hätte Ihre Stellung! Das ist doch was Festes, Solides», sagt der trübe Jachmann und geht langsam mit Pinneberg weiter. «Das ist ja jetzt alles so triste. Na ja, was macht denn die Frau, Flitterwöchner?»

«Geht ihr gut», sagt Pinneberg. «Wir haben jetzt einen Jungen.»

«Gott, ja? Wirklich? Einen Jungen?» Jachmann ist sehr überrascht. «Das ist ja verdammt schnell gegangen. Können Sie sich denn so was leisten? Beneidenswert!»

«Leisten können wir uns ihn ja nicht», meint Pinneberg. «Aber wenn es danach ginge, kriegte unsereins überhaupt keine Kinder. Nun muß es eben gehen.»

«Richtig», sagt Jachmann und hat entschieden überhaupt nicht zugehört. «Hören Sie, passen Sie mal auf, Pinneberg. Jetzt sehen wir uns da das Schaufenster von der Buchhandlung an . . .»

«Ja –?» fragt Pinneberg erwartungsvoll.

«Es ist ein sehr belehrendes Buch», sagt Jachmann vernehmlich. «Habe ich eine Masse draus gelernt.» Und leise: «Sehen Sie mal nach links. Unauffällig, Mensch, unauffällig!»

«Ja –?» fragt Pinneberg wieder und findet alles sehr rätselhaft und den Hünen Jachmann sehr verändert. «Was soll ich denn sehen –?»

«Der dicke Graue mit der Brille und dem Strubbelhaar, haben Sie den gesehen?»

«Ja, natürlich», sagt Pinneberg. «Da geht er hin.»

«Schön», sagt Jachmann, «nun behalten Sie den im Auge. Nun unterhalten Sie sich ganz wie gewöhnlich mit mir. Das heißt, nennen Sie keine Namen, unter keinen Umständen meinen Namen. Nun erzählen Sie mir was!»

Pinneberg sucht in seinem Hirn: ‹Was ist denn los? Was will Jachmann? Von Mutter sagt er auch kein Wort.›

Und Jachmann drängt: «Nun reden Sie schon was. Erzählen Sie was, das sieht doch zu dämlich aus, wenn wir so stumm nebeneinander gehen. Das muß doch auffallen.»

‹Auffallen? Wem auffallen?› denkt Pinneberg. Und laut: «Das Wetter ist jetzt immer herrlich, nicht wahr, Herr . . .»

Und hätte sich beinahe mit dem Namen verplappert.

«Passen Sie bloß auf, Mensch», flüstert Jachmann. Und vernehmlich: «Ja, wir haben ein wirklich schönes Wetter.»

«Ein bißchen Regen wäre aber vielleicht ganz gut», sagt Pinneberg und betrachtet nachdenklich den Rücken des grauen Herrn drei Schritte vor ihm. «Es ist doch sehr trocken.»

«Regen wäre gut», pflichtet Jachmann sofort bei. «Aber vielleicht nicht gerade zum Wochenende?»

«Nein, natürlich nicht!» sagt Pinneberg. «Zum Wochenende nicht!»

Und dann ist es alle, absolut alle. Ihm fällt nichts ein. Einmal sieht er Jachmann von der Seite an, er findet, daß er nicht mehr die strahlende Frische von früher hat. Und findet weiter, daß auch der gespannt auf den grauen Rücken starrt.

«Gott, reden Sie doch ein Wort, Pinneberg», sagt Jachmann nervös. «Sie müssen doch was zu erzählen haben. Wenn ich einen Menschen ein halbes Jahr nicht gesehen hätte, ich hätte immerzu was zu erzählen.»

«Jetzt haben Sie aber meinen Namen genannt», stellt Pinneberg fest. «Wohin gehen wir eigentlich?»

«Nun, zu Ihnen! Wohin sonst? Ich begleite Sie doch!»

«Da hätten wir aber eben links abgehen müssen», bemerkt Pinneberg. «Ich wohne jetzt in Alt-Moabit.»

Jachmann ist ärgerlich: «Ja, warum gehen Sie dann nicht links ab?»

«Ich denke, wir wollen dem grauen Herrn nachgehen . . .»

«O Gott!» sagt der Riese. «Kapieren Sie denn nichts?»

«Nichts», gesteht Pinneberg.

«Also, gehen Sie genau so, wie wenn Sie nach Hause gehen. Ich werde es Ihnen noch erzählen. Und nun unterhalten Sie sich mit mir.»

«Dann müssen wir jetzt wieder links ab», sagt Pinneberg.

«Schön, dann gehen Sie doch, Mensch», sagt Jachmann ärgerlich. «Wie geht es denn Ihrer Frau?»

«Wir haben einen Jungen gekriegt», sagt Pinneberg verzweifelt. «Es geht ihr gut. Könnten Sie mir nicht sagen, was eigentlich los ist, Herr Jachmann? Ich werde immer dümmer.»

«O Gott, nun haben Sie gerade jetzt meinen Namen genannt», schimpft Jachmann. «Nun kommt er uns sicher nach. O Mensch, sehen Sie sich wenigstens jetzt nicht um!»

Pinneberg sagt gar nichts, und Jachmann sagt nach diesem Ausbruch auch nichts mehr. Sie gehen einen Häuserblock weiter, um eine Ecke, wieder einen Block entlang, über einen Fahrdamm und sind nun auf Pinnebergs gewohntem Heimweg.

Die Verkehrsampel brennt rot, sie müssen einen Augenblick warten.

«Sehen Sie ihn noch?» fragt Jachmann gespannt.

«Ich denke, ich soll nicht . . . Nein, ich sehe ihn nicht mehr. Der ist vorhin geradeaus gegangen.»

«Na also!» sagt Jachmann, und es klingt sehr befreit und befriedigt. «Habe mich eben geirrt. Manchmal sieht man Gespenster.»

«Können Sie mir nicht erzählen, Herr Jachmann —?» fängt Pinneberg an.

«Gar nichts. Das heißt später. Später natürlich. Jetzt wollen wir erst mal zu Ihnen. Zu Ihrer Frau. Einen Jungen haben Sie? Oder ein Mädchen? Ausgezeichnet! Vorzüglich! Ist doch alles glatt gegangen? Na, natürlich. Bei so 'ner Frau! Wissen Sie, Pinneberg, ich habe nie kapiert, daß Ihre Mutter 'nen Sohn gekriegt hat, das muß ein Versehen des Himmels, nicht nur der Gummifabriken gewesen sein. Na, entschuldigen Sie! Sie kennen mich ja. Wo ist denn hier ein Blumenladen? Wir kommen doch noch an einem Blumenladen vorbei? Oder ißt Ihre Frau lieber Konfekt?»

«Aber es ist wirklich nicht nötig, Herr Jachmann . . .»

«Das weiß ich, das bestimme ich, junger Mann, was nötig ist.» Oh, wie ist Jachmann plötzlich im Gang! «Blumen und Pralinés? Das wirkt auf jedes Frauenherz. Das heißt, bei Ihrer Mutter wirkt es nicht, na, reden wir nicht davon, das ist ein anderer Fall. Also, Blumen und Konfekt. Warten Sie, ich gehe gleich hier rein.»

«Sie sollen aber nicht . . .»

Doch schon ist Jachmann im Konfitürengeschäft verschwunden. Taucht aber nach zwei Minuten wieder auf. «Haben Sie 'ne Ahnung, was Ihre Frau für Konfekt gern mag? Kognakkirschen?»

«Alkohol ist doch ausgeschlossen, Herr Jachmann», sagt Pinneberg vorwurfsvoll. «Meine Frau nährt doch.»

«Ach so, sie nährt. Natürlich. Wieso eigentlich nährt sie? Ach so, den Jungen nährt sie. Natürlich! Und dann ißt man keine Kognakkirschen? Hab ich auch noch nicht gewußt. Dies Leben ist eins der schwersten, sage ich Ihnen!» Er hat sich wieder ins Geschäft geredet.

Und taucht nach einer Weile von neuem auf, mit einem sehr umfangreichen Paket behängt.

«Herr Jachmann!» sagt Pinneberg bedenklich. «So viel! Ich weiß nicht, ob das meiner Frau recht sein wird . . .»

«Wieso? Sie braucht doch nicht alles auf einmal aufzuessen. Es ist doch nur, weil ich ihren Geschmack nicht kenne. Es gibt so viele Sorten. Nun passen Sie mal auf, wenn ein Blumengeschäft kommt . . .»

«Das lassen Sie nun aber, Herr Jachmann. Das ist ganz überflüssig.»

«Überflüssig, was so ein junger Mann redet! Wissen Sie überhaupt, was überflüssig ist?»

«Daß Sie jetzt meiner Frau auch noch Blumen mitbringen!»

«Nee, flüssiger als flüssig, das ist überflüssig. Es gibt auch einen Witz dazu, aber den erzähle ich Ihnen nicht, Sie haben keinen Sinn für so was. Also, hier hätten wir den Blumenladen . . .»

Jachmann bleibt nachdenklich stehen. «Wissen Sie, ich werde Ihrer Frau nichts Guillotiniertes mitbringen, keine Blumenleichen, mehr so ein Topfgewächs. Paßt besser für die junge Frau. Ist sie noch so blond?»

«Herr Jachmann, ich bitte Sie —!»

Aber Herr Jachmann ist schon weg, es dauert eine ganze Weile und dann ist er wieder da.

«So ein Blumenladen, Herr Pinneberg, das wäre was für Ihre Frau. Müßte ich ihr einrichten. Irgendwo in einer guten Gegend, wo die Affen es zu würdigen wissen, wenn eine schöne Frau bedient.»

Pinneberg wird ganz verlegen: «Na, daß meine Frau schön ist, Herr Jachmann . . .»

«Reden Sie bloß kein Blech, Pinneberg, reden Sie von Dingen, von denen Sie was verstehen! Ich weiß nicht, verstehen Sie überhaupt von was was? Schönheit . . . Sie glauben wohl auch an Filmschönheit, außen manikürtes Fleisch und innen Geldgier und Doofheit —?»

«Ich bin eine Ewigkeit nicht im Kino gewesen», sagt Pinneberg melancholisch.

«Aber warum denn nicht? Ins Kino muß man immerzu gehen, jeden Abend womöglich, solange man es nur aushält. Das gibt Selbstvertrauen, mir kann keiner, die andern sind alle noch zehnmal so doof . . . Also gehen wir mal ins Kino. Gleich! Heute abend! Was geben die denn? Warten Sie, an der nächsten Litfaßsäule . . .»

«Erst aber», grinst Pinneberg, «wollten Sie meiner Frau doch ein Blumengeschäft kaufen?»

«Ja, natürlich. Eigentlich ist es eine glänzende Idee. Das Geld wird sich bestimmt gut verzinsen. Aber . . .», er seufzt schwer, er versammelt zwei Blumentöpfe und ein Schokoladenpaket in einem Arm, mit dem andern hängt er sich bei Pinneberg ein . . . «aber es geht nicht, Jüngling. Ich bin in der Bredouille . . .»

Pinneberg ist entrüstet: «Dann sollen Sie aber nicht für uns hier alle Läden leer kaufen!»

«Ach, reden Sie keinen Stuß! Nicht mit Geld. Geld habe ich wie Mist. Noch. Aber so bin ich in der Bredouille. Anders. Wir reden später davon. Ich erzähl es Ihnen und Ihrem Lamm. Nur das eine . . .» Er neigt sich zu Pinneberg, er flüstert: «Ihre Mutter ist ein Aas.»

«Das habe ich immer gewußt», sagt Pinneberg kühl.

«Ach, Sie verstehen ja alles falsch», sagt Jachmann und nimmt Pinneberg seinen Arm wieder weg. «Ein Aas, ein richtiges Biest, aber eine herrliche Frau . . . Nein, vorläufig ist es mit dem Blumengeschäft nichts . . .»

«Wegen des Grauen mit dem Strubbelbart?» versucht Pinneberg zu raten.

«Wieso? Welcher Graue?» Jachmann lacht. «Ach, Pinneberg, da habe ich Sie doch nur durch den Kakao geholt. Haben Sie das denn nicht kapiert?»

«Nee», sagt Pinneberg. «Und ich glaube es Ihnen auch nicht.»

«Dann lassen Sie's. Sie werden ja sehen. Und ins Kino gehen wir alle zusammen heute abend. Nein, heute abend geht nicht, heute abend essen wir gemütlich zu Abend — was gibt es denn bei Ihnen zum Abendessen?»

«Bratkartoffeln», erklärt Pinneberg. «Und einen Bückling.»

«Und was gibt es zu trinken?»

«Tee», sagt Pinneberg.

«Mit Rum?»

«Meine Frau trinkt keinen Alkohol!»

«Richtig! Sie nährt. Das ist die Ehe. Meine Frau trinkt keinen Alkohol. Also trinke ich auch keinen Alkohol. Sie Ärmster!»

«Aber ich mag keinen Rum in Tee.»

«Das bilden Sie sich ein, weil Sie verheiratet sind. Wären Sie Junggeselle, möchten Sie es, das sind so Ehe-Erscheinungen. Ach, reden Sie nicht, ich bin nie verheiratet gewesen, ich weiß doch Bescheid. Wenn ich mit 'ner Frau zusammen war und solche Erscheinungen traten bei mir auf wie Rum ohne Tee . . .»

«Rum ohne Tee», wiederholt Pinneberg ernsthaft.

Der andere merkt nichts: «Ja, grade so was, dann habe ich Schluß gemacht, unwiderruflich Schluß gemacht, und wenn es mir noch so schwer fiel. Also Bratkartoffeln und Hering . . .»

«Bückling.»

«Bückling und Tee. Wissen Sie, Pinneberg, ich gehe da schnell mal rein in das Geschäft. Aber es ist jetzt auch bestimmt das letzte . . .»

Und Jachmann verschwindet in einem Delikatessengeschäft.

Als er wieder auftaucht, sagt Pinneberg mit Nachdruck: «Nun sage ich Ihnen noch eins, Herr Jachmann . . .»

«Ja?» fragt der Riese. «Sie könnten mir übrigens gut und gerne auch ein Paket tragen.»

«Geben Sie her. Der Murkel ist erst ein gutes Vierteljahr alt. Der sieht noch nichts, der hört noch nichts, der spielt noch mit nichts . . .»

«Warum Sie mir das erzählen . . .»

«Wenn Sie also auf die Idee kommen sollten, noch in einen Spielzeug-

laden zu laufen und meinem Sohn einen Teddy zu kaufen oder eine Puff-
bahn, dann finden Sie mich nachher nicht mehr vor der Tür!»

«Spielzeugladen . . .» sagt Jachmann träumerisch. «Teddy . . . Puff-
bahn . . . wie so 'n Vater so was sagt! Kommen wir denn noch an einem
Spielzeugladen vorbei?»

Pinneberg fängt an zu lachen. «Ich lauf weg, Herr Jachmann», sagt er.

«Sie sind wirklich ein alberner Mensch, Pinneberg», sagt Jachmann
seufzend. «Wo ich sozusagen Ihr Vater bin!»

Logierbesuch wider Willen.
Jachmann entdeckt die guten, nahrhaften Dinge

Sie haben sich begrüßt, Lämmchen und Jachmann, und Jachmann hat
pflichtgemäß einen Augenblick über die Krippe gebeugt dagestanden
und hat gesagt: «Es ist natürlich ein ausgesprochen schönes Kind.»

«Ganz die Mutter», hat Lämmchen gesagt.

«Ganz die Mutter», hat Jachmann geantwortet.

Dann hat Jachmann ausgepackt, und wieder hat Lämmchen angesichts
umfangreicher Delikatessenmassen pflichtgemäß gesagt: «Aber das sollen Sie doch nicht, Herr Jachmann!»

Dann haben sie gegessen und getrunken (Tee zwar, aber nicht Bratkartoffeln und Bückling), und dann hat Jachmann sich zurückgelehnt und
hat gemütlich gesagt: «So — nun kommt das Beste: die Zigarre.»

Und mit einer ungewohnten Energie hat Lämmchen geantwortet:
«Leider kommt das Beste nicht, denn hier darf wegen des Murkels nicht
geraucht werden.»

«Ernst —?» hat Jachmann gefragt.

«Unbedingt ernst», hat Lämmchen entschieden geantwortet. Als aber
Holger Jachmann schwer geseufzt hat, hat sie vorgeschlagen: «Machen
Sie es doch wie mein Mann, gehen Sie ein Weilchen vor die Tür auf's
Kinodach und qualmen Sie da. Ich stelle Ihnen eine Kerze raus.»

«Machen wir», hat Jachmann sofort gesagt.

Und dann sind die beiden da auf und ab promeniert. Pinneberg mit
seiner Zigarette und Jachmann mit seiner Zigarre. Und beide ganz wortlos. Die kleine Kerze hat auf dem Boden gestanden, und ihr Lichtschim-
mer ist nicht einmal in das verstaubte Deckengebälk gedrungen.

Auf und ab. Auf und ab. Wortlos nebeneinander.

Und weil eine Zigarette schneller zu Ende ist als eine Zigarre, ist Pinneberg zwischendurch einmal zu Lämmchen reingehuscht und hat mit
ihr diesen außergewöhnlichen Fall bekakelt.

«Was hat er denn gesagt?» hat Lämmchen gefragt.

«Gar nichts. Er ist einfach mitgekommen.»

«Hast du ihn denn zufällig getroffen?»

«Weiß ich nicht. Ich glaube, er hat mir aufgelauert. Aber ich weiß es
nicht.»

«Ich finde das alles rätselhaft», sagt Lämmchen. «Was will er bloß bei
uns?»

«Keine Ahnung. Vor allen Dingen hat er zuerst den Fimmel gehabt, ein grauer Mann läuft ihm nach.»

«Wieso läuft ihm nach.»

«Kriminalpolizei, denke ich mir. Und mit Mutter ist er auch verkracht. Vielleicht hängt es damit zusammen.»

«So», sagt Lämmchen. «Und er hat gar nichts weiter gesagt?»

«Doch. Daß er morgen abend mit uns ins Kino gehen will.»

«Morgen abend? Will er denn hier bleiben? Er kann doch nicht hier bleiben über Nacht. Ein Bett haben wir nicht für ihn und das Wachstuchsofa ist zu kurz.»

«Nein, natürlich kann er nicht hier bleiben. – Aber wenn er einfach bleibt?»

«In einer halben Stunde», sagt Lämmchen entschieden, «nähre ich den Murkel. Und wenn du es ihm dann nicht gesagt hast, sage ich es ihm.»

«Wir werden es ja beleben», hat Pinneberg geseufzt. Und ist wieder zu dem schweigenden Wanderer hinausgegangen.

Und nach einer Weile hat Holger Jachmann sorgfältig seinen Zigarrenrest ausgetreten und hat tief geseufzt und hat gesagt: «Manchmal denke ich eine Weile ganz gerne nach. Meistens rede ich ja lieber, aber ab und zu eine halbe Stunde Nachdenken ist wunderschön.»

«Sie veräppeln mich ja», hat Pinneberg protestiert.

«Aber keine Spur. Keine Spur. Ich habe eben darüber nachgedacht, wie ich wohl als kleines Kind gewesen bin . . .»

«Na und –?» fragt Pinneberg.

«Ja, ich weiß doch nicht . . .», bemerkt Jachmann zögernd. «Ich glaube, ich bin mir heute gar nicht mehr ähnlich.» Er pfeift. «Vielleicht habe ich den ganzen Tinnef falsch gemacht. Meistens bin ich ja klotzig eingebildet; wissen Sie, ich habe als Diener angefangen.»

Pinneberg schweigt.

Der Hüne seufzt. «Na ja, es hat keinen Zweck, darüber zu reden. Da haben Sie vollkommen recht. Wollen wir wieder zu Ihrer Frau reingehen?»

Und dann gehen sie hinein, und sofort fängt Jachmann in strahlender Laune an, sein Garn aufzurebbeln: «Also, Frau Pinneberg, dies ist die verrückteste Wohnung von der Welt. Ich habe schon manches erlebt, aber so was von Verrücktheit und Gemütlichkeit . . . Daß die Baupolizei so was erlaubt, ist mir immer noch unfaßbar.»

«Das erlaubt sie auch nicht», bemerkt Pinneberg. «Wir wohnen hier ganz inoffiziell.»

«Inoffiziell?»

«Na ja, die Wohnung ist natürlich keine Wohnung, das sind Lagerräume. Und daß wir hier wohnen, weiß nur der, der uns die Lagerräume vermietet hat. Offiziell wohnen wir vorn bei dem Tischler.»

«So», sagt Jachmann, lang gedehnt, «dann weiß keiner, nicht mal die Polizei, daß Sie hier wohnen?»

«Keiner», sagt Pinneberg mit Nachdruck und sieht Lämmchen an.

«Schön», sagt Jachmann wieder. «Sehr schön.» Und er sieht die Räume mit einem gewissermaßen zärtlichen Blick an.

«Herr Jachmann», sagt Lämmchen und ist der Engel mit dem Schwert. «Ich muß das Kind jetzt zur Nacht fertig machen und nähren . . .»

«Schön», sagt Jachmann wieder. «Lassen Sie sich nicht stören. Und das Beste ist, wir gehen dann hinterher auch gleich ins Bett. Ich bin heute schrecklich rumgelaufen, ich bin müde. Ich werde mir unterdessen hier das Sofa mit Kissen und Stühlen zurechtbauen . . .»

Das Ehepaar sieht sich an. Und dann wendet sich Pinneberg ab und tritt ans Fenster und trommelt auf den Scheiben, während seine Schultern zucken. Lämmchen aber sagt: «Unterstehen Sie sich! Ihr Bett mache ich Ihnen zurecht.»

«Auch gut», sagt Jachmann. «Dann sehe ich mir das Nähren an. So was wollte ich schon immer gerne sehen.»

Und mit einer zornigen Entschiedenheit nimmt Lämmchen den Sohn aus der Krippe und fängt an, ihn aufzubündeln.

«Kommen Sie ganz nahe heran, Herr Jachmann», sagt sie. «Sehen Sie sich alles gut an.»

Der Murkel fängt an zu schreien.

«Sehen Sie, das sind die sogenannten Windeln. Die riechen nicht gut.»

«Das stört mich gar nicht», sagt Jachmann. «Ich bin im Felde gewesen und mir hat nichts und niemand den Appetit auch nur auf einen Augenblick verekeln können.»

Lämmchen läßt die Schultern sinken: «Ach, nichts hilft bei Ihnen, Herr Jachmann», sagt sie. «Sehen Sie, nun reiben wir den Pöker mit Öl ein, mit schönem reinem Olivenöl . . .»

«Warum denn?»

«Damit er nicht wund wird. Mein Sohn ist noch nie wund gewesen.»

«Mein Sohn ist noch nie wund gewesen», sagt Jachmann träumerisch. «Gott, wie das klingt! Mein Sohn hat noch nie gelogen. Mein Sohn hat mir noch nie Kummer gemacht. — Wie Sie das hinkriegen mit den Windeln, das finde ich einfach wunderbar. Ja, so was ist angeboren. Die geborene Mutter . . .»

Lämmchen lacht: «Schwärmen Sie lieber nicht. Fragen Sie mal meinen Mann, wie wir den ersten Tag hier gestanden haben. So, und nun müssen Sie sich einen Augenblick umdrehen . . .»

Und während Jachmann gehorsam zum Fenster geht und in den schweigenden nächtlichen Garten hinausblickt, in dem sich die Äste der Bäume im Lichtschein des Feuers leise bewegen («Sieht aus, als quatschten sie miteinander, Pinneberg») — unterdes schlüpft Lämmchen aus ihrem Kleid und streift die Tragbänder von Unterkleid und Hemd von den Schultern. Dann nimmt sie den Bademantel um und legt das Kind an die Brust.

Im gleichen Moment hört es auf zu schreien, mit einem tiefen Seufzer, fast noch einem Schluchzen, legen sich die Lippen um die Brustwarze, und der Murkel fängt an zu saugen. Lämmchen sieht auf ihn hinunter, und von der plötzlichen tiefen Stille angezogen, drehen sich die beiden Männer um und betrachten schweigend Mutter und Kind.

Nicht lange schweigend, dann sagt Jachmann: «Natürlich habe ich alles falsch gemacht, Pinneberg. Die guten einfachen Dinge . . . Die guten nahrhaften Dinge . . .» Er pocht gegen seine Schläfen. «Alter Esel! Alter Esel!»

Und dann gehen sie schlafen.

Jachmann als Erfinder und der Kleine Mann als König.
Wir sind ja zusammen!

Am nächsten Morgen steht Pinneberg mit etwas dickem Kopf bei Mandel zwischen seinen Hosen. Es ist nicht ganz einfach für einen jungen Ehemann, solchen Logierbesuch bei sich zu wissen in einer Wohnung, die so klein ist, eigentlich doch nur ein Zimmer. Immer wieder muß er daran denken, wie Jachmann damals in der Nacht war, als er das Geld für die Miete brachte, wie er nach Lämmchens Bett trachtete.

Nun gut, damals war er betrunken und gestern abend war er ganz anders, wirklich sehr nett. Aber zuzutrauen ist ihm alles, und zu trauen ist ihm gar nicht.

Mit Feuer unter den Sohlen steht Pinneberg hinter dem Ladentisch: wäre er doch erst zu Haus! Aber natürlich ist alles sofort in Ordnung, wie er zu Haus ist. Lämmchen ist in schönster Stimmung, sie besehen den Murkel, und er ruft nur rasch zum Besuch, der am Fenster in einem Koffer kramt: «'n Abend, Herr Jachmann!»

«n Abend, Jüngling», antwortet der. «Ich muß doch gleich . . .» Und schon ist er zur Tür hinaus, und sie hören ihn auf der Leiter poltern.

«Wie war er denn?» fragt Pinneberg.

«Sehr nett», sagt Lämmchen. «Eigentlich ist er schrecklich nett. Am Morgen war er sehr nervös, hat immerzu von seinen Koffern geredet, ob du die vielleicht vom Zoo holen würdest.»

«Was hast du gesagt?»

«Er soll dich fragen. Hat er nur gebrummt. Dreimal ist er die Leiter runter, und immer war er gleich wieder da. Dann hat er dem Murkel mit seinem Schlüsselbund was vorgeläutet, und dazu hat er Lieder gesungen. Und dann war er plötzlich weg.»

«Hat also seine Angst untergekriegt.»

«Und dann kam er mit den Koffern wieder, und seitdem ist er die reine Lerche. Kramt immerzu in seinem Zeugs herum und steckt Papier in den Ofen. Ja, eine Entdeckung hat er auch gemacht.»

«Entdeckung?»

«Er kann den Murkel nicht schreien hören. Da wird er ganz verrückt, das arme Kind, jetzt schon mit der Welt im Krieg, das hält er nicht aus. Ich hab ihm gesagt, er soll es nicht tragisch nehmen, der Murkel hat einfach Hunger. Sollte ich ihn sofort nähren, auf der Stelle. Und wie ich nicht wollte, hat er fürchterlich geschimpft. Elternwahnsinn, meint er. Erziehungsfimmel, es wäre uns zu Kopf gestiegen. Dann hat er ihn spazieren tragen wollen. Und dann ausfahren mit dem Kinderwagen, denke dir bloß: Jachmann mit einem Kinderwagen im Kleinen Tiergarten. Und wie ich nichts von all dem wollte, und der Murkel hat immer weiter gebrüllt . . .»

Sie bricht ab, denn als hätte er es gehört, erhebt der Murkel seine Stimme, quäkend und wütend . . .

«Da ist er! Und nun sollst du gleich sehen, was Jachmann entdeckt hat . . .»

Sie nimmt einen Stuhl und setzt ihn neben die Krippe. Und auf den Stuhl legt sie ihr Stadtköfferchen. Und dann holt sie den Wecker und stellt ihn auf das Köfferchen.

Pinneberg sieht gespannt zu.

Nun tickt der Wecker, ein richtiger, derber Küchenwecker, ganz nahe an des Murkels Ohr. Er tickt sehr laut, aber natürlich, wenn der Murkel brüllt, ist solch bedeutungsloses Geräusch nicht zu hören.

Zuerst brüllt der Murkel unentwegt weiter, aber auch er muß einmal eine kurze Pause zum Atemholen machen. Dann brüllt er wieder weiter. «Hat es noch nicht gemerkt», flüstert Lämmchen.

Aber vielleicht hat er es doch schon gemerkt. Die nächste Atempause kommt viel schneller, dauert viel länger. Es ist, als lauschte er: Tick-Tack, Tick-Tack. Immerzu.

Dann brüllt er wieder. Aber er brüllt ohne die rechte Überzeugungskraft. Da liegt er, ziemlich rot noch von der Anstrengung, mit einem Wisch weißblonder Haare auf dem Schädel und einem kleinen komisch verknautschten Mund. Er sieht gerade vor sich hin, wahrscheinlich sieht er gar nichts, die kleinen Finger liegen auf der Decke. Sicher möchte er schrecklich gern brüllen, er hat Hunger, irgend etwas rummelt in seinem Bauch, und wenn irgend etwas geschieht, muß er brüllen. Aber nun geht es neben seinem Ohr Tick-Tack, Tick-Tack. Immerzu.

Nein, nicht immerzu. Wenn er brüllt, ist es weg. Und wenn er aufhört, ist es sofort wieder da. Das versucht er nun. Er brüllt ein kurzes Stückchen, ja, Tick-Tack ist fort. Und er schweigt, ja, Tick-Tack ist wieder da. Und dann schweigt er ganz, er hört darauf hin, wahrscheinlich ist in seinem Hirn für nichts anderes mehr Platz: Tick-Tack, Tick-Tack. Das Rummeln ganz unten, weit weg, es kommt nicht mehr oben an.

«Es scheint wirklich zu wirken», flüstert Pinneberg. «Was für ein Kerl, dieser Jachmann, wie er nur darauf gekommen ist.»

«Probieren Sie meine Erfindung aus?» fragt von der Tür her Jachmann. «Wirkt sie?»

«Scheint so», sagt Pinneberg. «Fragt sich nur wie lange.»

«Also, junge Frau, wie ist es? Kennt der Herr Gemahl schon unser Programm? Hat er es genehmigt?»

«Keine Ahnung hat er. Also höre zu, Junge. Herr Jachmann lädt uns ein. Wir gehen ganz groß aus. Kabarett und Bar, denke dir. Und zuerst ins Kino.»

«Na also», sagt Pinneberg. «Da hättest du es ja geschafft. Einmal groß ausgehen, Herr Jachmann, das war immer Lämmchens Wunsch. Herrlich!»

Eine Stunde später sitzen sie im Kino, in einer Loge.

Es wird dunkel, dann:

Ein Schlafzimmer, zwei Köpfe auf den Kissen, ein rosig atmendes junges Gesicht, ein Mann, etwas älter, er sieht sorgenvoll aus, selbst jetzt im Schlaf.

Dann erscheint das Zifferblatt des Weckers, er ist auf halb sieben gestellt. Der Mann wird unruhig, er dreht sich um, faßt im Halbschlaf nach dem Wecker: fünf Minuten vor halb sieben. Der Mann seufzt auf, er stellt den Wecker zurück auf seinen Platz, schließt wieder die Augen.

«Der schläft auch bis zur letzten Minute», sagt Pinneberg mißbilligend.

Nun sieht man am Fußende des großen Bettes etwas Weißes, ein Kinderbett. Ein Kind liegt darin, sein Kopf liegt auf einem Arm, der Mund ist halb geöffnet.

Der Wecker klingelt, man sieht, wie ein Teufel hämmert der Klöppel gegen die Glocke, wild, rücksichtslos, ein wahrer Teufel. Mit einem Ruck ist der Mann auf, wirft die Beine über die Bettkante. Es sind magere, wadenlose Beine, kümmerlich schwärzlich behaart.

Die Leute im Kino lachen. «Richtige Kinohelden», erklärt Jachmann, «dürfen überhaupt keine Haare an den Beinen haben. Dieser Film ist todsicher eine Pleite.»

Vielleicht rettet ihn aber die Frau. Sie ist todsicher fabelhaft hübsch, eben, als der Wecker klingelte, hatte sie sich aufgesetzt, die Decke glitt zurück, das Hemd stand ein wenig offen — es war mit Überschneidungen, gleitender Decke, sich bewegendem Hemd einen Augenblick das Gefühl da, als sähen alle die Brust der Frau. Eine angenehme Atmosphäre, und schon hat sie sich die Bettdecke ganz fest über die Schultern gezogen und sich wieder eingekuschelt.

«Die ist das Aas», sagt Jachmann. «Eine, von der man in den ersten fünf Minuten die Brust beinahe zu sehen kriegt. Oh Gott, wie herrlich einfach das alles ist!»

«Aber eine hübsche Frau!» sagt Pinneberg.

Der Mann ist längst in den Hosen, das Kind sitzt im Bett und ruft: «Pappa, Teddy!» Der Mann gibt dem Kind den Teddy, nun will es Püpping, der Mann ist schon in der Küche, er hat Wasser aufgesetzt, er ist ein ziemlich magerer, spärlicher Mann. Wie er rennt! Püpping für das Kind, Frühstückstisch decken, Butterbrote schmieren, das Wasser ist heiß, Tee aufgießen, rasieren, die Frau liegt im Bett und atmet rosig.

Ja, nun ist die Frau aufgestanden, sie ist sehr nett, sie ist gar nicht so, sie holt sich selbst ihr warmes Wasser in das Badezimmer. Der Mann sieht auf die Uhr, spielt mit dem Kind, gießt den Tee in die Tassen, schaut nach, ob die Milch nicht schon da ist vor der Tür. Nein, aber die Zeitung.

Nun ist die Frau fertig, schnurstracks geht sie zu ihrem Platz am Frühstückstisch. Jedes nimmt ein Blatt von der Zeitung, die Teetasse, Brot …

Das Kind ruft aus dem Schlafzimmer, Püpping ist aus dem Bett gefallen, der Mann läuft und hebt es auf …

«Eigentlich blöde», sagt Lämmchen unzufrieden.

«Ja, aber ich möchte doch gerne wissen, wie es weiter geht. So kann es doch nicht weiter gehen.»

Jachmann sagt nur ein Wort: «Geld.»

Und siehe da, recht hat er, der alte Kinotiger, wie der Mann zurückkommt, hat die Frau ein Inserat in der Zeitung gefunden; sie möchte gerne was kaufen. Die Auseinandersetzung geht los: wo ist ihr Wirtschaftsgeld? Wo ist sein Taschengeld? Er zeigt sein Portemonnaie, sie zeigt ihr Portemonnaie. Und der Wandkalender weist den Siebzehnten. Draußen klopft die Milchfrau, sie will Geld haben, der Kalender blättert sich um: Achtzehnter, Neunzehnter, Zwanzigster … bis zum Einunddreißigsten! Der Mann stützt den Kopf in die Hände, die paar Groschen liegen neben den geleerten Geldtaschen, der Wandkalender rauscht …

Oh, wie wird die Frau hübsch, sie wird immer schöner, sie spricht sanft auf ihn ein, nun streicht sie über sein Haar, sie zieht seinen Kopf hoch, sie bietet ihm ihren Mund, wie ihre Augen glänzen!

«So ein Aas!» sagt Pinneberg. «Was soll er bloß tun?»

Ach, der Mann fängt auch an warm zu werden, er nimmt sie in seinen Arm, das Inserat taucht auf und verschwindet, der Wandkalender rauscht seine vierzehn Tage herunter, nebenan spielt das Kind mit dem Teddy, der Püpping im Arm hält, das arme bißchen Geld liegt auf dem Tisch... die Frau sitzt auf dem Schoß des Mannes...

Alles ist fort und aus einem nachtschwarzen Dunkel hebt langsam, immer heller werdend, sich der strahlende Kassenraum einer Bank. Da steht der Tisch mit dem Drahtgitter, da liegen die Geldpakete, das Gitter ist halboffen, aber kein Mensch ist zu sehen... Ach, diese Pakete mit den vielen Scheinen, die Rollen mit Silber und Messing, ein angebrochener Packen Hundertmarkscheine, fächerförmig auseinandergeglitten...

«Das Geld», sagt gemütsruhig Jachmann. «Und das sehen die Leute so gerne.»

Hat es Pinneberg gehört? Hat es Lämmchen gehört?

Es ist wieder dunkel... lange dunkel... sehr dunkel... Man hört die Menschen atmen, lange atmen, tief atmen. Lämmchen hört des Jungen, der Junge Lämmchens Atem.

Es ist wieder hell. Ja, Gott, die guten Dinge dieses Lebens bekommt man nun einmal im Kino nicht zu sehen, die Frau ist ganz geordnet, ihr Schlafrock umgibt sie. Der Mann hat seinen Melonenhut auf und küßt das Kind zum Abschied. Da geht der kleine Mann durch die große Stadt, nun springt er auf einen Autobus, wie die Menschen laufen, wie die Fuhrwerke sich stauen und jagen und wieder weiter fluten. Und die Verkehrsampeln sind rot und grün und gelb und zehntausend Häuser mit einer Million Fenster und Menschen und Menschen – und er, der kleine Mann, hat nichts wie hinten die Zweieinhalb-Zimmer-Wohnung, mit einer Frau und einem Kind. Nichts sonst.

Eine törichte Frau vielleicht, die das Geld nicht einteilen kann, aber nur das bißchen hat er... er findet sie ja nicht töricht. Und vor ihm, unentrinnbar, steht der Tisch mit den vier lächerlich hohen Beinen, zu dem muß er, so ist es ihm verordnet in diesem rätselhaften Dasein. Ihm kann er nicht entgehen.

Nein, er tut es natürlich nicht. Ein Augenblick ist da, in dem hängt die Hand des kleinen Kassierers über dem Geld wie ein Sperber in der Luft über dem Kückenhof, alle Krallen sind weit offen. Nein, die Hand schließt sich, es sind keine Krallen, es sind Finger. Er ist ein kleiner Bankkassierer, kein Raubvogel.

Aber seht, dieser kleine Kassierer ist ja befreundet mit dem Volontär auf der Bank, und der Volontär ist natürlich der Sohn eines richtigen Bankdirektors. Und das hat keiner gemerkt, daß dieser Volontär die sperberhaft gespreizte Hand gesehen hat. Aber nun in der Frühstückspause nimmt der Volontär seinen Freund, den kleinen Bankkassierer, beiseite und sagt ihm geradezu: «Du brauchst Geld.» Und wenn der andere sich auch wehrt, alles bestreitet, er kommt heim und hat die Tasche voll Geld. Aber nun, da er es auspackt und auf den Tisch legt und meint, die Frau wird strahlen, seht, da ist der Frau das Geld ganz gleichgültig, es interessiert sie nicht. Was sie interessiert, ist der Mann. Sie zieht ihn zum Sofa, sie zieht ihn in ihre Arme: «Wie hast du es gemacht? Das hast du für mich getan? O du, ich habe das nie von dir geglaubt!»

Und er kommt gar nicht dazu, die wahre Geschichte zu erzählen, ach, er kann es nicht mehr, wie liebt sie ihn plötzlich! Er nickt und schweigt und lächelt vielsagend ... sie ist so wild, sie ist so stolz auf ihn ...

Welch Menschengesicht, dieser kleine Schauspieler! Dieser große Schauspieler. Pinneberg hat das Gesicht heute morgen liegen sehen, auf dem Kissen des Ehebettes, als der Wecker fünf Minuten vor halb war, ein müdes, faltiges Gesicht, der Mann hatte Sorgen. Und nun hier, vor der Frau, die er liebt, von der er zum ersten Mal in seinem Leben bewundert wird ... Wie es aufblüht, das Gesicht, wie die Verschlagenheit verschwindet, wie das Glück wächst und groß wird und aufblüht wie eine ungeheure Blume, ganz aus Sonne ... O du armes, kleines, demütiges Gesicht, hier ist deine Chance gekommen, nie wirst du sagen können, nie, daß du immer nur klein warst, auch du bist König gewesen!

Ja, nun ist er König geworden, ihr König. Er hat Hunger? Die Füße schmerzen ihm vom langen Stehen? Wie sie läuft, wie sie ihn bedient, er ist so viel mehr als sie, er hat das für sie getan! Nie braucht er wieder das Wasser aufzusetzen, als erster aufzustehen ... Er ist der König.

Vergessen auf dem Tisch liegt das Geld.

«Siehst du, wie er liegt und lächelt», flüstert Pinneberg atemlos zu Lämmchen.

«Der arme Mensch», sagt Lämmchen. «Es kann doch nicht gut ausgehen. Ob er jetzt ganz glücklich ist? Ob er gar keine Angst hat?»

«Dieser Franz Schlüter ist ein sehr begabter Schauspieler», meint Jachmann.

Nein, es kann wirklich nicht gut ausgehen. Auf die Dauer bleibt das Geld nicht unvergessen. Aber es ist nicht beim ersten großen Einkauf, auch nicht beim zweiten, daß es anders wird. Welcher Rausch für die Frau, kaufen zu können, alles, alles! Welche Angst für den Mann, der weiß, woher das Geld kommt.

Und dann beim dritten Mal, und das Geld geht zur Neige, und sie sieht einen Ring ... Ach, das Geld reicht nicht mehr. Eine Menge von Ringen breitet sich glitzernd vor ihr aus, der Verkäufer ist so achtlos, er bedient zwei Parteien — oh ihr Gesicht, wie sie ihren Mann anstößt: nimm!

Sie glaubt ja von ihm, daß er alles für sie tut. Aber er ist nur ein kleiner Bankkassierer; er kann es nicht, er tut es nicht.

Wie sie das begreift, wie sie zum Verkäufer sagt: wir kommen wieder. Und der Mann geht klein und grau neben ihr und sieht sein Leben vor sich, ein langes, endloses Leben, neben dieser Frau, die er liebt, und die dies von ihm erwartet ...

Und sie schweigt, sie muckscht, sie tückscht — und plötzlich schlägt sie um, und sie sitzen von ihrem letzten Geld in einem Lokal, und der Wein ist da, und sie flammt und glüht: «Morgen wirst du es wieder tun.»

Das kleine, graue, arme Gesicht. Und die strahlende Frau.

Eben noch wollte er die Wahrheit sagen, und nun bewegt er den Kopf, gemessen, ernst, von oben nach unten: bejahend.

Wie soll es weitergehen? Der Volontär kann nicht in alle Ewigkeit weiter pumpen, schenken heißt das, er sagt Nein. Und der kleine Kassierer erzählt dem Freund, warum er Geld haben muß, was seine Frau von ihm glaubt. Der Volontär lacht und gibt ihm Geld und sagt: «Deine Frau muß ich aber kennen lernen!»

Und dann lernt der Volontär die Frau kennen, und dann kommt es, wie es kommen muß, er verliebt sich in sie, und sie hat nur Augen für ihren Mann, diesen mutigen, rücksichtslosen Mann, der alles für sie tut. Und die Eifersucht kommt, und am Tisch des Kabaretts, in dem sie sitzen, erzählt der Volontär ihr die Wahrheit.

Ach, wie der kleine Mann aus der Toilette zurückkommt, und die beiden sitzen an ihrem Tisch, und sie lacht ihm entgegen, lacht ihm frech und verächtlich entgegen.

Und in diesem Lachen versteht er alles: den verräterischen Freund und die treulose Frau. Und sein Gesicht verändert sich, seine Augen werden groß, zwei Tränen stehen darin, seine Lippen zittern.

Sie lachen.

So steht er und sieht sie an.

Er sieht sie an.

Ja, vielleicht wäre dies der Moment, wo er wirklich alles tun könnte, da ihm alles zerschlagen ist. Aber dann dreht er sich um, auf dünnen Beinchen mit krummem Rücken stelzt er zur Tür.

«Oh, Lämmchen», sagt Pinneberg und hält sie fest. «Oh, Lämmchen», flüstert er. «Man kann Angst haben. Und wir sind so allein.»

Und Lämmchen nickt ihm langsam zu und sagt leise: «Wir sind ja zusammen, wir beide.»

Und dann ganz rasch und tröstend: «Und er hat ja seinen Jungen. Den nimmt die Frau sicher nicht mit!»

Kientopp und Leben.
Onkel Knilli entführt Herrn Jachmann

Es ist eigentlich ein etwas betrübtes kleines Abendessen, das die drei oben in ihrem Vogelbauer halten. Und Jachmann betrachtet nachdenklich seine beiden großen Kinder, denen nicht einmal die ungewohnten Delikatessen seines gestrigen Einkaufs schmecken wollen.

Aber er sagt ausnahmsweise nichts, und dann räumt Lämmchen das Geschirr fort und den Murkel her, und nun meint Holger Jachmann: «Oh, Kinder, Kinder, eigentlich ist es ein Grauen, wenn man euch so ansieht. So sollten auch die Frömmsten nicht auf jeden Kitsch reinfallen!»

Aber Pinneberg sagt: «Daß das alles nicht stimmt, das wissen wir auch recht gut, Herr Jachmann. So einen Volontär gibt es nicht, und wahrscheinlich gibt es so einen Mann auch nicht wie den kleinen Kassierer mit der Melone. Mich hat ja auch nur der Schauspieler mitgenommen, wie heißt er? Schlüter, sagen Sie –?»

Jachmann nickt und fängt an: «Aber . . .»

Doch Lämmchen sagt rasch: «Ich weiß schon, was der Junge meint, und dagegen können Sie gar nichts sagen. Wenn das auch alles nicht stimmt und nur Kientopp ist, das ist richtig, daß unsereiner immer Angst haben muß, und daß es eigentlich ein Wunder ist, wenn es eine Weile gut geht. Und daß immerzu etwas passieren kann, gegen das man ganz wehrlos ist, und daß man immerzu staunen muß, daß es nicht jeden Tag passiert.»

«Ach, alles ist immer nur so gefährlich, wie man's werden läßt», sagt Jachmann, «man braucht es ja nicht an sich ranzulassen. Und wenn ich der Kassierer gewesen wäre, ich wäre einfach nach Haus gegangen und hätte mich scheiden lassen. Und dann hätte ich eben wieder geheiratet, ein junges, nettes Mädel . . . na also, wozu solch Aufstand? Und jetzt schlage ich vor, da der Murkel satt zu sein scheint, wir machen uns schnell fertig, denn es ist schon nach elf. Jetzt wollen wir sie mal aufkratzen.»

«Ich weiß nicht», sagt Pinneberg und sieht sein Lämmchen fragend an. «Wollen wir überhaupt noch fort? Eigentlich habe ich keine große Lust mehr.»

Und auch Lämmchen bewegt zweifelnd ihre Schultern.

Aber da wird Jachmann wild: «So was gibt es gar nicht! Jetzt hier zu Haus hocken und Trübsal blasen über einen solchen Schmarren! Nein, jetzt gehen wir auf der Stelle los, und Sie, Pinneberg, schwirren sofort ab und besorgen uns eine Taxe, während Ihr Lämmchen sein schönstes Kleid überzieht.»

Pinneberg sieht zweifelhaft aus, aber auch Lämmchen sagt: «Nun mach schon, Junge! Er läßt doch nicht nach.»

Pinneberg geht langsam los, und nun ist es wirklich sehr nett von Jachmann, daß der ihm nachgestürzt kommt und etwas in die Hand steckt. «Da, stecken Sie es fort. Wenn man ausgeht, ist es immer unangenehm, man hat gar nichts in der Tasche. Und da das bißchen Silber auch. Und denken Sie daran, Ihrer Frau auch was zu geben, Frauen brauchen ewig ein paar Groschen. Ach, reden Sie nicht, machen Sie schnell mit der Taxe.»

Und damit ist er wieder weg, und Pinneberg steigt langsam die Leiter hinunter und denkt: «Nett ist er doch. Aber man müßte besser Bescheid wissen mit ihm. So ist er doch nicht *ganz* nett.» Und seine Hand umschließt fest die Scheine. Aber im Auto dann, als er damit vor die Wohnung fährt, kann er es doch nicht lassen, er macht die Hand auf und sieht die Scheine an und zählt sie und sagt: «Aber das geht keinesfalls, dafür muß ich ja bald einen Monat arbeiten. Verrückt ist er. Ich werde es ihm gleich sagen.»

Aber es paßt nicht gleich, denn die beiden warten schon, und im Auto muß Lämmchen ihm erzählen, daß der Murkel gleich eingeschlafen ist, und sie macht sich gar keine Sorgen, höchstens ein ganz klein bißchen, und so furchtbar lange bleiben sie ja schließlich auch nicht weg. Und wohin gehen sie eigentlich —?»

«Hören Sie, Herr Jachmann . . .», fängt Pinneberg an.

Und Jachmann sagt eilig: «Also in den Westen gehe ich nicht mit euch, Kinder. Erstens bin ich im Westen sehr bekannt, und dann macht es lange nicht so viel Spaß, und zweitens ist da alles längst nicht so nett. In der Friedrichstraße ist noch so richtiger Betrieb für die Fremden, na, ihr werdet ja sehen.»

Und nun beraten sie, in was für ein Lokal sie zuerst wollen, und Jachmann macht Lämmchen den Mund immer wäßriger mit Bars und Kabaretts und Varietés, und ab und zu bekommt auch Pinneberg einen Bissen ab: «Mädchen halbnackt, mein lieber Flitterwöchner!» und «Sieben Schönheiten nur mit einem Schürzchen! Pinneberg, was sagen Sie —?»

Nein, einig werden sie sich noch nicht über das Wohin, und Jachmanns Vorschlag wird angenommen, erst einmal einen Bummel durch die Friedrichstraße zu machen.

So gehen sie nun also zu dreien, Lämmchen in der Mitte, sie hat sich bei ihren Männern eingehängt. Sie sind strahlender Laune und bleiben nicht nur an den Schaukästen der Varietés mit ihren betörenden Mädchen, die alle irgendwie gleich aussehen, sondern auch fast vor jedem Laden stehen. Pinneberg findet das etwas langweilig, aber da ist nun Jachmann der beste Kamerad von der Welt, und er kann sich genau wie Lämmchen über ein Wiener Strickkleid begeistern und zweiundzwanzig Hüte Stück für Stück daraufhin betrachten, ob sie Lämmchen stehen würden oder nicht.

«Gehen wir noch nicht weiter?» fragt Pinneberg.

«Oh, diese Ehemänner!» sagt Jachmann. «Erst ist ihnen nichts schön genug, und nachher ist ihnen alles gleich. Aber Durst kriege ich auch allmählich. Ich schlage vor, wir gehen da schräg rüber.»

Sie kreuzen also den Damm und sind schon beinahe drüben, da stoppt hinter ihnen ein Auto und eine hohe Stimme kräht: «Jachmann, bist du das!?»

Jachmann aber fährt herum und ruft verblüfft: «Onkel Knilli, haben sie dich denn noch nicht —?» Aber er bricht ab und sagt zu Pinnebergs: «Einen Augenblick, Kinder, ich komme gleich wieder.»

Das Auto ist dicht an das Trottoir herangefahren, und da steht Jachmann nun und spricht mit dem dicken gelblichen Eunuchengesicht, und wenn sie zuerst noch gelacht haben, so wird die Unterhaltung immer leiser und ernster.

Pinnebergs stehen und warten. Es dauert fünf Minuten, es dauert zehn Minuten, sie sehen ein Schaufenster an, und als in dem Schaufenster nichts mehr anzusehen ist, warten sie wieder.

«Nun könnte er aber allmählich Schluß machen», murrt Pinneberg. «Onkel Knilli nennt er den, weißt du, was Jachmann alles für Menschen kennt . . .»

«Nett sieht er wirklich nicht aus», bestätigt auch Lämmchen. «Warum er wohl so kräht und piept?»

Pinneberg will das Lämmchen erklären, da kommt Jachmann und sagt: «Oh, Kinder, seid mir nicht böse, es wird heute abend nichts. Ich muß mit Onkel Knilli los.»

«Ja?» fragt Lämmchen zögernd. «Herr Jachmann —!»

«Geschäfte, Geschäfte. Aber morgen mittag spätestens bin ich wieder bei euch, Kinder, pünktlich zum Essen . . . Und jetzt, wißt ihr was, geht allein los! Es ist ja auch viel netter für euch ohne mich . . .»

«Herr Jachmann», sagt Lämmchen wieder. «Ist es nicht besser, Sie bleiben heute lieber bei uns? Ich habe so ein Gefühl . . .»

«Muß. Muß», sagt Jachmann und ist schon beim Auto.

«Und ihr geht also ohne mich! Haben Sie noch Geld, Pinneberg?»

«Hauen Sie bloß ab, Jachmann!» ruft Pinneberg.

Und Jachmann murmelt: «Dann ist ja alles gut. Ich dachte bloß ...
Also morgen mittag.»

Die Taxe ist fort, und Pinneberg erzählt seinem Lämmchen von den
reichlich hundert Mark, die ihm Jachmann vor einer Stunde zugesteckt
hat.

«Die gibst du ihm aber morgen gleich wieder», sagt Lämmchen energisch. «Wir gehen jetzt nach Haus! Oder hast du Lust?»

«Überhaupt keine gehabt», sagt Pinneberg. «Morgen kriegt er sein
Geld wieder.»

Aber es kommt nicht dazu. Denn eine lange, lange Zeit vergeht, und
alles ist in Pinnebergs Leben sehr anders geworden, ehe sie Herrn
Holger Jachmann, der pünktlich zum Mittagessen da sein wollte,
wiedersehen.

Der Murkel ist krank.
Junger Vater, was ist denn?

Eines Nachts wachen Pinnebergs auf, das ist ungewohnte Nachtmusik:
der Murkel schläft nicht, der Murkel brüllt.

«Der Murkel schreit», flüstert Lämmchen ganz unnötig.

«Ja», sagt er leise und sieht auf das Leuchtzifferblatt des Weckers.
«Es ist fünf Minuten nach drei.»

Sie horchen, dann flüstert Lämmchen wieder: «Das macht er doch
nie. Er kann doch keinen Hunger haben.»

«Er wird schon aufhören», meint Pinneberg. «Wollen sehen, daß
wir weiterschlafen können.»

Aber das ist nun wirklich ganz unmöglich, und nach einer Weile
sagt Lämmchen: «Ob ich nicht einmal Licht mache? Er schreit so
schmerzlich.»

Aber im Fall Murkel ist Pinneberg ein Mann von Grundsätzen:
«Keinesfalls! Hörst du, keinesfalls! Wir haben ausgemacht, nachts kümmern wir uns um sein Brüllen nicht, damit er weiß, im Dunkeln hat
er unbedingt zu schlafen.»

«Ja, aber ...» fängt Lämmchen an.

«Keinesfalls», erklärt Pinneberg streng. «Wenn wir das erst anfangen, können wir bald jede Nacht aufstehen. Wozu haben wir denn
die ersten Nächte durchgehalten? Da hat er viel länger gebrüllt.»

«Aber er brüllt so anders, er brüllt so schmerzlich.»

«Wir müssen eben durchhalten, Lämmchen, sei vernünftig.»

Sie liegen im Dunkeln und horchen auf das Schreien des Kindes.
Das geht pausenlos weiter, an Schlafen ist natürlich kein Gedanke,
aber es muß ja aufhören, es muß ja gleich aufhören! Nein. Schreit
er besonders schmerzlich? fragt sich Pinneberg. Sein Wutgebrüll ist
es nicht, sein Hungergebrüll ist es auch nicht, Schmerzen ...

«Vielleicht hat er Leibschmerzen?» fragt Lämmchen leise.

Und Pinneberg: «Wovon soll er Leibschmerzen haben? Und außerdem, was können wir dagegen tun? Gar nichts!»

«Ich könnte ihm Fencheltee kochen. Das hat ihn doch immer beruhigt.»

Pinneberg antwortet nicht. Ach, es ist nicht so leicht, der Murkel soll es doch gut haben. Bei seiner Erziehung sollen keine Fehler gemacht werden, er soll ein ganz richtiger Kerl werden. Pinneberg denkt angestrengt nach.

«Also steh auf und koch ihm Fencheltee.»

Aber er steht beinahe schneller auf als Lämmchen. Er macht das Licht an und das Kind verstummt einen Augenblick, als es die Helle sieht, und fängt sofort wieder an mit Brüllen. Es ist dunkelrot.

«Mein Murkelchen», sagt Lämmchen und beugt sich über ihn und hebt das kleine Paket aus der Krippe. «Mein Murkelchen, tut es weh? Zeig Mama, wo es weh tut?»

In der Wärme ihres Leibes, auf den Armen hin und her gewiegt, schweigt der Murkel. Dann schluchzt er tief auf, schweigt, schluchzt wieder.

Triumphierend sagt Pinneberg, der am Spirituskocher hantiert: «Da siehst du es! Nur auf den Arm hat er gewollt!»

Aber Lämmchen reagiert nicht, sie geht auf und ab, sie singt ein Wiegenlied, das sie aus Platz mitgebracht hat:

> «Eia wiwi
> Min Murkel slöpt bi mi.
> Nee, dat wöllt wi anners maken,
> Murkel schall bi Vadding slapen.
> Eia wiwi
> Murkel slöpt bi mi!»

Das Kind liegt still auf ihrem Arm, es sieht mit den hellen, blauen Augen zur Decke, es rührt sich nicht.

«So, das Wasser ist heiß», sagt Pinneberg ungnädig. «Den Tee brüh du selbst auf, ich will mich da nicht zwischen mengen.»

«Halt den Jungen», sagt Lämmchen, und schon hat er ihn. Er geht auf und ab und summt, während die Frau den Tee aufbrüht und kühlt. Der Murkel greift nach dem Gesicht des Vaters, sonst liegt er mäuschenstill.

«Hast du auch Zucker drin? Ist der Tee auch nicht zu heiß? Laß mich erst probieren. — Also, dann gib ihm meinethalben.»

Aus dem Teelöffel schluckt der Murkel viele Male, manchmal läuft ein Tropfen vorbei, dann wischt ihn der Vater ernst mit seinem Hemdärmel ab. «So, jetzt ist es genug», sagt er. «Er ist ja ganz ruhig.»

Der Murkel wird wieder in seine Krippe gelegt. Pinneberg wirft einen Blick auf die Uhr: «Gleich vier. Also jetzt wird es höchste Eisenbahn, daß wir ins Bett kommen, wenn wir noch ein bißchen schlafen wollen.»

Das Licht geht aus. Pinnebergs schlafen sachte ein.

Und wachen wieder auf: der Murkel schreit.

Es ist fünf Minuten nach vier.

«Also, da hast du es», sagt Pinneberg erbost. «Hätten wir ihn eben nicht aufgenommen! Aber nun denkt er, es muß immer so sein. Er brüllt, und wir kommen!»

Lämmchen ist Lämmchen, sie hat alles Verständnis dafür, daß ein Mann, der den ganzen Tag unter der Hetzpeitsche einer gesetzten Quote verkaufen muß, nervös und bullrig ist. Lämmchen sagt kein Wort.

Der Murkel brüllt.

«Lieblich . . .», sagt Pinneberg und wird ironisch. «Lieblich so was. Wie ich da morgen zum Verkauf frisch sein soll, ist mir etwas schleierhaft.» Und nach einer Weile wütend: «Und ich bin sooo im Rückstand —! Gottverdammtes Gebrülle!»

Lämmchen schweigt, und der Murkel brüllt.

Pinneberg wirft sich hin und her. Er lauscht. Wieder stellt er fest, es ist ein richtiges schmerzliches Weinen. Und er weiß natürlich schon, daß er eben Quatsch geredet hat, daß Lämmchen das auch weiß, und er ärgert sich, daß er so albern war. Aber nun könnte sie ruhig etwas sagen. Das weiß sie doch, daß ihm der Anfang immer schwer wird.

«Junge, findest du nicht auch, daß er sehr heiß war?»

«Habe ich nicht so drauf geachtet», brummt Pinneberg.

«Aber er hatte so rote Backen?»

«Die hat er vom Brüllen.»

«Nein, so scharf abgezirkelte rote Flecken. Ob er krank ist?»

«Wovon soll er krank sein?» fragt Pinneberg. Aber dies ist immerhin ein neuer Gesichtspunkt, und so sagt er nachgrollend: «Also mach schon Licht. Du hältst es ja doch nicht aus.»

Also machen sie Licht, wieder wandert der Murkel in Mamas Arm, und wieder ist er im gleichen Augenblick still. Er schluckt noch einmal und ist ruhig.

«Da hast du es», sagt Pinneberg erbost. «So was gibt es ja gar nicht, Schmerzen, die im Augenblick aufhören, wo man ihn in den Arm nimmt.»

«Faß mal seine Händchen an, die sind so heiß.»

«Ach was!» Pinneberg ist ungnädig. «Die sind vom Schreien heiß. Was meinst du, was ich schwitzen würde, wenn ich so brüllte? Keinen trockenen Faden hätte ich am Leibe!»

«Aber die Hände sind wirklich sehr heiß. Ich glaube, der Murkel ist krank.»

Pinneberg befühlt die Hände, seine Stimmung schlägt um:

«Ja, sie sind wirklich sehr heiß. Ob er Fieber hat?»

«Zu dumm, daß wir kein Fieberthermometer haben.»

«Wir wollen uns ja ewig schon eins kaufen. Aber das Geld.»

«Ja», sagt Lämmchen. «Er hat Fieber . . .»

«Geben wir ihm noch Tee?» fragt Pinneberg.

«Ach nein, wir machen seinen kleinen Magen nur voll damit.»

«Und ich glaub und glaub nicht daran», bricht es wieder bei Pinneberg durch, «daß er Schmerzen hat. Der verstellt sich nur, der will getragen sein.»

«Aber, Jungchen, wo wir ihn doch nie tragen!»

«Also, paß auf: jetzt leg ihn mal in die Krippe, und du wirst sehen, er schreit!»

«Aber . . .»

«Lämmchen, leg ihn in die Krippe. Bitte, tu mir den Gefallen, leg ihn mal rein. Du sollst sehen . . .»

Lämmchen sieht ihren Mann an und legt den Jungen in die Krippe. Licht auslöschen ist dieses Mal unnötig, der Murkel brüllt sofort los.

«Da siehst du es!» frohlockt der Junge. «Und nun nimm ihn raus, du wirst sehen, er ist gleich wieder ruhig.»

Lämmchen nimmt den Murkel wieder aus der Krippe, der Mann sieht erwartungsvoll aus: der Murkel schreit weiter.

Pinneberg steht starr. Der Murkel brüllt. Pinneberg sagt nach einer Weile: «Da hast du es! Da hast du ihn nun ganz und gar durch das Tragen verdorben! Was dürfen wir denn nun tun für den hohen Herrn, bitte?»

«Er hat Schmerzen», sagt Lämmchen sanft. Sie wiegt ihn hin und her, er wird stiller, dann weint er wieder los. «Junge, tu mir den einen Gefallen: leg dich ins Bett, vielleicht kannst du noch einen Augenblick schlafen!»

«Unter keinen Umständen!»

«Bitte, Jungchen, tu es! Ich bin viel ruhiger, wenn du es tust. Ich kann mich ja vormittags ein Stündchen hinlegen. Aber du mußt frisch sein.»

Pinneberg sieht sie an. Dann klopft er sie auf den Rücken:

«Also, Lämmchen, ich leg mich hin. Aber ruf mich gleich, wenn was ist.»

Aber es wird nichts aus dem Schlafen. Manchmal liegt das eine, manchmal das andere, sie tragen ihn, sie singen, sie wiegen ihn: nichts. Manchmal wird das Geschrei ein leises Wimmern, dann schwillt es wieder an . . . Über dem Kind sehen sich die Eltern an.

«Es ist schrecklich», sagt Pinneberg.

«Wie er sich quälen muß!»

«Was das für einen Sinn hat! So ein kleines Biest, daß es sich so quälen muß.»

«Daß ich ihm gar nicht helfen kann!» Und plötzlich ruft Lämmchen ganz hell und preßt das Kind gegen sich: «Mein Murkelchen, mein Murkelchen, kann ich denn gar nichts für dich tun?!» Der Murkel weint weiter.

«Was es nur ist?» murmelt Pinneberg.

«Daß er es auch nicht sagen kann! Daß er nicht einmal zeigen kann, wo es ist! Murkelchen, zeig Mama, wo ist das Wehweh? Wo ist es?»

«Dumm sind wir», sagt Pinneberg wütend. «Nichts wissen wir. Wenn wir was wüßten, könnten wir ihm vielleicht helfen.»

«Und man kennt niemanden, den man fragen könnte.»

«Also ich hol einen Arzt», sagt Pinneberg und fängt an, sich anzuziehen.

«Du hast ja keinen Krankenschein.»

«Der muß auch so kommen. Den liefere ich nach.»

«Jetzt um fünf wird kein Arzt kommen. Die sagen alle, wenn sie Krankenkasse hören, es hat bis zum Morgen Zeit.»

«Der *muß* kommen!»

«Jungchen, wenn du ihn hier rauf bringst in diese Wohnung, die Leiter rauf, es gibt Stank. Der zeigt uns womöglich an, daß wir hier wohnen. Ach, der klettert gar nicht erst die Leiter rauf, der denkt, du willst ihm was tun.»

Pinneberg sitzt auf der Bettkante, sieht Lämmchen trübe an.

«Na ja, recht hast du ja.» Er nickt. «Hübsch haben wir uns festgefahren, Frau Pinneberg. Sehr hübsch. Das haben wir auch nicht gedacht.»

«Ach was», sagt Lämmchen. «Sei nicht so, Junge. Das sieht jetzt alles nur so grau aus. Das wird auch wieder besser.»

«Das ist», sagt Pinneberg, «weil wir gar nichts sind. Wir sitzen allein. Und die andern, die genau so sind wie wir, die sitzen auch allein. Jeder dünkt sich was. Wenn wir wenigstens Arbeiter wären! Die sagen Genosse zueinander und helfen einander . . .»

«Na, na», sagt Lämmchen. «Wenn ich an das denke, was Vater manchmal erzählt hat und was Vater erlebt hat . . .»

«Ja, natürlich», sagt Pinneberg. «Das weiß ich doch, gut sind die auch nicht. Aber die dürfen es sich wenigstens dreckig gehen lassen. Unsereiner, Angestellter, wir stellen doch was vor, wir sind doch was Besseres . . .»

Und der Murkel weint — und sie sehen durch die Scheiben und die Sonne geht auf und es wird ganz hell und eines sieht das andere und sie sehen beide fahl und blaß und müde aus.

«Du!» sagt Lämmchen.

«Du!» sagt er, und sie geben sich die Hand.

«Ja, ganz schlimm ist alles nicht», sagt Lämmchen.

«Nein, solange wir uns haben», bestätigt er.

Und dann gehen sie wieder auf und ab.

«Nun weiß ich nicht», sagt Lämmchen. «Geb ich ihm die Brust oder geb ich sie ihm nicht? Wenn er was mit dem Magen hat?»

«Ja», sagt er verzweifelt. «Was machst du? Es ist bald sechs.»

«Ich weiß! Ich weiß!» sagt Lämmchen plötzlich eifrig. «Gleich um sieben läufst du zu der Säuglingsfürsorge, das sind ja nur zehn Minuten, und da bittest du und bettelst so lange, bis die Schwester mitkommt.»

«Ja», sagt er. «Ja, es mag gehen. Ich komme dann noch immer rechtzeitig ins Geschäft.»

«Und so lange lassen wir ihn hungern. Hunger kann nie schaden.»

Punkt sieben stolpert ein bleichgesichtiger junger Mann, mit sehr schlecht sitzender Krawatte, im Haus der Städtischen Säuglingsfürsorge herum. Überall sind Schilder: Sprechstunden dann und dann. Und dies ist entschieden keine Sprechstunde.

Er steht zögernd, Lämmchen wartet, aber er darf die Schwestern doch nicht böse machen! Wenn die noch schlafen? Was soll er tun?

Eine Dame geht an ihm vorbei, die Treppe hinunter, flüchtig erinnert sie ihn an die Nothnagel im Schwimmbad, auch dies ist eine ältere, dicke, jüdische Frau.

‹Sieht nicht nett aus›, denkt Pinneberg. ‹Frage ich nicht. Ist ja auch keine Schwester.›

Die Dame ist eine Treppe tiefer, und plötzlich hält sie mit Hinuntersteigen an und prustet wieder die Treppe herauf. Sie bleibt vor Pinneberg stehen und betrachtet ihn. «Nun, junger Vater», sagt sie. «Was ist denn?»

Und dabei lächelt sie.

Junger Vater und Lächeln. Da, das ist das Richtige! Oh, Gott, wie nett ist sie! Plötzlich weiß er, manche verstehen doch, wer er ist, wie ihm ist. Eine alte jüdische Wohlfahrtspflegerin zum Beispiel, wieviel tausend Väter haben hier wohl schon im Treppenhaus gelungert! Und er kann alles sagen, und sie versteht alles und nickt nur und sagt: «Ja, ja!» Und schließt die Tür auf und ruft: «Ella! Martha! Hanna!»

Köpfe erscheinen: «Geh eine von euch gleich mit dem jungen Vater mit, ja? Die machen sich Sorgen.»

Und die dicke Dame nickt Pinneberg zu und sagt: «Guten Morgen, es wird schon nicht so schlimm sein!» Und steigt die Treppe hinunter.

Nach einer Weile aber kommt eine Schwester und sagt: «Gehen wir also», und unterwegs darf er noch einmal alles erzählen, und auch die Schwester findet alles ganz in der Ordnung und nickt und meint: «Wird schon nicht so schlimm sein. Das werden wir gleich sehen.»

Und das ist das Gute, daß jemand kommt, der Bescheid weiß, und die Angst vor der Leiter war auch umsonst. Die Schwester sagt nur: «Nanu, in den Mastkorb? Bitte, nach Ihnen!» und klettert ihm mit ihrer Ledertasche nach wie ein alter Matrose. Und dann reden Lämmchen und die Schwester leise miteinander und betrachten den Murkel, der jetzt natürlich ganz still ist. Zwischendurch ruft Lämmchen aber einmal rasch zu Pinneberg hinüber: «Junge, willst du nicht fort? Es wird höchste Zeit fürs Geschäft!»

Er brummt nur: «Nein, jetzt warte ich. Vielleicht muß ich was holen.»

Sie wickeln den Jungen aus, und er liegt immer noch still da, sie messen seine Temperatur, nein, Fieber hat er nicht, nur etwas erhöht, sie gehen mit ihm ans Fenster und machen ihm den Mund auf. Er liegt still da, und plötzlich sagt die Schwester ein Wort, und Lämmchen sieht aufgeregt etwas an. Und dann ruft sie aufgeregt: «Junge, Junge, komm, komm mal schnell her! Unser Murkel hat seinen ersten Zahn bekommen!»

Pinneberg kommt. Er sieht in den kleinen nackten Mund, das bläßlich rosa Zahnfleisch, aber Lämmchens Finger weist, und siehe, da ist eine kleine Rötung, eine leichte Anschwellung und darin steckt etwas glasartiges Spitzes. ‹Wie eine Gräte›, denkt Pinneberg. ‹Wie eine Gräte!›

Aber er sagt es nicht, die beiden Frauen sehen ihn so erwartungsvoll an, so meint er denn schließlich: «Also davon —! Dann ist also alles in Ordnung? Der erste Zahn.»

Und nach einer Weile fragt er nachdenklich: «Wieviel muß er denn kriegen?»

«Zwanzig», sagt die Schwester.

«So viele!» sagt Pinneberg. «Und er brüllt immer so?»

«Das ist verschieden», tröstet die Schwester. «Alle brüllen nicht bei allen Zähnen.»

«Na ja», sagt Pinneberg. «Wenn man nur Bescheid weiß.» Und er lacht plötzlich. Ihm ist weinerlich-glücklich zumut, als habe sich etwas Großes und Wichtiges begeben. «Danke, Schwester», nickt er. «Danke. Wir haben doch keine Ahnung. Lämmchen, gib ihm schnell die Brust, sicher hat er Hunger. Und ich muß Hochdampf ins Geschäft. Tjüs und Dank, Schwester. Auf Wiedersehen, Lämmchen. Mach's gut, Murkel.»

Und fort ist er.

Gehuppt wie gesprungen. Die Inquisitoren und Fräulein Fischer. Noch eine Galgenfrist, Pinneberg!

Hochdampf ins Geschäft — kein Hochdampf schafft es mehr. Die Elektrische will und will nicht kommen. Dann kommt sie, und alle Verkehrsampeln brennen rot, und in Pinneberg fällt die Sorge der Nacht zusammen, das Glück, daß der Murkel einen Zahn hat und nicht krank ist, verweht. Und die andere Sorge kommt und breitet sich aus und wird immer größer, alles beherrscht sie: was wird Jänecke sagen, daß ich zu spät komme?

«Siebenundzwanzig Minuten Verspätung — Pinneberg», der Portier notiert es. Er verzieht das Gesicht nicht, jeden Tag kommen welche zu spät. Manche bestürmen ihn mit Bitten, dieser ist blaß.

Pinneberg vergleicht seine Uhr: «Bei mir sind es erst vierundzwanzig Minuten.»

«Siebenundzwanzig», sagt entschieden der Portier. «Und außerdem, das ist doch gehuppt wie gesprungen: siebenundzwanzig oder vierundzwanzig.»

Und da hat er recht.

Gott sei Dank ist Jänecke wenigstens nicht auf der Abteilung. Gott sei Dank geht der Krach nicht sofort los.

Aber er geht doch sofort los. Da ist Herr Keßler, Kollege Keßler, dieser für die Interessen des Hauses Mandel so bemühte Mann. Er geht auf Pinneberg zu, er sagt: «Sie möchten sofort aufs Personalbüro zu Herrn Lehmann kommen.»

«Ja», sagt Pinneberg. «Schön.» Er hat das Bedürfnis, etwas zu sagen, grade dem Keßler zu zeigen, daß er keine Angst hat, trotzdem er Angst hat. «Wird wieder einen schönen Knaatsch geben. Bin ein bißchen zu spät gekommen.»

Keßler betrachtet Pinneberg, er grinst richtig, nicht zu auffällig, aber mit den Augen grinst er unverhohlen. Er sagt kein Wort, er sieht Pinneberg bloß an. Und dann dreht er sich um und marschiert ab.

Pinneberg geht ins Parterre hinunter, dann über den Hof. Das ältliche, gelbe Fräulein Semmler ist immer noch da. Sie steht, als Pinneberg eintritt, in einer nicht mißzuverstehenden Haltung an der Tür von Herrn Lehmanns Zimmer. Die Tür ist nur angelehnt. Sie macht einen Schritt auf Pinneberg zu und sagt: «Herr Pinneberg! Sie sollen warten.»

Und dann nimmt sie eine Akte, sie schlägt die Akte auf, sie macht einen Schritt zurück, sie steht wieder an der Tür, natürlich liest sie in der Akte.

Aus Herrn Lehmanns Zimmer dringen Stimmen, die scharfe, präzise kennt Pinneberg, das ist Herr Spannfuß. Also nicht nur Herr Lehmann, Herr Spannfuß auch, und siehe da, jetzt ertönt noch Herrn Jäneckes Organ. Einen Augenblick Stille, und ein junges Mädchen sagt etwas, ziemlich leise, sie scheint dabei zu weinen.

Pinneberg sieht böse auf die Tür und die Semmler, er räuspert sich und macht eine Bewegung: sie soll die Tür schließen. Aber die Semmler sagt ganz unverhohlen: «Schsch!» Sie hat Farbe, sie hat rote Bäckchen, die Semmler!

Herrn Jäneckes Stimme wird hörbar: «Also, das geben Sie jedenfalls zu, Fräulein Fischer, daß Sie mit Herrn Matzdorf verkehren?»

Schluchzen.

«Sie müssen uns antworten», sagt milde mahnend Herr Jänecke. «Wie kann Herr Spannfuß sich eine Meinung bilden, wenn Sie so verstockt sind und nicht einmal die Wahrheit gestehen?» Pause. Dann: «Und Herrn Lehmann gefällt das auch gar nicht.»

Fräulein Fischer schluchzt.

«Also nicht wahr, Fräulein Fischer», fragt geduldig wieder Herr Jänecke, «Sie verkehren mit Herrn Matzdorf?»

Schluchzen. Stille.

«Sehen Sie! Sehen Sie!» ruft plötzlich Herr Jänecke lebhaft. «So ist es recht. Wir wissen zwar doch alles, aber Sie gewinnen natürlich ungeheuer, wenn Sie Ihre Verfehlungen offen eingestehen.» Eine kurze Pause, und dann beginnt Herr Jänecke neu: «Also, Fräulein Fischer, nun sagen Sie uns einmal, was haben Sie sich eigentlich dabei gedacht?»

Fräulein Fischer schluchzt.

«Sie müssen sich dabei doch was gedacht haben. Sehen Sie, soviel ich orientiert bin, sind Sie hier eingestellt für den Strümpfeverkauf. Glaubten Sie, Sie seien wegen Verkehrs mit den anderen Angestellten angenommen?»

Keine Antwort.

«Und die Folgen —?» sagt plötzlich Herrn Lehmanns Stimme eilig und quäkend. «Haben Sie denn gar nicht an die Folgen gedacht?! Sie sind doch erst knapp siebzehn, Fräulein Fischer!» Stille. Stille. Pinneberg macht einen Schritt gegen die Tür, Fräulein Semmler sieht Pinneberg an, gelb, böse und doch triumphierend.

Pinneberg sagt wütend: «Die Tür . . .»

Da bricht drinnen die weibliche Stimme los, mit Schluchzen, halb schreiend: «Aber ich verkehre doch nicht *so* mit Herrn Matzdorf —! Ich bin befreundet mit ihm . . . ich verkehre doch nicht . . .» Die Worte gehen unter in Weinen.

«Sie lügen ja», hört Pinneberg Herrn Spannfuß sagen. «Sie lügen ja, Fräulein. In dem Brief steht, daß Sie aus einem Hotel gekommen sind. Sollen wir uns in dem Hotel erkundigen —?»

«Herr Matzdorf hat alles zugegeben!» ruft Herr Lehmann.

«Die Tür zu!» sagt Pinneberg wieder.

«Geben Sie hier bloß nicht an», antwortet Fräulein Semmler böse. Das Mädchen drinnen ruft: «Ich bin nie mit ihm hier im Haus zusammengekommen!»

«Na, na!» sagt Herr Spannfuß.

«Nein, bestimmt nicht . . . bestimmt nicht! Herr Matzdorf verkauft im vierten Stock und ich im Parterre. Wir können gar nicht zusammenkommen.»

«Und die Tischzeit?» quäkt Herr Lehmann. «Die Tischzeit in der Kantine?»

«Auch nicht», beeilt sich Fräulein Fischer. «Auch nicht. Gewiß nicht. Herr Matzdorf hat ganz andere Tischzeit wie ich.»

«So!» sagt Herr Jänecke. «Jedenfalls scheinen Sie sich genau danach erkundigt zu haben, und es wird Ihnen wohl sehr leid getan haben, daß es nicht besser paßte.»

«Was ich außer dem Haus tue, das ist doch meine Sache!» ruft das Fräulein. Sie scheint nicht mehr zu weinen.

«Da irren Sie sich», sagt ernst Herr Spannfuß. «Das ist ein Irrtum von Ihnen, Fräulein. Das Warenhaus Mandel ernährt und kleidet Sie, das Warenhaus Mandel ermöglicht die Basis Ihrer Existenz. Es muß erwartet werden, daß Sie bei all Ihrem Tun und Lassen zuerst an das Warenhaus Mandel denken.»

Lange Pause. Dann wieder: «Sie treffen sich in einem Hotel. Sie können dort gesehen werden, von irgendwelchem Kunden. Für den Kunden ist es peinlich, für Sie ist es peinlich, für die Firma ist es ein Schaden. Sie können — man darf ja ganz offen mit Ihnen reden — in andere Umstände kommen, nach den jetzigen Gesetzen haben wir Sie dann weiter zu beschäftigen, wieder ein Schaden. Der Verkäufer wird mit Alimenten belastet, sein Gehalt reicht nicht, er hat ständig Sorgen, verkauft schlecht —, ein neuer Schaden. Sie haben so stark», sagt Herr Spannfuß mit Nachdruck, «gegen die Interessen des Hauses Mandel gehandelt, daß wir . . .»

Eine neue, lange Pause. Nein. Fräulein Fischer bleibt still. Dann sagt Herr Lehmann eilig: «Da Sie gegen das Interesse der Firma verstoßen haben, sind wir laut Paragraph sieben des Anstellungsvertrages zu fristloser Entlassung berechtigt. Wir machen von diesem Recht Gebrauch. Sie sind hiermit fristlos entlassen, Fräulein Fischer.»

Stille. Kein Laut.

«Gehen Sie nebenan auf das Personalbüro und lassen Sie sich Ihre Papiere und den Gehaltrest geben.»

«Einen Augenblick!» ruft Herr Jänecke. Und eilig: «Damit Sie nicht denken, wir sind ungerecht gegen Sie: Herr Matzdorf wird natürlich auch fristlos entlassen.»

Fräulein Semmler steht an ihrem Tisch, aus Herrn Lehmanns Zimmer kommt ein junges Mädchen, sehr rote Augen, sehr blasses Gesicht. Sie geht an Pinneberg vorbei. «Ich soll hier meine Papiere haben», sagt sie zu Fräulein Semmler.

«Gehen Sie rein», sagt Fräulein Semmler zu Pinneberg.

Und Pinneberg geht hinein. Sein Herz klopft stark. «Und jetzt ich», denkt er. «Jetzt ich!»

Aber noch ist er nicht an der Reihe, die Herren, um den Schreibtisch gruppiert, tun, als sei er nicht da.

«Muß der Posten wieder besetzt werden?» fragt Herr Lehmann.

«Ganz einsparen können wir ihn nicht», sagt Herr Spannfuß.

«Aber jetzt in der flauen Zeit schaffen es die andern schon. Geht es wieder lebhafter, stellen wir wen zur Aushilfe ein. Es laufen ja genug herum.»

«Natürlich», sagt Herr Lehmann.

Die drei sehen auf und sehen Pinneberg an. Pinneberg macht zwei Schritte vorwärts.

«Also hören Sie mal zu, Pinneberg», sagt Spannfuß und sein Ton ist ganz anders. Nichts mehr von ernster väterlicher Besorgtheit, nein, er ist einfach grob. «Sie sind heute wieder mal eine halbe Stunde zu spät gekommen. Was Sie sich darunter vorstellen, ist mir etwas schleierhaft. Vermutlich wollen Sie uns zu verstehen geben, daß Ihnen das Haus Mandel piepe ist, schnurz und piepe. Bitte, junger Mann, von uns aus —!» Er macht eine große Handbewegung nach der Tür.

Eigentlich hat sich Pinneberg überlegt, daß ja doch alles egal ist, sie schmeißen ihn ja doch raus. Aber plötzlich ist die Hoffnung da, und er sagt ganz leise und gedrückt: «Ich bitte um Verzeihung, Herr Spannfuß, mein Kind ist heute nacht krank geworden, ich bin rumgelaufen und habe eine Schwester geholt ...»

Er sieht etwas hilflos auf die drei.

«Also Ihr Kind», sagt Herr Spannfuß. «Diesmal ist Ihr Kind krank geworden. Vor vier Wochen — oder war es vor zehn Wochen? — haben Sie ewig gefehlt wegen Ihrer Frau. In zwei Wochen wird wahrscheinlich Ihre Großmutter sterben und in einem Monat Ihre Tante ein Bein brechen ...» Er hält inne. Dann mit neuer Kraft: «Sie überschätzen das Interesse, das die Firma an Ihrem Privatleben nimmt. Ihr Privatleben ist für das Haus Mandel ohne Interesse. Legen Sie Ihre Geschichten gefälligst so, daß sie außerhalb der Geschäftsstunden erledigt werden können.»

Wieder Pause, dann: «Die Firma ermöglicht erst Ihr Privatleben, Herr! Erst kommt die Firma, noch mal die Firma, zum dritten Mal die Firma, und dann können Sie machen, was Sie wollen. Sie leben von uns, Herr, wir haben Ihnen die Sorge um Ihren Lebensunterhalt abgenommen, verstehen Sie das! Sie sind ja auch Ultimo pünktlich hier unten zum Gehaltsempfang.»

Er lächelt etwas, auch die anderen Herren lächeln, Pinneberg weiß, es wäre gut, wenn er jetzt auch ein bißchen lächelte, aber es geht beim besten Willen nicht.

Abschließend sagt Herr Spannfuß: «Also merken Sie sich das, bei der nächsten Unpünktlichkeit fliegen Sie fristlos auf die Straße. Dann können Sie sehen, wie das Stempeln tut. Es gibt ja so viele ... Wir verstehen uns, nicht wahr, Herr Pinneberg?»

Pinneberg sieht ihn stumm an.

Herr Spannfuß lächelt: «Ihr Blick ist sicher sehr ausdrucksvoll, Herr Pinneberg. Aber ich möchte es doch gerne mündlich von Ihnen bestätigt hören. Wir verstehen uns?»

«Ja», sagt Pinneberg leise.

«Schön, dann können Sie also gehen.»

Und Pinneberg geht.

Noch einmal Frau Mia. Das sind meine Koffer! Kommt die Polizei?

Lämmchen sitzt in ihrer kleinen Burg und stopft Strümpfe. Der Murkel liegt in seinem Bett und schläft. Ihr ist so trübe zumute, der Junge ist in letzter Zeit schlimm, verwirrt und gedrückt, aufflammend und stumpf. Sie hat ihm neulich etwas Gutes tun wollen, zu seinen Bratkartoffeln ein Ei gegeben. Als sie es auf den Tisch brachte, tobte er los, ob sie Millionäre seien? Er mache sich Sorgen und Sorgen und sie —?

Hinterher ist er tagelang still und gedrückt, redet so sanft mit ihr, sein ganzes Wesen bittet um Entschuldigung. Er müßte sie nicht um Entschuldigung bitten, er hat es nicht nötig. Sie zwei sind eins, nichts kann dazwischen kommen, ein rasches Wort kann betrüben, aber nicht zerstören.

Aber früher war doch alles anders. Sie waren jung, sie waren verliebt, ein Strahlenstreif lief durch alles, eine glänzende Silberader auch durch das dunkelste Gestein. Heute ist alles zerschlagen, Berge trüben Schutts und dazwischen einmal ein strahlender Brocken. Und wieder Schutt. Und wieder ein bißchen Strahlen. Sie sind noch jung, sie lieben sich noch, ach, vielleicht lieben sie sich noch viel mehr, sie haben sich aneinander gewöhnt — aber es ist dunkel überhängt, darf unsereins lachen? Wie kann man lachen, richtig lachen, in solcher Welt mit sanierten Wirtschaftsführern, die tausend Fehler gemacht haben, und kleinen entwürdigten, zertretenen Leuten, die stets ihr Bestes taten?

‹Ein klein bißchen gerechter könnte es gerne zugehen›, denkt Lämmchen.

Gerade als sie dies denkt, geht draußen ein Geschrei los, das ist Puttbreese, aber Puttbreese in Disput mit einer Frau. Die helle scharfe Stimme kommt Lämmchen bekannt vor, sie horcht auf, ach nein, sie kennt sie doch nicht, die handeln da unten wohl um einen Schrank.

Aber nun ruft Puttbreese nach ihr. «Junge Frau!» schreit er. «Frau Pinneberg!» brüllt er.

Lämmchen steht auf, sie geht über den Boden an die Leiter, sie sieht hinunter. Ja, es ist doch *die* Stimme gewesen. Dort unten steht mit Meister Puttbreese ihre Schwiegermutter, Frau Pinneberg senior, und gut scheinen die beiden einander nicht zu sein.

«Die Olle will zu Ihnen», sagt der Meister, deutet mit seinem ungeheuren Daumen und schrammt ab. Er schrammt sogar so ab, daß er die Außentür zuschließt und die beiden in ziemlicher Finsternis stehen. Aber die Augen gewöhnen sich, Lämmchen sieht unten wieder das braune Kostüm mit der schicken Kappe, das sehr weiße, fette Gesicht.

«Guten Tag, Mama, du willst zu uns? Der Junge ist nicht da.»

«Hast du die Absicht, dich von dort oben mit mir zu unterhalten? Oder willst du mir sagen, wie man zu euch rauf kommt?»

«Die Leiter, Mama», sagt Lämmchen. «Grade vor dir.»

«Ist das die einzige Möglichkeit?»

«Die einzige, Mama.»

«Na schön. Weswegen ihr aus meiner Wohnung ausgezogen seid, möchte ich gelegentlich auch mal ganz gern erfahren. Nun, wir werden auch darüber reden.»

Die Leiter wird ohne Schwierigkeiten genommen, Frau Pinneberg senior ist gar nicht so. Sie steht auf dem Kinodach, sie sieht in das staubige Sparrenwerk, in die Finsternis: «Wohnt ihr hier?»

«Nein, Mama, dort hinter der Tür. Darf ich dir zeigen?»

Sie öffnet, Frau Pinneberg tritt ein, sieht sich um. «Na ja, schließlich muß jeder am besten wissen, wohin er gehört. Mir ist die Spenerstraße lieber.»

«Ja, Mama», sagt Lämmchen. Hat der Junge keine Überstunden, kann er in einer Viertelstunde hier sein. Sie sehnt sich sehr nach ihrem Jungen. «Willst du ablegen, Mama?»

«Nein, danke. Ich bin nur für zwei Minuten hier. Zu Besuchen liegt keine Veranlassung vor. Wo ihr mich so behandelt habt!»

«Es hat uns sehr leid getan . . .», beginnt Lämmchen zögernd.

«Mir nicht! Mir nicht!» erklärt Frau Pinneberg. «Ich rede kein Wort darüber. Aber es war hübsch rücksichtslos, mich so im Stich zu lassen, plötzlich keine Hilfe im Haus. — Ein Baby habt ihr euch auch zugelegt?»

«Ja, wir haben seit einem halben Jahr einen Jungen. Horst heißt er.»

«Horst! Ein bißchen aufpassen konntet ihr natürlich nicht?»

Lämmchen sieht ihre Schwiegermutter fest an. Jetzt lügt sie zwar, aber die Festigkeit ihres Blickes leidet diesmal nicht darunter. «Doch, wir konnten aufpassen, wir wollten nicht.»

«So. Na ja. Ihr müßt am besten wissen, ob es euch eure Verhältnisse erlauben. Ich finde es allerdings etwas gewissenlos, so ein Baby in die Welt zu setzen, auf nichts hin. Aber bitte, von mir aus ein Dutzend, wenn es euch Spaß macht!»

Sie geht zur Krippe und sieht auf das Kind mit bösem Gesicht. Lämmchen hat längst gemerkt, heute ist nichts zu machen. Sonst ist die Schwiegermutter wenigstens zu ihr halbwegs anständig gewesen, heute aber . . . sie will einfach Streit. Vielleicht ist es doch besser, der Junge kommt nicht so rasch.

Frau Pinneberg ist mit der Besichtigung des Kindes fertig.

«Was ist das? Junge oder Mädel?»

«Ein Junge», sagt Lämmchen. «Horst.»

«Also doch!» sagt Frau Marie Pinneberg. «Ich habe es mir gleich gedacht. Er sieht genau so wenig intelligent aus wie sein Vater. Nun, wenn es dir Spaß macht.»

Lämmchen schweigt.

«Mein liebes Kind», sagt Frau Pinneberg, macht ihr Jackett auf und setzt sich, «es hat gar keinen Sinn, mit mir zu schmollen. Ich sage dir doch, was ich denke. Da steht ja auch die köstliche Frisiertoilette. Scheint euer einziges Möbelstück zu bleiben. Manchmal denke ich, man müßte netter zu dem Jungen sein, er ist geistig nicht normal. Frisiertoilette . . .», sagt sie und sieht das arme Dings an, ein Wunder, daß die Furniere nicht blasig werden von so viel Blick.

Lämmchen schweigt.

«Wann kommt Jachmann?» fragt Frau Pinneberg plötzlich mit solcher Schärfe, daß Lämmchen zusammenzuckt. Frau Pinneberg ist zufrieden. «Siehst du, ich erfahre alles, ich habe auch euern Schlupfwinkel gefunden, ich weiß alles. Wann kommt Jachmann?»

«Herr Jachmann», sagt Lämmchen, «ist vor vielen Wochen ein oder zwei Nächte hier gewesen. Seitdem nicht wieder.»

«So!» sagt Frau Pinneberg höhnisch. «Und wo ist er jetzt?»

«Das weiß ich nicht», sagt Lämmchen.

«So, das weißt du nicht.» Frau Pinneberg wird langsam, aber sie wird wärmer. Sie zieht das Jackett aus. «Wieviel zahlt er euch, daß ihr den Mund haltet?»

«Auf so etwas antworte ich nicht», sagt Lämmchen.

«Ich werde dir die Polizei schicken, mein liebes Kind», sagt Frau Pinneberg. «Dann wirst du schon antworten. Daß er steckbrieflich gesucht wird, der Falschspieler, der Hochstapler, das wird er euch ja wohl erzählt haben, oder hat er dir gesagt, er wohnt aus Liebe zu dir hier?»

Lämmchen Pinneberg steht am Fenster, sie starrt hinaus.

Nein, es ist doch besser, der Junge kommt bald, sie bringt es nicht fertig, seine Mutter rauszuschmeißen. Er kann es.

«Ihr werdet ja schon sehen, wie er euch reinlegt. Der muß jeden betrügen. Was er mit mir gemacht hat . . .»

Frau Pinnebergs Stimme hat einen anderen Klang.

«Ich habe Herrn Jachmann seit über zwei Monaten nicht gesehen», sagt Lämmchen.

«Lämmchen», sagt Frau Pinneberg, «Lämmchen, wenn du es weißt, wo er ist, sag es mir, Lämmchen!» Sie macht eine Pause. «Lämmchen, bitte sag es mir, wo ist er?»

Lämmchen sieht sich um und ihre Schwiegermutter an. «Ich weiß es nicht. Ich weiß es wirklich nicht, Mama!»

Die beiden schauen sich an.

«Nun gut», sagt Frau Pinneberg. «Ich will es dir glauben. Ich glaub's dir, Lämmchen. Ist er wirklich nur zwei Nächte hier gewesen?»

«Eine glaub ich nur», sagt Lämmchen.

«Was hat er von mir gesagt? Erzähl mir, hat er sehr über mich geschimpft?»

«Gar nichts», sagt Lämmchen. «Kein Wort. Er hat überhaupt nicht von dir gesprochen mit mir.»

«So», sagt die Schwiegermutter. «Kein Wort.» Sie sieht vor sich hin. «Übrigens ist euer Junge ein hübsches Kind. Kann er schon sprechen?»

«Mit einem halben Jahr, Mama?»

«Nein? Sprechen sie da noch nicht? Ich habe alles vergessen, ich habe es wohl nie richtig gewußt. Aber —», sie macht eine lange Pause. Die Pause wird länger und länger, es liegt etwas Schreckensvolles darin, Wut, Angst, Drohung . . .

«Da!» sagt Frau Pinneberg und zeigt nach den Koffern, die auf dem Schrank liegen. «Das sind Jachmanns Koffer. Ich kenne die. Das sind seine Koffer. Du Lügnerin, du blonde, blauäugige Lügnerin, und ich habe dir geglaubt! Wo ist er? Wann kommt er? Du hast ihn für dich behalten und der Trottel, der Hans, ist einverstanden? Lügnerin!»

«Mama», sagt Lämmchen bestürzt.

«Es sind meine Koffer. Er hat Schulden bei mir, Hunderte, Tausende, die Koffer gehören mir. Er wird schon kommen, wenn ich die Koffer habe . . .»

Sie zerrt einen Stuhl an den Kleiderschrank.

«Mama», sagt Lämmchen ängstlich und versucht, sie zu hindern.

«Läßt du mich los? Läßt du mich auf der Stelle los?! Meine Koffer sind das!»

Sie steht auf dem Stuhl, sie zerrt an dem Handgriff des ersten Koffers, der Aufsatz des Schrankes ist davor.

«Er hat die Koffer stehen gelassen!» schreit Lämmchen.

Sie hört nicht. Sie reißt. Der Schrankaufsatz bricht ab, der Koffer kommt von oben. Er ist ziemlich schwer, sie kann ihn nicht halten, er fällt, er stößt gegen die Krippe, Gepolter, der Murkel fängt an zu schreien.

«Läßt du das sofort sein!» ruft Lämmchen mit flammenden Augen und läuft zu dem Kind. «Ich werfe dich raus . . .»

«Meine Koffer sind es!» ruft die Schwiegermutter und zerrt am zweiten.

Lämmchen hat das weinende Kind auf dem Arm, sie bezwingt sich, in einer halben Stunde muß sie den Murkel nähren. Sie darf sich nicht aufregen.

«Laß die Koffer, Mama!» sagt Lämmchen. «Sie gehören nicht dir, sie müssen hier bleiben.»

Und zum Jungen, summend:

> «Eia wiwi, min Murkel slöpt bi mi,
> Nee, dat wöllt wi anners maken,
> Murkel schall bi Vadding slapen . . .»

«Laß die Koffer, Mama», ruft sie noch einmal.

«Der soll sich freuen, wenn er heute abend zu euch kommt!»

Der zweite Koffer fällt.

«Ah, da ist er schon!»

Sie dreht sich um nach der Tür, die sich öffnet.

Aber es ist nicht Jachmann, es ist Pinneberg, der da steht.

«Was ist hier los?» fragt er leise.

«Mama», sagt Lämmchen, «will die Koffer von Herrn Jachmann wegholen. Sie sagt, sie gehören ihr. Herr Jachmann hat Schulden bei ihr.»

«Das kann Mama mit Jachmann direkt ausmachen, die Koffer bleiben hier», sagt Pinneberg. Und diesmal bewundert Lämmchen ihren Mann, so sehr beherrscht er sich.

«Natürlich», sagt Frau Pinneberg, «das habe ich mir so gedacht, daß du auch hierbei deiner Frau beistehst. Die Pinnebergs sind eben immer Trottel gewesen. Du solltest dich schämen, so ein Waschlappen . . .»

«Jungchen», ruft Lämmchen bittend.

Aber es ist gar nicht nötig. «Jetzt wird es aber Zeit für dich, Mama», sagt Pinneberg. «Nein, laß die Koffer ruhig los. Glaubst du, du bekommst sie gegen meinen Willen die Leiter runter? So, nun mach noch ein Schrittchen. Wenn du meiner Frau Adieu sagen willst. Aber es ist nicht nötig.»

«Die Polizei schicke ich euch auf den Hals!»

«Bitte, Mama, paß auf, hier ist die Schwelle.»

Die Tür klappt zu, Lämmchen hört den Lärm ferner, sie singt Eia wi-wi. «Hoffentlich hat es meiner Milch nicht geschadet.»

Sie macht die Brust frei, der Murkel lächelt, er spitzt den Mund.

Dann — das Kind trinkt schon — kommt der Junge wieder. «So, jetzt ist sie weg. Bin doch neugierig, ob sie uns die Polizei schickt? Erzähl mal, wie kam es denn?»

«Du hast es großartig gemacht, Jungchen», sagt Lämmchen. «Das hätte ich nie von dir gedacht. Fein hast du dich beherrscht.»

Aber da er zu Recht gelobt wird, ist er verlegen. «Ach, red nicht. Wie kam es? Erzähl schon!»

Und sie erzählt.

«Möglich ist es ja, daß der Jachmann gesucht wird. Ich glaube es schon. Aber wenn wirklich, dann hat Mama auch damit zu tun. Dann schickt sie die Polizei nicht. Außerdem müßte die schon hier sein.»

Pinnebergs sitzen und warten. Das Kind trinkt, wird in seine Krippe gelegt und schläft ein.

Pinneberg legt die Koffer wieder auf den Schrank, holt vom Meister Tischlerleim und klebt den Aufsatz wieder an. Lämmchen macht Essen.

Und keine Polizei kommt.

Der Schauspieler Schlüter und der junge Mann aus der Ackerstraße. Alles ist zu Ende

An einem neunundzwanzigsten September steht Pinneberg hinter seinem Verkaufstisch im Warenhaus Mandel. Heute ist der neunundzwanzigste September und morgen ist der dreißigste September und einen einunddreißigsten September gibt es nicht. Pinneberg rechnet, er steht da mit einem sehr trüben, etwas grauen Gesicht. Von Zeit zu Zeit nimmt er einen Notizzettel aus der Tasche, auf dem er seine Tageslosungen aufgezeichnet hat, und sieht ihn an und rechnet. Aber eigentlich ist nicht viel zu rechnen. Das Ergebnis bleibt unverrückt das gleiche: für fünfhundertdreiundzwanzig eine halbe Mark muß Pinneberg heute und morgen verkaufen, um seine Quote zu erfüllen.

Es ist ausgeschlossen, aber natürlich muß er sie erfüllen, denn wo bleibt er sonst mit Lämmchen und dem Kind? Es ist ausgeschlossen, aber wo die Tatsachen unverrückbar feststehen, hofft man auf Wunder. Wieder ist es wie damals zu urgrauen Zeiten in der Schule: Heinemann, der Schuft, gibt die französischen Arbeiten zurück, und der Schüler Johannes Pinneberg betet unter seinem Pult: «Lieber Gott, mach, daß ich nur drei Fehler habe!» (Und sieben Fehler weiß er schon sicher.)

Der Verkäufer Johannes Pinneberg betet: «Ach, lieber Gott, laß jemanden kommen, der einen Frackanzug braucht. Und einen Abendmantel. Und einen ... und ...»

Kollege Keßler schiebt sich heran: «Na, Pinneberg, wie stehen Ihre Aktien?»

Pinneberg sieht nicht hoch: «Danke. Ich bin zufrieden.»

«So», sagt Keßler und zieht das Wort sehr breit. «Sooo. Das freut mich. Weil der Jänecke nämlich erzählt hat, als Sie gestern die Pleite geschoben haben, Sie sind mächtig zurück mit Ihrer Losung und er erledigt Sie.»

Pinneberg sagt: «Danke! Danke! Ich bin zufrieden. Jänecke hat Sie wohl nur ein bißchen aufputschen wollen. Wie weit sind Sie denn?»

«Oh, ich bin fertig für diesen Monat. Deswegen frage ich Sie ja gerade. Ich wollte Ihnen was anbieten.»

Pinneberg steht still. Er haßt diesen Mann Keßler, diesen kriecherischen, angeberischen Mann. Er haßt ihn so sehr, daß er selbst jetzt kein Wort an ihn richten kann, keine Bitte aussprechen mag. Er sagt, nach langer Pause: «Na, da sind Sie ja fein raus.»

«Ja, ich brauche mich nicht mehr abzustrampeln. Ich brauch gar nichts zu verkaufen, diese zwei Tage», sagt Keßler stolz und sieht Pinneberg überlegen an.

Und vielleicht, vielleicht hätte Pinneberg nun doch noch den Mund aufgetan und eine Bitte ausgesprochen, aber da geschieht es, daß ein Herr auf die beiden zugegangen kommt.

«Würden Sie mir vielleicht ein Hausjackett zeigen? Etwas recht Warmes, Praktisches. Der Preis ist nicht so wichtig. Aber vor allem diskrete Farben.»

Der ältere Herr hat die beiden Verkäufer angesehen, und Pinneberg meint sogar, ihn ganz besonders. Darum sagt er: «Bitte schön, wenn Sie . . .»

Aber Kollege Keßler fährt dazwischen: «Ich bitte sehr, mein Herr, wenn Sie sich dorthin bemühen wollen . . . Wir haben ausgezeichnete Hausjacketts in Flauschstoffen, ganz gedeckte, diskrete Muster. Bitte sehr . . .» Pinneberg sieht den beiden nach, er denkt: ‹Also Keßler ist fertig und nimmt mir den Kunden weg. Dreißig Mark wären es doch gewesen, Keßler . . .»

Herr Jänecke kommt an Pinneberg vorbei: «Nun, sind Sie wieder einmal unbeschäftigt? Alle Herren verkaufen, Sie nicht. Es scheint mir, Sie sehnen sich geradezu nach dem Stempeln.»

Pinneberg sieht Herrn Jänecke an — eigentlich müßte er ihn wohl wütend ansehen. Aber er ist so hilflos, so zerschlagen, er fühlt, wie die Tränen in ihm hochsteigen, er flüstert: «Herr Jänecke . . . Ach, Herr Jänecke . . .»

Und siehe, Herr Jänecke, der böse, häßliche Herr Jänecke spürt die hilflose Traurigkeit der Kreatur. Er sagt aufmunternd: «Na, Pinneberg, werfen Sie bloß nicht die Flinte ins Korn. Es wird ja alles werden. Und schließlich, solche Unmenschen sind wir ja nun auch nicht, wir lassen auch mal mit uns reden. Jeder kann mal eine Pechsträhne haben.»

Und eilig geht Jänecke an die Seite, denn nun kommt ein Herr, der wie ein Käufer aussieht, ein Herr mit einem ausdrucksvollen Gesicht, mit einem direkt markanten Gesicht. Nein, dieser Herr kann doch kein Käufer sein, das ist ein Maßschneideranzug, den er trägt. Der kauft keine Konfektion.

Aber der Herr geht stracks auf Pinneberg zu — und Pinneberg grübelt, woher er den Herrn kennt, denn er kennt ihn, nur hat der Herr damals ganz anders ausgesehen —, und der Herr sagt zu Pinneberg und faßt die Krempe seines Hutes an: «Ich grüße Sie, mein Herr! Ich grüße Sie! Darf ich fragen, sind Sie im Besitz einiger Phantasie?»

Eine eindrucksvolle Sprache hat der Herr, er rollt das R, auch dämpft er nicht sein Organ, er scheint unempfindlich dagegen, daß auch andere zuhören können.

«Phantasiestoffe», sagt Pinneberg beklommen. «Im zweiten Stock.»

Der Herr lacht, er lacht ein scharf akzentuiertes Ha-ha-ha, sein ganzes Gesicht, der ganze Mensch lacht, und dann schweigt er wieder, mit einem Ruck ist er nur noch ausdrucksvoll und sonor.

«Dies nun nicht», spricht der Herr. «Ich frage Sie, ob Sie im Besitz von Phantasie seien? Wenn Sie beispielsweise diesen Schrank mit den Hosen betrachten, können Sie sich darauf sitzend und singend einen Stieglitz vorstellen?»

«Schlecht», sagt Pinneberg kümmerlich lächelnd, und grübelt: woher kennst du diesen verrückten Hund? Der gibt doch nur an!

«Schlecht», sagt der Herr. «Das ist übel. Nun, mit Vögeln haben Sie in Ihrer Branche wohl auch weniger zu tun?» Er lacht wieder sein scharfes Ha-ha-ha.

Und Pinneberg lächelt mit, trotzdem er jetzt ängstlich wird. Verkäufer dürfen sich nicht veräppeln lassen, sanft, aber sicher müssen sie solch betrunkenen Menschen loswerden. Hinter dem Mantelaufbau steht noch immer Herr Jänecke.

«Womit kann ich Ihnen dienen?» fragt Pinneberg.

«Dienen!» deklamiert der andere verächtlich. «Dienen! Niemand ist niemandes Diener! Aber —, ein anderes. Stellen Sie sich vor, zu Ihnen kommt ein Jüngling, aus der Ackerstraße sagen wir, mit haushoher Marie und wünscht sich einzupuppen bei Ihnen, vom Kopf bis zum Scheitel auf neu —, können Sie mir wohl sagen, können Sie sich wohl denken, welche Sachen dieser Jüngling wählen würde?»

«Das kann ich mir gut denken», sagt Pinneberg. «So was kommt bei uns manchmal vor.»

«Sehen Sie», sagt der Herr. «Man muß den Mut nicht gleich unter den Scheffel stellen! Sie haben also doch Phantasie! Welche Stoffe etwa würde ein solcher Jüngling aus der Ackerstraße wählen?»

«Möglichst helle, auffallende», sagt Pinneberg bestimmt. «Großkariert. Sehr weite Hosen. Die Jacketts möglichst auf Taille. Ich müßte Ihnen das mal zeigen . . .»

«Ausgezeichnet», lobt der andere. «Ganz ausgezeichnet. Und zeigen sollen Sie mir das jetzt. Dieser junge Mann aus der Ackerstraße hat wirklich sehr viel Geld und will sich völlig neu einpuppen.»

«Bitte . . .», sagt Pinneberg.

«Einen Augenblick», sagt der andere und hebt die Hand. «Damit Sie sich ein Bild machen. Sehen Sie, so kommt der Jüngling aus der Ackerstraße zu Ihnen . . .»

Der Herr sieht ganz verändert aus. Es ist ein freches, lasterhaftes Gesicht, das er zur Schau trägt. Aber es ist ein feiges, angstvolles Gesicht dabei, die Schultern sind eingezogen, der Hals zu kurz geworden —: ist irgendwo in der Nähe der Gummiknüppel eines Polizisten?

«Und nun so, wenn er den guten Anzug am Leib hat . . .»

Urplötzlich hat sich das Gesicht verändert. Ja, noch ist es frech und schamlos, aber die Blume wendet sich zum Licht, die Sonne ist aufgegangen, eine strahlende Sonne. Man kann auch nett sein, man kann es sich leisten, es kommt nicht darauf an.

«Sie sind», ruft Pinneberg atemlos, «Sie sind Herr Schlüter! Ich habe Sie im Film gesehen! Oh, Gott, daß ich das nicht gleich gemerkt habe!»

Der Schauspieler ist sehr befriedigt! «Na also! In welchem Film haben Sie mich denn gesehen?»

«Wie hieß er doch? Wissen Sie, Sie haben einen Bankkassierer gemacht, und Ihre Frau denkt, Sie unterschlagen Geld für sie, und in Wirklichkeit gibt es Ihnen der Volontär, der ist Ihr Freund . . .»

«Die Handlung kenne ich schon», sagt der Schauspieler. «Also hat es Ihnen gefallen? Schön. Und was von mir hat Ihnen am besten gefallen?»

«Wissen Sie, so viel . . . Aber vielleicht war doch am schönsten, wissen Sie, wie Sie da an den Tisch zurückkommen, Sie sind auf der Toilette gewesen . . .»

Der Schauspieler nickt.

«Und unterdessen hat der Volontär Ihrer Frau erzählt, Sie haben gar kein Geld unterschlagen, und die lachen Sie aus. Und plötzlich werden Sie ganz klein und fallen zusammen, schrecklich ist das.»

«So, das war das Schönste. Und warum war es das Schönste?» fragt der Schauspieler unersättlich weiter.

«Weil —, ach, wissen Sie, es war mir so, bitte lachen Sie nicht, es war so wie wir. Verstehen Sie, uns kleinen Leuten geht es nicht sehr gut jetzt, und manchmal ist es so, als grinste uns alles an, das ganze Leben, verstehen Sie, und man wird so klein . . .»

«Die Stimme des Volkes», sagt der Mime. «Aber jedenfalls ehrt es mich ungemein, Herr — wie ist doch Ihr Name?»

«Pinneberg.»

«Die Stimme des Volkes, Pinneberg. Also schön, Mann, und nun gehen wir zum Ernst des Lebens über und suchen den Anzug aus. Was die mir im Fundus gezeigt haben, ist alles Quatsch. Nun werden wir sehen . . .»

Und sie sehen. Eine halbe Stunde, eine Stunde wühlen sie in den Sachen. Berge häufen sich, Pinneberg ist nie so glücklich gewesen, Verkäufer zu sein.

«Sehr gut der Mann», brummt der Schauspieler Schlüter von Zeit zu Zeit. Er ist ein geduldiger Anprobierer, die fünfzehnte Hose, in die er fährt, ist ihm noch nicht zuviel, er sehnt sich schon nach der sechzehnten.

«Sehr gut der Mann Pinneberg», brummt er.

Schließlich sind sie durch, schließlich haben sie alles angesehen und probiert, was nur irgend für den Jüngling aus der Ackerstraße in Frage kommen kann. Pinneberg ist selig, Pinneberg hofft, daß Herr Schlüter vielleicht noch mehr nehmen wird als den einen guten Anzug, vielleicht noch den rotbraunen Mantel mit den lila Karos. Pinneberg fragt atemlos: «Und was darf ich nun aufschreiben, Herr Schlüter?»

Der Schauspieler Schlüter zieht die Brauen hoch. «Aufschreiben? Ja, wissen Sie, ich wollte eigentlich nur mal sehen. Kaufen tu ich es natürlich nicht. Machen Sie nicht so ein Gesicht. Sie haben ein bißchen Arbeit gehabt davon. Ich schicke Ihnen Karten für die nächste Premiere. Haben Sie eine Braut? Ich schicke Ihnen zwei Karten.»

Pinneberg sagt eilig und leise: «Herr Schlüter, ich bitte Sie, bitte, kaufen Sie die Sachen! Sehen Sie, Sie haben so viel Geld, Sie verdienen so viel, bitte kaufen Sie! Wenn Sie jetzt weggehen und haben nichts gekauft, dann heißt es, ich habe die Schuld, und dann werde ich entlassen.»

«Sie sind ja komisch», sagt der Schauspieler. «Wie komme ich denn dazu, die Sachen zu kaufen? Ihretwegen? Wer schenkt denn mir was?»

«Herr Schlüter!» sagt Pinneberg, und seine Stimme wird lauter. «Ich hab Sie im Film gesehen, Sie haben das gespielt, den armen kleinen Mann. Sie wissen, wie unsereinem zumute ist. Sehen Sie, ich habe auch Frau und Kind. Das Kind ist noch ganz klein, es ist jetzt noch so fröhlich; wenn ich entlassen werde . . .!»

«Ja, mein lieber Gott», sagt Herr Schlüter, «das sind ja eigentlich Ihre Privatsachen. Ich kann doch nicht Anzüge, die ich nicht brauchen kann, darum kaufen, damit Ihr Kind fidel ist.»

«Herr Schlüter!» fleht Pinneberg. «Tun Sie es mir zuliebe. Ich habe eine Stunde mit Ihnen verhandelt. Kaufen Sie wenigstens den einen Anzug. Es ist reiner Cheviot, der trägt sich, Sie werden zufrieden sein . . .»

«Nun hören Sie aber allmählich auf», sagt Herr Schlüter, «das wird langweilig, dies Affentheater.»

«Herr Schlüter», bittet Pinneberg und legt die Hand auf den Arm des Schauspielers, der gehen will, «wir haben von der Firma eine Quote, wir müssen für soundsoviel verkaufen, sonst werden wir entlassen. Mir fehlen noch fünfhundert Mark. Bitte, bitte, kaufen Sie was. Sie wissen doch, wie uns zumute ist! Sie haben es doch gespielt!»

Der Schauspieler nimmt die Hand des Verkäufers von seinem Arm. Er sagt sehr laut: «Hören Sie mal, Jüngling, das verbitte ich mir, daß Sie mich hier anfassen. Das geht mich einen Dreck an, was Sie mir da erzählen.»

Plötzlich ist Herr Jänecke da, jawohl, nun kommt er. «Bitte sehr! Ich bin der Abteilungsleiter.»

«Ich bin der Schauspieler Franz Schlüter . . .»

Herr Jänecke verbeugt sich.

«Komische Verkäufer haben Sie hier. Die notzüchtigen einen ja, damit man Ihnen Ihr Zeugs abkauft. Der Mann behauptet, Sie zwingen ihn dazu. Man müßte darüber schreiben, in den Zeitungen, das sind ja Erpressermethoden . . .»

«Der Mann ist ein ganz schlechter Verkäufer», sagt Herr Jänecke. «Er ist schon mehrfach verwarnt. Ich bedaure außerordentlich, daß Sie gerade an ihn geraten sind. Wir werden den Mann nun entlassen, er ist unbrauchbar.»

«Das ist ja nun nicht gerade nötig, mein lieber Herr, das verlange ich gar nicht. Allerdings hat er mich angefaßt . . .»

«Er hat Sie angefaßt? Herr Pinneberg, gehen Sie sofort auf das Personalbüro und lassen Sie sich Ihre Papiere geben. — Und was das Geschwätz mit der Quote anlangt, Herr Schlüter, alles gelogen! Gerade vor zwei Stunden habe ich diesem Herrn erst gesagt, wenn er's nicht schafft,

schafft er's eben nicht, das ist nicht so schlimm. Ein unfähiger Mann, ich bitte tausendmal um Entschuldigung, Herr Schlüter.»

Pinneberg steht da und sieht den beiden nach.

Er steht da und sieht ihnen nach.

Alles, alles ist zu Ende.

ALLES GEHT WEITER

Soll man Holz stehlen? Lämmchen verdient groß
und gibt ihrem Jungen Beschäftigung

Nichts ist zu Ende: das Leben geht weiter. Alles geht weiter. Es ist November, es ist das Jahr darauf, vor vierzehn Monaten machte Pinneberg bei Mandel Feierabend. Es ist ein dunkler, kalter, nasser November, gut, wenn das Dach heil ist. Das Laubendach ist heil, Pinneberg hat es geschafft, er hat das Dach vor vier Wochen frisch geteert. Jetzt ist er wach geworden, das Leuchtzifferblatt des Weckers zeigt dreiviertel fünf. Pinneberg lauscht auf den Novemberregen, der auf das Laubendach prasselt und trommelt. «Hält dicht», denkt er. «Habe ich fein hingekriegt. Hält dicht. Regen kann uns jedenfalls nichts tun.»

Er will sich befriedigt umdrehen und weiterschlafen, da fällt ihm ein, daß er von einem Geräusch wach geworden ist: die Gartentür hat gequietscht. Also wird Krymna gleich klopfen! Pinneberg faßt Lämmchen, die im engen Eisenbett neben ihm liegt, beim Arm, er versucht, sie sachte zu wecken. Aber sie fährt doch zusammen: «Was ist los?»

Lämmchen hat nicht mehr das fröhliche Wachwerden von ehemals; wenn man sie außer der Zeit weckt, wird es schon etwas Schlechtes sein. Pinneberg hört sie hastig atmen: «Was ist los?» «Leise!» flüstert Pinneberg. «Sonst wird der Murkel wach. Es ist noch nicht fünf.»

«Was ist denn?» fragt Lämmchen wieder und ist etwas ungeduldig.

«Krymna kommt», flüstert Pinneberg. «Soll ich nicht vielleicht doch mitgehen?»

«Nein, nein, nein», sagt Lämmchen leidenschaftlich. «Das ist ausgemacht, hörst du! Nein! Mit Stehlen fangen wir gar nicht erst an. Ich will das nicht . . .»

«Aber . . .», wendet Pinneberg ein.

Es klopft draußen. «Pinneberg!» ruft eine Stimme. «Kommst du mit, Pinneberg?»

Pinneberg springt auf, einen Augenblick steht er zweifelnd.

«Also . . .», fragt er an und lauscht.

Aber Lämmchen antwortet nicht.

«Pinneberg! Mensch! Penner!» ruft der draußen.

Pinneberg tastet sich im Finstern auf die Veranda, durch die Glasscheiben sieht er den dunklen Umriß des anderen.

«Na endlich! Kommst du mit oder nicht?»

«Ich . . .», ruft Pinneberg durch die Tür, «. . . ich möchte . . .»

«Also nein.»

«Versteh schon, Krymna, ich würde, aber meine Frau . . . Du weißt doch, Frauen . . .»

«Also nein!» brüllt Krymna draußen. «Denn nicht! Gehen wir eben alleine!»

Pinneberg sieht ihm nach. Er kann gegen den etwas helleren Himmel die klobige Gestalt von Krymna erkennen. Dann quietscht die Gartentür wieder und Krymna ist von der Nacht verschluckt.

Pinneberg seufzt noch einmal. Ihm ist sehr kalt, daß er hier im Hemd steht, kann nicht gut sein. Aber er steht da und starrt. Drinnen ruft der Murkel: «Pepp-Pepp! Memm-Memm!» Leise tastet sich Pinneberg in das Zimmer zurück. «Murkel muß schlafen», sagt er. «Murkel muß noch ein Weilchen schlafen.» Das Kind atmet tief auf, der Vater hört, wie es sich im Bett zurechtlegt. «Püpping», flüstert er leise. «Püpping . . .»

Pinneberg müht sich im Dunkeln, die kleine Gummipuppe zu finden. Der Murkel muß sie beim Einschlafen in der Hand halten. Er findet die Puppe. «Hier, Murkel, ist Püpping. Halt Püpping gut fest. Nun schlaf schön ein, mein Murkel!» Das Kind stößt einen Laut aus, befriedigt, glücklich, gleich wird es eingeschlafen sein.

Auch Pinneberg geht wieder ins Bett, er bemüht sich, da er so kalt ist, jede Berührung mit Lämmchen zu vermeiden, er will sie nicht erschrecken.

Da liegt er nun, er kann nicht mehr einschlafen, es lohnt sich auch nicht mehr recht. Er denkt über alles mögliche nach. Ob Krymna sehr wütend ist, daß Pinneberg nicht mit ihm zum «Holzholen» gegangen ist, und ob Krymna ihm sehr schaden kann in der Siedlung. Dann, woher sie das Geld nehmen für die Briketts, da sie nun kein Holz kriegen. Dann, daß er heute nach Berlin rein muß, heute wird Krisen gezahlt. Dann, daß er auch zu Puttbreese muß, der kriegt wieder sechs Mark. Der brauchte das Geld auch nicht, er vertrinkt es nur, es ist um wild zu werden, wozu Leute Geld verwenden, das andere so nötig brauchten. Dann denkt Pinneberg daran, daß Heilbutt heute auch seine zehn Mark haben muß, und schon ist die Krisenunterstützung alle. Woher Essen, Heizung für die nächste Woche zu nehmen ist, das weiß der liebe Himmel, aber der weiß es wahrscheinlich auch nicht . . .

So geht es nun Wochen und Wochen. Monat und Monat . . . Es ist das Trostloseste, daß es ewig so weitergeht. Hat Pinneberg einmal gedacht, daß es zu Ende ist? Das Schlimmste ist, daß es weitergeht, immer, immer, immer so weitergeht . . ., es ist nicht abzusehen.

Allmählich wird Pinneberg warm und schläfrig. Er wird doch noch eine Ecke Schlaf abreißen. Schlaf lohnt immer. Und dann klingt der Wecker: es ist sieben Uhr. Pinneberg ist gleich wach, auch der Murkel ruft eifrig: «Tick-Tack! Tick-Tack! Tick-Tack!» Immer wieder, bis der Wecker abgestellt ist. Lämmchen schläft weiter.

Pinneberg brennt die kleine Petroleumlampe mit dem blauen Glasschirm an, jetzt geht der Tag los, die erste halbe Stunde hat er viel zu beschicken. Er läuft hin und her, jetzt ist er in den Hosen, der Murkel ruft nach «Ka-Ka». Päppchen bringt ihm die Ka-Ka, das schönste Spielzeug, eine Zigarettenschachtel voll alter Spielkarten. Im kleinen Kanonenofen brennt das Feuer, nun auch im Herd, er läuft nach Wasser zu der Pumpe, die im Garten steht, er wäscht sich, er brüht den Kaffee auf, er schneidet Brot ab, schmiert es — Lämmchen schläft noch.

Denkt Pinneberg dabei an den Film, den er einmal — lang, lang ist's her — sah? Auch da lag die Frau im Bett, sie schlief rosig, der Mann lief und besorgte — ach, Lämmchen ist nicht rosig, Lämmchen muß den ganzen Tag arbeiten, Lämmchen ist blaß und müde, Lämmchen balanciert den Etat aus. Es ist alles ganz anders.

Pinneberg zieht den Jungen an. Dabei sagt er hinüber zum Bett: «Jetzt wird es Zeit für dich, Lämmchen.»

«Ja», sagt sie gehorsam und fängt mit Anziehen an. «Was hat Krymna gesagt?»

«Ach, nichts. Er war wütend.»

«Laß ihn wütend sein. So etwas fangen wir gar nicht erst an.»

«Weißt du», sagt Pinneberg behutsam, «passieren kann einem nichts. Die gehen doch immer zu sechs, acht Mann, wenn sie Holz holen. Da traut sich kein Förster ran.»

«Ganz egal», erklärt Lämmchen. «Wir tun so etwas nicht und wir tun es eben nicht.»

«Und woher nehmen wir das Geld für Kohlen?»

«Heute habe ich wieder bei Krämers den ganzen Tag Strümpfe zu stopfen. Macht drei Mark. Und vielleicht kann ich morgen zum Wäscheausbessern zu Rechlins. Wieder drei Mark. Und in der nächsten Woche sind auch schon wieder drei Tage vergeben. Ich komme gut in Gang hier.»

Das Zimmer scheint heller zu werden, während sie so spricht, es ist frische Luft, die von ihr weht.

«Es ist so mühsame Arbeit», sagt er. «Neun Stunden Strümpfe stopfen, und so kleines Geld!»

«Und die Kost mußt du auch rechnen», sagt sie. «Bei Krämers kriege ich reichlich. Da bringe ich euch noch zu Abend was mit.»

«Du sollst dein Essen selbst essen», sagt Pinneberg.

«Reichlich kriege ich bei Krämers», sagt Lämmchen noch einmal.

Nun wird es ganz hell, die Sonne ist aufgegangen. Er bläst die Lampe aus, und sie setzen sich an den Kaffeetisch. Der Murkel sitzt mal auf dem Schoß des Vaters, mal bei der Mutter. Er trinkt seine Milch, er ißt sein Brot, seine Augen glänzen vor Vergnügen über den neuen Tag.

«Wenn du heute zur Stadt gehst», sagt Lämmchen, «könntest du ein Viertelpfund gute Butter für ihn mitbringen. Ich glaube, immer Margarine ist nicht gut für ihn. Er kriegt die Zähne zu schwer.»

«Ich muß aber dem Puttbreese heute auch seine sechs Mark bringen.»

«Das mußt du. Vergiß es nur nicht.»

«Und Heilbutt muß seine zehn Mark Miete kriegen. Übermorgen ist der Erste.»

«Richtig», sagt Lämmchen.

«Und da ist die Krisenunterstützung alle. Ich habe grade noch Fahrgeld.»

«Ich gebe dir noch fünf Mark mit», sagt Lämmchen. «Ich krieg ja heute wieder drei. Dann holst du die Butter und dann siehst du, daß du am Alex Bananen zu fünf Pfennig kriegst. Hier nehmen die Räuber fünfzehn. Wer das bezahlen soll!»

«Tu ich», sagt er. «Sieh zu, daß du nicht so spät kommst, daß der Junge nicht so lange allein ist.»

«Ich will sehen, was sich machen läßt. Vielleicht bin ich schon um halb sechs wieder hier. Du fährst doch um eins?»

«Ja», sagt er. «Um zwei bin ich auf dem Arbeitsamt dran.»

«Es wird schon klappen», sagt sie. «Ungemütlich ist es ja, wenn der Murkel so allein in der Laube ist. Aber es hat ja immer geklappt.»

«Bis es mal nicht klappt.»

«So was mußt du nicht sagen», meint sie. «Warum sollen wir immer nur Unglück haben? Wo ich jetzt die Flickerei und Stopferei habe, geht es uns doch noch gar nicht schlecht.»

«Nein», sagt er langsam. «Nein, natürlich nicht.»

«Oh, Junge!» ruft sie. «Es kommt ja auch wieder anders. Halte die Ohren steif. Es kommt auch wieder besser.»

«Ich hab dich nicht geheiratet», sagt er hartnäckig, «daß du mich ernähren sollst.»

«Tu ich auch gar nicht», sagt sie. «Von meinen drei Mark? Unsinn!» — Sie überlegt: «Hör mal zu, Junge, du könntest mir was helfen.» Sie zögert. «Es ist nicht sehr angenehm, aber es wäre mir eine große Hilfe . . .»

«Ja?» fragt er erwartungsvoll. «Alles!»

«Ich habe doch vor drei Wochen bei Rusch in der Gartenstraße geflickt. Zwei Tage sechs Mark. Das Geld hab ich noch immer nicht.»

«Soll ich hingehen?»

«Ja», sagt sie. «Aber du darfst keinen Krach machen, das mußt du mir versprechen.»

«Nein, nein», sagt er. «Ich will das Geld schon so kriegen.»

«Schön», sagt sie. «Dann bin ich eine Last los. — Und nun muß ich weg. Tjüs, mein Junge. Tjüs, mein Murkelchen.»

«Tjüs, mein Mädchen», sagt er. «Stopf nicht so wild. Zwei Paar Strümpfe mehr tun es auch nicht. Mach Winke-Winke, Murkel!»

«Tjüs, mein kleiner Murkel!» sagt die Frau. «Und heute abend machen wir uns bestimmt einen Plan, was wir im Garten bauen wollen im nächsten Frühjahr. Wir wollen so viel Gemüse haben! Überleg es schon immer.»

«Du bist die Beste», sagt er. «Du bist die Allerbeste. Ja, schon gut, ich überleg's. Tjüs, Frau.»

«Tjüs, Mann.»

Er hat das Kind auf dem Arm, sie sehen der Frau nach, wie sie den Gartensteig entlang geht. Sie rufen, sie lachen und winken. Dann quietscht die Gartentür. Lämmchen geht den Weg zwischen den Parzellen entlang. Manchmal kommt eine Laube dazwischen, dann ruft der Murkel: «Memm-Memm!»

«Memm-Memm kommt bald wieder», tröstet der Vater.

Aber schließlich ist sie nicht mehr zu sehen, und die beiden gehen ins Haus.

Den Murkel setzte Pinneberg auf die Erde und gab ihm eine Zeitung, er selbst machte sich an das Aufräumen des Zimmers. Es war eine große Zeitung für solch ein kleines Kind, es dauerte eine ganze Weile, bis das Kind sie auseinandergefaltet hatte. Das Zimmer war nur klein, drei zu drei Meter, es standen darin nichts als Bett, zwei Stühle, ein Tisch und die Frisiertoilette. Damit war es alle.

Der Murkel hatte die Bilder auf der Innenseite der Zeitung entdeckt, er sagte eifrig: «Bi» und freute sich «Ei-Ei!». Pinneberg bestätigte ihm seinen Fund. «Das sind Bilder, mein Murkel», sagte er. Wen der Murkel für einen Mann hielt, den nannte er «Pepp-Pepp», die Frauen waren alle «Memm-Memm», er war sehr lebendig und in strahlender Stimmung, es gab viele davon in der Zeitung.

Pinneberg legte die Betten zum Lüften ins Fenster, er räumte das Zimmer auf, dann ging er nebenan in die Küche. Die Küche war nicht mehr als ein Handtuch, drei Meter lang und anderthalb breit, der Herd war der kleinste Herd von der Welt mit nur einem Kochloch. Der Herd war Lämmchens größter Kummer. Auch hier räumte Pinneberg auf und wusch ab, das tat er gerne, auch Fegen und Aufwischen machte ihm nichts. Aber was er nun tat, das mochte er nicht: er schälte Kartoffeln zum Mittagessen und schabte die Mohrrüben.

Nach einer Weile war Pinneberg mit all seiner Arbeit fertig. Er ging ein wenig in den Garten und besah sich das Land. So winzig die Laube mit ihrem kleinen Glasvorbau von Veranda war, so groß schien die Parzelle, es waren fast tausend Quadratmeter. Aber das Land sah schlimm aus; seit Heilbutt es geerbt hatte, war nichts mehr daran getan, und das waren nun drei Jahre. Vielleicht waren die Erdbeeren noch zu retten, aber es würde eine schlimme Umgraberei geben, alles war Unkraut, Quecken und Disteln.

Nach dem Morgenregen hatte der Himmel sich aufgeklärt, es war frisch, aber es würde dem Murkel gut sein, wenn er herauskam.

Pinneberg ging wieder hinein. «So, Murkelchen, nun wollen wir ausfahren», sagte er und zog dem Jungen seinen wollenen Jumper und die graue Gamaschenhose an. Dann setzte er ihm seinen weißen Pudel auf.

Der Murkel rief eifrig «Ka-Ka! Ka-Ka!» und der Vater gab sie ihm. Die Karten mußten mit ausfahren, bei jeder Ausfahrt mußte er etwas in der Hand halten. Auf der Veranda stand die kleine Karre für den Jungen, sie hatten sie noch im Sommer gegen den Wagen getauscht. «Steig ein, mein Murkel», sagte Pinneberg und der Murkel stieg ein.

Sie fuhren langsam los. Pinneberg schlug einen andern als den gewohnten Weg ein, er wollte heute nicht gerne an der Laube von Krymna vorbeikommen, es hätte nur Krach gegeben. Pinneberg wäre am liebsten in seiner jetzigen hoffnungslosen Stimmung ganz ohne Krach durchgekommen, aber der ließ sich nicht immer vermeiden. Jetzt im Winter wohnten in dieser großen Siedlung von dreitausend Parzellen höchstens noch fünfzig Menschen, wer irgend das Geld für ein

Zimmer auftreiben oder bei Verwandten unterschlüpfen konnte, war vor Kälte, Schmutz und Einsamkeit in die Stadt geflohen.

Die Zurückgebliebenen aber, die Ärmsten, die Härtesten und die Mutigsten, fühlten sich irgendwie zusammengehörig, und das Schlimme war, daß sie eben doch nicht zusammengehörten: sie waren entweder Kommunisten oder Nazis, und so gab es ewig Krach und Schlägerei.

Pinneberg hatte sich noch immer weder für das eine noch für das andere entscheiden können, er hatte gemeint, am leichtesten würde es sein, so durchzuschlüpfen, aber manchmal schien grade das am schwersten.

In einigen Lauben wurde eifrig gesägt und gehackt, das waren die Kommunisten, die mit Krymna auf der Nachttour gewesen waren. Sie machten das Holz rasch klein, damit der Landjäger, wenn er doch einmal kontrollierte, nichts feststellen konnte. Wenn Pinneberg höflich «Guten Tag» sagte, so sagten sie «Tag», trocken und brummig, aber alle nicht sehr freundlich. Sicher waren sie böse mit ihm. Pinneberg machte sich Sorgen.

Endlich kamen sie in den eigentlichen Ort mit langen gepflasterten Straßen und vielen kleinen Villen. Pinneberg machte den Halteriemen der Karre los und sagte zum Murkel: «Steig aus! Steig aus!»

Der Murkel sah seinen Vater an, und in seinen blauen Augen saß der Schelm.

«Steig aus», sagte Pinneberg wieder. «Schieb deinen Wagen.»

Der Murkel sah den Vater an, streckte ein Bein aus dem Wagen, lächelte und zog das Bein wieder zurück.

«Steig aus, Murkel», mahnte Pinneberg.

Der Murkel legte sich zurück, als wollte er schlafen.

«Schön», sagte Pinneberg. «Dann geht Pepp-Pepp allein weiter.»

Der Murkel blinzelte, rührte sich aber nicht.

Langsam ging Pinneberg weiter, ließ die kleine Karre mit dem Kind hinter sich. Er ging zehn Schritte, zwanzig Schritte: nichts. Er ging ganz langsam noch zehn Schritte, da rief das Kind laut: «Pepp-Pepp! Pepp-Pepp!»

Pinneberg drehte sich um: der Murkel war aus dem Wagen gestiegen, aber er machte noch keine Anstalten, dem Vater zu folgen, er hielt den Halteriemen hoch und verlangte, der Vater sollte ihn festmachen.

Pinneberg ging zurück und tat es. Nun war der Ordnungssinn des Jungen befriedigt, neben dem Vater schob er eine lange Zeit die Karre. Nach einer Weile kamen sie über eine Brücke, unter der ein ziemlich breiter, rasch strömender Bach durch eine Wiese floß. Vor und hinter der Brücke konnte man über eine Böschung hinunter auf die Wiese kommen.

Pinneberg ließ den Wagen oben stehen, faßte den Murkel bei der Hand und kletterte mit ihm die Böschung zum Bach hinunter. Es war vom Regen viel Wasser im Bach, er war nicht sehr klar und strömte mit vielen Schaumwirbeln in seinem Bett.

Den Murkel an der Hand, trat Pinneberg an das Bachbett, und sie sahen beide lange stumm auf das strömende, eilige Wasser. Nach einiger

Zeit sagte Pinneberg: «Das ist das Wasser, mein Murkel, das gute, liebe Wasser.»

Das Kind stieß einen leisen, kleinen, beifälligen Laut aus. Pinneberg wiederholte seinen Satz mehrere Male, und immer war der Murkel zufrieden, daß es ihm der Vater noch einmal gesagt hatte.

Dann aber schien es Pinneberg unrecht, daß er so groß neben dem Kinde stand und Belehrungen erteilte, er hockte sich nieder und sagte wieder: «Das ist das gute, liebe Wasser, mein Murkel.»

Als das Kind sah, daß der Vater sich niederhockte, meinte es wohl, das gehörte dazu, und es hockte sich auch nieder. Und so sahen die beiden eine Weile in Hockstellung dem Wasser zu. Dann gingen sie weiter. Der Murkel war es müde, seinen Wagen zu schieben, er ging allein. Zuerst eine Weile neben dem Vater und dem Wagen, dann fand er etwas, das er besehen konnte, Hühner oder ein Schaufenster oder einen eisernen Schleusendeckel, der zwischen all dem Steinpflaster auffällig war.

Pinneberg wartete eine Weile, dann ging er langsam weiter, und dann blieb er wieder stehen und rief und lockte den Murkel. Der kam eifrig nun Schrittchen nachgelaufen, lachte den Vater an, machte kehrt und lief wieder zu seinem Eisendeckel zurück.

So ging es ein paar Male, bis der Vater sehr weit vorausgekommen war, viel zu weit schien es dem Murkel. Der rief dem Vater nach, aber der Vater ging immer weiter. Das Kind stand da, es trat auf seinen kleinen Beinchen hin und her, es war sehr eifrig. Es tat einen Griff nach dem Rand seiner Pudelmütze und zog sich die mit einem Ruck ins Gesicht, so daß er nichts mehr sah. Dabei schrie es ganz laut: «Pepp-Pepp!»

Pinneberg sah sich um. Da stand sein kleiner Sohn mitten auf der Straße, die Mütze über seinem ganzen Gesicht, und taperte mit seinen Beinen hin und her, jeden Augenblick im Begriff zu fallen. Pinneberg lief und lief, daß er schnell genug hinkam, sein Herz klopfte sehr, er dachte: «Anderthalb Jahre und nun ist er von allein darauf gekommen. Macht sich blind, daß ich ihn holen muß.»

Er zog dem Kind die Mütze aus dem Gesicht, der Murkel strahlte ihn an. «Was bist du für ein Schalksnarr, Murkel, was für ein Narr!»

Pinneberg sagte es immer wieder, er hatte Tränen der Rührung in den Augen.

Nun kamen sie in die Gartenstraße, wo der Fabrikant Rusch wohnte, von dessen Frau Lämmchen seit drei Wochen sechs Mark zu bekommen hatte. Pinneberg wiederholt sich sein Versprechen, daß er keinen Krach machen will, er nimmt sich fest vor, er macht keinen, und dann zieht er die Klingel.

Die Villa liegt in einem Vorgarten, etwas zurück von der Straße, es ist eine hübsche große Villa und dahinter ein hübscher großer Obstgarten. Pinneberg gefällt das.

Er sieht sich alles gut an, und dann merkt er langsam, daß niemand auf sein Klingeln sich rührt, und er klingelt wieder.

Jetzt geht ein Fenster in der Villa auf, und eine Frau ruft zu ihm: «Was wollen Sie denn? Wir geben nichts!»

«Meine Frau ist bei Ihnen zum Flicken gewesen», sagt Pinneberg. «Ich will die sechs Mark holen.»

«Kommen Sie morgen wieder», ruft die Frau zurück und macht das Fenster zu.

Pinneberg steht ein Weilchen und überlegt, wie viel Spielraum ihm das Versprechen an Lämmchen läßt. Der Murkel sitzt ganz still in seinem Wagen, sicher spürt er, daß der Vater böse ist.

Dann drückt Pinneberg den Klingelknopf wieder, er drückt sehr lange. Aber nichts rührt sich. Pinneberg denkt wieder nach, er will schon gehen, aber dann erinnert er sich, was achtzehn Stunden Flicken und Stopfen heißt, und er setzt seinen Ellbogen fest auf den Klingelknopf. So steht er eine lange Zeit, manchmal kommen Leute vorbei und sehen ihn an. Aber er bleibt stehen, und der Murkel tut keinen Mucks.

Nun geht das Fenster doch wieder auf und die Frau schreit: «Wenn Sie nicht sofort von der Klingel fortgehen, rufe ich den Landjäger an.»

Pinneberg nimmt den Ellbogen vom Klingelknopf und schreit zurück: «Das tun Sie man! Dann sage ich dem Landjäger . . .»

Aber das Fenster ist schon wieder zu, und so fängt Pinneberg wieder an zu klingeln. Er ist immer ein sanfter, friedfertiger Mensch gewesen, aber das gibt sich nun langsam. Es wäre zwar in seiner Lage ganz falsch, wenn er mit dem Landjäger zu tun bekäme, aber auch das ist ihm nun egal. Reichlich kalt ist es für den Murkel so lange im Wagen, aber auch das hilft nichts: hier steht der kleine Mann Pinneberg und klingelt beim Fabrikanten Rusch. Er will seine sechs Mark haben, darauf versteift er sich, und er wird sie kriegen.

Die Haustür geht auf und die Frau kommt auf ihn zu. Sie ist wütend. Sie hat zwei Doggen an der Leine, eine schwarze und eine graue, die bewachen wohl sonst nachts das Grundstück und Haus. Die Tiere haben kapiert, daß da ein Feind ist, sie zerren an ihren Leinen und knurren bedrohlich.

«Ich lasse die Hunde los», sagt die Frau. «Wenn Sie nicht sofort machen, daß Sie wegkommen!»

«Sechs Mark kriege ich von Ihnen», sagt Pinneberg.

Die Frau wird noch wütender, als sie sieht, daß auch das mit den Hunden nichts hilft, denn sie kann die Hunde ja nicht wirklich loslassen. Sie wären gleich über das Gitter und hätten den Mann zerfleischt. Und der Mann weiß das ebensogut wie sie.

«Sie werden wohl warten gelernt haben», sagt sie.

«Hab ich», sagt Pinneberg und bleibt stehen.

«Sie sind doch arbeitslos», sagt die Frau verächtlich, «das sieht man doch. Ich zeige Sie an. Den Nebenverdienst von Ihrer Frau müssen Sie melden, das ist Betrug.»

«Schön», sagt Pinneberg.

«Einkommensteuer und Krankenkasse und Invalidengeld zieh ich Ihrer Frau auch noch ab», sagt die andere und beschwichtigt die Hunde.

«Das tun Sie», sagt Pinneberg. «Dann bin ich morgen hier und verlange die Quittungen von Finanzamt und Krankenkasse zu sehen.»

«Ihre Frau soll mir noch einmal kommen nach Arbeit!» ruft die Frau.

«Macht sechs Mark», sagt Pinneberg.

«Sie sind der unverschämteste Flegel!» sagt die Frau. «Wenn mein Mann nur da wäre . . .»

«Er ist aber nicht da», sagt Pinneberg.

Und da sind die sechs Mark. Da liegen sie, drei Zweimarkstücke, oben auf dem Gitter. Pinneberg kann sie noch nicht gleich nehmen, die Frau muß erst zurück mit ihren Hunden. Dann nimmt Pinneberg sie.

«Ich danke auch schön», sagt er und zieht seinen Hut.

«Gä! Gä!» ruft der Murkel.

«Ja, Geld», ruft Pinneberg. «Geld, Murkelchen. Und jetzt gehen wir nach Haus.»

Er dreht sich nicht mehr um nach Frau und Villa, er schiebt langsam los mit seiner Karre, er ist wüst und müde und traurig.

Der Murkel schwatzt und ruft.

Ab und zu antwortet der Vater auch, aber es ist nicht das Rechte. Und schließlich wird auch der Murkel still.

Warum Pinnebergs nicht wohnen, wo sie wohnen. Bilderzentrale Joachim Heilbutt. Lehmann ist abgesägt!

Zwei Stunden später hat Pinneberg für sich und den Murkel Essen gekocht, sie haben es gemeinsam verspeist, dann ist der Murkel ins Bett gebracht worden, und nun steht Pinneberg hinter der angelehnten Küchentür und wartet, daß das Kind einschläft. Es will noch nicht, immer wieder ruft und lockt es: «Pepp-Pepp!», aber Pinneberg steht stockstill und wartet.

Es wird langsam Zeit, daß er zur Bahn kommt, den Ein-Uhr-Zug muß er fassen, wenn er pünktlich zur Auszahlung seiner Krisenunterstützung sein will, und der Gedanke, unpünktlich zu sein, und sei es mit dem besten Grunde der Welt, ist einfach grotesk.

Immer noch ruft der Murkel: «Pepp-Pepp!»

Natürlich könnte Pinneberg gehen. Er hat das Kind ja angebunden in seinem Bettchen, es kann ihm gar nichts passieren, aber ruhiger geht man doch, wenn der Murkel schläft. Es ist nicht ganz leicht, sich vorzustellen, daß das Kind so den ganzen Nachmittag weiter ruft, fünf Stunden lang, vielleicht sechs Stunden lang, bis Lämmchen kommt.

Pinneberg späht durch die Tür. Der Murkel ist still geworden, der Murkel schläft. Pinneberg schleicht leise aus der Laube, er schließt ab, einen Augenblick steht er am Fenster und lauscht, ob der Murkel nicht vom Schließen wach geworden ist. Nichts. Stille.

Pinneberg setzt sich in Trab, er kann den Zug noch kriegen, aber wahrscheinlich ist es nicht. Jedenfalls muß er ihn kriegen. Ihr Hauptfehler war es natürlich, daß sie noch ein ganzes Jahr nach seinem Arbeitsloswerden die teure Wohnung bei Puttbreese behalten haben. Vierzig Mark Miete, wenn man neunzig Mark Einnahmen hat. Es war ein Wahnsinn, aber sie konnten sich nicht entschließen... Das letzte Eigene aufgeben, das Alleinseinkönnen, das Beisammenseinkönnen . . . Vierzig Mark Miete — und das letzte Gehalt ging drauf, und Jachmanns Geld ging drauf, und dann ging es nicht mehr und mußte doch gehen. Schulden — und Puttbreese stand da: «Na, junger Mann, wie ist es mit dem Kies? Wollen wir gleich jetzt den Umzug machen? Gratis-Umzug habe ich versprochen, bis auf die Straße . . .»

Lämmchen war es, die den Meister immer wieder besänftigte. «Sie zahlen, junge Frau», sagte Puttbreese. «Na ja, aber was der junge Mann ist — ich hätte längst Arbeit gefunden . . .»

Krampf und die Rückstände wachsen, ein ohnmächtiger Haß gegen den Mann in der blauen Bluse. Schließlich hatte sich Pinneberg nicht mehr heimgetraut, den langen Tag saß er in irgendwelchen Parks oder bummelte ziellos durch die Straßen und sah in den Läden, wieviel gute Dinge es für gutes Geld gab. Dabei fiel ihm einmal ein, daß er ja ebensogut einmal auch nach Heilbutt suchen könnte. Er hatte damals nur einen Versuch bei Frau Witt gemacht, aber schließlich gab es Polizeireviere, Meldebüros, ein Einwohnermeldeamt. Es war nicht nur, um sich zu beschäftigen, daß Pinneberg auf den Heilbutt-Fischfang ging, ein ganz klein bißchen dachte er an ein Gespräch, das er einmal mit Heilbutt gehabt hatte, es war darin von Heilbutts eigenem Geschäft und dem ersten Mann, den er darin beschäftigen würde, die Rede gewesen.

Nun also, Heilbutt zu finden, das hatte sich als nicht sehr schwierig herausgestellt. Er wohnte noch immer in Berlin, er hatte sich ganz ordnungsmäßig umgemeldet, nur hauste er nicht mehr im Osten, er war ins Zentrum der Stadt gedrungen. «Joachim Heilbutts Bilderzentrale» stand an der Wohnungstür.

Wirklich, Heilbutt hatte sein eigenes Geschäft, hier war der Mann, der sich nicht auf den Kopf hauen ließ und doch vorwärts kam. Und Heilbutt war auch ganz bereit gewesen, seinen einstigen Freund und Kollegen bei sich zu beschäftigen. Es war keine Stellung mit Gehalt, es war ein Provisionsposten, den Heilbutt zu vergeben hatte. Eine anständige Provision wurde vereinbart, und nach zwei Tagen gab der erwerbslose Pinneberg seine Bestallung wieder in Heilbutts Hände zurück.

Oh, er bestritt gar nicht, daß damit Geld zu verdienen war, nur er konnte es nicht verdienen, es lag ihm nicht. Nein, von Zimperlichkeit konnte keine Rede sein, es lag ihm einfach nicht.

Seht, Heilbutt war seinerzeit über ein Aktfoto gefallen, wegen eines Aktfotos hatte er einen vorzüglich ausgefüllten, nicht aussichtslosen Posten aufgeben müssen. Andere Leute hätten nun Aktfotos wie die Pest gemieden, Heilbutt machte den Stein des Anstoßes zum Grundstein seiner Existenz. Da hatte er nun diese unerhört abwechslungsreiche Kollektion wertvoller Aktfotos, keine käuflichen Modelle mit verbrauchten Körpern, nein, junge frische Mädel, temperamentvolle Frauen — Heilbutt vertrieb Aktfotos.

Er war ein vorsichtiger Mann, ein bißchen Retusche, ein neu montierter Kopf, das kostet nicht die Welt, niemand konnte auf ein Foto tippen und sagen: «Das ist doch aber . . .» Mancher aber konnte zweiflerisch dastehen und meinen: «Ist das aber nicht . . .?»

Heilbutt inserierte seine Kollektion zum Versand, aber auf dem Gebiete war die Konkurrenz zu groß, es ging zwar, aber es ging nicht glänzend. Glänzend war der direkte Verkauf. Heilbutt hatte drei junge Leute durch die Stadt laufen (der vierte war zwei Tage lang Pinneberg gewesen), sie verkauften diese Bilder an gewisse Mädchen, an gewisse Wirtinnen, an die Portiers gewisser kleiner Hotels, an die Toilettenmänner und -frauen gewisser Lokale. Es war eine große Sache, sie wurde immer größer, Heilbutt lernte, was die Kundschaft brauchte. Es war nicht zu sagen, wie groß der Appetit einer Vier-Millionenstadt in diesen Dingen war, es gab unendliche Möglichkeiten.

Ja, Heilbutt bedauerte, daß sein Freund Pinneberg sich nicht hatte entschließen können mitzumachen. Die Sache hatte eine große Zukunft. Heilbutt dachte, daß manchmal auch die beste Frau, grade die beste Frau, ein Hemmschuh sein kann. Pinneberg kotzte es einfach an, wenn ihm so ein Toilettenonkel erzählte, was seine Kundschaft zu der letzten Kollektion gesagt hatte, wo man unbedingt deutlicher sein mußte und warum und wieso. Heilbutt war einst für Frei-Körper-Kultur eingetreten, er bestritt es nicht, er sagte: «Ich bin ein praktischer Mensch, Pinneberg, ich stehe mitten im Leben.»

Er sagte aber auch: «Ich lasse mich nicht treten, Pinneberg. Ich bleibe ich, die andern mögen sehen, wo sie bleiben.»

Nein, es hatte keinen Streit zwischen den beiden gegeben. Heilbutt hatte den Standpunkt seines Freundes wohl verstanden. «Nun schön, es liegt dir nicht. Aber was machen wir nun mit dir?»

So war Heilbutt doch, helfen wollte er, da war sein Freund, sie gehörten nicht mehr so recht zusammen, sie hatten wohl nie recht zusammengehört, aber geholfen mußte werden.

Und da fiel dem Heilbutt diese Laube ein, im Osten Berlins, etwas weit ab, vierzig Kilometer, gar nicht mehr Berlin, aber mit einer Ecke Land dabei. «Ich habe sie geerbt, Pinneberg, vor drei Jahren, von irgendeiner Tante. Was tu ich mit einer Laube? Wohnen könnt ihr da, und euer Gemüse und eure Kartoffeln werdet ihr euch wohl auch bauen können.»

«Es wäre herrlich für den Murkel», hatte Pinneberg gesagt. «So in der frischen Luft.»

«Miete braucht ihr nicht zu zahlen», hatte Heilbutt gesagt. «Das Ding steht ja doch leer, und ihr bringt mir den Garten in Ordnung. Nur, was ich so an Lasten drauf habe, Steuern und Pflasterkasse, ich weiß nicht, was alles, immerzu muß ich zahlen ...»

Heilbutt rechnete. «Also sagen wir monatlich zehn Mark. Ist dir das zu viel?»

«Nein, nein», sagte Pinneberg. «Es ist herrlich, Heilbutt.» Pinneberg denkt an dies alles, während er in seinem Zuge sitzt, seinem richtigen Zuge, er hat ihn wirklich noch erwischt, und auf seine Fahrkarte starrt. Die Fahrkarte ist gelb, sie kostet fünfzig Pfennig, die Rückfahrt kostet wieder fünfzig Pfennig, und da Pinneberg zweimal wöchentlich zum Arbeitsamt in die Stadt muß, gehen von seinen achtzehn Mark Unterstützung gleich zwei Mark Fahrgeld ab. Jedesmal, wenn Pinneberg dies Fahrgeld ausgeben muß, wütet er.

Nun gibt es zwar Siedlerkarten, sie sind billiger, aber um eine

Siedlerkarte zu bekommen, müßte Pinneberg dort wohnen, wo er wohnt, und das darf er nicht. Auch gibt es ein Arbeitsamt an dem Orte, wo er wohnt, dort könnte er ohne alles Fahrgeld stempeln gehen, aber das darf er nicht, da er nicht wohnt, wo er wohnt. Für das Arbeitsamt wohnt Pinneberg bei Meister Puttbreese, heute, morgen, in alle Ewigkeit, ob er nun die Miete zahlen kann oder nicht.

Ach, Pinneberg mag gar nicht daran denken, aber er denkt viel daran, wie er in den Monaten Juli und August von Pontius zu Pilatus gelaufen ist, um die Erlaubnis zu bekommen, von Berlin in jene Siedlung außerhalb Berlins zu verziehen, vom Arbeitsamt Berlin an das dortige Arbeitsamt überwiesen zu werden.

«Nur, wenn Sie nachweisen können, daß Sie dort Aussicht auf Arbeit haben, sonst nehmen die Sie nicht.»

Nein, das kann er nicht. «Aber ich kriege hier ja auch keine Arbeit!»

«Das wissen Sie nicht. Jedenfalls sind Sie hier arbeitslos geworden und nicht dort.»

«Aber ich spare dreißig Mark Miete im Monat.»

«Damit hat das nichts zu tun. Das geht uns nichts an.»

«Aber der Wirt wirft mich hier raus!»

«Dann besorgt Ihnen die Stadt eine andere Wohnung. Sie brauchen sich nur auf der Polizei als obdachlos zu melden.»

«Aber ich habe sogar Land bei der Laube! Ich könnte mir mein Gemüse selbst bauen und meine Kartoffeln!»

«Laube — das wissen Sie ja wohl, daß es gesetzlich verboten ist, in Lauben zu wohnen?!»

Also, es ist nichts zu machen. Pinnebergs wohnen offiziell immer noch in Berlin bei Meister Puttbreese, und Pinneberg muß zweimal jede Woche für sein Geld in die Stadt fahren. Und zu dem verhaßten Puttbreese gehen und mit sechs Mark alle vierzehn Tage seinen Mietrückstand abtragen.

Ja, wenn Pinneberg so eine Stunde in der Bahn sitzt, so hat er alle möglichen Scheite zusammenzutragen, und es gibt alles in allem ein ganz hübsches Feuerchen aus Wut, Haß und Erbitterung. Aber es ist doch nur ein Feuerchen. Wenn er sich dann mit dem grauen, eintönigen Strom der andern durch das Arbeitsamt schiebt, so viele verschiedene Gesichter, so viel verschiedene Kleidung und alle die gleichen Sorgen, alle der gleiche Krampf, alle die gleiche Erbitterung ...

Ach, was hat es für einen Sinn? Er ist drin in diesem Betrieb, einer von sechs Millionen, schiebt er sich an den Schaltern vorbei, warum sich aufregen? Zehntausenden geht es schlimmer, Zehntausende haben keine tüchtige Frau, Zehntausende haben nicht ein Kind, sondern ein halbes Dutzend — weiter, Mann Pinneberg, nimm dein Geld und hau ab, wir haben wirklich keine Zeit für dich, du bist nichts so Besonderes, daß wir uns mit dir aufhalten könnten.

Nun, Pinneberg geht weiter, an den Schaltern vorbei, er kommt auf die Straße und geht seinen Weg zu Puttbreese. Puttbreese steht in seiner Werkstatt und baut ein Fenster.

«Guten Tag, Meister», sagt Pinneberg und will höflich sein zu dem Feind. «Sind Sie nun auch Bautischler geworden?»

«Ich bin alles, junger Mann», sagt Puttbreese und zwinkert. «Ich bin nicht wie andere.»

«Nein, das sind Sie nicht», stimmt Pinneberg zu.

«Was macht der Sohn?» fragt Puttbreese. «Was soll er eigentlich werden?»

«Kann ich Ihnen noch nicht genau sagen, Meister», erklärt Pinneberg. «Hier ist das Geld.»

«Sechs Mark», bestätigt der Meister. «Sind noch zweiundvierzig Rest. Aber die junge Frau ist in Ordnung.»

«Die ist in Ordnung», sagt Pinneberg auch.

«Das sagen Sie, als wenn Sie sich darauf was einbilden könnten. Aber Sie müssen sich darauf nichts einbilden, mit Ihnen hat das nichts zu tun.»

«Ich bilde mir auch nichts ein», sagt Pinneberg friedfertig. «Post gekommen?»

«Post!» sagt der Meister. «Für Sie Post! Wohl ein Stellenangebot? Ein Mann ist dagewesen.»

«Ein Mann?»

«Ein Mann, jawohl, junger Mann. Jedenfalls denke ich, es war ein Mann. — Ruhe in der Stadt?»

«Wieso Ruhe in der Stadt?»

«Die Schupo hat's mal wieder mit den Kommunisten. Oder den Nazis. Die haben Schaufenster eingeschlagen in der Stadt. Nichts gesehen?»

«Nein», sagt Pinneberg. «Habe nichts gesehen. — Was wollte der Mann?»

«Keine Ahnung. — Sie sind kein Kommunist?»

«Ich? Nein.»

«Komisch. Wenn ich Sie wäre, ich wäre Kommunist.»

«Sind Sie Kommunist, Meister?»

«Ich? Keine Bohne. Ich bin doch Handwerker, wie kann ich da Kommunist sein?»

«Ach, so. Was hat denn der Mann gewollt?»

«Welcher Mann? Lassen Sie mich zufrieden mit dem Kerl. Gequatscht hat er hier eine halbe Stunde. Ihre Adresse habe ich ihm gegeben.»

«Die draußen?»

«Jawohl, junger Mann. Die draußen. Die drinnen kannte er schon, weil er nämlich hierher kam.»

«Aber wir hatten ausgemacht...», fängt Pinneberg mit Nachdruck an.

«Geht in Ordnung, junger Mann. Die Frau wird einverstanden sein. In Ihrer Laube haben Sie keine Leiter, was? Ich käme sonst mal raus. Feine Schinken hat Ihre Frau ...»

«Ach, Sie können mir ...», sagt Pinneberg wütend. «Sagen Sie mir nun endlich, was der Mann gewollt hat?»

«Machen Sie sich doch den Kragen ab», höhnt der Meister. «Das Ding ist ja ganz dreckig. Über'n Jahr arbeitslos und läuft noch mit 'nem Gipsverband. Solchen ist wirklich nicht zu helfen.»

«Sie können mir im Monde ...!» schreit Pinneberg und schrammt die Tür der Werkstatt von außen zu.

Schon steckt der Meister seinen roten Kopf heraus: «Kommen Sie her, Jüngling, trinken Sie einen Korn mit mir! So einer wie Sie macht mir Laune für ein Dutzend!»

Pinneberg zottelt so vor sich hin, er ist sauwütend, daß er sich vom Meister wieder durch den Kakao hat ziehen lassen. So geht es jedes Mal, immer nimmt er sich vor, er schwatzt nur ein paar Worte mit ihm, und immer wird es so. Er ist ein dämlicher Hund, er lernt nichts mehr zu, jeder kann machen mit ihm, was er will.

Pinneberg bleibt vor einem Modewarengeschäft stehen, da ist ein schöner, großer Spiegel, Pinneberg sieht sich in ganzer Figur, nein, gut sieht er nicht mehr aus. Die hellgrauen Hosen haben viele schwärzliche Stellen von dem Dachteeren, der Mantel ist so abgeschabt und verschossen in der Farbe, die Schuhe sind voller Riester —, eigentlich hat Puttbreese recht, ein Kragen dazu ist Quatsch. Er ist ein heruntergekommener Arbeitsloser, jeder sieht ihm das auf zwanzig Schritte an. Pinneberg greift nach seinem Hals und macht den Kragen ab, er steckt ihn mit dem Schlips in die Manteltasche. Viel anders sieht er nun auch nicht aus, es ist nicht mehr viel zu verderben an ihm, Heilbutt wird nichts sagen, aber Heilbutt wird doch Augen machen.

Da fahren sie hin in ihrem Polizeiflitzer. Also Krach hat es wieder mal mit den Kommunisten gegeben oder den Nazis, die Brüder haben doch Courage. Eine Zeitung würde er auch gerne mal wieder lesen, man weiß nicht mehr, was passiert. Womöglich ist alles schon in schönster Ordnung in deutschen Landen, und er merkt nur nichts da draußen in seiner Laube.

Nee, nee, wenn das in Ordnung kommt, das merkt er doch, vorläufig sieht es auf dem Arbeitsamt noch nicht so aus, als ob sie da viel Leute einsparen könnten.

Man kann so seinen Stremel immer weiter denken, sehr amüsant ist es nicht, aufgekratzter wird Pinneberg nicht dabei, aber was soll man sonst tun in einer Stadt, die einen nichts angeht, als hübsch bei sich zu Haus zu bleiben, bei den eigenen Sorgen? Läden, in denen man nichts kaufen kann, Kinos, in die man nicht rein kann, Cafés für Zahlungsfähige, Museen für Anständiggekleidete, Wohnungen für die andern, Behörden zum Schikanieren —, nee, Pinneberg bleibt hübsch bei sich zu Haus. Und ist doch froh, als er die Treppe zu Heilbutts Wohnung hinaufklettert. Es geht immerhin stark auf sechs, hoffentlich ist Lämmchen jetzt zu Haus, und hoffentlich ist dem Murkel nichts passiert ...

Aber nun drückt er den Klingelknopf.

Ein Mädchen macht auf, ein sehr nettes junges Mädchen in Rohseidenbluse. Die war vor einem Monat noch nicht da. «Bitte schön?»

«Ich möchte zu Herrn Heilbutt. Mein Name ist Pinneberg.»

Und als das junge Mädchen zögert, sehr ärgerlich: «Ich bin der Freund von Herrn Heilbutt.»

«Bitte schön», sagt das junge Mädchen wieder und läßt ihn auf den Vorplatz. «Wenn Sie einen Augenblick warten wollen?»

Das will er, und das junge Mädchen verschwindet durch eine weißlackierte Tür mit der Aufschrift «Büro».

Es ist ein sehr anständiger Vorplatz, mit rotem Rupfen bespannt, an Aktphotos ist kein Gedanke, sehr anständige Bilder, Stiche, denkt Pinneberg, oder Holzschnitte, schön, es ist nicht auszudenken, daß sie beide noch vor anderthalb Jahren bei Mandel Anzüge verkauft haben und Kollegen waren.

Aber da ist Heilbutt schon: «Guten Abend, Pinneberg, schön, daß du dich mal wieder sehen läßt. Komm rein. — Marie», sagt er, «bringen Sie uns den Tee in mein Arbeitszimmer!»

Nein, sie gehen nicht auf das Büro, es erweist sich, daß Heilbutt seit dem letzten Besuch außer dem jungen Mädchen auch ein Arbeitszimmer bekommen hat, mit Bücherschränken und Persern und einem riesigen Diplomat, genau das Herrenzimmer, das Pinneberg sich sein Lebtag gewünscht hat und das er nie kriegen wird.

«Setz dich», sagt Heilbutt. «Hier sind Zigaretten. Ja, du siehst dich um. Ich hab mir ein paar Möbel gekauft. Man muß schon. Ich selbst lege gar keinen Wert darauf, du weißt noch, bei der Witten . . .»

«Aber schön ist dies doch», sagt Pinneberg bewundernd. «Ich finde es fabelhaft. Alle diese Bücher . . .»

«Ja, weißt du, mit den Büchern . . .», fängt Heilbutt an. Aber er überlegt es sich anders. «Nun, kommt ihr draußen zurecht?»

«Ja doch, sehr. Wir sind sehr zufrieden, Heilbutt. Meine Frau auch, sie hat ein bißchen Arbeit gefunden, Stopfen und Flicken, weißt du. Es geht uns jetzt besser . . .»

«So, so», sagt Heilbutt. «Das ist ja schön. Setzen Sie alles hin, Marie, ich mache es schon. Danke, nein, weiter nichts.»

«Bediene dich bitte, Pinneberg. Diese Kuchen, bitte, es sollen die richtigen sein zum Tee, ich weiß nicht, ob sie dir schmecken, ich verstehe nichts davon. Ich mache mir auch nichts daraus.»

Plötzlich: «Ist es schon sehr kalt draußen?»

«Nein, nein», sagt Pinneberg hastig. «Nicht sehr. Der kleine Ofen heizt sehr gut. Und die Räume sind ja nur klein, es ist meistens mollig. Hier ist übrigens die Miete, Heilbutt.»

«Ach so, ja, richtig, die Miete. Ist es schon wieder soweit?»

Heilbutt nimmt den Schein in die Hand und knifft ihn, aber er steckt ihn nicht ein. «Du hast doch das Dach geteert, Pinneberg?» «Jawohl», sagt Pinneberg. «Das habe ich. Und es war sehr gut, daß du mir das Geld dafür gegeben hast. Wie ich es geteert habe, habe ich erst gesehen, wie undicht es war. Es hätte böse durchgeregnet jetzt bei den Herbstregen.»

«Und jetzt ist es dicht?»

«Gottlob, ja, Heilbutt. Ich habe es ganz dicht gekriegt.»

«Weißt du, Pinneberg», sagt Heilbutt, «ich muß dir etwas sagen, ich habe da was gelesen . . . Heizt ihr wohl den ganzen Tag?»

«Nein», sagt Pinneberg zögernd und versteht nicht ganz, was Heilbutt will. «Wir heizen morgens ein bißchen und dann nachmittags wieder, damit es zum Abend warm ist. — Es ist ja noch nicht sehr kalt.»

«Und weißt du, was jetzt Briketts bei euch draußen kosten?» fragt Heilbutt.

«Ja, ich weiß nicht genau», sagt Pinneberg. «Nach der letzten Notverordnung sollen sie ja billiger geworden sein. Vielleicht eins sechzig? Oder eins fünfundfünfzig? Nein, ich weiß es nicht genau.»

«Ich habe», sagt Heilbutt und spielt mit dem Schein, «neulich in einer Bauzeitschrift gelesen, daß in solche Wochenendhäuser bei Nässe leicht der Schwamm kommt. Und ich würde dir empfehlen, recht tüchtig zu heizen.»

«Ja», sagt Pinneberg. «Wir können ja . . .»

«Siehst du», sagt Heilbutt. «Darum wollte ich dich bitten. Es wäre mir doch leid, wenn das Haus verkäme. Sei so freundlich und heize den ganzen Tag, daß die Wände gut austrocknen. Ich gebe dir erst einmal diese zehn Mark. Du kannst mir vielleicht nächsten Ersten die Kohlenrechnung als Beleg bringen —?»

«Nein, nein», sagt Pinneberg hastig und schluckt. «Du sollst das nicht, Heilbutt. Du gibst mir jedes Mal die Miete wieder. Du hast uns genug geholfen, schon bei Mandel . . .»

«Aber Pinneberg!» sagt Heilbutt und ist sehr erstaunt. «Helfen — das ist doch in meinem Interesse, das Teeren vom Dach und das Heizen. Von Helfen kann gar keine Rede sein. Du hilfst dir schon selbst . . .»

Heilbutt schüttelt den Kopf und sieht Pinneberg an.

«Heilbutt!» stößt Pinneberg hervor. «Ich versteh dich schon, du . . .»

«Höre einmal», sagt Heilbutt. «Habe ich dir eigentlich schon erzählt, wen ich von Mandels getroffen habe . . .?»

«Nein», sagt Pinneberg. «Aber . . .?»

«Nein? Nicht?» fragt Heilbutt. «Du rätst es nie. Lehmann habe ich getroffen, unsern ehemaligen Herrn und Personalchef Lehmann.»

«Und?» fragt Pinneberg. «Hast du mit ihm gesprochen?»

«Natürlich habe ich», sagt Heilbutt. «Das heißt, er hat immerzu gesprochen. Er hat mir sein Herz ausgeschüttet.»

«Weswegen denn?» fragt Pinneberg. «Der hat doch wahrhaftig nicht zu klagen.»

«Abgesägt ist er», sagt Heilbutt mit Nachdruck. «Von Herrn Spannfuß abgesägt. Genau wie wir abgesägt worden sind!»

«Oh, Gott», sagt Pinneberg fassungslos. «Lehmann abgesägt! Heilbutt, das mußt du mir alles ganz genau erzählen. Ich bin so frei, ich nehm mir noch eine Zigarette.»

Pinneberg als Stein des Anstoßes. Die vergessene Butter und der Schupo. Keine Nacht ist schwarz genug

Es ist gegen sieben Uhr, als Pinneberg wieder auf die Straße tritt. Er ist von der Unterhaltung mit Heilbutt munter geworden, er ist richtig aufgekratzt und dabei doch todestraurig. Also Lehmann ist gestürzt, Pinneberg erinnert sich gut an den Großen Lehmann, den Erhabenen Herrn Lehmann; er saß allein hinter einem blanken Schreibtisch und sagte: «Düngemittel führen wir nun freilich nicht.»

Lehmann ließ das Geschöpf Pinneberg zappeln, dann kam Herr Spannfuß und ließ das Geschöpf Lehmann zappeln. Eines Tages wird auch der sportlich trainierte Herr Spannfuß zappeln. So war diese Welt, eigentlich war es kaum ein Trost, daß alle dran kamen.

Worüber war Herr Lehmann gefallen? Ging man dem Wort nach, akzeptierte man den Entlassungsgrund, so war Lehmann über den Mann Pinneberg gefallen. Seht, der tüchtige Herr Spannfuß hatte herausgeschnüffelt, daß der Personalchef Lehmann seine Befugnisse überschritten hatte, in dieser Zeit des Personalabbaus hatte er Günstlinge eingestellt. Er hatte behauptet, sie kämen aus Filialen, aus Hamburg, Fulda oder Breslau, Spannfuß hatte diese Behauptungen entlarvt.

In Wahrheit wußten alle, das war nur der vorgeschobene Entlassungsgrund. Günstlinge wurden immer eingestellt, nun war Herr Spannfuß daran, den Betrieb mit seinen Leuten zu durchsetzen. Aber daß er das in Ruhe konnte, dafür war ein abgesägter Lehmann die Voraussetzung. Was zwanzig Jahre jeder gewußt hat, im einundzwanzigsten ist das Maß voll —, hatte Herr Lehmann nicht direkt Fälschungen vorgenommen?

«Kommt von der Filiale Breslau», hatte Lehmann in die Personalakte eintragen lassen, und der Mann kam von Kleinholz in Ducherow. Lehmann konnte Herrn Spannfuß noch dankbar sein, eine strafrechtliche Verfolgung lag keinesfalls außer dem Bereich der Möglichkeit. Lehmann sollte bloß nicht den Mund aufreißen.

Oh, wie riß Herr Lehmann den Mund auf, als er den ehemaligen Angestellten Heilbutt traf! War Herr Heilbutt nicht mit diesem kleinen, untersetzten Angestellten befreundet gewesen —, diesem, wie hieß er doch gleich, Pinneberg? Den hatten sie auch schön geschliffen, den kleinen dummen Kerl! Weil er nicht genug verkauft hatte? I wo, der Mann verkaufte genug, nach Heilbutts Weggange war er der einzige in seiner Abteilung gewesen, der das Soll einigermaßen erfüllt hatte. Darum hatte er wohl unter den andern Angestellten besondere Freunde gehabt, darum hatte wohl in seiner Personalakte ein Brief gelegen, ein anonymer Brief natürlich, daß dieser Pinneberg in einer Sturmabteilung der Nazis sei!

Lehmann hatte sich immer gedacht, es sei Quatsch, wie hätte Pinneberg denn sonst grade mit Heilbutt befreundet sein können? Aber es war zwecklos, dagegen anzureden, Spannfuß glaubte nur seinen Jänecke und Keßler, und außerdem stand mit beinahe notorischer Gewißheit fest, daß der Angestellte Pinneberg jener Mann gewesen war, der auf die Wände des Personalklosetts mit Ausdauer Hakenkreuze gemalt hatte und «Juda verrecke!» und einen Galgen mit einem dicken Juden daran und der Unterschrift «O Mandel, welch ein Wandel!» Diese Zeichnungen hatten mit Pinnebergs Abgang aufgehört, die Klowände blieben nun fleckenlos weiß —, und einen solchen Mann hatte Herr Lehmann als aus Breslau kommend eingestellt!

Lehmann war über Pinneberg gefallen und Pinneberg über Keßler, er konnte jetzt Betrachtungen darüber anstellen, wie vorteilhaft es war, ein guter Verkäufer zu sein, gerne und mit Liebe zu verkaufen und bei einer Baumwollhose zu sechseinhalb mit dem gleichen Elan zu kämpfen wie bei einem Frackanzug für hundertzwanzig! Jawohl, es gab eine Solidarität der Angestellten, die Solidarität des Neides gegen den Tüchtigen, die gab es!

Da geht er hin, der Mann Pinneberg, er ist jetzt in der Friedrichstraße, aber auch Wut und Zorn werden etwas Altes. So ist ihm geschehen, man kann darüber wüten, aber es hat im Grunde keinen Sinn, darüber zu wüten. Es ist so!

Pinneberg ist früher viel in der Friedrichstraße spazieren gegangen, er ist gewissermaßen zu Haus hier, darum merkt er auch, wie viel mehr Mädchen jetzt hier stehen als früher. Es sind natürlich längst nicht alles Mädchen, viel unlauterer Wettbewerb ist dazwischen, schon vor anderthalb Jahren haben sie im Geschäft erzählt, daß viele Frauen von Erwerbslosen auf den Strich gehen, um ein paar Mark zu verdienen.

Das ist wahr, man sieht das, viele sind so völlig aussichtslos, reizlos, oder wenn sie hübsch sind, mit solch gierigem Gesicht, geldgierigem Gesicht.

Pinneberg denkt an Lämmchen und an den Murkel. «Wir haben es doch noch nicht schlecht», sagt Lämmchen immer. Sicher hat sie auch damit recht.

Die Polizei scheint noch immer nicht ganz zur Ruhe gekommen zu sein, alle Posten stehen doppelt, und auf dem Bürgersteig sind auch alle Naselang ein paar unterwegs. Pinneberg hat an sich nichts gegen die Schupos, die müssen sein, natürlich, namentlich die vom Verkehr, aber er findet doch, sie sehen herausfordernd gut genährt und gut gekleidet aus, und sie benehmen sich auch etwas herausfordernd. Eigentlich gehen sie zwischen dem Publikum wie die Lehrer früher in der Pause zwischen den Schülern: benehmt euch anständig oder —!

Na laß sie.

Pinneberg rennt nun schon zum vierten Mal das Stück Friedrichstraße zwischen der Leipziger und den Linden auf und ab. Er kann noch nicht nach Haus, er kann einfach nicht. Wenn er zu Haus ist, ist wieder alles zu Ende, das Leben glimmt und schwelt hoffnungslos weiter, hier kann doch etwas geschehen! Zwar, die Mädchen sehen ihn nicht an, für die kommt er keinesfalls in Frage, mit dem verschossenen Mantel, den schmutzigen Hosen und ohne Kragen. Wenn er von Mädchen was will, muß er in die Gegend vom Schlesischen, denen ist es egal, wie er aussieht, wenn er nur Geld hat —, aber will er denn was von Mädchen?

Vielleicht ja, er weiß es nicht, er denkt auch nicht darüber nach.

Nur, er möchte einmal einem Menschen erzählen können, wie es früher war und was er für nette Anzüge gehabt hat und wie herrlich der Murkel doch ist ...

Der Murkel!

Nun hat er wahrhaftig die Butter und die Bananen für den vergessen, und es ist schon neun, er kommt in keinen Laden mehr. Pinneberg ist wütend auf sich und noch trauriger, so kann er doch nicht nach Haus, was soll denn Lämmchen von ihm denken? Vielleicht kommt er hinten rum in irgendein Geschäft? Da ist eine große Delikatessenhandlung, strahlend erleuchtet. Pinneberg drückt sich die Nase platt an der

Scheibe, vielleicht ist hinten jemand im Verkaufsraum, dem er klopfen könnte. Er muß seine Butter und seine Bananen haben!

Eine Stimme sagt halblaut neben ihm: «Gehen Sie weiter!» Pinneberg fährt zusammen, er hat richtig einen Schreck bekommen, er sieht sich um. Ein Schupo steht neben ihm.

Hat er ihn gemeint?

«Sie sollen weitergehen, Sie, hören Sie!» sagte der Schupo laut.

Es stehen noch mehr Leute am Schaufenster, gutgekleidete Herrschaften, aber denen gilt die Anrede des Polizisten nicht, es ist kein Zweifel, er meint allein von allen Pinneberg.

Der ist völlig verwirrt. «Wie? Wie? Aber warum —? Darf ich denn nicht —?»

Er stammelt, er kapiert es einfach nicht.

«Machen Sie jetzt?» fragt der Schupo. «Oder soll ich —»

Über dem Handgelenk hat er den Halteriemen vom Gummiknüppel, er hebt den Knüppel ein wenig an.

Alle Leute starren auf Pinneberg. Es sind schon mehr stehengeblieben, es ist ein richtiger beginnender Auflauf. Die Leute sehen abwartend aus, sie nehmen weder für noch wider Partei, gestern sind hier in der Friedrich und in der Leipziger Schaufenster eingeworfen.

Der Schupo hat dunkle Augenbrauen, blanke gerade Augen, eine feste Nase, rote Bäckchen, ein schwarzes Schnurrbärtchen unter der Nase ...

«Wirds was?» sagt der Schupo ruhig.

Pinneberg möchte sprechen, Pinneberg sieht den Schupo an, seine Lippen zittern, Pinneberg sieht die Leute an. Bis an das Schaufenster stehen die Leute, gutgekleidete Leute, ordentliche Leute, verdienende Leute.

Aber in der spiegelnden Scheibe des Fensters steht noch einer, ein blasser Schemen, ohne Kragen, mit schäbigem Ulster, mit teerbeschmierter Hose.

Und plötzlich begreift Pinneberg alles, angesichts dieses Schupo, dieser ordentlichen Leute, dieser blanken Scheibe begreift er, daß er draußen ist, daß er hier nicht mehr hergehört, daß man ihn zu Recht wegjagt: ausgerutscht, versunken, erledigt. Ordnung und Sauberkeit: es war einmal. Arbeit und sicheres Brot: es war einmal. Vorwärtskommen und Hoffen: es war einmal. Armut ist nicht nur Elend, Armut ist auch strafwürdig, Armut ist Makel, Armut heißt Verdacht.

«Soll ich dir Beine machen?» sagt der Schupo.

Pinneberg gibt sofort klein bei, er ist wie besinnungslos, er will auf dem Bürgersteig weiter rasch zum Bahnhof Friedrichstraße, er will seinen Zug erreichen, er will zu Lämmchen ...

Pinneberg bekommt einen Stoß gegen die Schulter, es ist kein derber Stoß, aber er ist immerhin so, daß Pinneberg nun auf der Fahrbahn steht.

«Hau ab, Mensch!» sagt der Schupo. «Mach ein bißchen dalli!»

Und Pinneberg setzt sich in Bewegung, er trabt an der Kante des Bürgersteiges auf dem Fahrdamm entlang, er denkt an furchtbar viel, an Anzünden, an Bomben, an Totschießen, er denkt daran, daß es nun eigentlich auch mit Lämmchen alle ist und mit dem Murkel, daß nichts mehr weitergeht ... aber eigentlich denkt er an gar nichts.

Pinneberg kommt an die Stelle, wo die Jägerstraße die Friedrichstraße kreuzt. Er will über die Kreuzung fort, zum Bahnhof, nach Haus, zu Lämmchen, zum Murkel, dort ist er wer ...

Der Schupo gibt ihm einen Stoß. «Da lang, Mensch!»

Er zeigt in die Jägerstraße.

Noch einmal will Pinneberg meutern, er muß doch zu seinem Zug. «Aber ich muß ...», sagt er.

«Da lang, sage ich», wiederholt der Schupo und schiebt ihn in die Jägerstraße. «Hau ab, aber ein bißchen fix, alter Junge!» Und er gibt Pinneberg einen kräftigen Stoß.

Pinneberg fängt an zu laufen, er läuft sehr rasch, er merkt, sie sind nicht mehr hinter ihm, aber er wagt es nicht, sich umzusehen. Er läuft auf seinem Fahrdamm weiter, immer geradeaus, in das Dunkel, in die Nacht hinein, die nirgendwo wirklich tiefschwarze Nacht ist.

Nach einer langen, langen Zeit verlangsamt er seinen Schritt. Er bleibt stehen, er sieht sich um. Leer. Nichts. Keine Polizei. Vorsichtig hebt er einen Fuß und setzt ihn auf den Bürgersteig. Dann den anderen. Er steht nicht mehr auf dem Fahrdamm, er steht wieder auf dem Trottoir.

Und nun geht Pinneberg weiter, Schritt für Schritt, durch Berlin. Aber es ist nirgendwo ganz dunkel, und es ist schwer, an den Schupos vorbeizugehen.

Autobesuch in der Siedlung. Zwei warten in der Nacht. Lämmchen kommt wirklich nicht in Frage

Auf Straße 87a vor der Parzelle 375 hält ein Auto, eine Autotaxe aus Berlin. Was der Chauffeur dazu ist, der sitzt seit vielen Stunden in Pinnebergs Laube, und zwar in der Küche, die von ihm voll ist.

Der Mann hat einen Topf Kaffee getrunken, dann eine Zigarre geraucht, dann ist er eine Weile im Garten spazierengegangen, aber da war in der Dunkelheit nichts zu sehen. Er ist wieder in die Küche gegangen, hat noch einen Topf Kaffee getrunken und hat noch eine Zigarre geraucht.

Aber die drinnen reden noch immer, besonders der große Blonde quatscht immerzu. Der Chauffeur, wenn er wollte, könnte zuhören, was die erzählen, aber er hat kein Interesse. In einer Autotaxe, wo fast immer ein Spalt zwischen den Scheiben ist, die Führersitz und Fond trennen, hört man in einer Woche so viel Intimitäten, daß sein Lebensbedarf gedeckt ist.

Nach einer Weile entschließt sich der Mann, er steht auf und klopft gegen die Tür: «Fahren wir noch nicht bald, Herr?»

«Mensch!» ruft der Blonde. «Mögen Sie kein Geld verdienen?»

«Das schon», sagt der Chauffeur. «Aber das kost' ja 'ne Stange Gold, die Wartezeit."

«Das kostet meine Stange Gold», sagt der große Mann. «Setzen Sie sich wieder auf Ihren Hintern und probieren Sie mal, ob Sie den großen Katechismus noch können. Wasser tut's freilich nicht ... Sie werden Ihr blaues Wunder erleben!»

«Na schön», sagt der Chauffeur. «Dann penn ich eine Ecke.»

«Auch gut», sagt der Blonde.

Und Lämmchen: «Ich verstehe wirklich nicht, wo der Junge bleibt, Der ist sonst immer spätestens um acht hier.»

«Wird schon kommen», sagt Jachmann. «Wie ist denn der junge Vater, junge Mutter?»

«Ach Gott!» sagt Lämmchen. «Er hat's ja nicht leicht. Wenn man seit vierzehn Monaten arbeitslos ist . . .»

«Kommt auch wieder anders», erklärt Jachmann. «Jetzt besiedle ich ja wieder die hiesigen Gefilde, da wird sich schon was finden.»

«Waren Sie eigentlich verreist, Herr Jachmann?» fragt Lämmchen.

«Ja, ich war ein bißchen weg.» Jachmann steht auf und tritt an das Bett des Murkels. «Rätselhaft, wie so 'n Vater fortbleiben kann, wenn ihm das im Bett liegt!»

«Ach Gott, Herr Jachmann», sagt Lämmchen. «Natürlich ist der Murkel herrlich, aber das ganze Leben nur auf das Kind stellen —? Sehen Sie, ich geh am Tag nähen . . .»

«Das sollen Sie aber nicht! Das hört jetzt auf!»

«. . . Ich geh am Tag nähen, und er besorgt das Haus und das Essen und das Kind. Er schimpft nicht, er macht's sogar wirklich gerne, aber was ist das für ein Leben für ihn? Sagen Sie, Jachmann, soll denn das ewig so weiter gehen, daß die Männer zu Haus sitzen und machen die Hausarbeit und die Frauen arbeiten? Es ist doch unmöglich?»

«Nanu?" sagt Jachmann. «Wieso ist denn das unmöglich? Im Kriege haben ja auch die Frauen die Arbeit gemacht, und die Männer haben einander totgeschlagen, und jeder hat's in Ordnung gefunden. Diese Regelung ist sogar noch besser.»

«Nicht jeder hat's in Ordnung gefunden.»

«Na, fast jeder, junge Frau. Der Mensch ist so, er lernt nichts zu, er macht immer wieder dieselben Dummheiten. Ich auch.» Jachmann macht eine Pause. «Ich zieh nämlich auch wieder zu Ihrer Schwiegermutter.»

Lämmchen sagt zögernd: «Ja, Herr Jachmann, Sie müssen's ja wissen. Vielleicht ist es auch gar nicht dumm. Klug und amüsant ist sie ja.»

«Natürlich ist es dumm», sagt Jachmann böse. «Saudumm ist es! Sie wissen ja gar nichts, junge Frau! Sie haben ja keine Ahnung! Aber lassen Sie man . . .»

Er versinkt in Nachdenken.

Nach einer langen Zeit sagt Lämmchen: «Sie müssen nicht warten, Herr Jachmann. Der Zehn-Uhr-Zug ist jetzt auch durch. Ich glaube wirklich, der Junge ist heute nacht ausgerutscht. Er hatte auch ein bißchen viel Geld mit.»

«Wieso? Viel Geld? Habt ihr noch viel Geld?»

Lämmchen lacht: «Was wir viel Geld nennen, Jachmann. Zwanzig Mark. Fünfundzwanzig Mark. Dann kann er schon mal ausgehen.»

«Das kann er», sagt Jachmann trübe.

Und wieder ist lange Stille.

Nach einer Weile hebt Jachmann wieder den Kopf: «Machen Sie sich Sorgen, Lämmchen?»

«Natürlich mache ich mir Sorgen. Sie werden nachher schon sehen, was die in zwei Jahren aus meinem Mann gemacht haben. Und er ist doch wirklich ein anständiger Kerl ...»

«Ist er.»

«Es wäre nicht nötig gewesen, daß sie so auf ihm rumgetrampelt haben. Wenn er nun auch noch mit Trinken anfängt ...»

Jachmann denkt nach. «Tut er nicht», sagt er. «Pinneberg hat immer so was Frisches gehabt. Saufen ist Schmutz und Dreck, tut er nicht. Ja, mal ausrutschen, aber nicht wirklich trinken ...»

«Der Halbelf-Uhr-Zug ist auch durch», sagt Lämmchen. «Jetzt bekomme ich Angst.»

«Müssen Sie nicht», sagt Jachmann. «Pinneberg beißt sich durch.»

«Durch was?» fragt Lämmchen böse. «Durch was beißt er sich durch? Das stimmt ja alles nicht, was Sie sagen, Jachmann, das ist ja nur Trost. Das ist ja gerade das Schlimme, daß er hier draußen sitzt und nichts hat, worum er kämpfen kann. Er kann nur warten — worauf? Auf was? Auf gar nichts! Warten ... sonst nichts.»

Jachmann sieht sie lange an. Er hat seinen großen Löwenkopf Lämmchen ganz zugedreht, er sieht sie voll an. «Sie müssen nicht immerzu an die Bahn denken, Lämmchen», sagt er. «Ihr Mann kommt wieder. Der kommt bestimmt wieder.»

«Es ist nicht nur das Trinken», sagt Lämmchen. «Trinken wäre schlimm, aber nicht sehr schlimm. Aber sehen Sie, er ist ja so kaputt, irgendwas kann ihm passieren —, er war heute bei dem Puttbreese, der kann gemein zu ihm gewesen sein, so was schmeißt ihn um heute. Er kann nicht mehr viel aushalten heute, Jachmann, er kann ...»

Sie sieht ihn groß an, ihre Augen sind sehr weit offen. Plötzlich füllen sich diese Augen mit Tränen, groß und hell rinnen sie die Wangen herunter, der sanfte, starke Mund beginnt zu zittern, wird haltlos. «Jachmann», flüstert sie. «Er kann ...»

Jachmann ist aufgestanden, er steht halb hinter ihr, er faßt sie an den Schultern. «Nicht, junge Frau, nicht!» sagt er. «Das gibt es nicht. Das tut er nicht.»

«Das gibt es alles ...» Sie macht sich plötzlich frei. «Sie fahren besser nach Hause. Sie verlieren Ihr Geld mit dem Warten. Wir sind nun einmal im Unglück.»

Jachmann antwortet nichts. Er geht zwei Schritte hin, zwei Schritte her. Auf dem Tisch liegt die Blechschachtel von den Zigaretten mit den alten Spielkarten, die der Murkel so liebt.

«Wie haben Sie gesagt», fragt Jachmann, «daß der Junge die Karten nennt?»

«Welcher Junge? Ach so, der Murkel! Ka-Ka, sagt er dazu.»

«Soll ich Ihnen mal die Ka-Ka legen, die Karten legen?» sagt Jachmann und lächelt. «Passen Sie auf, Ihre Zukunft ist ganz anders, als Sie denken.»

«Lassen Sie schon», sagt Lämmchen. «Es wird ein kleines Geldgeschenk ins Haus fliegen, das ist die Krisenunterstützung von nächster Woche.»

«Ich bin im Moment nicht sehr flüssig», sagt Jachmann. «Aber achtzig Mark, vielleicht neunzig Mark, würde ich Ihnen gerne geben.» Er verbessert sich. «Leihen, pumpen meine ich.»

«Es ist nett von Ihnen, Jachmann», sagt Lämmchen. «Wir könnten es brauchen. Aber wissen Sie, Geld hilft nichts. Durch kommen wir schon. Geld hilft zu gar nichts. Arbeit würde helfen, ein bißchen Hoffnung würde dem Jungen helfen. Geld? Nein.»

«Ist es, weil ich wieder zu Ihrer Schwiegermutter gehe?» fragt Jachmann und sieht Lämmchen sehr nachdenklich an.

«Auch», sagt Lämmchen. «Auch. Ich muß alles weghalten von ihm, das ihn noch mehr quält, Jachmann. Das verstehen Sie doch.»

«Versteh ich», sagt Jachmann.

«Aber in der Hauptsache ist es», sagt Lämmchen, «weil es ja nichts hilft, das Geld. Ein bißchen besser durch sechs, acht Wochen leben, was ändert das? Nichts.»

«Vielleicht kriege ich 'ne Stellung für ihn», sagt Jachmann nachdenklich.

«Ach, Herr Jachmann», sagt Lämmchen. «Sie meinen es ja gut. Aber geben Sie sich keine Mühe, wenn es jetzt wieder kommt, darf es nicht wieder mit Schwindel und Lüge kommen. Der Junge muß raus aus der Angst, muß sich wieder frei fühlen.»

«Ja ...», sagt Jachmann betrübt. «Wenn Sie heute auch noch solchen Luxus wollen, ohne Schwindel und Lüge ... das kann ich freilich nicht!»

«Sehen Sie», sagt Lämmchen eifrig, «die andern stehlen sich hier Holz für die Feuerung. Wissen Sie, ich finde es gar nicht schlimm, aber ich habe zu dem Jungen gesagt, du darfst das nicht. Er soll nicht runter, Jachmann, er soll nicht! Das soll er behalten. Luxus — ja, vielleicht, aber das ist unser einziger Luxus, den halt ich fest, da passiert nichts, Jachmann.»

«Junge Frau», sagt Jachmann. «Ich ...»

«Sehen Sie mal den Murkel in seinem Bettchen, und nun kommt es vielleicht wieder besser, und der Junge rappelt sich wieder auf und hat eine Stellung und eine Arbeit, die ihm Spaß macht, und verdient wieder Geld. Und da soll er immer denken: das hast du gemacht und so bist du gewesen? Es ist nicht das Holz, Jachmann, es sind nicht die Gesetze — was sind denn das für Gesetze, daß sie uns alles straflos zerschlagen dürfen, und wir sollen wegen drei Mark Holz ins Kittchen —? Da lach ich drüber, Jachmann, das ist keine Schande ...»

«Junge Frau ...», will Jachmann anfangen.

«Aber der Junge kann's nicht», sagt Lämmchen eifrig. «Der ist wie sein Vater, der hat nichts von seiner Mutter. Mama hat es mir ja zehnmal erzählt, was für ein Püttjerhannes sein Vater gewesen ist, erst mit seiner Arbeit als Bürovorsteher beim Rechtsanwalt, alles hat genau sein müssen bis aufs Tittelchen. Und dann mit seinem ganzen Privatleben. Wie er losgelaufen ist am Abend, wenn am Morgen eine Rechnung gekommen war, und hat sie sofort bezahlt. ‹Wenn ich sterbe›, hat er gesagt, ‹und die Rechnung kommt weg, kann einer sagen, ich bin ein unehrlicher Mann gewesen.› Genau so ist der Junge. Und darum ist es kein Luxus, Jachmann, das muß er behalten, und wenn er jetzt manchmal denkt, er kann sein wie die andern: er kann nicht. Er muß sauber bleiben. Und dafür passe ich auf, Jachmann, deswegen nimmt er keine Stellung wieder an, die auf Schwindel aufgebaut ist.»

«Was tu ich noch hier?» sagt Jachmann. «Was sitz ich hier? Auf was warte ich hier? Hier ist alles richtig, Ihr Kram geht in Ordnung. Sie sind richtig, junge Frau, Sie sind goldrichtig. Ich fahr nach Haus.»

Aber er fährt nicht, er steht nicht einmal auf von seinem Stuhl, er sieht Lämmchen groß an. «Heute morgen sechs Uhr, Lämmchen», sagt er, «bin ich aus dem Kittchen entlassen worden. Ich hab ein Jahr abgerissen, junge Frau", sagt Jachmann.

«Jachmann», sagt Lämmchen, «seit Sie damals wegblieben in der Nacht, hab ich mir immer so was gedacht. Nicht gleich, aber es war doch möglich. Sehen Sie», Lämmchen weiß nicht recht, wie sie es sagen soll, «Sie sind doch so . . .»

«Natürlich bin ich so . . .», sagt Jachmann.

«Zu den paar Menschen, die Sie mögen, sind Sie nett, und zu allen andern sind Sie wahrscheinlich gar nicht nett.»

«Stimmt!» sagt Jachmann. «Sie mag ich, junge Frau.»

«Und dann leben Sie gerne und haben gerne viel Geld, und es muß Betrieb um Sie sein, und Sie müssen immer was vorhaben —, na ja, es ist Ihre Sache. Wie Mama mir das gesagt hat, Sie sind steckbrieflich gesucht, habe ich gleich gewußt, es stimmt.»

«Und wissen Sie auch, wer mich angezeigt hat?»

«Mama, nicht wahr?»

«Natürlich, Mama. Frau Marie, genannt Mia Pinneberg. Wissen Sie, Lämmchen, ich war ein bißchen fremd gegangen, und Mama ist ein Teufel, wenn sie eifersüchtig ist. Na, Mama ist auch dabei reingefallen, nicht schlimm, vier Wochen.»

«Und nun gehen Sie wieder zu ihr? Aber ich verstehe es schon. Sie gehören zusammen.»

«Richtig, junge Frau. Wir gehören zusammen. Wissen Sie, sie ist doch eine herrliche Frau. Ich mag das sehr, daß sie so gierig ist und so egoistisch. — Wissen Sie, daß Mama über dreißigtausend Mark auf der Bank hat?»

«Was? Über dreißigtausend?»

«Was denken Sie denn? Mama ist doch klug. Mama baut doch vor, Mama denkt doch ans Alter, Mama will auf niemanden angewiesen sein. Nein, ich geh wieder zu ihr. Für einen wie mich ist sie der beste Kamerad von der Welt, durch dick und dünn, Pferdestehlen und alles.»

Dann ist es eine Weile still, und dann steht Jachmann plötzlich auf und sagt: «Also, gute Nacht, Lämmchen, ich fahre dann.»

«Gute Nacht, Jachmann, und daß es Ihnen recht, recht gut geht!»

Jachmann zieht die Schultern: «Die Sahne ist ja doch weg, Lämmchen, wenn man an die Fünfzig ist. Blaue Milch, Magermilch, Gelabber.» Er macht eine Pause, dann sagt er leicht: «Und Sie kommen ja wohl wirklich nicht für mich in Frage, Lämmchen?»

Lämmchen lächelt ihn an, ganz aus der Tiefe her: «Nein, Jachmann, wirklich nicht. Der Junge und ich . . .»

«Also machen Sie sich keine Angst um den Jungen! Der kommt. Der ist gleich hier! Tjüs, mein Lämmchen. Und vielleicht auf Wiedersehen!»

«Auf Wiedersehen, Jachmann, bestimmt auf Wiedersehen! Wenn's uns besser geht. So, und nun vergessen Sie Ihre Koffer nicht. Die waren doch die Hauptsache.»

«Die waren die Hauptsache, junge Frau. Richtig wie immer. Goldrichtig.»

Busch zwischen Büschen. Und die alte Liebe

Lämmchen ist noch mit in den Garten gegangen, der verschlafene Chauffeur bekam den kalten Motor nicht gleich in Gang, sie standen schweigend neben dem Wagen. Dann gaben sie sich noch einmal die Hand, sie sagten sich noch einmal Adieu, und Lämmchen sah den Lichtschein der Scheinwerfer ferner und ferner, das Geräusch des Motors hörte sie noch eine Weile, und es ist alles still und dunkel um sie.

Der Himmel ist sternenklar, es friert leicht. In der ganzen Siedlung, so weit sie schauen kann, ist kein Licht zu sehen, nur hinter ihr, im Fenster der eigenen Laube, scheint sanft die rötliche Helle der Petroleumlampe.

Lämmchen steht da, der Murkel schläft — wartet sie? Auf was soll sie warten? Der letzte Zug ist durch, morgen vormittag erst kann der Junge kommen, er ist ausgerutscht, auch das bleibt nicht aus. Nichts bleibt aus. Sie kann sich hinlegen und schlafen. Oder wachen. Es kommt nicht darauf an, unwichtig ist es, wie wir leben.

Lämmchen geht nicht hinein. Sie steht da, irgend etwas ist in dieser schweigenden Nacht, das ihr Herz unruhig macht. Da sind die Sterne, sie funkeln in der kalten Luft, nun gut. Die Büsche im Garten und im Nachbargarten sind zusammengeballt, klobiges Schwarz, die Laube des Nächsten ist wie ein dunkles, massiges Tier.

Kein Wind, kein Geräusch, nichts, hinten, fern auf der Strecke fährt ein Zug. Darum ist es hier um so stiller, um so lautloser, und Lämmchen weiß, sie ist nicht allein. Irgend jemand ist hier draußen im Dunkeln wie sie, reglos. Atmet der? Nein, nicht. Und doch ist jemand hier.

Das ist ein Fliederbusch und das ist noch ein Fliederbusch. Seit wann steht zwischen den beiden Fliederbüschen etwas?

Lämmchen macht einen Schritt, ihr Herz klopft sehr, aber sie fragt ganz ruhig: «Junge, bist du das?»

Der Busch, der überzählige Busch, ist still. Dann bewegt er sich zögernd, der Junge fragt stockend, rauh: «Ist er weg?»

«Ja, Jachmann ist weg. Hast du lange hier gewartet?»

Pinneberg antwortet nicht.

Eine Weile stehen sie so still, Lämmchen möchte das Gesicht ihres Jungen erraten, aber nichts ist zu sehen. Und doch dringt von der reglosen Gestalt da drüben eine Gefahr zu ihr herüber, etwas Dunkleres noch als die Nacht, etwas Drohenderes als diese fremde Reglosigkeit des vertrauten Mannes. Lämmchen steht still.

Dann sagt sie leicht: «Gehen wir rein? Mir wird kalt.»

Er antwortet nicht.

Lämmchen versteht, es ist etwas geschehen. Es ist nicht, daß der Junge getrunken hat oder es ist nicht nur, daß er getrunken hat, getrunken hat er vielleicht auch. Es ist etwas anderes geschehen, etwas Schlimmes.

Da steht ihr Mann, ihr lieber junger Mann, im Dunkeln, wie ein verwundetes Tier, und traut sich nicht ans Licht. Jetzt haben sie ihn unten.

Sie sagt: «Jachmann hat nur seine Koffer geholt. Er kommt nicht wieder.»

Aber Pinneberg antwortet nicht.

Wieder stehen sie eine Weile; drüben und drunten, auf der Chaussee hört Lämmchen ein Auto, es ist ganz fern, dann singt es näher, wird sehr laut und wieder ferner und fort. Sie denkt: ‹Was sage ich? Wenn er nur ein Wort spräche!›

Sie sagt: «Ich habe doch heute bei Krämers gestopft, nicht wahr?»

Er antwortet nicht.

«Das heißt, ich habe nicht gestopft. Sie hatte einen Stoff da, ich habe ihn ihr zugeschnitten und nähe ihr ein Hauskleid. Sie ist sehr zufrieden, sie will mir ihre alte Nähmaschine billig lassen und mich all ihren Bekannten empfehlen. Für ein Kleid mach krieg ich acht Mark, vielleicht sogar zehn.»

Sie wartet. Sie wartet lange. Sie sagt behutsam: «Wir können vielleicht gut Geld verdienen. Wir sind vielleicht raus aus dem Dreck.»

Er macht eine Bewegung, aber dann steht er wieder still und sagt nichts.

Lämmchen wartet, ihr Herz wird so schwer, es ist kalt. Sie kann nicht mehr trösten. Sie weiß nichts mehr. Es ist alles umsonst. Was hilft kämpfen? Für was denn? Er hätte mit den andern Holz stehlen gehen sollen.

Noch einmal wirft sie den Kopf zurück, sie sieht die vielen Sterne, es ist still und feierlich, aber furchtbar fremd und groß und weit weg. Sie sagt: «Der Murkel hat heute nachmittag immer nach dir gefragt. Er sagt plötzlich nicht mehr Pepp-Pepp, er sagt Pappo.»

Der Junge sagt nichts.

«O Junge! Junge!» ruft sie. «Was ist denn? Sag doch ein Wort zu deinem Lämmchen! Bin ich denn nichts mehr? Sind wir denn ganz allein?»

Ach, es hilft nichts. Er kommt nicht näher, er sagt nichts, ferner scheint er zu sein, immer ferner.

Die Kälte ist hochgestiegen an Lämmchen, sie sitzt ganz in der Kälte, es ist nichts mehr. Hinten ist die warme, rötliche Helle des Laubenfensters, da schläft der Murkel. Ach, auch Kinder gehen vorbei, sie gehören uns nur eine kurze Zeit — sechs Jahre? Zehn Jahre? Alles ist Alleinsein.

Sie geht auf die rötliche Helle zu, sie muß es ja, was gibt es sonst?

Hinter ihr ruft eine Stimme ferne: «Lämmchen!»

Sie geht weiter, es hilft nichts mehr, sie geht weiter.

«Lämmchen!»

Sie geht weiter. Da ist die Laube, da ist die Tür, nun ein Schritt noch, die Hand, die nach dem Drücker faßt ...

Sie wird festgehalten, der Junge hält sie fest, er schluchzt, er stammelt: «Oh, Lämmchen, was haben sie mit mir gemacht ... Die Polizei ..., heruntergestoßen haben sie mich vom Bürgersteig ..., weggejagt haben sie mich ..., wie kann ich noch einen Menschen ansehen ...?»

Und plötzlich ist die Kälte weg, eine unendlich sanfte, grüne Woge hebt sie auf und ihn mit ihr. Sie gleiten empor, die Sterne funkeln ganz nahe; sie flüstert: «Aber du kannst mich doch ansehen! Immer und immer! Du bist doch bei mir, wir sind doch beisammen ...»

Die Woge steigt und steigt. Es ist der nächtliche Strand zwischen Lensahn und Wiek, schon einmal waren die Sterne so nah. Es ist das alte Glück, es ist die alte Liebe. Höher und höher, von der befleckten Erde zu den Sternen. Und dann gehen sie beide ins Haus, in dem der Murkel schläft.

Anmerkung: Bei der auf Seite 15 erwähnten Deutschen Angestellten Gewerkschaft handelt es sich um eine Phantasiebezeichnung des Dichters; sie hat mit der 1945 gegründeten Deutschen Angestellten Gewerkschaft (DAG) nichts zu tun. Der Roman wurde bereits 1932 geschrieben.

Rowohlt Taschenbuch Verlag, Reinbek bei Hamburg

Hans Fallada

Buchausgaben:

Zwei zarte Lämmchen weiß wie Schnee
Eine kleine Liebesgeschichte · Mit 23 Illustrationen von
Wilhelm M. Busch · 26.–37. Tausend · 192 Seiten · Leinen

Gesammelte Erzählungen
Sonderausgabe · 21.–31. Tausend · 320 Seiten · Leinen

Taschenbuchausgaben:

Kleiner Mann — was nun?
Roman · rororo Taschenbuch 1

Wer einmal aus dem Blechnapf frißt
Roman · rororo Taschenbuch 54/55

Damals bei uns daheim
Erlebtes, Erfahrenes und Erfundenes · rororo Taschenbuch 136

Heute bei uns zu Haus
Ein anderes Buch / Erfahrenes und Erfundenes
rororo Taschenbuch 232

Der Trinker
Roman · rororo Taschenbuch 333

Bauern, Bonzen und Bomben
Roman · rororo Taschenbuch 651/52

Jeder stirbt für sich allein
Roman · rororo Taschenbuch 671/72

Wolf unter Wölfen
Roman · rororo Taschenbuch 1057–61

Kleiner Mann — Großer Mann
alles vertauscht
Roman · rororo Taschenbuch 1244/45

Gesamtauflage der Werke von Hans Fallada in den
rororo Taschenbüchern: über 2,1 Millionen Exemplare

Rowohlt

46/7

Hans Fallada

Gesammelte Erzählungen

Dieser Band vereint erstmals 17, zum größten
Teil unveröffentlichte oder vergessene
Erzählungen Hans Falladas, einer der wenigen
wirklich volkstümlichen deutschen Erzähler.
Sonderausgabe.
320 Seiten. Leinen

Rowohlt

338/1

KURT TUCHOLSKY

AUSGEWÄHLTE BRIEFE 1913–1935
Herausgegeben von Mary Gerold-Tucholsky und Fritz J. Raddatz
7. Tausend · 572 Seiten · Leinen in Schuber

GESAMMELTE WERKE 1907–1932
Herausgegeben von Mary Gerold-Tucholsky und Fritz J. Raddatz
8. Tausend · 3 Bände mit über 4100 Seiten · In Leinen und Schuber

AUSGEWÄHLTE WERKE I und II
Ausgewählt und zusammengestellt von Fritz J. Raddatz
im 113. Tausend · Sonderausgabe in der Reihe «Die Bücher der Neunzehn»
Band 128 · 1040 Seiten · Leinen

DEUTSCHLAND, DEUTSCHLAND ÜBER ALLES
Faksimiledruck · 6. Tausend · 232 Seiten · Vierfarbiger Leinenband

SCHLOSS GRIPSHOLM
Eine Sommergeschichte · Mit 23 Federzeichnungen von Wilhelm M. Busch
752. Tausend der Gesamtauflage · 240 Seiten · Leinen

WENN DIE IGEL IN DER ABENDSTUNDE
Gedichte, Lieder und Chansons · 42. Tausend · 200 Seiten · Leinen

RHEINSBERG
Ein Bilderbuch für Verliebte und andere Bilderbuchblätter.
Mit Illustrationen von Werner Klemke. 20. Tausend. 180 Seiten. Leinen

UND ÜBERHAUPT...
Eine neue Auswahl · 16. Tausend · 296 Seiten · Leinen

Als rororo-Taschenbücher erschienen:

SCHLOSS GRIPSHOLM
Eine Sommergeschichte · rororo Band 4

ZWISCHEN GESTERN UND MORGEN
Eine Auswahl · rororo Band 50

PANTER, TIGER & CO.
Eine Auswahl · rororo Band 131

RHEINSBERG
Ein Bilderbuch für Verliebte und anderes · rororo Band 261

EIN PYRENÄENBUCH
Bericht einer Reise · rororo Band 474

POLITISCHE BRIEFE
Zusammengestellt von Fritz J. Raddatz · rororo Band 1183

Gesamtauflage in den rororo-Taschenbüchern: über 1,8 Mill. Exemplare

ROWOHLT VERLAG

143/15

Ulrich Becher

Murmeljagd

National-Zeitung, Basel: «Mit diesem Roman marschiert Ulrich Becher in der vordersten Reihe der deutschen Autoren unserer Zeit.»

W. E. Süskind / Süddeutsche Zeitung: «Als Erzählwerk so bezwingend, daß man als Leser dem Tag entgegenbangt, da die Lektüre zu Ende ist. Ein moderner Jean Paul.»

Süddeutscher Rundfunk, Stuttgart: «Ulrich Becher zählt zu den großen Erzählern unseres Jahrhunderts.»

Kurt Lothar Tank / Welt am Sonntag: «So farbig wurde Zeitgeschichte bisher noch nicht erzählt.»

1.–4. Tausend. 576 Seiten. Leinen

Roman
Rowohlt

490/2

ALFRED POLGAR

AUSWAHL

PROSA AUS VIER JAHR- ZEHNTEN

Diese preiswerte Sonderausgabe vereinigt über 140 Meisterstücke des großen Feuilletonisten.

Herausgegeben von Bernt Richter. Vorwort von Siegfried Melchinger.

Sonderausgabe. 1.–15. Tausend. 352 Seiten. Leinen

ROWOHLT

Johannes Mario

Simmel

rororo

Affäre Nina B.

Roman · rowohlts rotations romane 359/60

Mich wundert,
daß ich so fröhlich bin

Roman · rowohlts rotations romane 472/73

Das geheime Brot

Roman · rowohlts rotations romane 852

Der Schulfreund

Ein Schauspiel in zwölf Bildern / Mit 19 Filmfotos
rowohlts rotations romane 642

Begegnung im Nebel

Erzählungen · rowohlts rotations romane 1248